广西第二期中职名师培养工程学员专著系列

丛书总主编：王　晞　张兴华

中等职业教育与民族文化传承：

广西经验

盛志榕　曾瑞玲　著

北京理工大学出版社
BEIJING INSTITUTE OF TECHNOLOGY PRESS

版权专有　侵权必究

图书在版编目（CIP）数据

中等职业教育与民族文化传承：广西经验/盛志榕，曾瑞玲著.—北京：北京理工大学出版社，2019.12
ISBN 978-7-5682-8013-6

Ⅰ.①中…　Ⅱ.①盛…②曾…　Ⅲ.①中等专业学校-民族文化-教育研究-广西　Ⅳ.①K280.67

中国版本图书馆 CIP 数据核字（2019）第 298805 号

出版发行 / 北京理工大学出版社有限责任公司	
社　　址 / 北京市海淀区中关村南大街 5 号	
邮　　编 / 100081	
电　　话 /（010）68914775（总编室）	
（010）82562903（教材售后服务热线）	
（010）68948351（其他图书服务热线）	
网　　址 / http：//www.bitpress.com.cn	
经　　销 / 全国各地新华书店	
印　　刷 / 保定市中画美凯印刷有限公司	
开　　本 / 710 毫米 × 1000 毫米　1/16	责任编辑 / 刘兴春
印　　张 / 24	文案编辑 / 李丁一
字　　数 / 315 千字	责任校对 / 周瑞红
版　　次 / 2019 年 12 月第 1 版　2019 年 12 月第 1 次印刷	责任印制 / 李志强
定　　价 / 96.00 元	

图书出现印装质量问题，请拨打售后服务热线，本社负责调换

总 序

2008年,广西全面启动了首轮3年职业教育攻坚战;2011年,广西又进行了为期5年的深化职业教育攻坚。2009年,广西壮族自治区人民政府与教育部签订了《国家民族地区职业教育综合改革试验区共建协议》;2013年再次与教育部签署了深化共建试验区的协议。两轮职业教育攻坚、两次部区共建职业教育试验区,推动广西职业教育发展步入快车道。随着国家《中国制造2025》《现代职业教育体系建设规划(2014—2020年)》《高技能人才队伍建设中长期规划(2010—2020年)》的实施、"互联网+"新业态发展与"一带一路"合作倡议的提出,特别是近年来《国家职业教育改革实施方案》《深化新时代职业教育"双师型"教师队伍建设改革实施方案》等一系列加快职业教育技术技能型人才培养、深化职业教育与高素质"双师型"教师队伍发展的战略举措出台实施,为广西职业教育的发展带来了新机遇、新挑战,也提出了新目标、新要求。

"兴教之道在于师"。加快发展现代职业教育,提升技术技能人才培养能力,教师队伍建设是关键。广西壮族自治区教育厅从2010年开始实施广西中等职业学校名师培养工程,为广西中职名师的脱颖而出铺路架桥,着力打造一支高素质、高层次、专家型的广西中职名师队伍,提高广西中职教师队伍整体建设水平,促进完善德技并修、工学结合育人机制,推动广西中等职业教育质量提升和现代化发展,为促进广西经济社会发展提供优质技术技能人才资源支撑。在广西第一期中等职业学校名师培养工程(2010—2015年)取得良好成效的基础上,广西师范大学作为承办单位,在广西第二期中等职业学校名师培养工程(2016—2019年)实施过程中,进一步探索中职教师专业发展规律,采取"多元开放、理实交融、项目驱动、道技相长"四位一体的培养模式和"结构化与个性化结合、技能性与学理性并重、导师制与自驱动共融"的培训策略,将阶段性集中培训、岗位自主研修和全过程跟踪指导有机结合,实现对中职名师培养对象的多维度、系统化培养。

教师的发展与提高,一靠内生动力,二靠资源条件。教师专业化培训是帮助教师学习、提高教育教学技能与实践创新能力的重要途径。广西中等职业学校名师培养工程为有发展潜质和强烈进取精神的优秀中职教师搭建一个视野宽广、资源丰富的学习和锻炼的高层次平台,创造一个中职优秀教师集聚的学习型组织、一个共同发展的精神家园。中职名师并非可以通过培养工程项目结业一蹴而就,因为中职名师需要实践的锤炼和时光的磨砺,需要更多实绩的证明和社会的认同。如果被培养者有强烈的自主发展意识,有主动学习的动力,珍惜培养机会,挖掘自身潜能,认真向导师、同伴学习,在教育教学实践中不断超越自我、追求卓越,那么善教学、会研究、有创新,获得学生欢迎、行业认可的中职名师就一定会层出不穷。

令人欣喜的是,广西第二期中等职业学校名师培养工程的学员们在3年培养期里取得了突出成绩,涌现出国家"万人计划"教学名师、全国优秀教师、广西教学名师、特级教师等新一代中职教育领军人物,在广西中职教师群体中发挥了示范引领作用,成为广西职业教育发展的中坚力量。广西中等职业学校名师培养工程已经成为广西中职师资培训的特色品牌,被誉为"着眼和服务广西职业教育未来发展的教师教育工程",在广西中职教师队伍建设工作中具有里程碑的意义。

着眼于进一步发挥中职名师培养对象的社会贡献,辐射培训基地师资培养经验,"广西第二期中职名师培养工程成果书系"得以编纂出版,使广西广大中职教育同仁能够共享这一优秀师资培训工程的资源与成果。在这套成果书系中,生动地呈现了善学习、会思考、充满责任感和使命感的培养对象、专家导师等个体形象，以及由他们共同组成的优秀教师群体和专业化培训团队的形象。学海无涯，总结提炼其求索成长路上的进取与感悟、心得与智慧，对广西中等职业学校名师培养工程具有一定的借鉴意义。

中职教师队伍的建设，任重道远；中职教师教育的创新，前路漫漫。诚愿广西中等职业学校名师培养工程系列成果能在关心广西中职教育的教育工作者和业界朋友中引起共鸣，进一步激活广西中职教育发展的蓬勃力量和无穷智慧，为广西职业教育改革发展提供人才保障和智力支持做出更多贡献。

是以为序，与广大中职教育同仁共励共勉。

本书编委会

前 言

民族文化是一个民族赖以生存的根基与血脉。习近平总书记曾经指出:"优秀传统文化是一个国家、一个民族传承和发展的根本,如果丢掉了,就割断了精神命脉。"[1] 传承与创新民族文化,既是维护政治稳定,促进经济发展的需要,也是推动文化繁荣,实现民族振兴的需要。党的十八大以来,党和国家将民族优秀传统文化传承工作摆在了前所未有的高度,给予了前所未有的重视和推进力度。

职业教育作为同社会经济联系最紧密的一种教育类型,对传承创新民族文化,提高民族文化人才技艺技能水平,做大做强民族文化及其相关产业,具有独特的、不可替代的作用。推进职业院校民族文化传承与创新,是提高技术技能人才培养质量,服务民族产业发展的重要途径,对于文化资源向文化资本转变,实现民族产业升级,提高民族特色产品附加值,提升民族产业在国际市场上的竞争力等,将产生积极的影响。

2013年5月15日,教育部、文化部、国家民委联合印发《关于推进职业院校民族文化传承与创新工作的意见》,一场职业教育推进民族文化传承创新的探索与实践正在全国民族地区如火如荼地展开。我们高兴地看到,广西作为我国少数民族人口最多,拥有丰富的民族文化资源的边疆民族省区,已经积极行动起来,主动应对全球化、工业化、城镇化、信息化对广西民族传统文化的严峻挑战,在职业教育传承民族文化方面开展了许多有益的探索,

---

[1] 习近平. 在纪念孔子诞辰2565周年国际学术研讨会暨国际儒学联合会第五届会员大会开幕会上的讲话[N]. 人民日报,2014-09-25.

也取得了一定的成绩。

本书基于大量的文献研究、调查研究、个案分析和经验总结，对"为什么要传承与创新民族文化""为什么要在职业教育中传承与创新民族文化"等问题进行了论述；总结了近几年来广西职业教育在传承创新民族文化方面取得的成绩、形成的经验及存在的问题，并试图提出未来改进的建议。

本书由盛志榕、曾瑞玲撰写。盛志榕负责全书结构设计、大纲拟订、除第五章外所有章节的书稿撰写（约21万字）及全书的统稿审校及修改。曾瑞玲负责第五章的撰写（约7万字）。第五章第三节中的钟山县职业技术校、柳州市第二职业技术学校、南宁市第四职业技术学校等三所职业学校的典型案例分别由曾瑞玲、吕涛、贾旭撰写并提供资料。由于我们的水平有限，书中难免有不妥之处，敬请广大读者批评指正。

北京师范大学桑国元教授、广西交通职业技术学院彭朝晖教授对书稿进行了全面的审阅并提出了许多宝贵意见；广西职业教育研究中心的蓝洁博士对本书的大纲拟定进行了悉心的指导。南宁市第四职业技术学校的夏小越老师为本书文献检索及书稿审校承担了大量细致的工作，做出了积极的贡献。在我们开展相关调研和资料收集的过程中，得到了广西众多中等职业学校领导和老师的大力支持。在此一并表示衷心的感谢！

作　者

2019年1月23日

目 录

第一篇　使命与召唤

第一章　民族文化传承与创新的重要意义 …………… 003
　第一节　传承创新民族文化是维护政治
　　　　　稳定的需要 ………………………… 003
　第二节　传承创新民族文化是促进经济
　　　　　发展的需要 ………………………… 023
　第三节　传承创新民族文化是推动文化
　　　　　繁荣的需要 ………………………… 050
　第四节　传承创新民族文化是实现民族
　　　　　振兴的需要 ………………………… 057

第二章　广西民族文化及其传承 ………………………… 063
　第一节　广西各民族文化概况 ………………… 063
　第二节　广西民族文化传承与创新的现实境遇 ………… 098

**第三章　民族文化传承与创新是民族地区
　　　　　中等职业教育的使命** ………………… 131
　第一节　职业教育在民族文化传承中具有
　　　　　重要作用 …………………………… 131
　第二节　传承民族文化是民族地区职业教育
　　　　　发展的必然要求 …………………… 134
　第三节　国家对民族地区中职教育传承民族
　　　　　文化的政策与要求 ………………… 142
　第四节　民族地区中职教育传承民族文化的
　　　　　可行性 ……………………………… 149

第二篇 探索与实践

第四章 政府和企业在广西职业教育传承民族文化的探索 …… 157
 第一节 政府部门的引导与支持 …… 158
 第二节 行业（企业）组织的积极作用 …… 170

第五章 广西中等职业学校传承民族文化的探索与实践 …… 175
 第一节 主要做法 …… 175
 第二节 成果与成效 …… 227
 第三节 典型案例 …… 249

第三篇 困境与突围

第六章 广西中等职业教育传承与创新民族文化的困境 …… 279
 第一节 现实困境 …… 279
 第二节 原因剖析 …… 286

第七章 广西中等职业教育传承民族创新民族文化的突围与展望 …… 289
 第一节 突围策略 …… 289
 第二节 未来展望 …… 367

后记 …… 371

第一篇

使命与召唤

第一章 民族文化传承与创新的重要意义

第一节 传承创新民族文化是维护政治稳定的需要

一、传承创新民族文化有利于促进民族团结

中国是一个统一的多民族国家。中国共产党领导下的民族工作的根本宗旨,就是促进各民族之间的团结、繁荣与进步。党的十九大报告要求:"深化民族团结进步教育,铸牢中华民族共同体意识,加强各民族交往交流交融,促进各民族像石榴籽一样紧紧抱在一起,共同团结奋斗、共同繁荣发展。"传承与创新民族文化和维护与促进民族团结之间是相辅相成、互相促进的关系。一方面,团结和谐的民族关系为各民族的传统文化传承与创新提供良好的环境;另一方面,传承创新民族文化又对民族团结产生积极影响。

(一)民族文化是一个民族凝聚人心维护内部团结的纽带

在竞争日益激烈的当今世界,民族凝聚力的强弱,在很大程度上影响着一个民族发展科技、强化民族竞争力、加快现代化的进程。"所谓民族凝聚力,是指一种维系民族生存和发展的内在力量,是一种保留在社会群体中多层次力量构成的合力。从民族凝聚力的内涵看,它本质上是一种观念或精神范畴,即一个民族在特定文化模式塑

造下形成的共同信仰、价值观念、审美趣味、思维特征、感情倾向等内在的文化共识。"① 共同的民族文化,特别是共同具有的观念和准则,把一个民族的人们紧紧维系在一起,进而成为维系一个民族存在的纽带和精神的寄托。反之,一个民族,一旦失去民族文化,也就失去了其存在的根基和凝聚的核心,民族的发展与复兴自然就更无从谈起。

(二) 基于民族文化差异的文化交流互鉴是各民族友谊的桥梁

"我国各民族的文化显示出了各不相同而丰富的民族文化内涵,体现了诸多价值观、人生观、世界观和生存观的内容。"②

民族之间的文化交流可以分为物质文化交流和精神文化交流两类。那些事关衣食住行等各种商品与民俗文化中的物品等方面的交流,属于物质文化交流;民族哲学、文学、音乐和绘画等方面的交流则是精神文化交流。我国由56个民族组成,各民族既有共同的文化特征,又由于来源于不同的文化背景,尤其是其形成的自然环境、诞生的历史时期和社会构成的阶段性特征等不同,而有着色彩斑斓的文化差异性。一般情况下,文化交流主要就是"发生在两个或多个具有显著不同特点与渊源文化之间,并留下各种各样光彩夺目的辉煌成就。倘若没有差异性文化,就没有多样性文化交流,也就不会因文化交流而产生出灿烂的多样性文化③"。改革开放以来,我国保持着高速的经济社会发展速度。特别是近年来,我国交通体系和互联网的覆盖面不断延展。随之而来的,是全国各民族之间逐渐加强的人口和文化交流。"每年我国的人口流动性的数据显示,流动人口2.5亿人左右,其中少数民族的流动人口在2000千万人以上,从边缘落后的民族地区流向了我国东部大中型城市。同时,在西部大开发战略提出之后,我国内地的汉族人口也大量地流向了边疆地区和少数民族地区。"④ 通过日益加深的交往、交流和交融,各民族间互取所长,互补所短,增进了民

---

① 文怀沙,邵盈午. 中华根与本——宝学概论 [M]. 北京:中国文联出版公司,1997.

②③④ 袁泽宇,马福元. 论民族文化建设对促进民族团结进步的积极影响 [J]. 新西部,2017 (20):72 – 75.

族间的友情，促进了民族间的团结、互助，也促进了民族的共同发展和进步，同时也为民族文化自身发展与演变注入了新鲜的血液。

（三）各民族文化传承创新是维护中华民族"多元一体"格局的基础

中国有 56 个民族。多民族是我国的一大特点，也是我国发展的一大优势。我国各民族多样化的民族文化，共同构成了丰富多彩、博大精深的中华文化。56 个民族不断交流交融，"你中有我，我中有你，融而不化，化而夹生，谁也离不开谁，"① 尊重差异，包容多样，手足相亲，守望相助，构成了费孝通先生所称的"中华民族多元一体格局"。今天，"多元一体"的民族观念已为越来越多的中国人所认可，也经常出现在国家领导人的重要讲话中。例如，习近平总书记在 2014 年 9 月的中央民族工作会议上指出："我国历史演进的这个特点，造就了我国各民族在分布上的交错杂居、文化上的兼收并蓄、经济上的相互依存、情感上的相互亲近，形成了你中有我、我中有你、谁也离不开谁的多元一体格局。"② 在 2015 年 9 月，会见基层民族团结优秀代表时，习近平总书记强调："我国是统一的多民族国家。各民族多元一体，是老祖宗留给我们的一笔重要财富，也是我们国家的重要优势"。③ 目前，我们加大对民族文化进行保护、传承和创新的力度，也在客观上传播了"文化共生"和"多元一体"的理念。只有坚持对各民族文化传承创新，保护民族文化特色，丰富民族文化内涵，才能保护中华民族文化的多样性，切实巩固和发展平等、团结、互助的新型民族关系，从而增强中华民族的凝聚力，维护中华民族的"多元一体化"格局。

值得骄傲的是，广西民族团结进步的基础扎实，形成深厚传统，并进而保障了广西成为坚如磐石的边疆省区。多年来，"民族关系一直是广西民众满意度最高的社会发展指标。"④ 在广西壮族自治区成立 50 周

---

① 费孝通. 中华民族多元一体格局（修订本）[M]. 北京：中央民族大学出版社，1999.
②③ "平语"近人——关于民族团结习近平这样说 [EB/OL]. (2015 - 10 - 02) [2019 - 01 - 05]. http://news.xinhuanet.com/politics/2015 - 10/02/c_1282 - 85839. htm.
④ 石有健，何文钜. 广西边境民族关系问题 [J]. 广西民族研究，2014 (03)：161 - 167.

年时，中央领导人盛赞："广西壮族自治区是民族团结的模范、维护统一的模范、维护稳定的模范，是我国民族关系'三个离不开'的模范，是中华民族强大凝聚力的生动体现。"2012年3月，全国"两会"期间，时任中共中央政治局常委、国务院总理温家宝参加广西代表团审议时，称赞广西"是我国最团结最和睦的省区之一"。2013年10月，时任中共中央政治局常委、全国政协主席俞正声在广西考察期间，称赞广西民族团结和谐的大好局面，希望广西继续成为全国民族团结进步的模范。2018年12月，全国政协主席汪洋在广西壮族自治区成立60周年大会上说："（今天的广西）民族关系处于历史最好水平。""天然与和谐造就了广西的大美，美丽广西不仅有绮丽的风景，更有和谐的人文环境。"① 在这个良好基础上，只有继续加强民族传统文化的传承与创新，促进广西各民族多元和谐共生，才能更好地凝聚广西各族人民力量共同实现广西的跨越式发展。

二、传承创新民族文化有利于维护国家安全

（一）传承创新民族文化有利于维护我国的文化安全

1. 文化安全与民族文化安全

文化安全是指"国家的文化主权不受侵犯、国家的民族精神和凝聚力不被威胁、国家传承的信仰和追求得到保护，"② 它始终以维护国家利益为准绳，对于维护和保障国家的政治、经济、军事安全上具有重要意义，成为国家安全体系的重要组成部分。1992年，联合国开发计划署（The United Nations Development Programme, UNDP）发布《人类发展报告》，首次将文化安全列为人类社会应该享有的一项基本权力。③ 2015年7月1日，第十二届全国人民代表大会常务委员会第十五次会议通过新的《中华人民共和国国家安全法》，对包括文化安全

---

① 施日全. 生态文化与美丽广西 [M]. 南宁：广西人民出版社，2014：32.
② 周鸿，黎敏茜. "一带一路"战略与广西边境地区民族文化安全研究 [J]. 广西师范学院学报（哲学社会科学版），2016（04）：62-67.
③ 孙英春，王祎. 软实力理论反思与中国的"文化安全观" [J]. 国际安全研究，2014（02）：101-116.

在内的 11 个领域的国家安全任务进行了明确。

民族文化安全是指"保护本民族的传统文化和意识形态不受外民族文化形态的侵犯,确保本民族文化保存固有的传统性并且继承延续至永久。"① 民族文化安全既是国家文化安全的重要内容,也是少数民族地区安全体系的重要内容,对民族地区建久安之势、成长治之业起着重要作用。广西是我国 5 个少数民族自治区之一。保护广西境内民族文化安全是维护中国文化安全体系的一项重要工作。

2. 我国面临的文化安全威胁

1) 中国文化安全的外部威胁

中国文化安全的外部威胁主要来自三个方面。第一,全球化带来的文化交融与冲突,对中华民族文化传承体系产生猛烈冲击,消解中国文化的性质,解构中国传统文化的内核,碾压中国本土文化,破坏中国民族文化生态。第二,以西方文化霸权冲击中国社会主义意识形态,妄图颠覆中国特色社会主义,使中国"改旗易帜"。第三,"伴随高科技裹挟而来的网络文化传播对主流文化价值观的解构,及其思想阵地的转移和社会主义理想教化的失效。"②

在当下全球化扑面而来、美国文化"软实力"占绝对优势、西方文化霸权主义和美国中心主义思维根深蒂固等因素相互交织的复杂背景中,全球化在很大程度上沦为了"西方化"或"美国化"。"放眼全球,美国在长期政治冷战和'文化热战'中已形成一套高效灵活的意识形态渗透策略,在其顶层设计中文化领域被视为'第二战场',一个悄无声息的能有效传播美国价值观和生活方式的隐蔽战场,在全球开动好莱坞、迪斯尼、百老汇等民族文化的'碾压机'。"③ "在历次中美知识产权谈判中,美方代表都强烈要求中国开放文化市场,允许美国的大众文化产品自由进入中国。"④ 美国通过国际市场的文化倾

---

① 周鸿,黎敏茜."一带一路"战略与广西边境地区民族文化安全研究 [J]. 广西师范学院学报(哲学社会科学版),2016 (04):62-67.

②③ 范玉刚. 从"文化冷战"到"文化热战"——非传统国家文化安全及其症候分析 [J]. 探索与争鸣,2016 (11):115-122.

④ 石中英. 论国家文化安全 [J]. 北京师范大学学报(社会科学版),2004 (3):5-14.

销,将意识形态诉求悄悄融入大众日常文化消费,使他国人民特别是青少年长期受到西方大众文化的浸染,不知不觉间心灵和头脑被俘获。这样,美国就实现了其"异域空间的殖民化,制造目标国家或地区的社会价值断裂与日常生活中的代际冲突,削弱民族文化传统或本土文化传统对于社会不同文化族群具有的凝聚力,"① 进而瓦解他国主流意识形态的目的。可见,这种在国际市场的文化倾销,是美国在全球化背景下向中国及全球推行文化帝国主义的一种有效工具。文化安全俨然是一场没有硝烟的战争。

在冷战期间,美国以其文化策略瓦解了苏联意识形态的内核,打击苏联的主流文化,从而在根本上动摇了苏联共产党执政的根基。自从苏联解体之后,西方国家就将"没有硝烟的战争"主要精力转向了中国。美国政客希拉里曾扬言:"只要充分地运用好美国的巧实力和软实力,美国就能完全掌握中国。"美国前驻华大使洪博培在国内辩论中曾公开宣称,要与中国争夺新一代的互联网民,希望通过影响他们带来中国政治制度的变化,借此扳倒中国。②

美国一边强力推行着其文化霸权主义,一边却炮制了"锐实力"的概念用于描述中国和俄罗斯两国向外正当的文化交流行为,对中国香港的中美交流基金会资助得州大学奥斯汀分校、中国在世界各地开办孔子学院等做法贴上"锐实力"的标签,评头论足,无端指责,肆意曲解,称"中国的对外文化交流受政府控制,并且有对西方国家进行价值观渗透、干预文化领域各种自由的政治目的"。③ 约瑟夫·奈等西方战略家炮制的这一概念目前在西方颇为流行,俨然成为另外一种"中国威胁论"。

在如此复杂背景当中,广西作为"中国唯一与东盟国家海陆相连的省区"和"一带一路"倡议中的重要一环,也不可避免地面临着

---

① 石中英. 论国家文化安全 [J]. 北京师范大学学报(社会科学版), 2004 (3): 5-14.
② 范玉刚. 从"文化冷战"到"文化热战"——非传统国家文化安全及其症候分析 [J]. 探索与争鸣, 2016 (11): 115-122.
③ "锐实力",披着学术外衣的骂人话 [EB/OL]. (2018-01-29) [2019-02-03]. 环球网: http://www.huanqiu.com/www/mobilenews/hot/2018-01/11563057.html.

文化安全和民族文化安全的各种外部威胁。除了对美国为首的西方大众文化的侵蚀保持警惕之外,广西还要特别警惕境外宗教思潮对广西边境民族文化安全的影响。从历史上看,我国西南边疆一直是境外宗教思潮传入中国通常经过的地方,如印度教从缅甸经云南等西南地区传入;佛教由伊斯兰卡、泰国传入中国云南的少数民族地区。随着我国进一步扩大对外开放,"一带一路"建设风生水起,广西边疆也将进一步开放。在境外宗教思潮涌入广西的同时,也会有一些传教士利用所享受的传教特权,披着宗教的外衣开展不正当的活动,以此冲击广西的民族主流意识形态,危害民族文化安全,破坏广西边境的社会稳定。

2) 中国文化安全的内部威胁

中国文化安全的内部威胁主要来自两个方面。第一,"一体性话语体系解体后,在多元文化发展格局重构中社会主导文化乏力与主流文化价值观摇摆所带来的文化失序。"第二,"社会转型期文化撕裂对文化生态的破坏,主导文化的内生性梗阻与主流文化价值观影响力衰微等各种'叠加效应'的挑战,及其疲于应对的泛化、散化和碎片化状态。"①

如果传统民族文化不能在正确的轨道上去进行合理的保护、挖掘、传承和创新,就可能被一些别有用心的人加以利用,在地下滋生蔓延成为民族分裂主义,美国等文化帝国主义恰恰喜欢并善于利用和操纵各国文化分裂主义势力,并把这种利用和操纵当作文化帝国主义破坏主权国家的文化认同与社会团结的一个基本策略。这种文化分裂主义包括极端民族主义、文化原教旨主义以及一些狭隘的文化本土化运动等,也在严重威胁着一国的文化安全和政治安全。

21世纪以来,随着中国综合国力的增强及中国与西方国家经济交往日益密切,中国越来越多地参与到全球事务之中,"中国方案和中

---

① 范玉刚. 从"文化冷战"到"文化热战"——非传统国家文化安全及其症候分析[J]. 探索与争鸣, 2016 (11): 115-122.

国智慧"对世界的影响越来越大，与此同时，各种敌对势力诋毁中国的声音也就越发强烈，意识形态交锋领域日趋复杂，我国的文化安全形势愈发严峻。

3. 弘扬优秀民族传统文化是应对文化安全威胁的有效措施

面对严峻的文化安全形势，我们必须时刻居安思危、高度警惕、沉着应对。胡锦涛指出："我们必须清醒地看到，国际敌对势力正在加紧对我国实施西化、分化战略图谋，思想文化领域是他们进行长期渗透的重点领域。我们要深刻认识意识形态领域斗争的严峻性和复杂性，警钟长鸣、警惕长存，采取有力措施加以防范和应对。"① 习近平要求全党："要准确把握国家安全形势变化新特点、新趋势，坚持总体国家安全观，走出一条中国特色国家安全道路。"② 2015 年 7 月 1 日实施的《中华人民共和国国家安全法》把"国家坚持社会主义先进文化前进方向，继承和弘扬中华民族优秀传统文化，培育和践行社会主义核心价值观，防范和抵制不良文化的影响，掌握意识形态领域主导权，增强文化整体实力和竞争力"作为维护国家安全的重要任务。③

应对严峻的文化安全形势，必须重视民族传统文化的保护、传承、创新工作。民族文化的传承和发展对于文化安全和民族文化安全的作用体现在以下两个方面。

第一，民族文化的有效传承和发展是文化安全和民族文化安全的内在保障。"文化传统作为国家和民族的全部文化积淀，是解释一个国家和民族文化的依据，也是一个民族自尊自信的精神寄托。"④ 大力继承和弘扬民族文化的优秀传统，有利于进一步促进广大人民群众的民族文化认同，抵御各种各样的文化霸权主义和文化分裂主义的威

---

① 胡锦涛. 坚定不移走中国特色社会主义文化发展道路，努力建设社会主义文化强国 [J]. 求是，2012 (1).
② 习近平. 习近平谈治国理政 [M]. 北京：外文出版社，2014：200.
③ 范玉刚. 从"文化冷战"到"文化热战"——非传统国家文化安全及其症候分析 [J]. 探索与争鸣，2016 (11)：115-122.
④ 孙英春，王祎. 软实力理论反思与中国的"文化安全观" [J]. 国际安全研究，2014 (02)：101-116.

胁，维护国家和民族的文化安全。

第二，民族文化软实力的发展是文化安全和民族文化安全的应有之义。"如今，以经济、军事、科技为代表的硬实力已不再是评定一国国际地位的唯一指标，文化软实力的较量更为突出，已成为全球化时代下决定国家实力强弱的重要因素。"① 一个国家"文化产业发展的质量、体系的健全和运行的健康，决定着一个国家文化安全的态势。"② 因此，要通过实施包括传承创新民族文化在内的系统性的有效措施，提高和充分展示我国的文化软实力，减少甚至消除西方的文化侵略和扩张。

（二）传承创新民族文化有利于维护我国的边境安全

1. 我国边境安全问题与民族问题深深交织

第一，边境安全问题是我国国家安全体系的重要组成部分。边境是与国家边界直接相连的特殊区域，既是国家陆地疆域之边缘，也是国家地缘战略的前沿阵地，向内支撑和拱卫着国家核心区的发展，向外则是国家走向外部世界的始端。③ 边境，作为内外连接与交错的关节：一方面与他国地理毗邻、山水相连、人文相近、交通相通；另一方面，其周边形势又往往错综复杂，多种势力激烈较量，使得边境成为各种安全问题汇聚交织的复杂区域和敏感地带。"中国不但有绵长的海岸线，更是世界上陆路边境线最长、邻国最多的国家。"④ 我国陆地边境线22 000多千米，边境线外与14个国家接壤，边境线内，东起辽宁省丹东市的鸭绿江口，西迄广西防城港市的北部湾畔，涉及辽宁、吉林、黑龙江、内蒙古、甘肃、新疆、西藏、云南、广西9个省

---

① 周鸿，黎敏茜. "一带一路"战略与广西边境地区民族文化安全研究 [J]. 广西师范学院学报（哲学社会科学版），2016（04）：62－67.
② 范玉刚. 从"文化冷战"到"文化热战"——非传统国家文化安全及其症候分析 [J]. 探索与争鸣，2016（11）：115－122.
③ 夏文贵. 边境安全问题及其治理 [J]. 西北民族大学学报（哲学社会科学版），2017（06）：64－70.
④ 石梦. 一本诠释边境民族教育的"鲜活教材"——读《中国边境民族教育论》[J]. 内蒙古师范大学学报（哲学社会科学版），2013（1）：166－168.

（自治区）的136个边境县（旗、市、市辖区）和新疆生产建设兵团的58个边境团场，居住着约2 300万人口。① 当今世界上除我国以外的军队在100万以上的3个国家，即美国、印度、朝鲜，都在我国周边或将军队部署到了我国周边；我国与部分邻国还存在着领土争端。我国边境可谓并不太平。边境安全问题无论对国家整体疆域安全还是对国家发展都有着巨大影响。正如费孝通先生在《致"兴边富民行动"领导小组的一封信》中所说："在两千多年的时间里，有一个重要的历史现象：天下未乱边先乱，天下已定边未定。观察边疆治乱兴衰，可知国家统一还是分裂，国力强盛还是贫弱，民族和睦还是纷争。"②

第二，我国边境安全问题是与民族问题深深交织在一起的。我国的22 000多千米陆地边境线中，有19 000多千米在少数民族地区，边境线外的136个边境县（旗、市、市辖区）和新疆生产建设兵团的58个边境团场中，民族自治地区占到107个，居住在这里的近½是守土戍边的少数民族，有30多个民族跨境而居。以地处祖国南疆的广西为例，广西与越南接壤的边境地区共有那坡、靖西、大新、龙州、凭祥、宁明、防城、东兴等8个县（市、区），陆地边境线长1 024千米，海岸线长594公里，总面积为2.4万平方千米，总人口为242万人。聚居着壮、汉、瑶、苗、彝、京等民族，少数民族人口占当地总人口的81%。③ 这里自古以来就是重要的战略要地和国防门户。其中，崇左与越南3个省10个县接壤，全市边境线长533千米，占广西陆地边境线的52%，是具有重要战略地位的边境城市。崇左市少数民族人口占总人口88.6%，其中壮族人口比例达88.3%，是广西少数民族人口比例最高、全国壮族最集中的地区。④

---

① 耿桂红. 边境旅游的兴边富民效应分析：云南德宏、广西崇左案例研究 [J]. 开发研究，2017（01）：154-160.
② 费孝通. 致"兴边富民行动"领导小组的一封信 [J]. 民族团结，2000（3）：8.
③ 宋涛. 兴边富民与广西边境少数民族的发展 [J]. 桂海论丛，2001，17（5）：61-64.
④ 覃蔚玲，韦日平，王晓军. 桂西南兴边富民新跨越研究 [J]. 边疆经济与文化，2013（07）：9-11.

第三，当前广西边境安全问题面临许多挑战。边境地区成为境内外敌对势力分裂主权国领土完整和破坏民族关系的突破口。广西地处中越边境最前沿，也是与东盟最近的经济贸易城市之一，极易受外来文化冲击和境外敌对势力渗透。① 当前广西边境的一些特点增加了这种外来渗透的风险。一是，随着对外开放进程日益深化，毗邻而居的两国边境居民经济生活往来日渐频繁，彼此的利益重叠共生，他们都对两国开放更多边界提出了要求。而"边界的开放在给边民带来利益的同时也会渗透些威胁。"② 二是，广西边境生活着壮、汉、瑶、苗、彝、京等多个民族，民族构成较为复杂，由于文化差异性，各民族相互交往中存在产生一定误解和冲突的可能性。这种误解和冲突容易被敌对势力利用来破坏民族团结，攻击我国的方针政策。三是，广西边境"同一个民族或族群跨国而居"③ 的跨境民族现象较为普遍，近年广西边境跨国婚姻现象也呈上升趋势。他们"并未因国家边界的分设而切割彼此间的情感联系和日常交往，"④ 其民族认同与国家认同之间会呈现交错、排序，有时会产生国家认同危机。四是，广西边境大多自然条件较为恶劣、发展资源有限、人口文化素质偏低、社会进程缓慢，总体社会发育水平偏低。上述情况使广西边境的不稳定因素增多，也为外部势力干涉和破坏中国的发展提供了可乘之机。近年来，某些有政治背景的境外机构和人员以到广西开展所谓扶贫济困、开发西部或者旅游、探亲等为由，深入到广西边境地区，开展渗透和破坏活动。"前几年就有15名自称是来自美国和韩国的外来人员，借参加传教士婚礼之机，到边境一些少数民族村庄进行非法传教，……在当

---

① 石有健，何文钜. 广西边境民族关系问题 [J]. 广西民族研究，2014（03）：161 – 167.

② 边振辉. 开放边界视角下边民在维护边境安全中的作用 [J]. 中国公共安全（学术版），2015（04）：119 – 123.

③ 何明. 国家认同的建构——从边疆民族跨国流动视角的讨论 [J]. 云南师范大学学报，2010（4）：25.

④ 夏文贵. 边境安全问题及其治理 [J]. 西北民族大学学报（哲学社会科学版），2017（06）：64 – 70.

地产生了不良影响。"① 根据石有健、何文钜在广西边民中进行的相关问卷调查,② 在回答"近5年是否有境外的人(包括亲戚、朋友)前往当地宣传其国家的宗教和优惠政策事件"时,有6.1%的人选择回答"有";同时,有12.1%的人称自己到过越南参加天主教活动,感觉去越南"参加活动的效果好";另外发现一些边民皈依越南佛教并过境参加活动。

因此,必须高度重视边境安全问题,加强边境治理。"边境治理的实质是要考量边境地区国家政治权力'真空地带'的填补,即在保持开放与安全的情况下,以对内对外威胁最小的方式填补国家权力的真空。"③

2. 边境民族的民族文化传承及对外交流有利于睦邻关系的维护与发展

2013年10月,中央召开了周边外交工作座谈会,习近平总书记在会上发表重要讲话指出:"我国周边外交的基本方针,就是坚持与邻为善、以邻为伴,坚持睦邻、安邻、富邻,突出体现亲、诚、惠、容的理念。"④ 2014年3月27日,习近平主席在巴黎联合国教科文组织总部发表重要演讲,全面深刻阐述对文明交流互鉴的看法和主张,强调应该推动不同文明相互尊重、和谐共处,让文明交流互鉴成为增进各国人民友谊的桥梁、推动人类社会进步的动力、维护世界和平的纽带。文明是"多彩""平等"和"包容"的。习近平主席指出:"文明因交流而多彩,文明因互鉴而丰富。文明交流互鉴,是推动人类文明进步和世界和平发展的重要动力。"⑤ 这与西方著名哲学家罗素的观点一致:"不同文明之间的交流,过去已经多次证明是人类文明发展的里程碑。"⑥

目前,广西应充分把握"一带一路"建设和中国与东盟加强合作

---

①② 石有健,何文钜. 广西边境民族关系问题 [J]. 广西民族研究, 2014 (03): 161 - 167.

③ 刘雪莲,刘际昕. 从边疆治理到边境治理:全球治理视角下的边境治理议题 [J]. 教学与研究, 2017 (02): 58 - 68.

④ 习近平在周边外交工作座谈会上发表重要讲话 [N]. 人民政协报, 2013 - 10 - 26 (01).

⑤ 文明因交流而多彩文明因互鉴而丰富 [N]. 中国青年报, 2014 - 03 - 29 (03).

⑥ [美] 成中英. 中国文化的现代化与世界化 [M]. 北京:中国和平出版社, 1988.

的大好时机，大力挖掘、保护、传承和创新边境民族的优秀传统文化，以文化交流为媒，促进边境民族传统文化的对外交流，提升边境民族的文化自信，增进境内外的文化了解和互信，为边境两侧人民搭建起友谊的桥梁。

3. 加强中国跨境民族的民族认同和国家认同是维护边境安全的需要

"跨境民族"指的是"分别在两个或两个以上的国家里长期居住，但又保留了原来共同的某些民族特色，彼此有着同一民族认同感的民族。他们虽然长期分居于不同的国家，受当地的主体民族或其他民族的影响，在语言、服饰、物质文化与精神文化等各方面有了不同程度的变化，但是在他们的传统文化的底层以及日常生活的深处，与原来的民族传统又有着千丝万缕的关系。"① 在中国 22 000 千米的陆地边界线上，与 14 个国家接壤，有 31 个民族跨境而居。广西的那坡、靖西、大新、龙州、凭祥、宁明、防城、东兴等 8 个县（市、区）与越南接壤，陆地边境线长 1 020 千米，海岸线长 1 595 千米，有壮、苗、瑶、彝、仡佬、汉、京、回等 8 个民族跨境而居（见表 1-1）。

表 1-1 广西跨境民族一览表

序号	中国的民族	越南的民族
1	壮	岱、侬、高栏、布标、拉基
2	苗	赫蒙
3	瑶	瑶、巴天、山由
4	彝	倮倮、普拉
5	仡佬	仡佬
6	汉	华（汉）、艾
7	京	京（越）
8	回	占婆

资料来源：根据范宏贵和刘志强的《中越边境贸易研究》②以及李伟山和孙大英的《论中越边境跨境民族文化旅游带的开发》一文③整理。

---

① 胡起望. 跨境民族探讨 [J]. 中南民族学院学报，1994（4）.
② 范宏贵，刘志强. 中越边境贸易研究 [M]. 北京：民族出版社，2006.
③ 李伟山，孙大英. 论中越边境跨境民族文化旅游带的开发 [J]. 广西民族大学报（哲学社会科学版），2012（5）：117-121.

"跨境民族"虽然在各国的称呼略有差异,但他们族缘关系密切,他们之间文化相似、语言相通、信仰相同、风俗相近;在长期的发展进化中,虽然语言、文字、风俗发生了一些变化,使得本民族出现了一些新特征,但共通性大于差异性,由此在中越两国边境地区形成了一个跨境民族文化带,他们有较为稳定的民族内聚力,并在较长时间内继续存在,不会消逝。例如,壮、岱、侬族都有"不落夫家"的婚俗;中越两国的瑶族都过盘王节;又如,壮族的天琴和壮剧在越南保存完好;越南的岱侬剧唱法和我国南路壮族唱法则极为相似。[①] 共同或相近的文化成为跨境民族维系关系的精神纽带。

由于现实的地缘、亲缘、族缘关系,跨境民族成员有些会"只强调自己属于哪个民族,却有意无意淡化自己的国民身份,甚至模糊自己与邻国同族居民的国籍差异,十分在乎自己属于哪个民族,却不在乎自己属于哪个国家,"[②] 从而产生国家认同的混乱和危机,使境内外敌对势力的渗透有了可乘之机。边境,对外居于国家地缘战略的前沿阵地,对内则处于国家经济社会发展之末梢,由此形成的巨大反差,使得边境地区极易成为境内外敌对势力进行意识形态渗透、争夺和角力的复杂区域。[③] 广西边境跨境民族较早就受到儒家文化的影响,较早纳入中国传统朝贡制度,没有建立过大的独立民族国家,相对而言民族问题不太突出。但是,受第三次民族主义浪潮的影响,境外民族分裂主义对广西的影响也不容忽视。例如,活跃在中国、老挝、泰国边境的"民族联合阵线"图谋建立"寮蒙王国"(苗族独立王国);越南的"福尔罗"(法语 Front, Unide Luttedes Races Opprimees, FULRO)分裂组织一直在争取建立独立的"德加自治国";"泛泰族主义"(Grand Thai Nationalism)认为越南、泰国的泰族、老挝的老族、

---

① 李伟山,孙大英. 论中越边境跨境民族文化旅游带的开发 [J]. 广西民族大学学报(哲学社会科学版),2012(05):117-121.

② 周平. 边疆治理视野中的认同问题 [J]. 云南师范大学学报(哲学社会科学版),2009(1):15.

③ 夏文贵. 边境安全问题及其治理 [J]. 西北民族大学学报(哲学社会科学版),2017(06):64-70.

缅甸的掸族和中国的傣族、壮族、布依族同属"泛泰民族",要建立包括中国的广东、广西、海南、云南、贵州、四川在内的"大东亚泰族联邦。"① 近年来,在广西边境人口流动更加频繁,一些跨国犯罪组织以同族名义为掩护,从事非法移民、跨境拐卖妇女儿童和走私等跨国犯罪活动,从而危及广西边境的国防安全和社会治安。

因此,必须重视做好跨境民族的民族工作,妥善解决存在的问题,确立文化兴边、文化睦邻的边疆文化发展战略,以跨境民族文化交流互动促进边疆繁荣稳定。

第一,尊重并积极传承跨境民族传统文化,促进官方与民间的民族文化交流,包括加强跨境民族文化遗产保护;加强边境地区文化基础设施建设;加强边境地区民族教育,扩大跨境招生规模,巩固和扩大各层次的跨境民族教育交流;支持和引导跨境民族境内外民族群众共同参与的节日文化活动和演艺文化交流,使民族文化活动成为"跨境民族广交朋友、睦邻友好和展示美好形象的载体;"② 支持和引导民族宗教的正常交往,同时要警惕和积极抵御敌对势力将民族宗教作为渗透和分裂的工具。通过文化交流互动,为中国发展争取更多境外民族同胞的情感文化认同和道义支持,向世界传播中国正面的文化价值,展示中国的良好形象,提高中国的影响力,"同时也使中方边境地区文化大发展大繁荣的成果更多惠及境外民族同胞,以此促进千里边疆的长期繁荣稳定。"③

第二,坚持用中华各民族传统文化中的亲善、仁爱、诚信、互惠、包容理念和习近平"人类命运共同体"和"文明交流互鉴"思想,去处理与周边国家和周边民族关系,培养我方跨境民族成员的中华民族共同体意识和国家主权意识,增强他们的中华民族认同和国家认同。

---

① 杨焰婵,陈发翠,鱼海波. 云南跨境民族与中国国家安全 [J]. 广西民族师范学院学报,2015(01):52-56.

②③ 郭家骥. 云南周边跨境民族文化交流互动与边疆繁荣稳定 [J]. 云南社会科学,2015(06):117-122.

第三,"中越边境地域是中越两国跨境民族及其文化的集萃地,"① 有着丰富而独特的跨境民族文化资源。要充分利用广西与越南边界由于跨境民族的共同文化而形成"跨境民族文化带",进行中越合作开发跨境民族文化产业,促进中越两国经济共同发展。例如,"开发跨境民族文化旅游资源,构建中越边境跨境民族文化旅游带",这必将有助于提升中越边境旅游整体的吸引力,打造一个包含物质文化和精神文化的全方位多元化的跨境民族文化旅游目的地,形成"中越边境旅游业发展的新的增长点和亮点,"② 从而推动中越边境旅游业的发展、促进边境地区经济繁荣、增强中越人民之间的友谊。

4. 传承民族文化,推进"文化兴边"和"文化戍边",是我国"兴边富民"行动的重要内容

我国广阔边境地区是支撑和拱卫内地发展的安全屏障。在绵长的边境线上,居住着2 300万边民,他们的存在"意味着边境地区世代有人居住、经营,意味着边境地区的民族繁衍、宗教文化的继承以及边境地区的持续性开发等。"③ "边民在边境的生产生活,既是国家主权的象征,也是保障边境领土安全的原生力量。"④ 他们"每种一亩包谷地都是捍卫国家领土和主权,"⑤ 可以说,他们世世代代为建设祖国边疆、维护国家领土完整和边防巩固作出了重大的牺牲和贡献。然而,由于历史、地理、自然等种种原因,我国多数边境地区生产生活条件都比较恶劣,"社会发育程度低、生产方式落后,自然环境恶劣,脱贫任务重、贫困人口多,基础设施薄弱,教育、文化、医疗、卫生条件差,财政极其困难," 与沿海发达地区的发展差距在进一步拉大,"是全面建设小康社会最难以攻陷的贫困堡垒,"⑥ 经济相对落后的边

---

①② 李伟山,孙大英. 论中越边境跨境民族文化旅游带的开发 [J]. 广西民族大学学报(哲学社会科学版),2012(05):117-121.

③⑤ 边振辉. 开放边界视角下边民在维护边境安全中的作用 [J]. 中国公共安全(学术版),2015(04):119-123.

④ 夏文贵. 边境安全问题及其治理 [J]. 西北民族大学学报(哲学社会科学版),2017(06):64-70.

⑥ 朱玉福. "兴边富民行动"的意义 [J]. 广西民族研究,2007(04):16-21.

境民族很容易产生失落感和自卑感，从而导致人口流失、人心不稳等问题，进而影响各民族之间的和谐相处和边境的安全。广西的那坡、大新、龙州、凭祥、宁明、防城和东兴8个县（市）与越南接壤，它们的面积共约1.8万平方公里，占广西总面积的7.5%。这8个县（市）中，全国滇桂黔石漠化片区县5个，东兴、防城、凭祥、大新、宁明5个县（市）为自治区级扶贫开发工作重点县，那坡、靖西和龙州3个县则属国家级扶贫开发工作的重点县。近年来，越南经济实力不断增强，该国"对其边境民族地区的稳定发展实施了全方位的优惠政策，造成中方边民的心理失衡或失落，直接影响到边民守土固边的爱国热情，同时容易导致部分边民被境外敌对势力所利用，给分裂势力和邪教组织以可乘之机。"①

历史经验证明，在世界上任何一个地方，贫困是政治动荡、社会不稳定和极端主义蔓延的根源和基础。"边境地区的发展不仅仅关乎边境地区各个民族人民的生活水平问题，还直接关系到我们的国防建设，关系到我们国家的领土完整、国家安全。加快边疆经济社会发展，是实现各族人民利益、巩固民族大团结、维护边疆长治久安的根本保证。"② 正如江泽民主席在中央扶贫工作会议的讲话中所指出的："如果这些贫困地区，特别是少数民族地区和边疆地区贫困问题长期得不到解决，势必影响民族的团结，边境的巩固，也会影响整个社会的稳定，我们要有忧患意识。"③ 时任国务院总理朱镕基在1999年中央民族工作会议上也指出："要大力加强边境地区的民族工作，继续推进兴边富民行动，为富民、兴边、强国、睦邻作出贡献，巩固祖国的万里边疆。"④

在此背景下，国家民委联合国家发展改革委、财政部等部门，配

---

① 郭家骥. 云南周边跨境民族文化交流互动与边疆繁荣稳定 [J]. 云南社会科学, 2015 (06): 117-122.

② 韦秀康. 广西边疆稳定繁荣之路 [J]. 广西教育学院学报, 2010 (01): 18-21.

③ 江泽民. 全党全社会动员起来，为实现八七扶贫攻坚计划而奋斗 [N]. 人民日报, 1996-9-23 (01).

④ 朱玉福. "兴边富民行动"的意义 [J]. 广西民族研究, 2007 (04): 16-21.

合西部大开发战略，于1999年倡议发起，于2000年2月正式启动"兴边富民行动"。1999年12月29日实施的《国家民委关于进一步推动"兴边富民行动"的意见》指出："兴边富民行动是一个实实在在的促进生产力、真正使边疆各民族群众得到实惠的富民强国的行动，它以加快西部大开发为契机，以加快边境地区经济建设为着眼点，以政府为主导，社会广泛参与和支持，依靠边境地区各族干部群众自力更生、艰苦奋斗，争取用10年左右的时间，使边境地区基础设施得到明显改善，边民早日富裕起来，经济和社会事业全面进步，最终达到富民、兴边、强国、睦邻为最终目的。"① 近20年来，国务院办公厅先后印发了《兴边富民行动"十一五"规划》（2007年6月9日）、《兴边富民行动规划（2011-2015年）》（2011年6月5日）、《兴边富民行动"十三五"规划》（2017年5月28日），结合形势的变化，不断总结经验教训持续优化"兴边富民"行动，使之不断推向深入，取得累累硕果。在国家政策的指引下，各边境地区出台了系列地方文件，一场如火如荼的"兴边富民"行动在我国边境线展开，深刻改变着中国边境的面貌，受到边境地区各族人民的热烈欢迎。

实施"兴边富民"行动，是党中央、国务院作出的一项重大决策。它是边境民族地区经济社会发展、建设全面小康社会和社会主义现代化的必然要求；我国地域辽阔、边境线漫长国情，"兴边富民"行动直接关系到边疆稳定、民族团结、国家安定统一，对于促进我国"富民、兴边、强国、睦邻"具有非常重要的意义。

"治穷先治愚，聚力先聚心。"要充分发挥边疆民族地区自身独特的区位优势与丰厚的文化资源优势，将"文化兴边""文化戍边"作为"兴边富民"行动的重要内容，大力推动特色文化产业发展，促进边疆民族地区经济社会实现跨越式发展与可持续发展。2007年6月9日，国务院办公厅印发了《兴边富民行动"十一五"规划》，要求"大力发展文化事业。加强公共文化服务体系建设，完善文化基础设

---

① 国家民委"兴边富民行动"领导小组. 兴边富民行动［Z］. 北京：民族出版社，2000：28.

施,……推进文化遗产保护工作,加强民族优秀民间文化资源的系统发掘、整理和保护。对传统文化生态保持较完整并具有特殊价值的村落或特定区域进行动态整体性保护,有条件的地方建立民族民间文化生态保护区,逐步建立科学有效的民族民间文化遗产保护机制。"① 2011年6月5日,国务院办公厅印发了《兴边富民行动规划(2011—2015年)》,将"边境文化固边工程"和"基层公共文化保障工程"纳入改善和保障民生重点工程。其中"边境文化固边工程"要求"丰富边民的文化生活,扩大对周边的影响,抵御境外文化渗透,筑成健康、坚实、深厚的文化安全屏障和精神桥头堡。重点支持少数民族语言文字普遍使用的边境地区,……支持和鼓励优秀民间歌手、民族音乐家传唱和创作内容健康、富有时代内涵的民歌,并出版发行予以推广。鼓励成立民间团体,推动本民族文化遗产的保护和传承,加强边境地区文化生态保护。开展面向少数民族青少年的文学作品、科普作品、音像作品的创编翻译和出版发行,培养他们的审美能力、健康情趣、对民族文化和家乡的深厚情感。"规划还强调,"充分挖掘丰富的民族传统文化资源,打造特色文化品牌,推动非物质文化遗产生产性保护和利用,发展文化产业。依托旅游资源优势,推动文化与旅游的深度融合。大力培育开发具有边境特色的重点旅游景区和线路,鼓励发展边境旅游、民族特色村寨旅游、休闲度假旅游、生态旅游、探险旅游、农业旅游等特色旅游。"② 2017年5月28日,国务院办公厅印发了《兴边富民行动"十三五"规划》,部署"边境地区少数民族特色村镇工程",要求"选择一批民族特色突出、地域优势明显的村镇,通过加强民族文化保护、传承和发展,保护完善村落设施,推动特色村镇建设与旅游资源开发、环境保护、特色优势产业发

---

① 国务院办公厅关于印发兴边富民行动"十一五"规划的通知 [EB/OL]. (2008-03-28) [2018-12-10]. 中国政府网, http://www.gov.cn/zhengce/content/2008-03/28/content_6482.htm.

② 国务院办公厅关于印发兴边富民行动规划(2011—2015年)的通知 [EB/OL]. (2011-06-13) [2018-12-10]. 中国政府网, http://www.gov.cn/zhengce/content/2011-06/13/content_6451.htm.

展相结合,建设一批少数民族特色村寨和特色小镇"。"全面提升边境地区公共文化科技服务能力。大力推进文化强边,提升公共文化设施建设和管理水平,……。强化边境地区宣传文化阵地建设与管控,维护国家文化安全。加强边境地区文化遗产保护,推动边境地区传统工艺振兴,支持边境地区非物质文化遗产传承人参加非遗传承人群研修研习培训计划,支持非物质文化遗产生产性保护和合理展示。大力支持边境地区特色文化产业发展,加大边境地区文化人才培养,支持边境地区对外文化交流和对外文化产业合作,继续实施'边疆万里数字文化长廊''春雨工程'等,鼓励边境省区配置'流动博物馆'。……加强边境地区文化交流和信息服务,探索打造边境文化睦邻综合性服务中心。"规划还部署实施"边境地区文化建设工程",包括"边境民族文化精品工程"和"网络文化固边兴边工程"。"依托民族文化资源,大力发展民族文化产业,打造边境民族文化品牌。……开发具有边境地域特色、民族特色的旅游项目、主题酒店和特色餐饮,办好民族风情节。支持边境地区特色文化产业和旅游业融合发展,开发高品质特色旅游产品,提升文化旅游层次和水平。"①

"文化兴边",要求大力保护和传承边境各民族的优秀传统文化,将边境民族的力量凝聚到守土固边和边境建设发展上来,同时充分挖掘民族文化资源,促进文化产业发展,形成边境发展新的经济增长点。

"文化戍边",强调传承和发展民族文化,积极挖掘和科学引导边境民族乡规民约、习惯、习俗、宗教等无形力量在维护边境安全中的发挥作用,使其成为维护边境安全的软力量;强调通过宣传和教育增强边居"居边、爱边、兴边、固边"等思想和意识,并使"这种思想和意识外化的行为成为维护边境安全的重要力量;"② 还强调加强边境民族的文化交流,消除隔阂,增进共识,促进合作,从而形成"你

---

① 国务院办公厅关于印发兴边富民行动"十三五"规划的通知 [EB/OL]. (2017-06-06) [2018-12-11]. 中国政府网, http://www.gov.cn/zhengce/content/2017-06/06/content_5200277.htm.

② 徐黎丽,杨朝晖. 论文化戍边 [J]. 新疆社会科学, 2013 (03): 115-119.

中有我、我中有你"的"和而不同"格局，维护边境民族的和谐和睦，因为没有边境民族的团结，就不会有边境的安全和稳定。

2000年以来，广西紧紧围绕加强基础设施建设、加快特色产业发展、积极推进社会各项事业、加大民生保障力度等方面，实施了3次"兴边富民"行动边境基础设施大会战。结合广西区情，将"文化兴边""文化戍边"纳入广西"兴边富民"行动。保护发展边境地区民族优秀传统文化，着力构建边境文化长廊，光大国门文化教育，构筑边境民族安身立命、共谋发展的精神家园，促进边境民族团结，为广西边境地区跨越式发展提供强大的原生动力。

第二节 传承创新民族文化是促进经济发展的需要

一、全面实现小康迈进现代化，重点和难点都在民族地区

到2020年中国要实现全面建成小康社会的奋斗目标，现在时间越来越短，但任务却依然十分艰巨。习近平等党和国家领导人多次强调：全面建成小康社会，一个民族都不能少。2015年3月8日，习近平总书记参加十二届全国人大三次会议广西代表团的审议时强调："要把扶贫攻坚抓紧抓准抓到位，坚持精准扶贫，倒排工期，算好明细账，决不让一个少数民族、一个地区掉队。"① 2013年7月，李克强总理到广西考察时指出："广西要努力与全国同步全面建成小康社会。作为西部地区、民族地区，广西不同步实现小康，全国的全面小康就不完整。"② 国家领导人的殷殷期待，从另一个侧面恰恰说明了集"老、少、边、山、穷、库"多种困难于一身的广西，依然是我国扶贫攻坚的主战场之一，依然是我国全面建设小康社会的短板之一。事

---

① 精准扶贫，决不让一个少数民族、一个地区掉队［EB/OL］.（2015-03-09）[2019-01-03］. 中国青年报：2015-03-09. http://zqb.cyol.com/html/2015-03/09/nw.D110000zgqnb_20150309_2-01.htm.

② 石有健，何文钜. 广西边境民族关系问题［J］. 广西民族研究，2014（03）：161-167.

实上,成为短板的民族地区绝不只是广西一地。我国少数民族与民族地区的发展整体滞后,已成为当前我国面临的突出矛盾和问题。

据统计,"2010年我国全面小康社会的实现程度达到80.1%,其中东部地区全面小康社会的实现程度为88.0%,西部地区为71.4%。少数民族更加集中的民族8省区,小康社会实现程度只有70%左右。西部地区尤其是各民族省区之间的资源条件、生态环境、民族文化、经济结构等,与全国平均水平和东部地区差距比较大,全面建成小康社会的任务很艰巨、难度更大,也是全国全面建成小康社会的难点所在。"① 由此可见,加快少数民族和民族地区发展、全面建成小康社会,在全国现代化建设全局中无疑具有十分重要的战略地位。甚至在一定程度上可以说,民族地区能否实现全面建成小康社会的目标,关乎全国全面小康社会建设的成败。

马克思主义唯物辩证法告诉我们,事物的劣势与优势是可以相互转化的。如果将民族传统文化置之于现代化发展的对立面,将它视之为落后、愚昧,它就可能成为桎梏社会进步的藩篱。但是,如果能将民族文化进行有效的传承与创新,"使民族的优秀文化传统能够在新时代的社会生产、生活中找到适应点与生长点,培养民族自尊心、自信心",那么,它将可能"转化成为有利于社会进步、民族认同、文化绵延的新型资源性生产力。"②

二、传承创新民族文化是落实国家发展战略的要求

(一) 对外开放基本国策对民族文化传承与创新提出的要求

1. 广西北部湾经济区升级发展和泛北部湾合作发展

随着经济全球化的迅速发展和区域经济一体化趋势的不断加强,中国与东盟战略合作伙伴关系日益密切,推动泛北部湾地区合作与开

---

① 中国社会科学院民族学与人类学研究所课题组,王延中,龙远蔚,等. 加快民族地区小康社会建设的挑战、问题及对策(上)[J]. 广西民族研究,2015(04):1-12.
② 余益中,刘士林,廖明君. 广西北部湾经济区文化发展研究[M]. 南宁:广西人民出版社,2009:175.

发的要求也日益增强。

广西北部湾地区地处中国—东盟经济合作下的前沿地带。2006年8月,胡锦涛总书记在听取广西工作汇报时指出:"广西沿海发展应形成新一极。"为相对落后的广西北部湾经济区的经济社会发展提供了总体思路。2008年1月6日,在我国区域协调发展总体战略逐步形成,与东盟面向和平与繁荣的战略合作伙伴关系逐步确立,广西北部湾经济区面临新的历史机遇和挑战,需要加快发展的总体背景下,国家正式批准实施《广西北部湾经济区发展规划》。中央政府给予广西北部湾经济区的功能定位是:立足北部湾、服务"三南"(西南、华南和中南)、沟通东中西、面向东南亚,充分发挥连接多区域的重要通道、交流桥梁和合作平台作用,以开放合作促开发建设,努力建成中国—东盟开放合作的物流基地、商贸基地、加工制造基地和信息交流中心,成为带动、支撑西部大开发的战略高地和开放度高、辐射力强、经济繁荣、社会和谐、生态良好的重要国际区域经济合作区。①2017年1月20日,国务院批复《北部湾城市群发展规划》(简称《规划》)北部湾经济区将借《规划》春风,从规划建设、开放型经济、发展动能、产业发展、基础设施、同城化六大方面着手,全力打造北部湾经济区"升级版",建设开放北部湾、质效北部湾、畅通北部湾、同城北部湾、智慧北部湾、蓝色北部湾。

在广西的积极推动下,2006年,中国、东盟成员国和亚行共同启动了"泛北部湾经济合作"。13年来,"泛北部湾经济合作"从无到有、从小到大、从共识到实践,一步步走来,形成了中国-东盟海上合作的新机制,为"21世纪海上丝绸之路"建设打下了基础、积累了经验。②

2."一带一路"倡议

"一带一路"是"丝绸之路经济带"和"21世纪海上丝绸之路"

---

① 余益中,刘士林,廖明君.广西北部湾经济区文化发展研究[M].南宁:广西人民出版社,2009:3.

② 陈武.发展好海洋合作伙伴关系——深入学习贯彻习近平同志关于共建"21世纪海上丝绸之路"的战略构想[J].东南亚纵横,2014(1):3-5.

的简称。2013年9月7日，习近平主席在哈萨克斯坦发表演讲，首次提出了共建政策沟通、贸易畅通、民心相通的"丝绸之路经济带"的战略构想；时隔一个月，习近平主席出访印度尼西亚，并在其国会中发表重要演讲时明确提出，中国愿同东盟国家发展好海洋合作伙伴关系，共同建设"21世纪海上丝绸之路。"① "一带一路"战略将充分依靠中国与有关国家既有的双多边机制，借助既有的、行之有效的区域合作平台，"一带一路"旨在借用古代丝绸之路的历史符号，高举和平发展的旗帜，积极发展与沿线国家的经济合作伙伴关系，共同打造政治互信、经济融合、文化包容的利益共同体、命运共同体和责任共同体。"一带一路"建设作为中国首倡、高层推动的国家战略，它对我国现代化建设和屹立于世界的领导地位具有深远的战略意义，是新形势下中国面向西南对外开放的重要举措，符合西部大开发的需要，给古老的丝绸之路赋予了新的时代内涵，为中国全面深化改革开放规划了美好蓝图，为亚欧区域合作注入了新活力，为世界发展繁荣提供了新路径。②

3. 对外开放合作对民族文化传承的要求

1）包括民族文化产业在内的文化产业合作是对外开放合作的重要内容

习近平总书记提出的要把国内发展与对外开放统一起来，强调民族文化要海纳百川，互学互鉴，尊重文化的多样性。2008年10月28日，第三届中国—东盟文化产业论坛在南宁举办。论坛以"相互借鉴、合作共赢"为主题，围绕中国与东盟各国文化产业发展的借鉴与合作、构建促进中国与东盟文化产业交流合作新环境、文化产业在中国—东盟自由贸易区建设中的作用和中国—东盟文化产业论坛交流合作平台作用四个方面进行讨论。论坛发布了《中国—东盟文化产业论坛南宁宣言》，称"文化产业是20世纪的新兴产业，它能够创造巨大的社会财富，有助于传承丰富的人文精神，实现各国人民共享的文化

---

①② 周鸿，黎敏茜. "一带一路"战略与广西边境地区民族文化安全研究 [J]. 广西师范学院学报（哲学社会科学版），2016（04）：62-67.

权利。文化产业将成为中国和东盟各国经济发展的新动力，对推动各国国民经济发展具有重要的战略意义。中国和东盟各国在地理上相邻，拥有丰富多彩、各具特色的文化资源，同时拥有不断增长、潜力巨大的文化消费空间，这是各国共同合作、加快发展文化产业的坚实基础。"① 这不仅意味着中国—东盟国际合作平台共同认识到文化产业的重大意义，同时还标志着中国—东盟文化产业的合作关系将进一步发展。

2013年10月24日，习近平主席在周边外交工作座谈会上发表重要讲话指出："我国的周边外交要全方位推动人文交流，深化开展科教、旅游地方合作等友好交往，广交朋友，广结善缘。要对外介绍好我国的内外方针政策，讲好中国故事，传播好中国声音，把中国梦同周边各国人民过上美好生活的愿望、同地区发展前景对接起来，让文化包容的意识在周边国家落地生根。"② 人文交流是对外开放合作的国家战略的重要内容，其中首当其冲的便是文化合作与交流。

2）民族文化的传承、创新与传播，是落实"一带一路"共筑文化包容的利益共同体战略布局的需要

建立一个文化包容的利益共同体、命运共同体和责任共同体，是"一带一路"倡议的重要目标之一。2017年5月14日，习近平主席在"一带一路"国际合作高峰论坛开幕式上的演讲中强调："文明在开放中发展，民族在融合中共存。""一带一路"作为我国新时期对外开放重要倡议，其构想及实施所依托的一个重要条件就是我国少数民族地区与沿线国家具有千百年来民族文化交融和认同的深厚基础。③ 首先，基于民族文化的民族特色产业发展是进行国际经济合作交流的重要基础。广西是古代"海上丝绸之路"的发祥地之一，是当前我国对

---

① 余益中，刘士林，廖明君. 广西北部湾经济区文化发展研究 [M]. 南宁：广西人民出版社，2009：36.
② 周鸿，黎敏茜. "一带一路"战略与广西边境地区民族文化安全研究 [J]. 广西师范学院学报（哲学社会科学版），2016（04）：62-67.
③ 杨韶艳. "一带一路"建设背景下对民族文化影响国际贸易的理论探讨 [J]. 西南民族大学学报（人文社科版），2015（06）：39-42.

东盟开放合作的前沿窗口和重要门户。由于特定的地理位置和历史条件关系，壮族等广西少数民族与东盟诸民族之间有着复杂而深厚的历史渊源，民族文化的"同质性""相似性"或"关联性"，为广西与东盟国家经济合作交流搭起了桥梁，促进经济合作的深化。即使对于文化"异质性"相对较大的国家和民族，深入的文化交流也有利于增进彼此的了解和理解。这种理解，正是对外开放向前推进的"润滑剂"。

"一带一路"倡议中，共筑文化包容利益共同体的战略布局对广西与邻国的民族文化互通具有重要的指引作用。① 广西作为中国与东盟国家陆海相连的战略支点，是构建"丝绸之路经济带"和"21世纪海上丝绸之路"有机衔接的重要门户。广西要抓住这千载难逢的机遇，拓宽特色文化产业"走出去"与"引进来"的渠道和模式，努力打造"一带一路"特色文化产业合作战略支点。② 《广西壮族自治区国民经济和社会发展第十三个五年规划纲要》提出要"积极融入'一带一路'建设"，打造"一带一路""人文交流纽带"。

"只有民族的，才是世界的。"在推进对外开放系列重大战略的过程中，要深入探寻挖掘广西各民族的灿烂文化和宝贵精神，精心打造新的文化交流品牌，组织系列跨国文化交流活动，促进不同种族、不同文化的国家共享和平、共同发展；要发挥地方政府作用，对地区的特色文化资源进行深度挖掘与展示，深化地方政府与沿线国家互访、交流，举办各式文化活动，实现文化资源互通共享，讲好"中国故事"，让世界更好地了解中国和中国特色，提高中华文化的影响力。

党的十八大以来，《关于进一步加强和改进中华文化"走出去"工作的指导意见》《关于加快发展对外文化贸易的意见》《关于加强"一带一路"软力量建设的指导意见》《文化部"一带一路"文化发展行动计划（2016—2020年）》等文件先后印发，统筹对外文化交

---

① 周鸿，黎敏茜．"一带一路"战略与广西边境地区民族文化安全研究［J］．广西师范学院学报（哲学社会科学版），2016（04）：62－67．
② 黎学锐．边疆民族地区特色文化产业发展研究——以广西东兴市为例［J］．沿海企业与科技，2015（06）：58－63．

流、文化传播和文化贸易,讲好中国故事,传播好中国声音,文化"走出去"力度空前加大。①

2007年,广西壮族自治区政府工作报告指出,要"扩大对外文化交流与合作,特别是与东盟国家的交流与合作,推动我区特色文化走向世界"。近年来,广西与东盟国家文化交流日益密切,文化交流的领域和范围不断得到拓展。如中国—东盟博览会暨南宁国际民歌艺术节开幕式、中国—东盟博览会焰火晚会、中华情·中国—东盟博览会盛典之夜大型演唱会、风情东南亚·相聚南宁晚会、南宁·东南亚国际旅游美食节、东南亚时装秀等一系列活动的成功举行,推动了广西少数民族与东盟国家文化的交流和互动。② 可以说,一系列经济合作项目的顺利开展和不断深入,带动了文化的交流与合作,而文化的深入交流,又反过来推动了经济合作的不断升级。

(二)"文化强国"战略对民族文化传承的要求

1. 文化具有强大的力量

1) 文化创造文明

英国著名人类学家马林诺夫斯基(Malinowski)(1884—1942)指出,"文化深深地改变人类的先天赋予",它"在满足人类需要当中,创造了新的需要。这恐怕就是文化最大的创造力与人类进步的关键。"③ 费孝通先生认为:"文化是为了让人更好地生活在这个世上,更深入一步下去,就是要创造一个美好的世界。"④ 恩格斯说:"文化上的每一个进步,都是迈向自由的一步。"⑤ 胡锦涛总书记在中国文学艺术界联合会第八次全国代表大会、中国作家协会第七次全国代表大

---

① 周玮,白瀛,史竞男. 坚定文化自信 创造中华文化新辉煌——党的十八大以来文化建设成就综述 [EB/OL]. (2017-10-04) [2018-03-02]. http://www.xinhuanet.com/2017-10/04/c_1121762508.htm.

② 邱仁富. 文化共生视域下少数民族地区和谐文化构建研究 [M]. 上海:上海交通大学出版社,2014:128-129.

③ 邱仁富. 文化共生视域下少数民族地区和谐文化构建研究 [M]. 上海:上海交通大学出版社,2014:1.

④ 费孝通等. 全球一体化发展中所遭遇的文化困境 [J]. 民族艺术,2001 (2).

⑤ 马克思恩格斯. 马克思恩格斯文集(第9卷)[M]. 北京:人民出版社,2009:120.

会开幕讲话中指出："人类社会每一次跃进，人类文明每一次升华，无不镌刻着文化进步的烙印，文化的力量，深深熔铸在民族的生命力、凝聚力、创造力之中。"① 联合国教科文组织世界文化与发展委员会在其报告中称："正是文化，使人们得以相互沟通、联系，也正是文化，使每个个体的发展成为可能。同样，文化规定了人如何与自然、与周遭的物质环境发生联系，文化决定了人如何看待人与地球、人与宇宙之间的关系，文化决定了人对其他生命形式（无论是动物还是植物）的态度。正是在这种意义上，包括人的发展在内的所有形式的发展，归根结底都取决于文化因素。"② 由此可见，虽然文化是人类所创造的，但是文化一旦被创造出来，就如同空气和水一样让人离不开，文化反过来创造了人，也决定了人类的发展。

2）文化维系民族

对于一个民族而言，文化具有"内化"和抗"同化"的作用。通过对民族的"内化"和抗同化，文化发挥着维系民族的作用。

"内化"作用。民族文化作为一个民族所有生活的总和，既包括制度、风俗、习惯、科学、哲学、艺术等精神世界，也包括经济、技术等物质世界。这些文化的组成部分定向、规范和控制着人类的行为，对民族起着"内化"的作用。

抗"同化"作用。"拥有本民族独特的文化，是民族认同的核心要素，是不被其他民族同化的重要前提。"③ 例如，犹太民族历史上国破城失，流离失所，但由于有着其独特的民族文化，这个民族始终保持顽强的生命力，流散于世界各地近两千年却没有消亡或被同化，并于20世纪重新建国并走向强盛。目前，我们中华民族也走在伟大复兴的光荣征程上。为实现民族的伟大复兴，就必须通过文化增强民族

---

① 中共中央文献研究室. 十六大以来重要文献选编（下）[M]. 北京：中央文献出版社，2008：751.

② 联合国教科文组织世界文化与发展委员会. 文化多样性与人类全面发展——世界文化与发展委员会报告[M]. 张玉国，译. 广州：广东人民出版社，2006：3-4.

③ 李彦青. 努力实现由"文化大国"到"文化强国"的飞跃[J]. 中共石家庄市委党校学报，2011（11）：7-9.

凝聚力，促进每一个中华儿女对民族和国家的认同。

3）文化是发展手段

1990年，美国约瑟夫·奈教授提出"软实力"（Soft Power）的概念，并将其定义为："软实力是一种能力，即通过吸引，而不是以强迫或收买为手段来达到目的的能力。"① 约瑟夫所说的这种"无形力量其实指的就是文化力量。所以，软实力同样能叫做文化软实力。……软实力能显著影响到公众行为规范与生活方式，因此越来越受到各国关注，各国也纷纷注重提升自己的文化软实力。"② 早在冷战结束后，美国哈佛大学教授塞缪尔·亨廷顿就在《文明的冲突》一书中指出：21世纪的竞争将不再是经济的竞争、军事的竞争，而是文化的竞争。在这里，我们看到，文化力量实际是被作为提升经济力量、政治力量的手段，以使国家在激烈的国际竞争中占据高点，掌握主动权，而受到关注和重视的。例如，伦敦提出建设"世界卓越的创意和文化中心"，曼彻斯特提出"创意之都战略"，巴塞罗那实施"文化—知识城市战略"，新加坡提出"世界艺术之城"战略等，都是将文化视为推动城市发展的重要资源和先进生产力要素。

4）文化是发展目标

文化固然有作为"资本引诱之物"来拉动经济发展的巨大作用，但文化却非仅仅是经济发展的手段，而是社会发展本身的目标之一。费孝通先生认为："文化是人类社会不可或缺的重要组成部分。"③ 联合国教科文组织国际专家小组指出："区别一个社会与另一个社会的不仅是金钱或自然资源的财富，而且首先是它的人民的价值观念、积极性和创造力。"④ 联合国教科文组织世界文化与发展委员会在报告中

---

① Joseph S Nye Jr. Propaganda Isn't the Way: Soft Power [J]. The international Herald Tribune, 2003（1）.

② 刘虹邑. 习近平文化强国思想的时代特征与现实意义 [J]. 重庆与世界（学术版），2016（02）：15-19.

③ 费孝通. 费孝通论文化与文化自觉（上）[M]. 北京：群言出版社，2007：201-202.

④ [美] 欧文·拉兹洛. 多种文化的星球——联合国教科文组织国际专家小组的报告 [M]. 戴侃，辛未，译. 北京：社会科学文献出版社，2001：7.

说:"我们绝不能把文化降低到从属地位,仅仅视为促进经济增长的一种工具。……我们既要明白文化对于发展的工具性作用,同时又要认清文化的作用远不限于此。文化赋予人类存在的意义,它本身就是人类发展的目的。……文化不仅是服务目标的一种手段,更是形成这些目标的社会基础。"① 因此,我们绝不能把文化只当作达到实现经济发展或政治稳定的工具,"一旦我们抛弃工具性的文化观,赋予文化以建设性、决定性和创造性的意义,我们就必须把文化发展纳入发展概念的整体之中,"② 将文化当作国家和民族发展的目标之一。

2. 我国文化强国战略和广西民族文化强区战略

众所周知,2011年起中国经济总量超过日本,位列世界第二。然而,中国还远未成为一个强国,制约中国成为强国的短板之一便是中国的文化建设滞后。面对错综复杂的国外形势,通过建设文化强国,从而提高和充分展示中国文化软实力,在国际经济新秩序构建的过程中发挥中国文化软实力的应有作用,成为事关新时代中国特色社会主义事业发展的一项重大而紧迫的任务。强调文化强国,是新时代赋予中国文化建设的重大历史使命。

文化强国战略是中国共产党积极总结历史经验教训、科学分析国内外形势、不断进行理论深化和实践探索的结果。从邓小平的"社会主义精神文明建设"思想,到江泽民的"中国特色社会主义文化建设"思想,到胡锦涛"提升我国文化软实力、建设社会主义文化强国"的战略决策,再到习近平的"文化自信"和文化强国思想,既一脉相承,又不断深化和完善。

1986年,党的十二届六中全会通过了《中共中央关于社会主义精神文明建设指导方针的决议》。

1996年,党的十四届六中全会通过了《中共中央关于加强社会主义精神文明建设若干重要问题的决议》。

2002年,党的十六大报告指出:"当今世界,文化与经济和政治

---

①② 联合国教科文组织世界文化与发展委员会. 文化多样性与人类全面发展——世界文化与发展委员会报告 [M]. 张玉国,译. 广州:广东人民出版社,2006:3-4.

相互交融,在综合国力竞争中的地位和作用越来越突出"。

2004年,党的十六届四中全会通过的《中共中央关于加强党的执政能力建设的决定》中明确提出"深化文化体制改革,解放和发展文化生产力"。这是我党首次在党的文件中正式提出了"文化生产力"这一概念。

2007年,党的十七大报告明确指出"当今时代,文化越来越成为民族凝聚力和创造力的重要源泉、越来越成为综合国力竞争的重要因素,丰富精神文化生活越来越成为我国人民的热切愿望。要坚持社会主义先进文化前进方向,兴起社会主义文化建设新高潮,激发全民族文化创造活力,提高国家文化软实力,使人民基本文化权益得到更好保障,使社会文化生活更加丰富多彩,使人民精神风貌更加昂扬向上。……解放和发展文化生产力,是繁荣文化的必由之路"。

2011年,党的十七届六中全会通过的《中共中央关于深化文化体制改革、推动社会主义文化大发展大繁荣若干重大问题的决定》(简称《决定》),明确提出要坚持社会主义文化发展道路,大力发展公益性文化事业,推动文化产业成为国民经济支柱性产业,推动社会主义文化大发展大繁荣,努力建设社会主义文化强国。该《决定》将文化定位为:"当今时代文化越来越成为民族凝聚力和创造力的重要源泉,越来越成为综合国力竞争的重要因素,越来越成为经济社会发展的重要支撑,丰富精神文化生活越来越成为我国人民的热切愿望"。可以说,该《决定》吹响了中国建设文化强国的号角。

2012年,党的十八大报告进一步强调,扎实推进文化强国建设。

2017年,党的十九大报告进一步强调:"坚定文化自信,推动社会主义文化繁荣兴盛。文化是一个国家、一个民族的灵魂。文化兴国运兴,文化强民族强。没有高度的文化自信,没有文化的繁荣兴盛,就没有中华民族伟大复兴。要坚持中国特色社会主义文化发展道路,激发全民族文化创新创造活力,建设社会主义文化强国。"

广西紧跟中央的部署,在各个时期及时对国家政策做出省级回应,并结合区域实际出台了系列文化建设的重要文件。

1992年9月，广西壮族自治区政府制定并印发《广西壮族自治区文化长廊建设规划》，提出用10年时间建设10条文化长廊的总体要求。此举受到文化部的高度赞赏和肯定，并于1994年在全国推广拓宽为"万里边疆文化长廊"。

1997年，以在巴马开展"三村千户文明创建示范片"活动为标志，正式启动区域性连片创建活动。广西根据各地实际情况，通过联动发展，整合力量，整体推进，先后形成"右江百里文明河谷"（革命传统教育）、"桂东文明绿洲"（绿色生态文明）、"桂西跨省区文明通道"（扶贫发展和跨省区共建）、"边境文化长廊"（边境爱国主义为教育）等区域联片创建，广西精神文明活动得到极大的发展。①

2002年7月，广西开始实施"文化共享工程"建设。

2005年4月，广西制定了《广西壮族自治区民族民间文化保护条例》。8月，自治区党委提出"四个广西"（富裕广西、文化广西、生态广西、平安广西）。2005年10月，中共广西区委第八届六次全会作出建设文化广西的战略决策，提出了建设先进文化省区的工作目标。

2006年7月，广西文化工作会议研究制定了《深化文化体制改革若干意见》等6个系列文件，对广西文化体制改革进行了规划和部署。2006年11月，自治区第九次党代会做出了"努力把我区建设成为具有时代气息、民族风格、开放包容的文化先进省（区），全面提升我区文化综合实力"的部署，2006年12月，自治区政府制定了《关于文化广西建设若干政策的规定》，这标志着文化广西建设的号角已经吹响。

2007年1月，自治区党委、政府联合制定的《关于建设文化广西的决定》提出了建设"文化广西"，并把文化产业纳入国民经济与社会发展总体规划中，"大力发展文化事业，促进我区文化全面繁荣。……充分利用我区丰富的民族文化资源，创作更多更好体现时代精神、具有地方和民族特色、在国内外有较大影响的文艺精品。特别要培育和扶持八桂民族音乐、漓江画派、山水实景演艺等优秀文化品

---

① 刘绍卫. 广西构建民族文化强区的历史考察及当代启示 [J]. 广西民族研究, 2012 (01): 17–23.

牌，提高我区原创文化水平。"2007年7月，广西制定了《广西"十一五"时期文化发展规划纲要》，为发展文化事业制定了目标和任务。2007年9月，自治区党委宣传部、广西文联举办的"广西文艺家北部湾座谈会"提出广西文艺"从山到海"的开放发展战略。2007年12月，广西文艺理论家协会广西日报社综合副刊部举办"文化建设十人谈：从山到海——广西文化战略转移"座谈会，从文化的角度探讨了"从山到海"战略转移的内涵、意义、目标、途径、方法。

2010年1月，广西十一届人大三次会议上的政府工作报告中提出，"大力发展文化体育事业""大力发展文化产业"，打造"千亿文化产业"。2010年3月，自治区政府下发《加快广西北部湾经济区大产业大港口大交通大物流大城建大旅游大招商大文化发展实施意见》，提出"把北部湾经济区建设成为广西千亿元文化产业的重点区域，成为面向东盟开放合作的区域文化中心"。2010年11月，自治区党委《关于制定国民经济和社会发展"十二五"规划建议》明确首次提出"建设具有时代特征、壮乡风格、和谐兼容的民族文化强区"。2010年12月，自治区政府出台《关于加快文化产业发展的实施意见》，制定了财政、税收、金融、土地等优惠政策，大大促进文化产业的发展，提出形成拥有比较优势的主导文化产业集群，发展一批具有较强实力和竞争力的骨干企业和企业集团，培育一批知名文化产业品牌，建立一批具有地域优势的文化产业园区和基地，形成地域特色鲜明、产业优势明显、发展重点突出、总体实力不断增强的文化产业发展新局面。

2011年1月，自治区第十一届人民代表大会第四次会议审议通过的《广西壮族自治区国民经济和社会发展第十二个五年规划纲要》指出："坚持社会主义先进文化前进方向，弘扬中华文化，建设和谐文化，发展文化事业和文化产业，提升文化软实力，满足人民群众不断增长的精神文化需求，构建具有时代特征、壮乡风格、和谐兼容的民族文化强区"，并对建设文化强区也作出了具体规划。2011年11月，中共广西第十次代表大会提出了建设民族文化强区的战略任务，指出"实现富民强桂新跨越，必须依靠文化凝聚人心、鼓舞干劲、激发热情。按照中央决策部署，以高度的文化自觉和文化自信，深化文化体制改革，推动社会主义文化大发展大繁荣，努力建设具有时代特征、壮乡风格、和谐兼容的民族文化强区，成为在全国有较大影响力的区域文化中心、中国与东盟文化交流枢纽、中国文化走向东盟的主力省区，使文化软实力成为发展硬支撑。"①

2012年6月，《中共广西壮族自治区委员会关于贯彻党的十七届六中全会精神，深化文化体制改革·推动文化大发展大繁荣·建设民族文化强区的若干意见》提出，要把广西努力建设成"具有时代特征、壮乡风格、和谐兼容"的民族文化强区，成为在全国有较大影响力的区域文化中心、中国与东盟文化交流枢纽、中国文化走向东盟的主力省区。②

2015年10月，自治区党委书记彭清华在《光明日报》发表了题为《加快推进民族文化强区建设——认真学习贯彻习近平总书记在文艺工作座谈会上的重要讲话》的署名文章。

2016年5月，自治区第十二届人民代表大会第五次会议审议通过的《广西壮族自治区国民经济和社会发展第十三个五年规划纲要》强调，要"加快推进文化改革创新，大力发展文化事业和文化产业，建成具有时代特征、壮乡风格、和谐兼容的民族文化强区。"

回顾广西"民族文化强区"战略的衍变过程，可以大致划分为两个阶段。第一阶段是1978年10月至2002年11月：从"发展民族文化艺术事业"到建设"具有鲜明时代特点和南疆特色的民族文化自治区"文化战略调整，实现了从"精神文明建设"到建设"有中国特色社会主义文化"的转变。第二阶段是2002年11月至今：从"文化先进省（区）建设"到建设"民族文化强区"战略，构建了广西文化大发展的社会主义文化情怀和战略意识。广西从提出发展民族文化艺术，到提出建设"先进文化省区""民族文化强区"，文化本位战略更

---

① 刘绍卫. 广西构建民族文化强区的历史考察及当代启示 [J]. 广西民族研究，2012 (01)：17 – 23.
② 中共广西区委关于深化文化体制改革的意见 [EB/OL]. (2012 – 06 – 24) [2019 – 12 – 13]. 广西新闻网，http://www.gxnews.com.cn/staticpages/20120623/newgx4fe508b6 – 5511056. shtml.

为清晰;广西文化发展范式从以精神文明建设为主轴到提高文化软实力的转换,文化战略思路更为开阔、开放。①

"民族文化强区"目标提出以来,广西各地的文化建设如火如荼、风起云涌,民族文化进一步得到拓展,民族文化传承精品不断涌现,各地民族文化传承人才保护政策相继出台,民族文化的教育进一步加强,民族文化产业正蓬勃兴旺起来,广西民族文化的传承与发展呈现前程似锦的良好态势。

3. 我国文化强国战略和广西文化强区战略对民族文化传承创新提出的要求

1)民族文化传承创新是文化强国的衡量标准之一

文化强国又是一个发展的概念,它主要通过国民素质的高低程度、文化事业的繁荣程度、文化产业的发达程度和文化体制的完善程度来体现。② 一般以以下四个方面作为文化强国的具体标准。

第一,文化发展成果的共享度,即能否最大限度地满足人民群众日益增长的精神文化需要。

第二,文化积淀增加度以及国际影响度,即是否对人类社会的发展做出贡献。

第三,文化传承完好度,即是否继承了本民族的文化精华。

第四,文化产业的贡献度,文化产业的规模和竞争力如何,文化产业在整个国民经济中所占的比重如何。

由此可见,对本民族文化精华传承的完好度,衡量着文化强国战略的成效。民族文化传承与创新是文化强国战略的应有之义和重要任务。

2)传承民族优秀传统文化是实现社会主义文化大发展大繁荣的基础和重要内容

优秀民族传统文化是发展社会主义先进文化的深厚基础,加强对

---

① 刘绍卫. 广西构建民族文化强区的历史考察及当代启示 [J]. 广西民族研究, 2012 (01): 17-23.

② 李彦青. 努力实现由"文化大国"到"文化强国"的飞跃 [J]. 中共石家庄市委党校学报, 2011 (11): 7-9.

民族传统文化思想价值的挖掘和阐发,维护民族文化基本元素,取其精华、去其糟粕、古为今用、推陈出新是社会主义文化建设的重要内容。① 没有深厚的民族优秀传统文化奠基,就不会有社会主义现代化文化的大发展大繁荣。

3)凝练广西文化品牌要依托民族文化优势

广西文化"在长期发展中形成了鲜明的特点,历史文化积淀相当深厚;12个世居民族长期相互交融、共同发展,有多姿多彩的民族性,展现了多民族文化的斑斓风采;从地域上讲,广西文化可分为桂北文化、桂东文化、北部湾文化、桂西北文化等,形成了以稻作文化为本源的多民族文化融合的广西文化或者八桂文化;从类型上,广西文化可分为山水文化、海洋文化、文人文化、少数民族文化、民间文化等,并与中原文化相互影响、不断整合,形成了广西多元共生的文化格局,构建了文化和谐发展的广西文化个性,成为中华文化的重要组成部分;广西文化不仅具有鲜明的开放性和强烈的爱国性,还有南方文化的独特个性。"② 广西实施"民族文化强区"战略,必须充分发挥自身文化优势,加强资源整合。只有根植于广西民族文化资源基础,我们的民族文化强区建设才不会成为无源之水,无本之木。制定广西文化战略,关键的问题是研究如何使广西丰富的民族文化资源转换为生产力,凝练文化资源建立优势增长极,促使民族文化资源成为广西社会经济发展与"富民强桂"的重要依托。

4)民族文化传承创新是提升广西文化软实力,激发广西新形象的深层动力

一直以来,一谈到广西,人们往往能想到的就是"桂林山水"和"刘三姐"。而事实上,在沿江、沿边、沿海,拥有"最美壮乡"美誉的广西的丰富民族文化资源中,"桂林山水"和"刘三姐"仅仅是

---

① 何惠. 关于高职院校传承创新民族传统文化的思考——以柳州职业技术学院为例[J]. 广西教育,2014(04).

② 刘绍卫. 广西构建民族文化强区的历史考察及当代启示[J]. 广西民族研究,2012(01):17-23.

很小的一部分。除了桂林山水文化，广西的花山文化、北部湾海洋文化、中越边境文化同样博大而精彩。这些民族文化，正是广西提升文化软实力的肥沃土壤。广西在历史长河中积累了难以估计的民族文化资源，其中，民间歌舞、传统民俗、民间戏剧及手工艺术等形式多样，内容丰富，有非常大的挖掘空间和创新价值。因此，基于对广西民族文化资源自身优势的客观分析，大力传承发展广西民族优秀传统文化，合理、科学地开发和传播广西民族文化资源，"有利于打破惯有印象的局限，让本地人和游客更深入地了解广西的民族文化之美丽，民族文化之灵秀，民族文化之智慧，塑造新形象，让人们重新认识广西，提升广西文化软实力。"① 文化软实力关系到广西区域形象的塑造。广西文化软实力的提升，将为广西文化产业发展提供重要支撑，成为凝聚广西各族儿女和激发民族文化创造力的重要源泉，为广西现代社会发展提供不竭动力。

三、传承创新民族文化有利于开发形成民族文化产业，完善现代产业体系，促进产业结构优化升级

民族地区往往有着丰富的自然资源和鲜明的民族文化，这些都可以为区域经济发展提供丰腴的养料。大力传承和创新民族文化，并对之进行资本化的运作，逐步开发形成民族文化产业，既有助于保护文化的多样性，又可以吸收大量劳动力，带动区域经济社会的繁荣发展。实现通过发展文化软实力来推动经济硬实力。

（一）民族文化产业概念界定

1. 文化产业

文化产业是1947年阿多诺和霍克海默在《启蒙辩证法》中率先使用的概念。他们认为文化产业必须和大众产业严格区分开来，是一种特殊的文化形态和经济形态。联合国教科文组织关于"文化产业"的定义如下：文化产业就是按照工业标准，生产、再生产、储存以及分配文

---

① 管荟璇，林昆勇，陈汇璇. 广西文化产业与民族文化资源的融合性研究［J］. 城市，2015（10）：75-79.

化产品和服务的一系列活动。我国文化产业的起步是比较晚的。"文化产业"和"文化产业政策"这一概念第一次在中央正式文件里提出，是在2000年10月中国共产党第十五届五中全会通过的《中共中央关于制定国民经济和社会发展第十个五年计划的建议》。2001年3月，九届人大四次会议采纳了"完善文化产业政策，推动文化产业发展""推动信息产业与文化产业相结合"等政策建议，发展文化产业正式纳入了国家"十五"规划纲要。2002年11月，党的十六大明确提出了"文化软实力"的概念。2004年3月，我国国家统计局在与中宣部及国务院有关部门共同研究的基础上，制定了《文化及相关产业分类》，结合我国的实际情况，将文化产业概念界定为：为社会公众提供文化、娱乐产品和服务的活动，以及与这些活动有关联的活动的集合。①

2. 民族文化产业

民族文化产业是文化产业的一种特定形态，是民族地区生产文化产品和提供文化服务的行业，是对民族地区民族文化资源的开发和产业化运作。② 民族地区民族文化的多样化，决定了民族文化产业鲜明的民族性，这是民族文化产业最重要、最显著的属性。

（二）民族文化产业发展可以拉动区域经济发展

"文化产业是人类社会发展到一定阶段的历史性产物，"③ 是一个新兴产业。当前，从世界范围看，世界经济正处于一个周期性调整期，许多传统产业将衰败乃至退出历史舞台，而许多新兴产业将萌生并蓬勃发展；从中国范围看，"经济进入新常态，传统产业增速放缓，缺乏增长助力的同时，地区经济要保持经济增长就需要寻求新的经济增长点。"④ 我国文化产业从弱到强，文化企业日益壮大，文化产业增速高于同期GDP增速。"20世纪90年代以来，文化产业已成为全球发展最快的产业之一，作为21世纪全球经济一体化的朝阳产业，文

---

①②③ 陆文丽. 广西民族文化产业的发展及对策研究 [J]. 企业科技与发展，2011 (16)：127 – 130.

④ 谢家泉. 广州市文化产业发展对产业结构的动态影响研究 [J]. 广东第二师范学院学报，2017 (02)：49 – 54.

化产业已成为现代经济的重要支柱及综合国力的重要标志,"① 引起世界各国的极大关注,许多发达国家都将发展文化产业作为国家发展战略的重要组成部分。文化产业的发展必将掀起新一轮的经济增长浪潮。② 在此背景下,我国的文化产业也取得了长足的发展。根据国家统计局官方网站发布的信息,据对全国规模以上文化及相关产业 5.5 万家企业调查,2017 年,上述企业实现营业收入 91 950 亿元,比上一年增长 10.8%(名义增长,未扣除价格因素),增速提高 3.3%,继续保持较快增长。

文化产业发展相对落后的广西,也将文化产业列为战略性新兴产业,作为广西制定实施发展战略的重点和引领广西经济增长方式由出口拉动向扩大内需倾斜的战略基点,出台了一系列加快文化产业发展的政策。广西雄心勃勃地提出了"力争到 2020 年,实现文化产业成为广西千亿元产业,文化产业增加值超过 1 500 亿元,占全区生产总值比重达到 5% 以上"的目标。然而,根据自治区统计局提供的数据,③ 2016 年自治区规模以上文化及相关产业企业实现营业收入 751.82 亿元,2017 年 1 月至 6 月,规模以上文化及相关产业企业实现营业收入 342.18 亿元,离 1 500 亿元的目标还有相当大的差距,而换言之,恰恰也说明广西文化产业发展和提升的空间还非常之大。据广西民族技艺行业职业教育教学指导委员会相关调研,目前广西民族技艺产业产值规模达 150 亿元,其中出口近 100 亿元。④

民族文化产业是文化产业的重要组成部分。文化产业有 3 种基本类别:一是生产与销售以相对独立的物态形式呈现的文化产品的行业,如民族工艺品制作等;二是以劳务形式出现的文化服务行业,如

---

① 陆文丽. 广西民族文化产业的发展及对策研究 [J]. 企业科技与发展, 2011 (16): 127-130.
② 管荟璇,林昆勇,陈汇璇. 广西文化产业与民族文化资源的融合性研究 [J]. 城市, 2015 (10): 75-79.
③ 关于《广西文化产业跨越发展行动计划 (2017—2020)》的政策解读 [EB/OL]. (2017-12-21) [2018-10-03]. http://www.gxwht.gov.cn/affairs/show/21616.html.
④ 广西民族技艺行业人才需求报告 (2016—2020) [R/OL]. (2018-04-17) [2018-10-03]. 南宁职业技术学院官网:http://ysxy.ncvt.net/info/1296/7273.htm.

民族戏剧舞蹈的演出等；三是向其他商品和行业提供文化附加值的行业，如民族文化旅游等。由此可见，民族文化产业并不是文化产业中独立的一种形态，而是各种文化产业依据民族文化资源而产生的产业。一个区域在进行文化产业战略重点布局时，必须要"紧密结合本地区的文化资源禀赋状况，充分考虑本地区文化资源的丰度、文化市场的容量、文化产业的产业关联性，来选择本地区的主导文化产业。"① 广西的文化产业资源优势恰恰在于得天独厚、丰富多彩的民族文化资源，包括独特的自然风光、多样化的民族节庆习俗、宝贵的少数民族神话传说以及历史悠久的文物古迹，这些少数民族独有的文化资源为广西发展少数民族资源型文化产业提供了基础条件，形成了广西海丝文化产业带、西江文化产业带、非遗文化产业带、红色文化产业带与沿边文化产业带，这就决定了广西文化产业的发展植根于本土，具有广西气派、壮乡风格、时代特征、开放包容的和谐文化体系，以民族文化产业作为广西文化产业发展的重要内容、优势和特色。

目前，中国经济的增长正从依靠消费、投资、净出口这"老三驾马车"拉动，向依靠消费升级、新型投资和"一带一路"这"新三驾马车"拉动转变。一是"消费升级"：人民群众日益增长的文化需求使民族文化产业成为新的经济增长点。在当今物质极为丰富的时代，单纯的物质消费不再能满足人们的需求，以物品消费为载体的文化差异性需求的满足日益受到人们的重视，独特、不可复制的民族文化正好满足了这一需求。② 要充分挖掘民族文化的消费热点新潜力，在民族文化领域培育新的经济增长点。2017 年 11 月 14 日召开的2017 年首届文化消费研讨交流会上公布的数据显示，"2016 年我国居民用于文化娱乐的人均消费支出为 800 元，年均增长率达 11.5%。业内认为，文化消费已成为我国经济的一个新增长点，"③ 这是我国居民

---

① 陈加友. 论我国文化产业政策的调整与优化 [J]. 云南民族大学学报（哲学社会科学版），2015（02）：38 - 44.
② 胡优玄. 广西民族文化资本化中的政府政策研究 [D]. 南宁：广西师范学院，2010.
③ 文化消费成我国消费升级的重要体现 [EB/OL]. (2017 - 11 - 16) [2018 - 04 - 12]. 新华网：http://www.xinhuanet.com/culture/2017 - 11/16/c_1121962820.htm.

消费升级的重要表现。二是"新型投资":发展民族文化产业不仅需要政府加大投入,更需要盘活民间资本,使越来越多的民间资本注入这一领域。三是"一带一路"倡议的实施,前面已经介绍。

民族文化产业具有关联带动作用。民族文化产业之所以能在民族地区国民经济中地位凸显,不仅因为其对经济增长有显著的贡献,还因为其对其他相关产业有着强劲的关联带动效应,为其他产业提供大量就业机会,带动其他产业的蓬勃发展。随着当前我国经济转型加快,各种产业的发展不仅越来越需要注入高科技产业的内涵,也越来越需要注入文化产业的内涵。首先,为第一产业中的农业注入民族文化内涵,打造民族休闲农业。其次,为第二产业中的制造业、建筑业等注入民族文化内涵,加工制造民族文化产品,提升制造业附加值;进行具有浓郁民族文化特色的建筑设计和施工。例如,博白芒编工艺美术产业将文化创意、民族元素融入其中,以民营企业拓展市场。目前,该县芒编工艺品出品世界60多个国家和地区,年出口额达10多亿元,成为中国最大的编织工艺出口基地。[①] 最后,民族文化融入第三产业,开发民族文化旅游,又带动了商品加工、宾馆、餐饮、交通、演艺市场等众多行业领域的发展。民族文化产业提升了传统产业的附加值,使其重新焕发经济活力。例如,2007年广西龙州县被命名为"中国天琴艺术之乡",2008年该县兴办了"天琴文化艺术节",2013年4月,《天琴》入围第三届北京国际电影节展播,天琴文化在国内外广为传播,把壮乡山水之美与纯朴浓郁的民风民情带给世人,成为广西文化品牌之一,越来越多的中外旅客被吸引到龙州旅游观光。天琴文化旅游也带动了龙州其他旅游的繁荣与发展,为当地经济发展繁荣提供了新动力。

民族文化产业是绿色产业。民族文化产业在关注经济增长的同时强调对自然生态及其孕育的民族文化的传承和保护,它本身具有"资源消耗低、环境污染少、生态影响小"的特征,只要合理开发、规范

---

① 施日全. 生态文化与美丽广西[M]. 南宁:广西人民出版社,2014:151.

运作、有效控制，就能符合生态文明建设的要求，故而是典型的绿色经济。广西的大型实境表演"印象·刘三姐"就是一个绿色演艺业的成功典范。绿色发展是当今世界各国发展之大势所趋，更是指导我国"新时代"发展建设的重要理念。民族文化产业绿色发展有助于自身实现可持续地发展，并为其他产业的绿色发展起到示范作用，对我国经济社会走上绿色发展之路产生引领作用。

近年来，广西民族文化产业发展取得喜人成就，涌现出一批有浓郁地方特色和时代气息的文化品牌：以大型民族音画舞台剧《八桂大歌》为代表的一批舞蹈艺术精品，以大型山水实景演出《印象·刘三姐》为代表的文化创意产业品牌，以南宁国际民歌艺术节为代表的节庆文化品牌，以钦州坭兴陶、北海贝雕、靖西壮锦、靖西绣球、合浦角雕、博白编织、宾阳竹编、梧州人造宝石等为代表的民间传统工艺等。这些特色文化产业充分利用当地文化资源优势，取得了很大社会和产业效益。①

（三）民族文化产业发展有利于促进产业结构优化升级

党的十六大和十七大就已经特别强调要"加快转变经济发展方式，推动产业结构优化升级"，并作为关系国民经济全局紧迫而重大的战略任务。当前，我国正处在产业结构转型升级重要时期。"这对于文化产业发展而言，是一个难得的历史机遇。产业结构转型升级所需要的产品附加值、需求结构调整、创新能力等，都可以通过文化产业的发展来带动和提升。也正是在此意义上，文化产业的发展能够在很大程度上推动和促进产业结构转型升级。"② 而作为文化产业重要组成部分的民族文化产业，也肩负着促进民族地区产业结构转型升级的重任。

1. 民族文化产业发展促进就业结构向服务化形态转变

民族文化产业带来了较高的劳动和资本收益，吸纳了劳动力以较

---

① 余益中，刘士林，廖明君. 广西北部湾经济区文化发展研究 [M]. 南宁：广西人民出版社，2009：34-35.

② 应思思. 文化产业发展促进产业结构转型升级的机制研究 [J]. 中国传媒大学学报（自然科学版），2013（05）：72-78.

快速度向民族文化休闲娱乐、民族文化旅游、民族文化动漫等服务行业转移,促进了劳动力素质提高,增加了服务业的就业比重,引起就业结构向服务化形态转变。

2. 民族文化消费的发展促进产业结构的升级

改革开放以来,特别是近年来,我国社会生产力的迅速发展,人民群众经济收入和生活水平大幅提高,人民群众的社会需要也随之发生巨大变化。"更高层次的、发展的、享受的、精神的、心理的需求逐渐凸显出来,人们会更多地注重精神文化消费,对文化产品与服务的需求相应会大量增加。"① 从注重物质需求到重视精神文化需求的转变,即文化消费的上升,推动了人们消费结构的变化,最终导致产业结构的高级化。

西方发达国家,普遍把文化放在优先发展地位。事实上,"在西方许多国家,以文化产业为核心(或主体)的第三产业产值比重已超过第一、第二产业而位居首位,"② 西方文化在全世界的强势与此不无关系。

目前,广西的第三产业虽然有了长足发展,但仍处于次要地位,产业结构仍不尽合理。广西具有发展民族文化产业的巨大潜力。民族文化产业包含民族文化产品生产、传播、流通及提供各种民族文化服务,涉及第一、第二、第三产业,特别是涉及服务业等第三产业的方方面面。因此,广西应当下大力气发展民族文化产业,以此来推动广西产业结构的调整和优化,促进第一、第二、第三产业的健康、协调发展。

(四) 民族文化的传承与创新是民族文化产业发展的基础

民族文化产业根植于民族文化资源,离开对民族文化的保护、挖掘、积淀、传承与创新,民族文化产业就无从谈起。广西世代居住着

---

① 蔡旺春. 文化消费的产业结构升级效应研究 [J]. 湖北经济学院学报,2013 (06): 50 – 56.

② 陆文丽. 广西民族文化产业的发展及对策研究 [J]. 企业科技与发展,2011 (16): 127 – 130.

众多少数民族，其丰富的民族文化资源造就了民族文化产业发展的巨大的潜在优势。从侗族大歌、壮族天琴等民族艺术到钦州泥兴陶、北海贝雕、靖西绣球等民族民间工艺，从织锦、扎染、蜡染等民族服饰到风雨桥、干栏等民族建筑；从壮医、瑶医等民族医药到"东甜西酸、南鲜北辣"的民族饮食；从南宁国际民歌艺术节、壮族三月三歌节、瑶族盘王节、苗族芦笙节、侗族花炮节、彝族跳弓节、京族唱哈节等民族节庆文化到壮族嘹歌、布洛陀、刘三姐歌谣等民族民间文学等，都蕴藏着巨大的开发潜能和竞争优势。要实现广西民族文化产业的可持续开发，就必须对这些文化产业资源进行恰当的保护、挖掘、积淀、传承与创新，将巨大的资源优势转化为丰富的产业优势。

四、传承创新民族文化有利于提高少数民族劳动者的素质

在我国少数民族地区，一定时期是通过传授现代科学文化知识和本民族的优秀文化传统，促进个体发展，从而服务于民族地区政治、经济、文化及社会的全面发展。在当今社会经济大发展的前提下，国家强大、科技发展、经济进步、民族振兴都离不开劳动者素质的提高。而少数民族居民地处边、远、山区，存在着大量适龄人口，教育的差异性和资源的接收差距还很大，特别在一些民族地区，这种不平衡更加明显。

传承创新民族文化，可以包括民族教育的科学文化素养、思想道德素质、身体及心理素质，民族自觉与自信等融合在一起，通过民族历史的熏陶了解中华民族的复兴使命；通过良好的民族风俗约束行为规范；通过民族语言的世代相传来联络情感；通过民族技艺的传承创新促进技能的可持续发展；通过现代媒体实现民族资源的传播和共享，这些载体将高效的创新性和积极的创造性内化成自强不息的民族情感，对经济资源进行有效配置，调整发展战略，应变市场能力。因此，传承创新民族文化有利于提高少数民族劳动者的素质，在民族发展中占有重要地位。

五、传承创新民族文化有利于促进民族地区就业，落实精准扶贫

改革开放以来，中国先后启动并实施了《国家八七扶贫攻坚计

划》《中国农村扶贫开发纲要（2011—2020年）》《扶贫开发整村推进"十二五"规划》（国开办发〔2012〕67号）和《关于创新机制扎实推进农村扶贫开发工作的意见》（中办发〔2013〕25号）等，持续地大规模推进扶贫开发，共减少6.6亿贫困人口。①《中共中央关于制定国民经济和社会发展第十三个五年规划的建议》指出实施脱贫攻坚工程，要实施精准扶贫、精准脱贫，因人因地施策，提高扶贫实效。精准扶贫是指针对不同贫困区域环境、不同贫困农户状况，运用科学有效程序对扶贫对象实施精确识别、精确帮扶、精确管理的治贫方式。党中央强调"十三五"时期要实现贫困人口全部脱贫，贫困县全部摘帽，吹响了脱贫攻坚战的号角，全国迅速掀起了精准扶贫热潮。

广西地处祖国西南边陲，"老、少、边、山、穷"是其真实写照，贫困人口多，贫困区域广，是全国扶贫攻坚的主战场之一，扶贫开发任务艰巨。② 2014年以来，广西先后出台了《关于实施我区新一轮扶贫开发攻坚战的决定》《关于创新和加强扶贫开发工作的若干意见》《关于全力打赢精准扶贫攻坚战的决定》。在精准扶贫视域下，民族文化产业对于广西这样的民族贫困地区扶贫的现实意义和重要作用进一步凸显。要充分利用广西丰富的少数民族文化资源，对民族传统文化进行传承创新，通过发展民族文化旅游、民族民间工艺品生产等民族文化产业，对贫困地区和贫困人口进行"造血式"扶贫，注重发动群众利用民族文化进行创收，带动村民参与民族文化产业项目，增加他们的收入，利用民族文化资源摆脱贫困局面，因地制宜地探索民族文化产业助推精准扶贫的新路子。

案例

三江侗族自治县（简称"三江县"）位于广西北部湘黔桂三省（区）交界处，总面积2 430平方公里，辖15个乡镇，167个行政村

---

①② 蒋萍. 旅游扶贫与少数民族文化主体性保护——以广西壮族自治区乡村旅游与旅游扶贫为例[J]. 社会科学家，2016（10）：95-99.

(社区），总人口39.3万人，是广西唯一、全国成立最早且侗族人口比例最高的侗族自治县，也是我国西部民族地区精准扶贫推进比较典型的县之一。近年来，三江县大力加强民族文化传承力度，依托县域多彩纷呈的文化遗产资源及生态风光资源，挖掘地方文化特色，走出了一条民族文化产业助力精准脱贫的好路子。第一步，走文化惠民之路，"十二五"时期，三江县以创建"全国文化先进县""全国旅游标准化示范县"为载体，颁布实施《少数民族特色村寨保护与发展条例》，积极创建国家级侗族文化（三江）生态保护区，推进侗族村寨申报世界文化遗产工作；第二步，走文化遗产基地化之路，大型侗族风情实景演出《坐妹》、"中国（柳州·三江）侗族多耶节"等特色文化产品知名度进一步提升，获得"广西首批特色文化产业示范县""全国文化先进县"等荣誉称号；第三步，走文化旅游之路，三江县依托民族民俗节庆带动旅游业的发展，侗族千人大歌、千人多耶赛、千人稻鱼宴、侗绣擂台赛、牛王争霸赛等活动纷呈，吸引四方游客，带动三江茶叶、油茶、高山稻鱼、高山鱼稻等侗家特产的畅销。三江县在借力民族文化传承与保护中通过"三步走战略"实现了人民群众基本文化精神需求与脱贫致富的双满足，努力探索出少数民族山区文化扶贫的新思路，让山区各族群众走上了脱贫致富的道路，取得实实在在的经济效益和社会效益。

六、传承和创新民族文化有助于满足居民文化消费需求

党的十九大报告指出，"中国特色社会主义进入新时代，我国社会主要矛盾已经转化为人民日益增长的美好生活需要和不平衡不充分的发展之间的矛盾。"随着这个"满足人民群众日益增长的美好生活的需求时代"的到来，人民群众的需求层次已从简单的填饱肚子，向更加高层次、优质化、多样化、个性化发展，文化消费作为一种更高层次的消费，在居民消费中的地位也愈加重要。所谓文化消费是指"大众用文化产品或服务来满足精神心理需求的一种消费。……文化消费作为居民消费中的软支出，不仅标志着居民生活质量的提高，还表征着居民消费结构的升级，是增强幸福感的评价

指标之一。"① 中国各民族由于自然条件、地理环境、政治经济因素、心理素质不同,文化消费也不同,每一地方消费都有自己的文化背景。"按照世界经济发展一般规律,人均 GDP 超过 1 000 美元时,人们消费结构开始发生转变,消费会转向发展型、享受型,物质消费的比重会逐渐减少,精神文化消费的比重会不断增加。"② 据测算,2018 年广西人均 GDP 为 41 316.50 元人民币。③ 目前,广西民族文化市场的培育力度还较弱,对人民群众多元文化的消费需求满足能力还比较低。因此,必须立足于供给侧改革,加大民族文化资源的保护、挖掘、传承和创新力度,促进民族文化产业的发展,为人民群众提供更加丰富多彩的民族文化产品,满足广西人民日益增长的文化消费的需求,提升满足广西人民消费需求向高级化发展的能力。

七、传承创新民族文化有助于民族地区摆脱对发达地区的路径依赖

全国人大常委会委员长吴邦国曾说:我们国家最大的浪费莫过于战略决策的失误。当前,广西的发展可谓机会与挑战共存,例如,在即将规划的"巨无霸"粤港澳大湾区旁边发展经济,广西该如何定位?作为后发达地区要实现跨越式发展,广西固然需要虚心学习发达地区经济社会发展的先进经验。但是,如果不立足于区情而一味盲目照搬,如盲目接收发达地区的低级产业转移,势必形成对发达地区的路径依赖,也意味着广西作为后发展地区将重蹈"先污染、后治理"的怪圈。要摆脱这种路径依赖,必须通过传承创新发达地区所没有的民族文化资源,发展民族文化产业,走适合广西区情的发展道路。英国学者迈克·费瑟斯通(Mike Featherstone, 1946—)认为,文化是

---

① 范玉刚. 文化消费对健全文化产业发展体系的促进作用 [J]. 艺术百家, 2016 (03): 13-20.

② 陆文丽. 广西民族文化产业的发展及对策研究 [J]. 企业科技与发展, 2011 (16): 127-130.

③ 据广西统计局网站公布的数据, 2018 年全区生产总值(GDP)初步核算为 20 352.51 亿元, 2018 年末广西常住人口 4 926 万人.

经济发展的一种手段，是"引诱资本之物。"① 广西必须用好这样的优势资源和手段，"文化搭台，经济唱戏"，以民族文化传承与创新助推经济的跨越发展。

第三节　传承创新民族文化是推动文化繁荣的需要

"文化更加繁荣"是我国在中国共产党建党一百年时建成全面小康的重要标准之一。党的十九大报告提出要"坚定文化自信，推动社会主义文化繁荣兴盛"。报告指出，"文化是一个国家、一个民族的灵魂。文化兴国运兴，文化强民族强。没有高度的文化自信，没有文化的繁荣兴盛，就没有中华民族伟大复兴。要坚持中国特色社会主义文化发展道路，激发全民族文化创新创造活力，建设社会主义文化强国。中国特色社会主义文化，源自中华民族五千多年文明历史所孕育的中华优秀传统文化，熔铸于党领导人民在革命、建设、改革中创造的革命文化和社会主义先进文化，植根于中国特色社会主义伟大实践。发展中国特色社会主义文化，就是以马克思主义为指导，坚守中华文化立场，立足当代中国现实，结合当今时代条件，发展面向现代化、面向世界、面向未来的，民族的科学的大众的社会主义文化，推动社会主义精神文明和物质文明协调发展。要坚持为人民服务、为社会主义服务，坚持百花齐放、百家争鸣，坚持创造性转化、创新性发展，不断铸就中华文化新辉煌。……深入挖掘中华优秀传统文化蕴含的思想观念、人文精神、道德规范，结合时代要求继承创新，让中华文化展现出永久魅力和时代风采。……当代中国共产党人和中国人民应该而且一定能够担负起新的文化使命，在实践创造中进行文化创造，在历史进步中实现文化进步！"在中华大地上，56个民族共同缔造了历史悠久、绚丽多彩、博大精深的中华文化，共同构成我们走向

---

① （英）迈克·费瑟斯通. 消费文化与后现代主义 [M]. 南京：译林出版社，2000：156.

未来、实现中华民族伟大复兴中国梦的战略力量。我们要根据世情国情的新形势新变化,在新时代中国特色社会主义理论的指导下:一方面保护与发展文化的多样性;另一方面与时俱进、开拓创新,促进中华民族文化的大发展大繁荣。

一、传承创新民族文化有利于促进文化多元发展

(一) 对多元文化的尊重与接纳是当今世界的主流观念

当今世界,人们越来越认识到,世界之丰富多彩,在于民族文化的差异性,地球之美在于文化的异彩纷呈。法国的人类学家克洛德·列维—斯特劳斯(Claude Levi‐Strauss,1908—2009)也在《种族与历史,种族与文化》一书中说:"任何文化,无论多么地微不足道,都是人类共同财富部分的持有者,为了文化多样性的需要都应保留。"[①] 联合国教科文组织总干事在1997年11月第29届大会上表示,"人类的身体健康离不开保护生物多元化,同样,人类的精神健康也离不开保护文化——语言、意识形态和艺术——的多元化。"[②] 习近平主席指出:"和而不同是一切事物发生发展的规律。世界万物万事总是千差万别、异彩纷呈的,如果万物万事都清一色了,事物的发展、世界的进步也就停止了。"[③] 然而,这种对多元文化的理解、尊重与接纳在人类历史上并非自然袭来。相反地,是无数人为之不懈努力甚至付出生命的代价才使多元文化主张为越来越多的人所接受。

据联合国统计,目前,单一民族国家仅占世界国家总数的10%~15%,在绝大多数国家是多民族、多文化长期并存的。其中一个典型例子就是作为移民国家的美国。一方面,美国是世界上最大的移民国家,众多外来移民共同缔造了美国;另一方面,移民国家不同族群之

[①] 列维—斯特劳斯著,于秀英译. 种族与历史,种族与文化 [M]. 北京:中国人民大学出版社,2006:7.
[②] 邵忠祥. 多元文化教育视野下黔东南苗族文化校本课程开发研究 [D]. 贵阳:贵州师范大学,2008.
[③] 习近平. 在纪念孔子诞辰2 565周年国际学术研讨会暨国际儒学联合会第五届会员大会开幕会上的讲话 [N]. 人民日报,2014-09-25.

间的竞争与矛盾贯穿了美国历史之始终。因此，如何协调族群矛盾，一直是美国社会的重要问题。① 在 20 世纪中叶以前，在美国占有优势地位的族群理论是"熔炉论"（1782 年由法裔美国学者埃克托·圣约翰·克雷夫科尔（Hector St. John Crevecoeur）提出），及其衍生、发展而来的"边疆熔炉论"（19 世纪中叶由德里克·杰克逊·特纳（Frederick Jackson Turner）提出）、"三重烙炉论"（20 世纪 40 年代由鲁比·乔·里维斯·肯尼迪（Ruby Jo Reeves Kennedy）提出）和"变形炉论"（由乔治·斯图尔特（George R. Stuart）提出）等。这些理论虽然在具体表述上各有不同，但其共同的实质都是"'同化论'（assimilation），即认定外来族群必然通过全盘接受主流族群的文化，完全认同于主流族群，从而达到实现所谓'社会融合'的目的。"② 20 世纪 60 年代美国的民权运动，特别是美国黑人民权运动这场"黑色旋风"，使得人们开始"越发清醒地认识到一些弱势民族的文化面临着层层危机，人们担忧随着全球经济、政治、文化等的一体化进程，弱势群体的民族文化语言会不断消失，人类文化的多样性在不久的将来将不复存在。"③ 于是，在西方一些发达国家，开始掀起一场文化多元主义浪潮，并且持续了几十年之久。加拿大总理特鲁多1971 年 10 月在演说中提出："我们不主张同化，我们不主张消除文化差异，我们希望每个人都能在一个团结统一的加拿大国家中和平共处。政府鼓励加拿大各民族在保持本族文化的前提下彼此共享文化特色和价值观，使我们的社会更加丰富多彩。"④加拿大政府将"多元文化"列入政府的施政大纲，其"多元文化"政策在欧美许多国家迅速引起强烈反响，瑞典、澳大利亚、英国、法国、荷兰、比利时、丹麦等国相继在不同程度上也实施了多元文化政策。在美国，"熔炉论"或曰"同化论"也逐渐越来越没有市场，"沙拉拼盘"得到越来越多人的支持，这被看成美国式的多元种族和多元文化。虽然美国政府没有正式宣布实施"多元文化政策"，其相关政策没有冠之以"多元文

---

①②④ 李明欢. "多元文化"论争世纪回眸 [J]. 社会学研究, 2001（03）: 99 – 105.
③ 陈晨. 在学校教育中民族文化传承与保护政策研究 [D]. 北京: 中央民族大学, 2012.

化"之名,却有鲜明的"多元文化"色彩。可以说,多元文化主义一度成为"很多国家整合少数族群的政策取向,甚而具备意识形态特征。"①

事实上,多元文化主义发展的历史,一直伴随着对它的质疑、争论和批评。自20世纪90年代以来,特别是美国"9·11"事件以后,多元文化主义理论和多元文化政策取向在西方世界,特别是在欧洲国家,遭受到了广泛而强烈的批评。批评者认为:"'多元文化'在为弱势族群提供特别关照的漂亮口号下,造成的结果却是同一国家内多个相互对立的族群彼此不断争权夺利",因而"强调个人种族属性至上的多元文化主义论调"是"改头换面的种族主义""'多元文化主义'将错综复杂的社会问题简单地化约为'文化问题',进而幻想通过'文化展示'(而且仅仅限于外在文化景观的展示)消除根源于生存竞争的族群矛盾,结果只能是乌托邦""'多元文化,否认文化有先进性和落后性之分,为一切反科学、伪科学披上了合法的外衣。"②近年,欧洲各国政府首脑纷纷宣布多元文化主义政策的失败。

我们认为,"文化多元主义"或有不足,但其倡导的不同民族和文化之间彼此平等、相互尊重的理念应该成为人类社会的共识。2017年8月,美国的一群白人至上主义者在弗吉尼亚州夏洛茨维尔市举行了一场集会,引发严重骚乱和暴力冲突。这一事件在撕裂美国社会的同时,也给世界敲响了警惕种族主义和新纳粹主义抬头的警钟。

(二)传承民族传统文化契合非物质文化遗产保护的理念

非物质文化遗产保护的理念正是在多元文化主义浪潮的大背景下应运而生,于20世纪70年代以后在世界范围内兴起和发展起来的,其初心在于保护世界文化的多样性,使文化不至于像许多稀有的生物物种那样从地球上灭绝。20世纪60年代,联合国教科文组织大会第14次大会

---

① 姜亚洲,黄志成. 论多元文化主义的衰退及其教育意义 [J]. 比较教育研究,2015 (05):26-30.

② 李明欢. "多元文化"论争世纪回眸 [J]. 社会学研究,2001 (03):99-105.

通过的《有关国际文化合作原则的宣言》第一条就规定："每个文化都有其尊严和价值，必须得到尊重和保存；每一个人都有发展其文化的权利和义务；鉴于各文化的丰富性和多样性，以及各文化间互惠的影响，所有文化都属于全人类共同的遗产。"① 在之后的几十年内，联合国教科文组织大会先后通过了《保护世界文化和自然遗产公约》（1972年）、《保护传统文化与民俗建议书》（1989年）、《人类口头与非物质文化遗产工作条例》（1998年）、《世界文化多样性宣言》（2001年）、《保护非物质文化遗产公约》（2003年）、《保护和促进文化表现形式多样性公约》（2005年），坚持维护文化多样性的主张，逐步确定了非物质文化遗产保护规则，有效地推进了世界范围的遗产保护，得到了世界各国的认同和响应。

（三）构建"中华民族多元一体格局"符合我国各民族的共同利益

费孝通先生从中国国情出发，提出了与西方学者强调文化多样性的"文化多元主义"和强调同化的"熔炉论"两个极端不同的"中华民族多元一体格局"理论。1988年，费孝通先生在香港中文大学参加学术会议期间，以《中华民族多元一体格局》为题作了一场学术报告，他指出："我将'中华民族'这个词用来指现在中国疆域具有民族认同的11亿人民，它所包含的五十多个民族单位是多元，中华民族是一体。它们虽则都称民族，但层次不同。"这是费孝通先生首次系统地提出"中华民族多元一体格局"理论，其依据是：在一个多民族国家中，不管是主体民族还是少数民族，都有其独特的传统文化。在人类漫长的历史进程中，由于各民族自我文化传递和各民族间文化的相互交流，各民族在文化上形成了"你中有我""我中有你"的特征。不仅主体民族文化吸收了各少数民族文化，而且各少数民族文化也打上了主体民族文化的烙印，形成了在一个多民族国家大家庭中，多种民族文化并存，共同组成代表某一多民族国家的"共同文化群体"，即形成费孝通先生所说的文化上的

---

① 吴磊. 我国少数民族非物质文化遗产政策研究 [D]. 北京：中央民族大学，2012.

"多元一体格局。"① "中华民族多元一体格局"理论在国际人类学、民族学、社会学界引起巨大反响。

费孝通先生还强调了"文化自觉",他认为:"民众能够达到文化自觉是漫长而艰巨的历程,这个过程是在民众充分认识自身的文化,在多元文化的基础上自身文化在众多文化中的位置,经过调适与适应并与众多文化结合在一起,进行取长补短,在共同认可的基础上建立大家一致认同的基本秩序与多种文化和平共处、共同发展的原则。"费老先生晚年把文化自觉高度浓缩成16个字,这16个字蕴含了文化自觉的所有意义,即"各美其美,美人之美,美美与共,天下大同。"②

"中华民族多元一体格局"理论,既鼓励了对民族文化的传承与创新,又强调了多民族的团结统一,符合我国各族人民的根本利益。因而已成为各族群众的自觉行动和政府的政策方针。

二、传承创新民族文化有利于促进精神文明建设

我们党和国家一直高度重视精神文明创建工作,党的十九大报告将"物质文明、政治文明、精神文明、社会文明、生态文明"的全面提升作为党和国家建设的重要任务。在中国经济实力显著增强的今天,只有切实提高全社会的精神文明水平,才能避免重蹈西方出现的"在物质建设上的最高成就以及社会人文中的最坏状况"③的"罗马化"现象的覆辙。精神文明建设包括思想道德建设和教育科学文化建设,为我国社会主义现代化建设提供精神动力和智力支持。无论是开展思想道德建设,还是教育科学文化建设,优秀民族文化都是丰富的资源和强有力的工具。"少数民族传统文化中包含着许多适合时代发

---

① 赖艳妮. 传承与创生:少数民族文化与基础教育课程整合研究[D]. 南宁:广西师范大学,2014.

② 华涛. 费孝通先生对中国民族构成复杂性的反思及其当代意义[J]. 民族研究,2019(03):18-27.

③ [美]刘易斯·芒福德. 城市发展史——起源、演变和前景[M]. 宋俊岭,等译. 北京:中国建设工业出版社,2005:229.

展要求、鼓舞和激励各少数民族不断走向现代文明的优秀成分，是各民族生存和发展的重要精神支柱。挖掘、改造和弘扬这些优秀成分，是在少数民族地区建设社会主义精神文明的重要任务和可行途径。"①对各民族优秀文化进行大力的传承、创新和发展，这不仅是精神文明建设的重要内容，也是精神文明建设的重要推动力。因此，我们在社会主义精神文明建设中，必须采取各种措施，大力促进民族优秀文化的传承、创新和发展。

（一）民族优秀传统文化对思想道德建设具有积极作用

我国各民族传统文化中蕴含着深厚的"爱国主义、集体主义、团结进取的文化精神，吃苦耐劳、尊老爱幼、尊重妇女、家庭和谐的传统美德，诚实守信、乐于助人、朴实无华、坦率真诚的人格精神，有难同当、有福同享、帮贫济困的古朴民风。"②这些在各民族长期历史发展过程中形成的文化价值观念和道德观念，在千百年来历史变迁中作为一种传统文化被保留和继承下来，并不断地得到补充和完善。它们已经根深蒂固地积淀在各民族文化心理的深层结构之中，具有相对稳定性，成为强有力的民族精神支柱和新时代思想道德建设的传统道德基础。在少数民族地区进行思想道德建设，树立良好的道德风尚和乡规民约，离不开对民族传统文化中的优秀文化价值观念和道德观念的利用和改造，使之"既符合精神文明建设发展的方向，又适应少数民族本身的内在要求。"③

（二）民族优秀传统文化对教育科学文化建设具有重要价值

民族优秀传统文化在今天的教育科学文化建设中同样具有重要的价值。如广西民族传统文化中所保留或固有的别具特色的文学艺术、诗歌、舞蹈、雕刻、绘画、建筑等，极大丰富了广西人民的生活，提升群众的审美能力，在广西现代文学和艺术的发展中也是不可或缺的重要组成部分；中医药、壮医药、瑶医药等民族医药，千百年来对广

---

①②③ 郑维川.弘扬少数民族优秀传统文化建设社会主义精神文明［J］.思想战线，1997（05）：2-9.

西各族群众的健康发挥了重要作用,在未来也还将被发扬光大,推动中国医药事业的发展;此外,体现民族特点的体育,"具有较强的经验性和适用性的民族科技和传统手艺,以及体现在日常生活和日常活动中的饮食、服饰、装饰、礼仪等文化现象,不仅丰富多彩,而且健康活泼,既有民族特点,又不乏时代韵味。它们都是各民族长期历史发展的文化积淀,在各民族中根深蒂固,是各民族文化生活乃至整个社会生活的基本形式,"① 这些内容,在教育科学文化建设中完全可以且应当发挥积极的作用。

第四节 传承创新民族文化是实现民族振兴的需要

在中国,"民族振兴"应该涉及两个层面:一是个体民族发展、富强和振兴;二是由56个民族共同构成的中华民族的伟大复兴。二者互相促进、共同发展,是相辅相成、辩证统一的关系。一方面,中华民族走向伟大复兴,为56个民族都提供了千载难逢的发展机遇;另一方面,56个民族中每一个民族实现繁荣富强,又是中华民族实现伟大复兴的前提和基石,缺一不可。我们在这里所谈的民族振兴,包含了其两个层面的含义。

鸦片战争后的100年,中华民族备受质疑,导致了对民族文化的全面检讨和批判。改革开放短短几十年,人们重新认识中华文明的文化优势。在中国共产党的领导下,中华民族的伟大复兴展现出前所未有的光明前景,我们比历史上任何时期都更接近中华民族伟大复兴的目标。习近平不失时机地提出了"中国梦",其核心内容在于:国家富强、民族振兴、人民幸福。习近平关注民族振兴,并强调民族振兴事业中文化的功能,他强调:"文化具有围绕国家中心任务,服务大局的基本职责,文化是民族的血脉,是人民的精神家园。"② 2013年

---

① 郑维川. 弘扬少数民族优秀传统文化建设社会主义精神文明 [J]. 思想战线, 1997 (05): 2-9.

② 姜宏大, 马桂萍. 习近平文化观论要 [J]. 毛泽东思想研究, 2017 (06): 70-73.

11月26日,习近平总书记在山东曲阜考察时指出:"一个国家、一个民族的强盛,总是以文化兴盛为支撑的。中华民族伟大复兴需要以中华文化发展繁荣为条件。中华优秀传统文化是中华民族的精神命脉,是涵养社会主义核心价值观的重要源泉,也是我们在世界文化激荡中站稳脚跟的坚实基础。"① 从一定意义上说:"中华民族的伟大复兴就是中华民族的文化复兴",换言之,"中华民族的文化复兴彰显了中华民族的伟大复兴。"②

一、弘扬优秀民族文化,传递的是民族的精神血脉

(一) 传承和弘扬民族优秀传统文化关乎民族的生存

"民族和文化是两个密切联系的概念,民族本身就代表着一种文化,而文化则是构成民族的要素。"③ 民族与文化是不可分割的整体。民族文化是一个民族全部智慧与文明的集中体现,作为一个民族区别于其他民族的最主要标记,它是一个民族的核心要素和民族赖以生存的根基和血脉,也是一个民族内部得以维系的精神纽带。"一种文化传统,一经形成,便以精神文化的积淀式对历史和现实产生潜在而深远的影响;从这个意义上说,传统不是已逝的梦影,风干的尸骸,不是一种只具考证价值的古董,而是一种将民族的过去、现在和将来联结起来,显示民族的稳定性、连续性和生命力的东西。一个民族的文化传统愈是悠久、深厚,其生命力也就愈是强大。"④ 习近平指出,"优秀传统文化是一个国家、一个民族传承和发展的根本,如果丢掉了,就割断了精神命脉。"⑤ 一个民族,没有了文化血脉的绵亘延续,或者说没有文化基因的代代传递,即使其生物基因还在传递着,人们

---

① 习近平.汇聚起全面深化改革的强大正能量[N].人民日报,2013-11-29.
② 姜宏大,马桂萍.习近平文化观论要[J].毛泽东思想研究,2017(06):70-73.
③ 赵光远.民族与文化——中国传统文化诸形态[M].南宁:广西人民出版社,1990:序言.
④ 文怀沙,邵盈午.中华根与本——宝学概论[M].北京:中国文联出版社,1997:149.
⑤ 习近平.在纪念孔子诞辰2 565周年国际学术研讨会暨国际儒学联合会第五届会员大会开幕会上的讲话[N].人民日报,2014-09-25.

（包括其自身）便无法认同古今两个民族有何关联。因此说，传承和弘扬民族优秀传统文化，关系到民族的生存与发展，只有重视保护传统文化，才不会因被别的民族所同化而消亡。

而从整个中华民族的角度说，我国是一个由56个民族组成的多民族国家，各民族在长期的历史发展过程中创造和积淀了丰富而独特的文化，共同为中华民族的形成和发展做出了杰出的贡献。每一种文化都是中华民族文化宝库的重要组成部分，任何一种文化的消亡都是中华民族不可弥补的损失。中华民族中每一个民族的优秀文化传承，都深刻影响着中华民族文化的延续和发展。

（二）民族文化的各种形态在其文化体系中都是承载文化的载体，都有其存在的独特价值

"民族文化是一个民族深厚的历史沉积，它扎根于民族实践生活中，以各种不同的方式表现出来，具有不同的载体，是民族最持久的特征。"① 民族文化的各种形态在其文化体系中都是承载文化的载体，都有其存在的独特价值。

生活在八桂大地上的不同民族的日常生活和文化历史造就了广西多民族文化的丰富底蕴和资源富集，具有多元性的景观、原生性的形态、厚重性的内涵和包容性的气度。多民族文化丰富多彩，各具特色，蕴藏和体现在广西各民族的文学艺术、技艺、哲学和宗教等文化形态之中。例如，广西民族民间音乐舞蹈有扁担舞、铜鼓舞、绣球舞、芦笙舞等；民族传统文化节日有"壮族三月三"歌节、瑶族盘王节、苗族芦笙节、侗族花炮节、彝族跳弓节、京族唱哈节等；文化古迹有铜鼓、花山岩画、灵渠、真武阁、风雨桥、鼓楼等；悠久独特、底蕴深厚的少数民族戏剧和地方戏种有壮剧、桂剧、彩调剧、邕剧、苗剧、毛南剧等；还有众多人文自然景观和边寨风情文化，体现了广西独特的民族地域文化优势。以民歌为例。德国学者赫尔德曾说，

---

① 青觉，谢广民. 边疆民族文化的保护和开发与兴边富民［J］. 宁夏社会科学，2001（6）：73-77.

"一个民族的灵魂就表现在该民族的民歌中。"① 广西被誉为"民歌的海洋""天下民歌眷恋的地方",广西各族人民相从而歌,以民歌施展才智、交流感情、愉悦身心、交际团结。漫山遍野的民歌,既是广西各民族生活极其重要的组成部分,也是广西各民族文化基因的绵延与历史记忆的积淀,是将一代又一代族人联系在一起的重要纽带。

二、民族文化的传承与创新,滋养着民族自尊和文化自信

在全球化迅猛发展,而西方文化霸权主义掌握着世界主要话语权的今天,各种外来文化扑面而来,我国民族传统文化受到巨大的冲击。少数民族的青年一代极易产生困惑,认为西方文化才是先进的文化,而本民族文化代表的是落后、愚昧,从而产生严重的民族自卑感。他们对民族传统文化持怀疑、轻视、排斥或厌恶的态度,许多年轻人不甚了解本民族的文化,也不愿学习本民族文化,民族认同和民族情感明显削弱。民族文化传承的危机带来民族生存的危机。要保持民族的旺盛生命力,就必须大力弘扬和传承优秀民族传统文化,发展民族文化产业,用尽可能直观的方式展现民族文化所能带来的经济效益和社会效益,让更多的少数民族群众了解本民族文化,理解民族文化的价值,尊重本民族的文化,培育文化自信和民族认同。

三、民族文化的传承与创新,决定了民族的命运、方向与未来

李大钊说:"文化之盛衰,民族之兴亡系之。"② 任何一个民族的文化都是经过漫长的历史而形成的,它记录着民族历史,维系着民族的现在,预示着民族的未来;它反映了民族的生产生活,也铭记着民族的荣辱兴衰。③ 可以说,民族文化的传承、创新与发展,

---

① 胡媛. 古歌的展演文化的自觉——评王红《广西少数民族古歌研究》[J]. 歌海,2016(02):128-130.

② 李大钊. 李大钊全集. 第1卷[M]. 北京:人民出版社,2006:255.

③ 青觉,谢广民. 边疆民族文化的保护和开发与兴边富民[J]. 宁夏社会科学,2001(6):73-77.

决定了民族的命运、方向与未来。

我们强调文化的保护与传承,但文化并非静止不变、封闭持恒的,而是永远动态发展,不断吐故纳新的。任何民族文化都是历史的积淀,又都必须以"当代性"为其重要的内在特征。"倘若民族文化不能被当代意识所激活,不能被新时代精神所照亮,便只是一种死的文化。任何一种文化要绵延不绝、持续不断,它本身就必须具有充分的新陈代谢的能力,能够不断汲取外族文化的成分,然后在外族文化的横向冲击下,不断激活自身内在的生命机制,从而构成一个良性循环的文化系统。玛雅文化、印加文化之所以衰亡,就在于它过早地形成了或进入了一种缺乏能量交换以及受异质文化信息刺激的自我封闭体系"①。民族文化在延续本民族优秀文化精髓的同时,要在与外来文化的猛烈撞击中,不断兼融会通、整合创新,唯此才是使民族绵延发展的内驱力。

四、优秀民族文化是新时代鼓舞民族前进的精神力量

"文化使各个民族生产、生活、风俗习惯、宗教信仰各异。在各自不同的民族文化中,各民族人民才能找到自己的精神归宿,才能形成各自的'游戏规则',民族才能稳定,社会才会有序。"② 在美国西进运动史中,印第安人被白人所驱逐和掠夺,他们不再狩猎,说起英语,失去了文化归属感,随之犯罪率上升,自杀和酗酒人数显著增多。"可见,民族文化的失落会造成民族精神的失落与民族社会的混乱。如果一个民族失去了它得以安身立命的精神家园,那么这个民族将很难在现代化的大潮中发展。"③ 民族文化不仅联结着过去,也支撑着民族的未来。

党的十七大报告认为,文化是"民族凝聚力和创造力的重要源泉。"④ 党的十七届六中全会强调:"要全面认识祖国传统文化,取

---

①②③ 青觉,谢广民. 边疆民族文化的保护和开发与兴边富民 [J]. 宁夏社会科学, 2001 (6): 73-77.

④ 罗家旺. 开辟民族文化保护和传承的新途径——恩施土家族苗族自治州咸丰县开展民族文化进校园活动的启示 [J]. 民族大家庭, 2009 (05): 45-47.

其精华、去其糟粕，古为今用、推陈出新，坚持保护利用、普及弘扬并重，加强对优秀传统文化思想价值的挖掘，维护民族文化基本元素，使优秀传统文化成为新时代鼓舞人民前进的精神力量。"习近平指出："一个没有精神力量的民族难以自立自强，一项没有文化支撑的事业难以持续长久。"[1] 在这里，民族文化被视为促进民族自强和发展的精神动力。积极先进的民族精神能够促进民族发展，消极落后的民族精神会阻滞民族发展。我国各民族的文化传统中，都饱含着源远流长、根深叶茂的民族精神。这无疑是中华民族走向伟大复兴的巨大动力。

广西各族人民在长期历史积淀中形成"团结和谐、爱国奉献、开放包容、创新争先"的"广西精神"。广西精神是广西民族文化的"自我丰富、自我充实和自我发展"，是"广西民族文化的精髓和灵魂，反映着广西民族文化的主流发展方向，是维系广西各民族生存、发展、统一的精神力量，是推动广西各民族共同进步的思想源泉，"[2] 是"壮美广西"建设的不竭精神动力。

---

[1] 中共中央文献研究室. 习近平关于实现中华民族伟大复兴的中国梦论述摘编[M]. 北京：中央文献出版社，2013：39.

[2] 闫雪梅. 民族文化视阈下广西精神及其培育研究[D]. 南宁：广西师范学院，2010：27.

第二章 广西民族文化及其传承

第一节 广西各民族文化概况

一、民族文化传承相关概念的界定

(一) 民族文化

关于民族文化,学界给出了许多不同的概念。

1. 民族文化的内涵

"人类学之父"英国学者爱德华·博内特·泰勒在其1871年出版的代表作《原始文化》中总结出"文化是一个复杂的总体,包括知识、信仰、艺术、道德、法律、风俗,以及人类在历史发展过程中所创造的一切能力与习惯。"[①] 这是学术界为"文化"所做的第一个整体性概念,其影响重大而深远。之后,很多的"文化"和"民族文化"的定义中都可以看到泰勒定义的痕迹。

覃光广等认为狭义"民族文化"定义为"是指一个民族的文学艺术创作",广义的"民族文化"是"一个复杂的整体,包括知识、信仰、艺术、道德、法规、习俗以及所有该民族成员所获得的各方面的

---

① 李鹏程. 文化研究新词典 [M]. 长春:吉林人民出版社,2003:307.

能力和习惯。是以往民族感情和民族意识扬弃后的积淀。"① 喻云涛认为："所谓民族文化，就是在一定地域内生活的，以血缘或密切的社会关系相联系的，具有共同的语言、经济生活和心理素质的稳定的共同体，在历史和现今所共同创造的、能够代表该共同特点的，观念的、制度的和器物的文明成果的总和。"他还认为民族文化的概念包括了6个方面的含义：一是，所谓民族主要是以地域来划分的；二是，民族内部是以血缘或密切的社会关系来维系的；三是，作为民族这个团体的成员，在语言、经济生活和心理素质方面具有稳定的共同性；四是，这个团体所创造的称为"文化"的这些成果，必须能够代表团体的精神风貌、心理状态、思维方式和价值取向等方面的特点；五是，这些成果不仅包括精神方面的，也包括物质方面的，由观念、制度和器物3个方面构成。许多学者对于"文化"的界定，都放在了精神成果的范围内，这是不够全面的；六是，这些成果搜集，不仅要注意有历史的沿袭，还应体现出时代的成就与特征。文化是历史发展的产物，是历史的沉淀，但仅以历史上的成就来概括一个民族的文化特征，也是不恰当的。② 高森元则将"民族文化"定义为"各民族在其历史发展过程中创造和发展起来的具有本民族特点的文化。"③ 李洋认为，"民族文化的内涵具有广义和狭义之分，广义的民族文化是指每一个民族在自身长期发展演变的历史过程中，在所处的生态环境中结合特定的社会和自然环境条件，运用劳动和智慧创造和发展的、具有本民族特色的物质和精神文化的综合反映。其表现形式十分广泛，包括民族发展历史、民族居住环境等物质方面，以及生活文化、宗教信仰和民族精神等精神方面。狭义的民族文化仅仅指的是民族创造的精神财富。"④ 井祥贵整合前人的成果提出：民族文化"是指那些千

---

① 覃光广，冯利，陈朴. 文化学辞典 [M]. 北京：中央民族学院出版社，1988：273.
② 喻云涛. 文化、民族文化概念解析 [J]. 学术探索，2001（02）：87-89.
③ 高森远. 简论民族文化的内涵和创新 [J]. 贵州民族学院学院（哲学社会科学版），2009（2）：98.
④ 李洋. 将民族文化元素融入大学校园文化建设的实践路径研究 [D]. 上海：华东师范大学，2014：13-14.

百年来通过各种形式的教育、交流、语言、生产活动、宗教、习俗等形成和积淀下来的,既有外在形式又有内在心理区别的、有形和无形的文化"。"就我国而言,广义的民族文化系指56个民族的文化。而狭义的民族文化专指我国55个少数民族文化。民族文化可以是单一民族的文化,也可以指复合民族的文化。"①

本书所谈的民族文化,既包括汉族的文化,也包括少数民族的文化;既可以是单一民族的文化,也可以是复合民族的文化;是指某一民族或民族复合体在自身长期发展演变的历史过程中,在所处的生态环境中结合特定的社会和自然环境条件,运用劳动和智慧创造和发展,通过各种形式的教育、交流、语言、生产活动、宗教、习俗等形成和积淀下来的,具有本民族特色的物质和精神文化的综合反映。

2. 民族文化的结构

民族文化由哪些要素构成?其结构如何划分?对此,学界观点也有很大纷争,形成民族文化结构的"二分说""三分说""四分说""多结构说"等。"二分说"通常指认为民族文化由"物质文化+精神文化"构成的观点;此外也有分为"显在文化+潜在文化""表层文化+深层文化",或"硬文化+软文化"等。"三分说"通常是指将文化分为"物质文化+精神文化+制度文化",或分为"实物文化+行为文化+观念文化"的观点。"四分说"包括将文化分为"精神文化+行为文化+制度文化+物质文化"或分为"智能文化+物质文化+规范文化+精神文化"的观点②。此外,还有"多结构说",如徐万邦和祁庆富认为构成文化的要素主要包括精神文化、语言符号、规范体系、社会关系和社会组织以及物质产品等;③潘定智认为,民族文化主要涵盖以下几个方面:一是物质文化,包括饮食文化、服

---

① 井祥贵. 民族传统文化的学校教育传承研究——以丽江纳西族学校为个案 [M]. 北京:科学出版社,2015:3.
② 林耀华. 民族学通论 [M]. 北京:中央民族大学出版社,2003:388-392.
③ 徐万邦,祁庆富. 中国少数民族文化通论 [M]. 北京:中央民族大学出版社,1996:11-12.

饰文化、建筑文化、交通运输文化等；二是制度文化，包括社会形态、社会建构、传统习俗、节日文化等；三是符号文化，包括语言文化、文字文化等；四是宗教祭祀文化，包括鬼魂崇拜、自然崇拜、祖先崇拜、宗教信仰等；五是文学艺术文化，包括文学、歌曲、戏曲、美术、工艺等。① 李洋则将民族文化元素分为民族建筑以及人文景观、民族的语言文字以及民族的科技、民族服饰以及饮食习惯、民族艺术以及体育项目、民俗民风以及传统节日、民族精神以及价值体系等。②

为了便于更详尽地分析广西民族文化传承的现状，以探索职业教育传承民族文化的路径，本书中，我们采用民族文化多结构说，主张将民族文化结构分为民族艺术文化、民族民间工艺文化、民族服饰文化、民族建筑文化、民族医药文化、民族饮食文化、民族节庆文化、民族民间文学文化、民族体育文化、民族宗教民俗文化、民族历史文化。

(二) 民族文化传承

关于文化传承，学界也有众多的概念界定。例如，赵世林认为：文化传承是指文化在民族共同体内的社会成员中作接力棒似的纵向交接过程。该过程因受生存环境和文化背景的制约而具有强制性和模式化的要求，最终形成文化传承机制，使民族文化在历史发展中具有稳定性、完整性和延续性等特征。③ 周鸿铎认为，文化传承是指文化从一代人传到另一代人的文化传播过程，也可称为文化继承，如民间艺术文化的世代传递，语言文字的历代传递等。文化传承具有一定的人为性、时间性、延续性和继承性等特点，是文化传播的重要组成部分。④ 刘正发则认为，从某种意义上说，文化传承本身就是对人类进行教育和再教育的过程，使文化能够不断地延续下来，使人类的

---

① 潘定智. 民族文化学 [M]. 贵阳：贵州民族出版社，1994：24.
② 李洋. 将民族文化元素融入大学校园文化建设的实践路径研究 [D]. 上海：华东师范大学，2014.
③ 赵世林. 云南少数民族文化传承论纲 [M]. 昆明：云南民族出版社，2002：17.
④ 周鸿铎. 教育的本质是主体间的文化传承 [M]. 北京：中国纺织出版社，2005：48.

后代，一代代依照文化的价值取向、共同理想和行为准则，接受、继承和认同本民族文化，使每个社会都有一些合作的人保证整个社会或群体的生存和幸福。① 曹能秀和王凌指出，民族文化传承有广义和狭义之分，广义的民族文化传承是指一个国家（可以是多民族国家，也可以是指单一民族国家）的文化传承；狭义的民族文化传承是指单一民族的文化传承。② 而井祥贵认为文化传承包含"传递"和"继承"两个相互的关联的过程，是人类进行教育和再教育的过程，从而使人类的后代一代代具有共同的思维模式、文化心理场，接受和认同本民族文化。

本书所言民族文化传承系指狭义上的民族文化传承范畴，具体指广西的各民族的民族文化传承，在这个过程中，民族文化在民族成员之间进行纵向传递，使该民族的价值取向、共同理想和行为准则得以延续。

二、广西民族文化传承情况

（一）广西的民族构成

1. 广西的地理环境

地理环境是人类赖以生存的物质基础。一个民族文化形成与其所处的地理位置和居住的地理环境关系密切。地理位置和地理环境是孕育和滋养民族文化的土壤，是早期文化形成的最直接和首要的影响因素，并对民族文化的特征产生了深远而持久的影响。

1）地理位置

广西地处我国华南地区西部，其全境山岭多，平原少，江河纵横，滩多流急，素有"七山二水一分田"的说法。如此的地理环境，旧时一直被人们视为穷山恶水之地，蛮烟瘴疠之乡，历史上中央封建

---

① 刘正发. 凉山彝族家支文化传承的教育人类学研究 [D]. 北京：中央民族大学，2007：122.

② 曹能秀，王凌. 少数民族地区的学校教育和民族文化传承 [J]. 云南民族大学学报（哲学社会科学版），2007（02）：64-68.

王朝称其为"南蛮之地",广西基本成为谪官流放的代名词。因此,广西在近代以前与内地疏于交流联系,以至于广西民族文化呈现出诸多边缘性特点,表现在饮食、服饰、建筑、歌舞、习俗乃至语言等方面。① 新中国成立后,包括我国实施改革开放后,在相当长的一段时间里,广西经济社会发展在全国仍处于相对滞后的地位。

广西的地理位置也有其独特的优势。广西背靠大西南与祖国的广阔腹地相连,西北接云南,北接贵州,东北靠湖南,东南邻广东,西南与越南接壤,南临北部湾,面向东南亚,是我国民族自治区中唯一沿海(南海)、沿江(西江)、沿边(越南)的省区。② 广西港湾众多,是西南地区最便捷的出海通道,有优良的港湾与东南亚直接相通;珠江主干流的西江,流经广西境内梧州、贵港等城市,地处西江下游的梧州航行至香港、澳门很近,仅为400公里左右,西江水道是两广交通运输的大动脉,也是连接云南、贵州内河通向广东及港澳地区以至东南亚的一条"黄金水道"。③ 广西地处华南经济圈、西南经济圈和东盟经济圈的结合部,一直以来广西与国内外各方通过陆路、江路、海路相交接,进行着经济、文化的交流,这种开放性的地理位置使其形成海纳百川的独特地域文化,造就了广西民族文化的开放性特点。近年,中国—东盟自治贸易区建立、泛北部湾合作深化和"一带一路"倡议实施,广西由改革开放的大后方一跃成为最前沿。广西经济社会发展面临着前所未有的机遇和挑战,广西民族文化的发展也同样迎来了巨大的机遇和挑战。

2)地理环境

第一,奇特的岩溶地貌。喀斯特地貌的地上特征有孤峰、峰林、峰丛、洼地、丘陵、落水洞和干谷等,地下特征有钟乳石、石笋、石柱、石幔、地下河、溶洞等,广西有世界级的喀斯特地貌景观,是世

---

① 闫雪梅. 民族文化视阈下广西精神及其培育研究 [D]. 南宁:广西师范学院,2010:10.
② 彭仁. 北海贝雕的文化思考 [J]. 大舞台,2015(02):238-239.
③ 胡优玄. 广西民族文化资本化中的政府政策研究 [D]. 南宁:广西师范学院,2010.

界上最重要的岩溶区之一，岩溶分布十分广泛，从桂西、桂北边缘的高原山地，到桂东、桂南的丘陵平原，从陆地到海洋，均有岩溶分布，如桂林的七星岩、巴马的水晶宫、贺州的紫云洞等，据统计，广西有岩溶分布的县市多达79个；两大景观——峰林景观和溶洞景观组成了奇特喀什地貌。举世闻名的"桂林山水"、宜州的水上石林、钟山的百里水墨画廊、武宣的八仙天池等，引来很多世界各地的游客到广西参观考察、学术交流、研究合作。绮丽奇特的岩溶地貌在广西的广泛分布，为广西提供丰富的旅游资源的同时，也深深影响着生活在其中的各民族的文化。例如，喀斯特地形非常不利于传统农业生产，该地区各民族在恶劣环境下长期生存，形成了其敬重自然的生态伦理和勤劳俭朴、敢于冒险、勇于开拓的文化特征。喀斯特地貌的复杂性，也影响到在这片土地上生存的民族居住格局，也造就了广西少数民族"特定的生产方式和生活习惯与民居建筑，以及由此形成的人文景观和受地域环境影响形成的民间文学、传说等。"①

第二，丰富的山水资源。广西位于沿海低纬地带，属于亚热带季风型气候，高温而多雨、日照充沛、四季分明。全境海拔高于1 500米的山峰有数十座，大多山体雄伟，气势磅礴，林木葱郁，景色优美，如姑婆山、猫儿山、大瑶山、大明山、元宝山等。水资源非常丰富，江河除驰名中外的漓江外，还有桂平的浔江、资源的资江、宜山的下枧河、富川的富江、崇左的左江、宁明的明江；湖泊有南宁的南湖，桂林的榕湖、杉湖，柳州的龙潭，陆川的龙珠湖，贵港的东湖等；瀑布有举世闻名的德天跨国大瀑布、资源的宝鼎瀑布、隆林的冷水瀑布、靖西的三叠岭瀑布、龙州的响水瀑布、贺州的姑婆山仙姑瀑布等。此外，广西还有不少水质优良的温泉和水库，如象州温泉、龙胜温泉、贺州温泉等。丰富的山水资源对广西人民的生活习惯和生存方式都有着重要的影响。

"广西拥有丰富的矿产、水能、动植物以及海洋资源，因其湿润

---

① 杨罗. 安顺喀斯特地貌与苗族文化的"人地"关系研究［J］. 长江师范学院学报，2012（11）：16-18.

气候和充沛年降雨量,产生了大量制作手工艺所需的原材料,如织锦、竹编、贝雕、蜡染等都是取自可再生的天然原材料。"① 由此可见,广西民族技艺的原材料是非常充足的。

第三,迷人的北部湾。广西海岸线长 2 199.25 千米,其中大陆海岸线长 1 628.59 千米,岛屿岸线长 576.66 千米,岸线长度在全国 11 个沿海省份中居第 6 位。② 这条海岸线蜿蜒曲折,沿海岛屿众多,有 10 多条河流直流放海,风光优美,具有较高的旅游观光价值。广西所特有的民族文化、渔业文化、珍珠文化和古代海洋贸易在这里交织积淀,形成了广西独特的海洋文化,彰显了广西有容乃大的开放文化品格。广西北部湾地区是中国西部唯一具有沿边、沿海优势的地区,在海洋的长期主导下,山、海、人互动形成源远流长的海洋文化,包括:风格迥异的生产生活习俗,如疍家婚礼、京族高跷捕鱼和拉大网等;丰富多彩的节日,如京族哈节、北海外沙的龙母庙会;神秘动人的民间传说,如《合浦珠还》的故事、三娘子的传说等;悦耳动听的民间音乐艺术,如京族的独弦琴艺术、北海咸水歌、钦州采茶戏和跳岭头等;极具特色的海洋生产生活技艺,如南珠的生产及捞捕技艺、北海贝雕技艺、钦州坭兴陶工艺、防城港石雕工艺、京族高跷捕鱼及拉大网、海盐生产技艺及各种海产品加工工艺等。③

2. 广西的民族构成

1) 民族构成

广西是祖国南疆以壮族为主、多民族聚居的地区,是我国少数民族人口最多的边疆民族省区。据广西年鉴报道,2015 年末广西全区 5 518 万人,常住人口 4 796 万人,其中少数民族 2 140.87 万人,占总人口的 38.80%;壮族 1 795.96 万人,占总人口的 32.55%。④ 在广西

---

① 广西民族技艺行业人才需求报告 (2016—2020) [R/OL]. (2018 - 04 - 17) [2018 - 10 - 21]. 南宁职业技术学院官网: http://ysxy.ncvt.net/info/1296/7273.htm.

②③ 吴小玲. 广西海洋文化资源的类型、特点及开发利用 [J]. 广西师范大学学报 (哲学社会科学版), 2013 (01): 18 - 23.

④ 广西壮族自治区地方志编纂委员会办公室. 广西年鉴·2016 [Z]. 南宁: 广西年鉴社, 2016: 435.

这片美丽神奇的土地上,生息繁衍着汉族、壮族、瑶族、苗族、侗族、毛南族、回族、京族、彝族、水族、仡佬族、仫佬族等 12 个世居民族(表 2-1),另外有满、蒙古、朝鲜、白、藏、黎、土家等 40 多个民族杂居其间。在中国 56 个民族中,有壮族、瑶族、仫佬族、毛南族、京族等 5 个民族以广西为主要的居住地。各族人民在漫漫历史长河中,"形成了本民族的哲学思想、宗教信仰、民俗风情、建筑特色、语言戏剧、饮食服饰、文学艺术等光辉灿烂的民族文化。各民族文化共同构成历史悠久、底蕴深厚的广西民族文化,成为中华文化的重要组成部分。"①

表 2-1 广西世居民族基本情况表

序号	民族	主要居住地区	人口/万人	占广西人口比例/%	占全国本民族人口比例/%
1	壮族	南宁、百色、河池、柳州 4 个地市	1 650	33	90
2	瑶族	分布广泛,全自治区 88 个县市中有 1 000 人以上者达 60 个县市	152.8	3.06	62
3	苗族	桂北、桂西北高山大岭地区,最大聚居地是融水苗族自治县	48	0.96	6.7
4	侗族	三江、融水、龙胜 3 个自治县	33.73	0.67	16
5	仫佬族	罗城仫佬族自治县及邻近的县	17.7	0.35	98
6	毛南族	环江县	6.9	0.14	77.6
7	回族	桂林市及临桂、阳朔、灵川县、永福县、鹿寨县	3.1	0.06	0.006
8	京族	东兴市境内,主要聚居在江平镇的"京族三岛"——巫头岛、山心岛、万尾岛以及恒望、潭吉、红坎、竹山等地区,其他一小部分京族人散居在北部湾陆地上	2.1	0.04	74.5

---

① 黄尧,张淑云. 基于知识生产方式转变的广西民族文化传承与创新 [J]. 社会科学家,2016 (09):136-139.

续表

序号	民族	主要居住地区	人口/万人	占广西人口比例/%	占全国本民族人口比例/%
9	水族	南丹、环江、河池、宜州、融水、都安等县（自治县）、市	1.4	0.02	3.9
10	彝族	隆林、百色、凌云等县	0.75	0.02	0.1
11	仡佬族	隆林各族自治县及西林县	0.3	0.006	0.5

注：表中数据为 2007 年数据。根据广西百科信息网整理。①

2）民族历史

广西气候湿热、多河濒海，生物多样的自然环境使之成为古人类重要的起源地。据考古发现，20 万年以前就有原始人类在广西繁衍，距今 3 000 年左右广西开始进入文明社会。漫长历史长卷，为广西沉淀了极为丰富的人文资源。先秦时期，广西为骆越国，居住着百越中的"骆越""西瓯""苍梧"人。骆越与西瓯是构成今天壮族的主要两个支系，它们存在 1 000 多年，创造了灿烂的稻作文明。② 壮族、侗族等壮侗语民族是世代居住在这一区域的土著民族，汉族和其他少数民族则是秦汉以后因屯兵、戍守、避乱、通婚、经商等原因陆续迁移至此。③ 秦朝统一岭南后，大批中原人迁徙到岭南"与越杂处"；东汉和唐安史之乱时期，又有大量的汉族迁入广西；两宋时期部分瑶族和苗族同胞从湖南洞庭湖迁入广西；宋代聚居在今湘黔桂交界地区的一支骆越人发展成为侗族；在历代变迁当中，汉族与当地"僚"人通婚而形成毛南族和仫佬族这样的民族共同体；回族、京族、水族、仡佬族等其他少数民族则是因经商、民族压迫等原因在不同历史时期迁徙至广西。④ 各民

---

① 广西少数民族概况 [EB/OL]. (2011-04-02) [2018-11-13]. 广西百科信息网：http://gxi.zwbk.org/area-nation.shtml.

② 施日全. 生态文化与美丽广西 [M]. 南宁：广西人民出版社，2014：216.

③ 余益中，刘士林，廖明君. 以文化促进广西西江经济带科学发展建设文化和居 [EB/OL]. (2012-08-30) [2018-11-13]. 广西新闻网，2012-08-30：http://news.gxnews.com.cn/staticpages/20120830/newgx503e9eb0-5958946.shtml.

④ 覃乃昌. 广西世居民族 [M]. 南宁：广西民族出版社，2004：2-8.

族在长期的交流交往交融中,形成了大杂居、小聚居、交错居住的民族分布格局,你中有我,我中有你,谁也离不开谁。同一个民族使用多种语言、多个民族使用同一种语言、一山多族、一村多族、一家多族的现象十分普遍。各民族的神话传说均有关于"洪水""射太阳"等题材,如壮族的《布伯》、瑶族的《洪水的故事》、苗族的《活捉雷公》,内容大都与水有关。

新中国成立后,广西逐步建立起平等互助、和谐共生的民族关系,形成多元文化格局。1958年,广西省改称为广西壮族自治区,实行少数民族区域自治,广西各族人民以主人翁的姿态,共同建设起这片神奇美丽的土地。

3)世居民族

(1)壮族。壮族源远流长、历史悠久,自古以来就生息繁衍在岭南的广大地区,其先民是岭南最早的开拓者之一。壮族是由古代越人的一支发展而来,其先民在周秦时期称为西瓯、骆越,汉唐时期称为僚、俚、乌浒,宋朝以后有僮、俍等名称。1965年,根据周恩来总理的指示,国务院批准将"僮族"改为"壮族。"① 今天的壮族,是我国55个少数民族中人口最多的一个,主要分布聚居在广西的南宁、百色、河池、柳州4个市,少数分布在桂林市、钦州市、贵港市和贺州市,60多个县市,其余分布在云南、广东、贵州、湖南和四川等省。② 在广西这片美丽神奇的土地上,壮族先民辛苦劳作,繁衍生息,在认识自然、改造自然的活动中,开创了壮族文化和广西文化的先河。壮族至今一直保留着风情浓郁、特色鲜明的传统民族文化,这些口耳相传的故事传说,即兴而唱的乡野山歌、富于情趣的民间舞蹈、喜闻乐见的传统戏剧、动听感人的曲艺音乐、工艺精湛的传统手工以及深厚特色的民俗活动都是壮族人民世代珍存的非物质文化遗产资源。③

---

① 詹晓菲. 壮汉民族文化融合与广西经济发展关系研究[D]. 北京:中央民族大学,2013.
② 余益中,刘士林,廖明君. 广西北部湾经济区文化发展研究[M]. 南宁:广西人民出版社,2009:175.
③ 余益中,刘士林,廖明君. 广西北部湾经济区文化发展研究[M]. 南宁:广西人民出版社,2009:90.

（2）汉族。汉族是中国的主体民族，也是广西人口最多的民族，约占广西总人数60%。广西汉族人口主要集中在桂东地区，由桂东至桂西，汉族人口逐渐递减。自秦汉时期，陆续有汉族从中原地区南迁进入广西。汉族的迁入，不仅给广西带来了先进的生产力，提高了广西的生产力水平，同时给广西带来成熟度很高的汉族传统文化，对周边杂居的相邻民族产生了深远的影响。由于迁居原因、迁入时间、落籍区域、周边民族影响各有不同，广西各地汉族除保持一般汉人的基本特征外，又各具特色而形成若干支系。例如，"客家人、广府人、福佬人、平话人、水上疍民、侨民等，这也使得（广西的）汉族文化遗产资源呈现各族群支系在地方语言、民俗节庆、民间文艺、风俗习惯同中有异、异彩纷呈的面貌。"① 例如，"在民间文学方面，主要有唐欧菜（茼蒿菜）、三女儿、一个骗子的女儿、张勇智斗猛虎、稻谷的传说、狗阿雀的故事、龙凤歌、仙人洞等民间故事或传说。在民间音乐方面，有平话山歌、哭娘歌等比较流行。在传统戏剧方面，主要有桂剧、彩调剧、采茶戏、邕剧、丝弦戏（宾州戏、司弦戏、宾剧、思贤戏）、粤剧等，好多都是被列入国家级或自治区级非物质文化遗产保护名录。在民间曲艺方面，有流行于宜州市、罗城县一带的广西文场和广西渔鼓，都是被列入国家级或自治区级非物质文化遗产重点保护名录。在民俗方面，流行于宜州市或洛西一带的客家人的'舞草把龙''十月早（十月朝）'；都安县境内的'请七姐'，哭嫁等。"②

（3）瑶族。瑶族是中国最古老的民族之一，是古代东方传说中的"九黎"中的一支，是中国华南地区分布最广的少数民族，也是中国最长寿的民族之一。瑶族广泛分布在亚、欧、美、澳等各大洲。但是，其民族主体在中国，其中以广西为最多。因其起源传说、生产方式、居住和服饰等方面的特点差异，而有盘瑶、过山瑶、茶山瑶、红头瑶、花瑶、花蓝瑶、蓝靛蓝、白裤瑶、平地瑶等之分。在较长的历

---

① 余益中，刘士林，廖明君.广西北部湾经济区文化发展研究 [M].南宁：广西人民出版社，2009：90.

② 韦顺国.广西桂西资源富集区乡村文化建设研究 [D].西安：陕西师范大学，2014.

史时期中，瑶族以湖南为主要居住地。至宋代，已有一定数量的瑶族人向两广北部深入。到了明代，两广成为瑶族的主要分布区。传统瑶族以山居为主，故有"无山不瑶，无林不瑶"之说。瑶族不同支系的服饰各具特点，五彩摇曳，南丹白裤瑶服饰、巴马瑶族服饰、宁明瑶族服饰等等，均为人民所熟知。饮食方面，桂北瑶族盛行的"打油茶"、金秀瑶族"吃肉山"等都很有特色。瑶族神话以《盘古》《密洛陀》《伏羲兄妹》《盘瓠》最为著名。瑶族世代在适应深山密林生活过程中，积累了以医治伤筋断骨、虫螯伤害和防治各种疾病见长的独特的瑶医瑶药，如从江盘瑶的药浴广受欢迎。瑶族音乐中，布努瑶的《酒歌》短小而精悍，坳瑶的《大声歌》则势如排山倒海。瑶族舞蹈多与宗教祭祀有关，其中最著名的是长鼓舞和铜鼓舞。"盘王节""祝著节""耍望节"等是瑶族非常重要民族传统节日。瑶族有着尚武重技的民间风习，瑶族射弩、瑶拳等习俗较为流行。在民间美术方面，瑶族织染、刺绣工艺、番瑶、"哈西"、番瑶银佩、白裤瑶花帽圈、牛筋椅、瑶族绣花箩等颇具盛名。

（4）侗族。侗族是广西的土著民族之一，其先民在先秦以前的文献中称为"黔首"，一般认为侗族是从古代百越的一支发展而来。侗族主要分布在贵州、湖南、湖北以及广西的三江侗族自治县、龙胜各族自治县、融水苗族自治县。在侗语里，其族称的本意是"生活在被大山阻隔、被森林遮盖地方的人们"。侗族信仰多神，相信万物有灵，虔诚地崇拜祖先。侗族服饰多种多样，不同年龄、不同季节有不同的装饰，其头饰达50余种。侗族居住的村寨一般具有依山傍水的特点。侗寨的房屋建筑，一般是用杉树建造的木楼，有一至二层的小楼房，也有三至四层的大高楼。有民谚说："侗人文化三样宝：鼓楼、大歌和花桥"。鼓楼是侗寨中最具特色的建筑物。广西从江的增冲鼓楼和三江的马胖鼓楼，为国家级文物保护单位，是鼓楼建筑的杰出代表。鼓楼不仅是侗族建筑艺术的结晶，更是侗族文化的载体，是侗寨的象征。在侗族聚居的地方，有河必有桥。桥梁大都建筑在村前寨尾的交通要道上，有木桥、石拱桥、石板桥、竹筏桥等。其中，名为"风雨桥"或"花桥"的长廊式木桥，以独特的艺术结构和高超的建筑技巧闻名中外。广西三江集风雨桥之大观，有大小风格各异的风雨桥108座，其中的程阳永济桥和岜团桥被列为国家级文物保护单位。侗族地区被人们称为"诗的家乡，歌的海洋"。侗族诗歌是侗族珍贵的文化遗产。侗族人"以饭养身，以歌养心"，唱歌在侗族人民的社会生活中具有崇高的地位。年长者教歌，年轻者唱歌，年幼者学歌，歌师传歌，代代相传，成为社会风习。侗族大歌、琵琶歌、拦路歌，均是侗族音乐的优秀代表。侗族舞蹈有芦笙舞、"多耶"舞、耍龙舞、狮舞等。侗戏是一种具有独特风格的剧种，台步简单，动作纯朴，曲调唱腔多样，已有100多年的历史。侗族的民间手工艺制品种类繁多，有刺绣、挑花、编织等。侗族一年中的各种节会活动不下百处（次），有全民族普遍过的节日，也有一村一寨、一族一姓的节日。春节、活路节、尝新节、三月三、林王节、牛神节、芦笙节、花炮节、大雾梁歌节、四十八寨歌节、斗牛节等节会最为隆重。侗族社会青年男女社交自由，有"玩山""赶坳""走寨""坐夜"等习俗。

（5）苗族。广西苗族主要居住在融水、隆林、三江、龙胜四个自治县，其余则散居于资源、西林、融安、南丹、都安、环江、田林、来宾、那坡等县（自治县）境内。广西苗族自称"木""蒙""达吉"，他称有偏苗、白苗、红苗、花苗、清水苗、栽姜苗、草苗等。苗族没有统一的宗教，信仰多神。在饮食方面，有早午"打油茶"的习惯。跳坡节、苗年、下秧节、尝新节等是苗族的传统民族节日。有卢室会、拉鼓、白鸟衣制作工艺、爬坡杆、比腰带、抢义巾、定情水、血誓定情、祭祖疾、炒虫把等民俗。苗族男女青年婚前都有比较自由的恋爱活动，有"走寨""走坡"等习俗。苗族妇女的服饰式样繁多，地区不同而差异较大。妇女盛装时还佩戴多种银饰，衣裙绣满花饰，非常艳丽。南丹中堡苗族服饰、隆林花苗服饰、苗族织锦、苗族刺绣等，都很有特色和艺术价值。苗族是个能歌善舞的民族。民间文学十分丰富，有声垄的传说、仰阿莎、燕子、蛛、苗族爱喝酒的传说、羊憨汤的来历、辣椒骨的传说等故事传说，还有寓言、谚语和歌谣，神话故事有《灯花》《龙牙颗颗钉满天》等。苗族的舞蹈，多用芦笙伴舞，故统"芦笙舞"。广西苗族地区还流行爬午、跳雷、鸟枪射击、摔跤等传统体育活动。民间乐器有芦笙、铜鼓、唢呐、洞箫、苗笛、月琴等。手工艺有挑花、刺绣、蜡染、编织，工艺精美，颇负盛名。

（6）仫佬族。仫佬族主要分布在广西，在贵州也有分布。在广西，仫佬族多数聚居在罗城仫佬族自治县，少数散居在忻城、宜山、柳城、都安、环江、河池、融水、融安等县。在广西北部仫佬族聚居地，从宜山的小龙，到罗城的龙岸，有众多小块平坝相连，形成一条百里长廊，素称"仫佬山乡"。仫佬族多住在山区或半山区，依山傍水建立村落。仫佬族是在漫长的历史长河中逐渐形成的，元代以前，史书往往将仫佬族与"伶"或"僚"并称，仫佬族的先民被归属于当时泛称的少数民族僚族之中。仫佬之名，元代史籍已明确记载，称"穆佬""木娄苗""木娄"等。仫佬族至晚在元代或明初已居住在罗城一带地区。明、清以后，相继以"木老""木佬""姆佬"等名称见于史册。1956年，经过民族识别，国务院正式确认为仫佬族。仫佬族的住房、服饰、饮食、习俗都有自己的特点，但因长期与汉、壮族交错杂居，互相影响，有些方面已基本上与附近的汉、壮族相同。仫佬族有着十分丰富的节日文化，一年之中有许多节日，几乎每个月都有一个节日，重要的有"年节"（春节）、社节（又称分肉串节）、花婆节（又称"婆王诞"，俗称"小儿节"）、端午节、驱虫保苗节（又称吃虫节）、接祖先节、走坡节、依饭节等。历史上，在仫佬族地区，民间信仰在人们的生活中占据着十分重要的地位，同时道教和佛教也有较深的影响。仫佬族有着舞草龙、象步虎掌、凤凰护蛋、抢花炮、群龙争珠等多姿多彩的民间游戏和体育活动，它们曾经极大地丰富过仫佬族人民的生活。民间文学有《天是怎样升高起来的》《伏羲兄妹的传说》等创世神话、《依饭节》等民俗神话和《稼》《恳王山》等英雄神话。民歌在仫佬族人的生活中占有重要的地位。过去几乎家家有歌本，村村有老歌手，他们把教青年人唱歌当作自己的义务。仫佬族民间戏剧最流行的是"彩调。"① 在民间工艺方面，主要有仫佬族服饰、刺绣、麦秆帽、杨梅竹帽、银饰、木面具等其工艺、技艺水平都是比较高。

（7）毛南族。毛南族主要聚居在广西环江县的上南、中南、下南山区等地，其余散居在环江县内的水源、木论、川山、洛阳、思恩等乡镇，以及周围的河池、南丹、宜山、都安等县（市）。一般认为毛南族是岭南百越支系后裔，是由秦汉以前的"骆越人"，隋唐时期的"僚人"发展而来。1956年7月经过民族识别，正式确定毛南族为单一民族，称为"毛难族"。1986年6月根据本民族意见，国务院批准改为"毛南族。"② 长期生活在桂西山地丘陵地带，以稻作豫耕生产方式为主，正是这种相对艰苦的自然环境和生产方式，造就出毛南族人民敬天崇主、不畏艰辛、乐观开朗的生活态度与民族性格。③ 毛南族饮食习俗一个最大特点就是"百味用酸"。喜爱腌制酸肉、酸螺蛳、酸菜，都是待客的传统佳肴。酸类食品很多，尤以"毛南三酸"（"腩醒""索发""瓮煨"）最有名。过去毛南族人的居室为干栏式样，20世纪80年代以后，干栏式建筑逐步淘汰，改修硬山搁檩式建筑和砖混结构的方盒式楼房。毛南族服饰与附近的壮族、仫佬族相似，据性别、年龄、季节、用途和社会地位的不同，形成了各种类型和样式。毛南族妇女多穿青色或蓝色右襟上衣，女装最大的特点是镶有三道黑色花边的左开襟上衣和裤子。毛南族妇女爱穿绣鞋，有"双桥""猫鼻""云头"等三种款式。毛南族人传统的人生礼仪也很有特点，有"祭解""三旱会""卖猫月""肥固几"等。毛南人年过六旬，如果身体虚弱多病（民间称为"倒马"），就要进行"添粮补寿"。"分龙节"是广西毛南族民间最大的节日，在农历五月间进行。毛南族口头流传的神话传说、民间故事、民间歌谣、谜语笑话等相当

---

① 仫佬族 [EB/OL]. (2015-07-28)[2018-11-13]. 中国中央政府门户网站, http://www.gov.cn/guoqing/2015-07/28/content_2903457.htm.

② 毛南族 [EB/OL]. (2015-07-28)[2018-11-13]. 中国中央政府门户网站, http://www.gov.cn/guoqing/2015-07/28/content_2903923.htm.

③ 韦顺国. 广西桂西资源富集区乡村文化建设研究 [D]. 西安：陕西师范大学，2014.

丰富，真实地反映了毛南族人民的道德观、价值观和艺术修养。到目前为止已搜集到的毛南族民歌曲调有30余种，散文类作品200多篇，韵文歌词3万多行。象《盘古的传说》《三九的传说》《水牛的上牙是笑落的》《太师六官》《顶卡花》《七女峰》《盘古歌》《十二月歌》《要吃嫩笋等四月》《恩爱石》等都为毛南族人民世代传颂。毛南族是一个善歌的民族，具有"遇（逢）事必歌"的特点。毛南民歌内容丰富，体例独特，常用的有"比""欢""排见""耍"4种。"毛南戏"源于民间，形成于道教跳神节目，多是一些反映古代劳动人民的斗争生活和悲欢离合的爱情故事以及民间传说等传统剧目。在民间舞蹈方面，毛南族以酬神还愿的肥套，傩舞技术最为著名，毛南族的"肥套"是第一批国家级非物质文化遗产。① 毛南族的壁画、石雕、木雕、剪纸、织锦、刺绣、蜡染和建筑造型等民间工艺具有独特的民族风格。其中以雕刻和编织最有名。毛南山乡盛产竹子，毛南人普遍擅长用竹子编织各种竹帽、凉席，最著名的就是用当地产的金竹和墨竹编制的花竹帽，俗称"毛南帽"，又称"顶盖花"。毛南族喜爱的民族体育项目有同填、同顶、打陀螺、打棉球、地牯牛、抛沙袋、走三棋等。②

（8）回族。有60%以上的广西回族人口分布在桂林、柳州、南宁3个市，其余分布在百色、鹿寨、阳朔等市县的城镇、农村。居住在农村的回民多集中于平坝地区，或居住在交通方便的城镇郊区，城市回民自成街区，农村回民则自成村落，在城市的回民多从事小商贩和手工业，在农村除从事农业外，也兼营小商贩。自宋代以来，回族陆续迁来广西。桂林白姓回民，其祖先于元朝来广西任廉访副使，尔后定居桂林。柳州回民的祖先，是随宋朝大将狄青率领的镇压侬智高起义的部队而来的。明、清以来，回民陆续从湖南、河北、山东、广东、云南等省迁来。回族长期与广西各族人民杂居在一起，经济文化

---

① 韦顺国. 广西桂西资源富集区乡村文化建设研究［D］. 西安：陕西师范大学，2014.

② 毛南族［EB/OL］.（2015-07-28）［2018-11-13］. 中国中央政府门户网站，http://www.gov.cn/guoqing/2015-07/28/content_2903923.htm.

相互交流。回民向汉族学习耕作技术,汉族向回民学习经营商业和手工业的经验。伊斯兰教的主要经典是《古兰经》。教徒称为"穆斯林"。回族的居住和服饰与汉族基本相同,但教徒做礼拜时,男戴白、黑碗状帽,妇女头上覆盖红纱。回民节日和宗教信仰有密切关系,"开斋节""古尔邦节""圣纪节"是回族每年的三大宗教节日。广西回族的传统体育有查拳、摔跤等。回族有洁净的起居卫生习惯。清真在宗教意义上是指回族成员虔诚的伊斯兰教信仰及其相关的宗教行为;在个人生活行为意义上是指讲求心净、身净、居处净和饮食净。回族重视伦理道德素质的修养,寻求心理上的健康与平衡,区分真伪善恶。回族有严格的饮食习惯和禁忌。回民喜欢饮茶,形成了以"三炮台"为茶具的"八宝盖碗茶",在长期的生活实践中他们发明了可用开水冲食的"油面茶"和"油茶。"①

(9) 京族。京族是中国南方人口最少的少数民族之一。广西京族主要聚居在广西东兴市江平镇山心、巫头、万尾、潭吉四个村落,散居于红坎、恒望、寨头、互村、米漏、三德等地。京族原住越南吉婆,后迁越南涂山,迁来广西有近五百年历史。新中国建立前,京族自称与他称皆为"安南",建国初期为"越族"。1958 年 5 月经国务院批准,按照他们本民族的意愿,正式定名为"京族"。今天,在京族小部分老年妇女中仍然穿着本民族服饰,京族妇女穿戴简单朴素,独具韵味。男子多穿着窄袖袒胸,长至膝盖的上衣和长而宽的裤子,腰间束带;有自己特别喜爱的食物:糍粑、调味品"鲶汁"等。此外,妇女嗜好嚼槟榔,男子吸烟爱用水烟筒或烟煲。"唱哈节"是京族独特的民族传统节日,有特定的时间、地点和活动内容,既有文化娱乐活动,也有宗教迷信色彩。每年十月初十是京族庆祝丰收的"吃新节"。京族主要信仰道教的"正一教",经书用汉字或喃字写成,作法事时静坐念经。此外,天主教的传入已有近百年的历史,京族部分人信奉天主教。京族民间流行的乐器有独弦琴等。京族人民能歌善

---

① 广西回族 [EB/OL]. (2012 – 10 – 24)[2018 – 11 – 24]. 广西信息百科网,http://gxi.zwbk.org/lemma – show – 1156.shtml.

舞，民歌丰富多彩，特别是在京族传统节日"哈节"所唱的"哈歌"，最见特色。京族民歌分海歌、小调、叙事歌、风俗歌和儿歌等。京族拥有自己独特的优秀民间文学。以描述海洋和人类征服海洋的事迹为主要特征的海岛神话，灿烂瑰奇的海生动植物故事及可歌可泣的爱情描写，表现出生动的浪漫主义色彩。有《三岛传说》和《京岛传说》等海岛神话，有《山榄探海》《海龙王救墨鱼》等海生动植物故事，有《宋珍和陈菊花》等爱情故事、"计叔"的故事等智慧和斗争精神故事、《杜光辉的故事》《刘二打番鬼》等抗法英雄故事。民间传统舞蹈有"哈节舞蹈"和"道场舞蹈"两种。广西京族传统体育有跳竹竿等。①

（10）水族。广西水族人口主要分布在南丹、环江、河池、宜州、融水、都安等县（自治县）。水族有自己的语言，属汉藏语系壮侗语族。水族原有一种古老的文字，称为"水书"，造字方法有象形、会意、谐音和假借，通用单词100多个，现在则通用汉文。水族信仰多神，崇拜自然物。相传水族的先民是岭南"百越"之——骆越人的一支。水族的名称最早出现在中国明朝末年的文献中。历史上，水族筑楼而居，盛行"干栏"式建筑。现已普遍改住木结构和木石结构的房屋。水族崇尚黑色和藏青色。水族男子多穿对襟无领蓝布短衫，水族妇女大多穿青黑色圆领右开襟宽袖短衣，下着长裤，结布围腰，脚穿绣花青布鞋。水族信奉的是原始宗教，主要体现为自然崇拜、鬼神崇拜和祖先崇拜。水族有本民族自己的历法——水历。水族的岁时节日丰富而奇特。岁时节日有20多个，节日之繁多，特色之浓厚，过节日子依照水书择定，个性之鲜明，实属罕见。水族的民歌内容广泛，分为《祭祀歌》《情歌》《劳动歌》《生活歌》等。水族的民间舞蹈艺术有铜鼓舞、角鼓舞、芦笙舞、斗角舞等。水族民间乐器主要有铜鼓、大皮鼓、锣、鼓、月琴、芦笙、胡琴、笛、唢呐和木鱼等，多在节庆及丧葬时使用。水族演奏铜鼓时常以大皮鼓伴奏，极富特色。手

---

① 广西京族［EB/OL］.（2012-10-24）［2018-11-13］. 广西百科信息网，http://gxi.zwbk.org/lemma-show-1149.shtml.

工艺品，如剪纸、刺绣、印染、雕刻等，都精巧别致。水族的石雕也颇具盛名。

（11）彝族。广西的彝族人口较少，主要分布在隆林各族自治县的德峨、克长、者浪、岩茶等4个乡的10多个村，和那坡县城厢、百都、下华3个乡的9个村寨，余者居住在西林、田林县内。广西彝族是在不同时期从滇黔等地迁来的，何时迁入，说法不一，但至迟在明代初年已陆续迁入隆林等地，至今已有六百多年。广西的彝族，按当地习惯说法，可分为黑彝、白彝、红彝3种（这里主要是按衣饰分，而不是等级意义上的黑彝、白彝之分）。居住在隆林、西林县（自治县）的彝族基本上是黑彝。他们一部分来自滇西，一部分来自云南的东川、会泽、曲靖一带，经黔西南迁入隆林、西林。其语言、衣饰、习俗与四川凉山、黔西北、云南楚雄和大理等地的彝族相近，如尚黑色，男子头扎"英雄结"，身披"擦瓦尔"，女子着右衽滚边上衣、长裙，过火把节等。但是，现在隆林这部分彝族，原来的服饰、节日习俗有的已变化，与当地壮、汉族相同，语言仍与川、滇、黔的彝族相同。居住在那坡县的大部分彝族（如达腊、念华、者祥、坡报等村屯）是白彝，由滇南一带迁入。他们的语言、衣饰、习俗与滇南富宁一带彝族相同，尚白色，主要衣式为白衣（虽绣有各色丝线图案，但不掩白底色）、黑裤加黑头帕、花头格巾和绑腿，妇女腰佩大黑腰环。最隆重的节日为跳公节，不过火把节。该地彝族与隆林彝族语言、衣饰、习俗都差别很大。居住在那坡县的坡伍、坡康、达汪等村屯的人数不多的部分彝族是红彝（又称花彝），之所以称为红彝，据说是因为衣着花红且喜欢"吃红"，如过年节用猪血、鸡血染红糯饭，喝生血等。这部分彝族操另一种口语方言，与黑彝、白彝言语不相通。民间文艺方面，彝族人珍爱铜鼓，铜鼓在他们生活中占有重要地位。彝族人一听见铜鼓敲击声，就会情不自禁地起舞。那坡一带彝族地区主要乐器还有彝族葫芦笙、彝胡等。节日活动较多，除与汉、壮族相同的外，还有"三月三"护林节，六月六爱鸟节，八月二十三日修路节，十月的丰收节等，有"抹黑脸""打磨秋""跳房"等活动。流行的舞蹈有铜鼓舞、芦笙舞、二胡舞,民歌有酒歌、情歌、起源歌、送葬歌等。民族传统体育有打磨秋等。①

(12)仡佬族。仡佬族是我国西南地区一个古老的土著民族。她的诞生地是贵州高原,也包括湘西丘陵一带。目前,仡佬族的大多数居住在贵州,少部分散居在云南、广西,还有一部分侨居越南等地。广西的仡佬族是广西少数民族中人口最少的。主要居住在隆林各族自治县的德峨、长发、岩茶、者浪、常么等乡,而以德峨乡的磨基、三冲等村最为集中。此外,与隆林接壤的西林县也有少量仡佬族聚居点。广西仡佬族都是由贵州迁来的,他们在贵州的祖籍各不相同,有的来自六枝,有的来自仁怀,他们进入广西的主要原因是逃荒,居住点的自然条件比较差,在以往的二三百年中受尽自然和人为的苦难。仡佬族人爱唱歌,有丰富的民歌和民间传说。仡佬族有自己传统的民族习俗特点,由于长期与壮、汉等民族杂居共处。现在,衣、食、住、婚姻、丧葬、节日等风俗习惯,已与邻近的壮、汉各族相近。有富于民族特色的"八仙"乐曲、"牛筋舞"和民间故事。打秋千是广西仡佬族群众特别喜爱的传统体育活动。主要民族节日有农历正月十四日的"拜树节"、正月十五的"吃薯节"、六月初二的"捉虫节"、七八月间夏收前后的"吃新节"、八月十五日的"祭祖节。"②

(二)广西的民族文化

广西是我国唯一与东盟海陆相连的省区,它毗邻越南,与江西、贵州、广东、云南和湖南交界,是我国5个少数民族自治区之一,这里居住着12个世居民族,40多个其他民族杂居其间。"十里不同风,百里不同俗",各民族的自然环境、社会经历、生活方式各不相同,民族文化也就有了很大的差异。独特的地理环境、悠久的人文历史等

---

① 彝族 [EB/OL]. (2011-04-02) [2018-11-14]. 广西人民政府网, http://www.gxzf.gov.cn/html/30980/20110402-285591.shtml.
② 仡佬族 [EB/OL]. (2011-04-02) [2018-11-14]. 广西人民政府网, http://www.gxzf.gov.cn/html/30980/20110402-285572.shtml.

影响和造就了广西丰富多彩的民族文化①。这些民族文化，渗透到长期的生产生活实践中，积累起来不同的宗教风俗、特色的生产技艺、灿烂的文学艺术，流传至今，变成广西特有的地域文化，是中华民族优秀传统文化的一支。广西民族文化渗透到人们吃穿住行、思想行为，呈现出广西独特的文化魅力。多年来，广西民俗节庆，如南宁国际民歌艺术节、桂林山水旅游节、柳州国际奇石节、百色芒果节、"壮族三月三"歌节、瑶族盘王节、苗族芦笙节、侗族花炮节、彝族跳弓节、京族唱哈节等无不汇聚民族特色，吸引了大量中外游客；传统手工技艺，如良壮族打铁技艺、扬美豆豉制作技艺、宾阳壮锦编织技艺、横县鱼生制作技艺、老友粉、五色香糯米、横县大粽、宾阳酸粉、瑶锦、刺绣、木雕、石刻、剪纸、制瓷、泥塑、扎花灯、扎龙头、扎狮头、做戏剧头盔等，成就了大批民族工匠；一些传统杂技与竞技有踩油锅、爬竿、龙舟赛、抛绣球、抢花炮等也大大丰富了民间娱乐生活。其中，有合称为广西"三宝"的壮锦、绣球、坭兴陶；有称为广西"四绝"的"壮族的歌、瑶族的舞、苗族的节、侗族的楼。"② 各民族文化在这"八桂大地"上交流互鉴、碰撞融合、和谐共生，广西民族文化因而海纳百川，吐故纳新，形成"集多元性、开放性、兼容性、海洋性、前瞻性等为一体"的特点。

由于丰富的民族文化资源，广西大量非物质文化遗产入选各级非物质文化遗产名录（表2-2）。据统计，截至2018年10月，广西有50个项目列入国家级非物质文化遗产目录，有618项入选自治区级目录。另外1 039项市级非遗项目，2 561项县级非遗项目。广西共有49名民间大师成为国家级"非遗"传承人，555名民间大师成为自治区级"非遗"传承人。在这些灿烂的非物质文化遗产中，包括了传统手工技艺、民俗、民间文学、传统戏剧、传统舞蹈、传统音乐、曲艺等诸多的民族

---

① 闫雪梅. 民族文化视阈下广西精神及其培育研究 [D]. 南宁：广西师范学院，2010：11.

② 周鸿，黎敏茜. "一带一路"战略与广西边境地区民族文化安全研究 [J]. 广西师范学院学报（哲学社会科学版），2016（04）：62-67.

文化形态，散发着浓郁的民族文化气息，彰显出鲜明的地域个性。

表2-2　广西国家级非物质文化遗产项目汇总表

序号	项目名称	申报地区或单位	分类
1	布洛陀	田阳县	民间文学
2	刘三姐歌谣	宜州市	民间文学
3	侗族大歌	柳州市、三江侗族自治县	民间音乐
4	那坡壮族民歌	那坡县	民间音乐
5	桂剧	广西壮族自治区	传统戏剧
6	采茶戏（桂南采茶戏）	博白县	传统戏剧
7	彩调	广西壮族自治区	传统戏剧
8	壮剧	广西壮族自治区	传统戏剧
9	壮族织锦技艺	靖西市	传统手工技艺
10	侗族木构建筑营造技艺	柳州市、三江侗族自治县	传统手工技艺
11	京族哈节	东兴市	民俗
12	瑶族盘王节	贺州市	民俗
13	壮族蚂㧐节	河池市	民俗
14	仫佬族依饭节	罗城仫佬族自治县	民俗
15	毛南族肥套	环江毛南族自治县	民俗
16	壮族歌圩	南宁市	民俗
17	苗族系列坡会群	融水苗族自治县	民俗
18	壮族铜鼓习俗	河池市	民俗
19	瑶族服饰	南丹县、贺州市	民俗
20	壮族嘹歌	平果县	民间文学
21	瑶族长鼓舞	富川瑶族自治县	传统舞蹈
22	邕剧	南宁市	传统戏剧
23	广西文场	桂林市	曲艺
24	宾阳炮龙节	宾阳县	民俗
25	多声部民歌（瑶族蝴蝶歌、壮族三声部民歌）	富川瑶族自治县、马山县	传统音乐
26	瑶族铜鼓舞	田林县	传统舞蹈
27	陶器烧制技艺（钦州坭兴陶烧制技艺）	钦州市	传统技艺

续表

序号	项目名称	申报地区或单位	分类
28	密洛陀	都安瑶族自治县	民间文学
29	京族独弦琴艺术	东兴市	传统音乐
30	壮医药（壮医药线点灸疗法）	广西中医学院	传统医药
31	吹打（广西八音）	玉林市	传统音乐
32	狮舞（藤县狮舞）	藤县	传统舞蹈
33	狮舞（田阳壮族狮舞）	田阳县	传统舞蹈
34	瑶族长鼓舞（黄泥鼓舞）	金秀瑶族自治县	传统舞蹈
35	侗戏	三江侗族自治县	传统戏剧
36	竹编（毛南族花竹帽编织技艺）	环江毛南族自治县	传统美术
37	壮族百鸟衣故事	横县	民间文学
38	凌云壮族七十二巫调音乐	凌云县	传统音乐
39	瑶族金锣舞	田东县	传统舞蹈
40	桂林渔鼓	桂林市	曲艺
41	铜鼓舞（南丹勤泽格拉）	南丹县	传统舞蹈
42	粤剧	南宁市	传统戏剧
43	黑茶制作技艺（六堡茶制作技艺）	苍梧县	传统技艺
44	三月三（壮族三月三）	武鸣县	民俗
45	瑶族服饰	龙胜各族自治县	民俗
46	农历二十四节气（壮族霜降节）	天等县	民俗
47	民间信俗（钦州跳岭头）	钦州市	民俗
48	中元节（资源河灯节）	资源县	民俗

资料来源：根据广西非物质文化遗产网（http://www.gxfybhw.cn/directory.php?1＝1&cate＝&jb＝1&pc＝2&area＝&cate＝0）整理。

1. 民族艺术文化

广西各少数民族能歌善舞，民族文化艺术资源独具魅力，主要有民族音乐、舞蹈、戏剧、雕刻、绘画、工艺品等资源。广西的民间音乐有壮族三声部民歌、广西八音、四六联民歌、松柏多声部山歌、壮族"嘹啰"山歌、南宁多声部民歌、南宁平话民歌、宾阳八音等;舞蹈有骆垌舞、芭蕉香火龙、扁担舞、蚂拐舞、采茶舞、盘王舞、嘎坐舞、芦笙舞、依饭舞、师公舞、哈节舞和五笙舞等民间舞等;民族戏剧和地方戏种有邕剧、壮剧、桂剧、彩调剧等,① 民族服饰有壮锦、瑶绣、侗绣等。

1)传统音乐

广西素有"歌海"的美称,传统民歌在长期的生产生活、社会交际过程中创新与传承,并且在流传过程中经过反复的提炼、加工,最后流传于世间。在教育上,"以歌代言、以歌说理";家族、民族传承上,"以歌感恩、以歌祭祀";在生产丰收上,"以歌庆祝、以歌贺喜";婚恋嫁娶上,"以歌会友、以歌传情"。民歌方面,最具代表性的壮族三声部民歌(2008年6月7日列入第一批国家级非物质文化遗产扩展项目名录)、那坡壮族民歌(2006年5月20日列入第一批国家级非物质文化遗产名录)、侗族大歌(2006年5月20日列入第一批国家级非物质文化遗产名录)、瑶族蝴蝶歌(2008年6月7日列入第一批国家级非物质文化遗产扩展项目名录)、京族独弦琴艺术(2011年5月23日列入第三批国家级非物质文化遗产名录)受众较多,流传甚广;苗族号子拉木歌、右江嘹歌、凌云壮族72巫音调、靖西上下甲山歌、武鸣壮族山歌、南宁哭嫁歌、京族民歌、钟山门唻歌、瑶族溜喉歌、南宁平话民歌、大新壮族高腔山歌、北海咸水歌、藤县水上船歌、松柏汉族多声部平话山歌等民歌也异常丰富。器乐方面,广西八音(2011年5月23日列入第三批国家级非物质文化遗产扩展项目名录)、壮族天琴、京族独弦琴、广西八音、壮族马骨胡艺术、壮族会鼓、壮族蜂鼓音乐、烟墩大鼓、上思虽蕾、贺郎歌、桂平西山佛教音乐、侗族器乐等也极具魅力。

---

① 施日全. 生态文化与美丽广西 [M]. 南宁:广西人民出版社,2014:148-149.

2）传统舞蹈

广西传统民族舞蹈源远流长，绚丽多姿的民族舞蹈遍布壮乡、苗寨、瑶山等地，扎根于人们的生活之中。其中，广西特有民族的舞蹈—壮族、瑶族、毛南族、仫佬族、京族的舞蹈，遍布广西五十多个市、县、村落，是以舞蹈为主要构成部分的综合性艺术形式，它集舞蹈、音乐、曲艺、戏曲等艺术门类于一身，融唱、跳、奏等表演形式为一体，创造了较完整系统的、丰富多彩、形式多样的民间歌舞艺术。早在广西宁明花山崖壁画中，就有两千多年前古代壮族先民骆越部族的舞蹈场面。① 广西民族舞蹈柔美细腻，刚柔相济，不同民族有不同的风格、不同的韵律。其中最具有代表性的有：田林瑶族铜鼓舞（2008年6月7日列入第一批国家级非物质文化遗产扩展项目名录）、瑶族长鼓舞（2008年6月7日列入第二批国家级非物质文化遗产名录）、瑶族长鼓舞（黄泥鼓舞）（2011年5月23日列入第三批国家级非物质文化遗产扩展项目名录）、藤县狮舞（2011年5月23日列入第三批国家级非物质文化遗产扩展项目名录）、田阳壮族狮舞（2011年5月23日列入第三批国家级非物质文化遗产扩展项目名录）、铜鼓舞（南丹勤泽格拉）（2014年11月11日列入第四批国家级非物质文化遗产扩展项目名录）、瑶族金锣舞（2014年11月11日列入第四批国家级非物质文化遗产名录）。

3）传统戏剧

广西民族地方戏剧流传久远，类别多样，特色鲜明，分布广泛，呈现出大分散、小聚居的特点，不同区域产生不同剧种，相同剧种也因民族特征、习性不同而有所变化，大家相互交融又各具特色。主要有：壮剧、桂剧、彩调剧、广西文场、邕剧、苗剧、侗剧、毛南剧、牛歌剧、牛娘剧、采茶戏、丝弦戏、师公戏等（表2-3）。

---

① 刘滨. 舞蹈：作为一种仪式的存在——广西特有民族舞蹈的生态呈现 [J]. 科技信息，2009（05）：33-34.

表2-3 广西传统戏剧类非物质文化遗产汇总表

级别	项目名称	申报地区或单位	批次	年份/年	备注
国家级	采茶戏	广西壮族自治区博白县、江西省赣州市	第一批	2006	
	彩调	广西壮族自治区	第一批	2006	
	壮剧	广西壮族自治区	第一批	2006	
	桂剧	广西壮族自治区	第一批	2006	
	邕剧	广西壮族自治区南宁市	第二批	2008	
自治区级	彩调（永福彩调）	广西壮族自治区（桂林、柳州、河池、南宁）	第一批	2007	2010扩展批次：永福彩调
	壮剧（南路壮剧）	广西壮族自治区（百色市靖西市、德保县）	第一批	2007	2010扩展批次：南路壮剧
	壮族师公戏（贵港师公戏、宾阳师公戏）	来宾市（贵港市覃塘区、宾阳市）	第一批	2007	2010扩展批次：贵港师公戏、宾阳师公戏
	岑溪牛娘戏	梧州市、岑溪市	第一批	2007	
	桂南采茶戏（钦南采茶戏、壮族采茶戏）	玉林市博白县（钦州市钦南区、南宁市邕宁区、横县）	第一批	2007	2008扩展批次：钦南采茶戏、壮族采茶戏
	侗戏	柳州市三江侗族自治县	第一批	2007	
	平桂杖头木偶戏	贵港市	第一批	2007	
	邕剧	南宁市	第一批	2007	
	牛哥戏	贵港市平南县梧州市藤县	第二批	2008	
	丝弦戏	南宁市宾阳县	第二批	2008	
	客家山歌剧	贺州市	第二批	2008	

续表

级别	项目名称	申报地区或单位	批次	年份/年	备注
自治区级	鹿儿戏	梧州市苍梧县	第三批	2010	
	乐业唱灯	百色市乐业县	第三批	2010	
	壮族提线木偶戏	百色市靖西市	第三批	2010	
	防城采茶戏	防城港市	第四批	2012	
	浦北鹩剧	钦州市浦北县	第四批	2012	
	平南大安越剧	贵港市	第四批	2012	
	北路壮剧	百色市田林县	第四批	2012	
	上林壮族师公戏	南宁市上林县	第四批	2012	
	临桂彩调	桂林市临桂县	第四批	2012	
市级	邕剧	南宁市邕剧团	第一批	2007	
	丝弦剧	南宁市宾阳县	第一批	2007	
	校骑临江壮歌剧	南宁市横县	第一批	2007	
	牛娘戏	梧州市岑溪县	第一批	2007	
	牛哥戏	梧州市藤县	第一批	2007	
	木偶戏	梧州市藤县	第一批	2007	
	鹿儿剧	梧州市苍梧县	第一批	2007	
	采茶戏	防城港市	第一批	2007	
	客家山歌剧	贺州市	第一批	2007	
	廉州山歌剧	北海市	第一批	2008	
	木偶戏	陆川县文化遗产保护中心、北流市文化馆	第一批	2008	
	鹩剧	玉林市兴业县文体局	第一批	2008	
	傀儡戏	玉林市博白县非物质文化遗产保护中心	第一批	2008	
	桂南采茶戏（陆川客家采茶戏）	博白县文体局、北流市文化馆、容县文化馆（陆川县文化馆）	第一批	2008	2010扩展批次：陆川客家采茶戏

续表

级别	项目名称	申报地区或单位	批次	年份/年	备注
市级	师公戏	贵港市	第一批	2008	
	平南牛哥戏	贵港市	第一批	2008	
	杖头木偶戏	贵港市桂平市	第一批	2008	
	左江采茶花剧	崇左市	第一批	2008	
	有理采茶戏	贵港市平南油麻镇	第二批	2009	
	宾阳师公戏	南宁市宾阳县文体局	第二批	2009	
	采茶戏	钦州市	第二批	2009	
	木偶	钦州市浦北县	第二批	2009	
	大安越剧	贵港市平南县	第二批	2009	
	横县壮族采茶戏	南宁市	第三批	2010	
	壮族采茶戏	南宁市	第三批	2010	
	越剧	玉林市越剧团	第三批	2010	
	侗戏	柳州市	第三批	2011	
	昭平木偶戏	贺州市昭平文化馆	第三批	2011	
	本地采茶戏	贺州市	第三批	2011	
	上林傩戏	南宁市	第四批	2011	
	上林壮族师公戏	南宁市	第四批	2011	
	南宁平话师公戏	南宁市宾阳文体局	第五批	2013	
	广西越剧	南宁非遗保护中心	第五批	2013	

来源：广西传统戏剧类非物质文化遗产资源调研与旅游开发研究。桂林理工大学硕士论文（万方数据）。

4）传统曲艺

广西民族曲艺拥有源远流长的曲种资源、特色鲜明的曲种、丰富多彩的曲目内容、生动灵活的演绎形式、优秀杰出的曲艺艺人、底蕴丰厚的曲艺习俗，是广西最具代表性的民族传统文化之一。[①] 其中，最有影响力当属广西文场（2008年列入第二批国家级非物质文化遗产名录）

---

① 李萍. 保护性开发背景下广西少数民族曲艺数字化生存与发展研究［J］. 广西职业技术学院学报，2015（04）：76-81.

和桂林渔鼓（2014年11月11日列入第四批国家级非物质文化遗产名录）。

5）民间美术

广义的民间美术包括民间建筑、民间工艺、民间服饰、民间绘画、民间雕塑等各种技艺文化。本书为了更详尽地叙述广西民族文化现状，对民间建筑、民间工艺、民间服饰均将单独陈述，因而民间美术在此仅指民间绘画和民间雕塑。广西民间美术"反映了广西人民独特的生活情调和审美理想，"① 主要有三江农民画（2008年，独峒乡被文化部评为"中国民间文化艺术之乡"）、福利画扇、瑶族女童版画制作、五通三皮画等。

2. 民族民间工艺文化

广西民族传统手工制作历史悠久、工艺精湛，主要有织锦、绣球、刺绣、铜鼓、雕画、陶瓷、画扇、编织等。这些艺术瑰宝，既是广西各族人民谋生的手段，也是八桂文明的重要载体，演绎了广西民族文化的多姿多彩，在历史长河中不断得到传承和发展。主要代表有：钦州坭兴陶烧制技艺（2008年6月7日列入第二批国家级非物质文化遗产名录）、三江侗族刺绣（2008年入选第二批自治区级非物质文化遗产名录）、北海贝雕（2010年入选第三批自治区级非物质文化遗产名录）、天等进远石雕技艺（2012年入选第四批自治区级非物质文化遗产项目名录）、小江瓷器手工制作技艺（2012年入选第四批自治区级非物质文化遗产项目名录）、宾阳油纸伞制作技艺（2014年入选第五批自治区级非物质文化遗产名录）、竹编（毛南族花竹帽编织技艺）（2011年5月23日列入第三批国家级非物质文化遗产扩展项目名录）、博白芒竹编织技艺（2014年入选第五批自治区级非物质文化遗产名录）、江州草席制作技艺（2014年入选第五批自治区级非物质文化遗产名录）、隆安构树造纸技艺（2014年入选第五批自治区级非物质文化遗产项目名录）。

---

① 喻虹. 西部民族文化资源建设思考——以广西民族民俗专题资源建设为例［J］. 晋图学刊，2010（04）：67—70.

3. 民族服饰文化

广西少数民族服饰作为活态的文化遗产，自产生起就一直承载着少数民族文化的丰富内涵。广西民族服饰是一部无字史书，各民族的穿着，可以反映他们的历史文化；是民族和族群的符号，很多民族通过穿着服饰的形式来保护民族文化；是身份、地位、等级的标志，从不同穿着中辨别身份、地位和等级；通过服饰特点，可以看出性别、年龄和是否已婚；各民族服饰的装饰体现了民间的信仰；一方水土一种衣，不同地区的民族会因为地理环境特点，在服饰色彩等方面进行具体的搭配。广西民族服饰的适用性，它除了满足少数民族群众的生活起居需要外，还寄托了审美，代表了一定时期的物质文化、制度文化、精神文化。由于各民族生态环境的差异和社会历史发展的不平衡以及经济生活、风俗习惯、审美观念等各不相同，各民族的服饰都表现出独特的风格和诱人的艺术魅力，并形成各自不同的审美情趣，如应对季节变化的单衣套装、在色彩上的崇尚自然、在款式上的方便生活捕捞等，从而使广西少数民族服饰工艺、色彩及图案纹样更为丰富多彩。① 主要民族服饰有：壮族服饰制作技艺（2014年入选第五批自治区级非物质文化遗产名录）、壮族织锦技艺（2006年5月20日列入第一批国家级非物质文化遗产名录）、宁明壮族民间染织工艺（2014年入选第五批自治区级非物质文化遗产名录）、瑶族服饰（2006年5月20日列入第一批国家级非物质文化遗产名录）、龙胜瑶族服饰（2014年11月11日列入第四批国家级非物质文化遗产扩展项目名录）。

4. 民族建筑文化

建筑是一门最早的艺术。广西历史上流传着"高山瑶，半山苗，汉人住平地，壮侗住山槽"的说法，各民族形成了独具特色的民族建筑风格。壮、仫佬、毛南等族通常修建干栏式建筑，楼上住人，楼下置物，既避湿热，又防虫兽；瑶族由于历史上长期过着刀耕火种的游

---

① 梁桂娥，杨渊云. 保护民族服饰，守护精神家园——评《濒临消失的广西少数民族服饰文化》[J]. 中南民族大学学报（人文社会科学版），2012，32（2）：封3.

耕生活，住房比较简陋，建国前一直居住在"人字寮棚"里。① 侗族有些房屋建在河边或陡坡，便依地势修建吊脚楼，外面的柱脚有的高达两三丈，其木构建筑营造技艺以风雨桥、鼓楼为代表，包含吊脚木楼、寨门、井亭、戏台等。这些建筑不仅造型美观，而且工艺堪称一绝，服从美感要求，由原先的"独脚"向"四柱""六柱"演变。楼、桥上的各种图案及雕梁画栋寄托了侗族人民祈望风调雨顺、五谷丰登的美好愿望和美学追求，是侗族文化特性的集中体现。2006年5月20日，侗族木构建筑营造技艺被列入第一批国家级非物质文化遗产名录。②

5. 民族医药文化

广西少数民族医药文化是广西少数民族传统医药文化体系的总称，是我国少数民族医药文化极其重要的组成部分。广西少数民族在漫长的生产、生活历史过程中积累了丰富的防病治病经验，形成了独具特色的少数民族医药文化。③ 具有代表性的有：壮医药（壮医药线点灸疗法）（2011年列入第三批国家级非物质文化遗产名录）、侗族医药。(2008年入选第二批自治区级非物质文化遗产名录)、宾阳封氏烧伤创疡治疗术（2014年入选第五批自治区级非物质文化遗产名录）、壮族谭氏草药疗骨法（2014年入选第五批自治区级非物质文化遗产名录）。

6. 民族饮食文化

广西各民族以大米或玉米为主食，做法颇具民族风味和地方特色。壮族把糯米制成食物，过节必备的糯米糍粑、粽子、生菜包饭，汉族的捞水饭、年糕、粉利，融水及武鸣一带喜欢食醋，如苗族的醋泡饭、醋血鸭，仫佬族的玉米干饭、瑶族的打油茶等，各地的烹调方式及饮食习惯都与当地的自然条件、作物生产息息相关，如靖西等地

---

① 闫雪梅. 民族文化视阈下广西精神及其培育研究 [D]. 南宁：广西师范学院，2010.
② 侗族木构建筑营造技艺 [EB/OL]. (2011-04-02)[2018-12-05]. 广西非物质文化遗产网，http://www.gxfybhw.cn/dir-4.html.
③ 亢琳，朱华，戴忠华，等. 广西少数民族医药文化研究 [J]. 中华中医药学刊，2016 (06): 1434-1437.

的壮族群众，每到夏天，都喜欢吃具有温气血、祛寒湿的艾草粥。①在多样的饮食文化中，具有代表性的有：天等指天椒制作加工技艺（2010年入选第三批自治区级非物质文化遗产名录）、扬美豆豉制作技艺（2010年入选第三批自治区级非物质文化遗产名录）、壮族五色糯米饭制作技艺（2010年入选第三批自治区级非物质文化遗产名录）、黑茶制作技艺（六堡茶制作技艺）（2014年列入第四批国家级非物质文化遗产扩展项目名录）、横县茉莉花茶制作技艺（2012年入选第四批自治区级非物质文化遗产名录）、横县南山白毛茶制作技艺（2012年入选第四批自治区级非物质文化遗产名录）、扬美沙糕制作技艺（2012年入选第四批自治区级非物质文化遗产名录）、扶绥壮族酸粥（2014年入选第五批自治区级非物质文化遗产项目名录）、桄榔粉制作（2014年入选第五批自治区级非物质文化遗产名录）、横县鱼宴制作技艺（2014年入选第五批自治区级非物质文化遗产名录）、沙田柚皮酿（2014年入选第五批自治区级非物质文化遗产项目名录）。

7. 民族节庆文化

传统节庆是民族成熟文明的缩影，蕴藏着各民族悠久的历史、灿烂的文化、独特的心理。千百年来，广西各族人民在长期的生产生活实践中，创造了具有生产导向、生活调适、社会控约、群体凝聚、文化传播和文体娱乐等多功能性的节庆文化，主题或为娱人，或为祭祖，或为敬神，或三者兼而有之。②广西民间节庆繁多，一年之中，大节数十，小节数百，老百姓中间流传着"四季皆聚庆，无月不过节"的俗谚。其中有的节庆为广西12个民族或几个民族所共有，如春节、元宵、清明，有的节庆则为某个民族所特有，③代表性的有壮族歌圩（2006年列入第一批国家级非物质文化遗产名录）、壮族三月三（2014年列入第四批国家级非物质文化遗产扩展项目名录）；

---

①③ 闫雪梅. 民族文化视阈下广西精神及其培育研究 [D]. 南宁：广西师范学院，2010：13.

② 喻虹. 西部民族文化资源建设思考——以广西民族民俗专题资源建设为例 [J]. 晋图学刊，2010（04）：67-70.

壮族蚂拐节（2006年列入第一批国家级非物质文化遗产名录）；壮族霜降节（2014年列入第四批国家级非物质文化遗产扩展项目名录）；苗族系列坡会群（2006年列入第一批国家级非物质文化遗产名录）；瑶族的盘王节（2006年列入第一批国家级非物质文化遗产名录）；京族的唱哈节（2006年列入第一批国家级非物质文化遗产名录）；毛南族肥套（2006年列入第一批国家级非物质文化遗产名录）；仫佬族的依饭节（2006年列入第一批国家级非物质文化遗产名录）；宾阳炮龙节（2008年列入第二批国家级非物质文化遗产名录）；钦州跳岭头（2014年列入第四批国家级非物质文化遗产扩展项目名录）；资源河灯节（2014年列入第四批国家级非物质文化遗产扩展项目名录）；还有苗族的苗年、芦笙节；侗族的侗年、花炮节；瑶族铜鼓节；仫佬族的拜树节；彝族跳弓节；回族的开斋节等，底蕴深厚，意味隽永，影响着各民族社会经济文化的发展。

8. 民族民间文学文化

广西多民族文化融合与交流造就了广西民族风情与文化的多元性，是广西民间文化的缩影。例如，《妈勒访天边》《刘三姐》等民间文学经典和壮族布洛陀系列神话传说，反映着广西各族人民的生活和理想，及与其他民族的交流、影响和共同发展。《布洛陀》（2006年列入第一批国家级非物质文化遗产名录）象征的自强不息、勇于探索的精神；刘三姐歌谣（2006年列入第一批国家级非物质文化遗产名录）分为生活歌、生产歌、爱情歌、仪式歌、谜语歌、故事歌等，不仅具有以歌代言的诗性特点和鲜明的民族性，还具有人类学、社会学、美学等方面的研究价值。壮族嘹歌（2008年列入第二批国家级非物质文化遗产名录）是著名的壮族长篇古歌，是经过长期的口头传诵后，由壮族文人加工和删改，用古壮字记录并在格式上作了适当规范的歌谣集。一般为五言四句，四句分别为两联，句意环环相扣。具有重要的文学价值、历史价值、民俗学价值、语言文化学价值和古文字研究价值。密洛陀（2011年列入第三批国家级非物质文化遗产名录）以浩瀚的篇幅、恢宏的气势、通过形象生动的诗的语言，讲述了密洛陀的诞生、天地日月的形成、人类万物的起源、治理大地山河、征服自然灾害、和妖魔怪兽的斗争、族性分开继宗接代、密洛陀续寿及病故、族内外的矛盾和冲突、本族迁徙的原因和经过等重大事件，热烈地歌颂了布努瑶始祖母密洛陀的伟大业绩。① 壮族百鸟衣故事（2014 年列入第四批国家级非物质文化遗产名录）是流传于横县的民间故事，是百越先民智慧发展的产物，广泛记录了人类在远古以来生息繁衍的自然环境、历史变迁、民族习俗、伦理道德和宗教信仰，表达了人们的艰苦与欢乐、理想与愿望。② 这些根植于八桂大地，孕育于民间的优秀文化，构成广西多民族的精神基础，传递着艰苦奋斗、勇攀高峰的价值追求，在传承中不断滋养心灵，涵养人格，凝聚民心，形成了中华民族品性的一个重要来源。③

9. 民族体育文化

体育竞技具有与本民族的自然环境、生活条件及风俗民情紧密相连的特点，在漫长的历史发展过程中，广西各族人民创造了不少具有地方特点和民族特色的体育形式，如壮族香火球（2008 年入选第二批自治区级非物质文化遗产名录）、壮族斗竹马（2010 年入选第三批自治区级非物质文化遗产名录）、壮族迪尺（2014 年入选第五批自治区级非物质文化遗产名录）、春堂、抛绣球、抢花炮、射弩、苗棍等。④ 近几年，广西少数民族体育运动会如火如荼展开，截至 2018 年，共举行了 14 届民族传统体育运动会，进一步挖掘广西民族体育项目，传承和发展民族体育文化的内涵，促进民族融合发展。

---

① 密洛陀 [EB/OL]. (2011 - 04 - 02) [2018 - 12 - 11]. 广西非物质文化遗产网，http://www.gxfybhw.cn/dir - 32.html.
② 壮族百鸟衣故事 [EB]. 广西非物质文化遗产网，http://www.gxfybhw.cn/dir - 49.html.
③ 黄晓娟. 文化发展观视野下的广西多民族文化精神构建 [J]. 学术论坛，2016 (07)：138 - 142.
④ 闫雪梅. 民族文化视阈下广西精神及其培育研究 [D]. 南宁：广西师范学院，2010.

10. 民族民俗文化

广西各民族的传统习俗异常丰富，有一些甚至洋溢着神秘的色彩，比如苗族在聚会时，用脚轻轻地踩在意中人脚背上表示求爱的"踩脚表情"；体弱多病的中老年人捐款架桥的"壮族功德桥"；子女及亲友给老年人祝福的"添粮补寿"；中秋前后与月姑对歌娱乐的"请月姑""请三姐"等。① 具有代表性的有：壮族铜鼓习俗（2006年列入第一批国家级非物质文化遗产名录）、灵山丰塘炮期习俗（2012年入选第四批自治区级非物质文化遗产项目名录）、斑山庙会（2014年入选第五批自治区级非物质文化遗产名录）、更望湖壮族歌圩（2014年歌圩入选第五批自治区级非物质文化遗产项目名录）、壮族毯丝歌会（2014年入选第五批自治区级非物质文化遗产名录）。

除上述方面之外，宗教文化也是广西民族文化的重要组成部分。由于我国相关政策法规明确规定，不得在学校教育中进行宗教传播，因此宗教文化不在本书讨论范围，在此不予叙述。

第二节 广西民族文化传承与创新的现实境遇

一、广西民族文化传承与发展的环境

（一）政策环境

1. 国际宣言和公约

作为联合国系统内唯一负责文化事务的组织，联合国教科文组织从保护文化权利这一基本人权和维护人类文明发展的可持续性的视角，长期关注民族文化的传承，并特别强调文化多样性。

早在1966年，联合国教科文组织大会第14次大会就通过了《有关国际文化合作原则的宣言》，第一条就规定："每个文化都有其尊严

---

① 闫雪梅. 民族文化视阈下广西精神及其培育研究 [D]. 南宁：广西师范学院，2010.

和价值，必须得到尊重和保存；每一个人都有发展其文化的权利和义务；鉴于各文化的丰富性和多样性，以及各文化间互惠的影响，所有文化都属于全人类共同的遗产。"① 该宣言为日后在教科文组织框架范围内制定文化政策奠定了基础。

1970年，联合国教科文组织在意大利威尼斯召开了关于文化政策的体制、行政及财政问题政府间会议，开始提出与"文化的发展"和"发展的文化维度"相关的理念。

1972年，《保护世界文化和自然遗产公约》获得通过。当时就有一些会员国对保护"非物质遗产"（虽然当时并未形成这个概念）的重要性表示了关注。

1973年，玻利维亚政府建议为《世界版权公约》增加一项关于保护民俗（Folklore）的《议定书》。

1976年，世界遗产委员会成立。

1978年，首批遗址列入《世界遗产名录》。

1982年，世界文化政策会议（墨西哥市）承认后来称为"非物质文化遗产"那一类问题越来越重要，并将"非物质因素"纳入到了有关文化和文化遗产的新定义中。同年，联合国教科文组织成立保护民俗专家委员会，并在其机构中建立了"非物质遗产处"（Section for the Non–Physical Heritage）。

1989年，在联合国教科文组织第二十五届全体大会上通过第一个保护世界非物质文化遗产的国际准则《保护民间创作建议案》，这是一个没有太大影响力的"弱法"。

1993年，在韩国的提议下，联合国教科文组织执行局154次会议通过决议，建立"人类活财富"（Living Human Treasures）工作指南，1994年启动该项目的行动计划，专门针对"人"——对社会有突出贡献的"民间艺人"或"传承人"的保护而设立。

1996年，世界文化发展委员会的报告《我们具有创造的多样性》

---

① 吴磊. 我国少数民族非物质文化遗产政策研究 [D]. 北京：中央民族大学, 2012.

指出，1972通过的《世界遗产公约》无法适用于手工艺、舞蹈、口头传统等类型的表达文化遗产。报告呼吁对此进行深入研究，正式承认这些遍布全球的非物质遗产和财富。

1997年，联合国教科文组织与摩洛哥国家委员会于6月在马拉喀什（Marrakesh）组织"保护大众文化空间"的国际咨询会，"口头遗产"作为一个遗产概念正式进入教科文的文献并被相关举措所采纳。

1998年，世界文化与发展委员会在斯德哥尔摩召开了"文化政策促进发展"政府间会议，同年，联合国教科文组织正式提出了"非物质文化遗产"的概念，并于当年10月通过了《人类口头与非物质文化遗产工作条例》。

1999年，联合国教科文组织与史密森尼学会在美国华盛顿特区共同组办国际会议："《保护民间创作建议案》全球评估：在地赋权与国际合作"，对《建议案》通过10年来的效果和争论进行全面评价。

2001年5月，宣布第一批"人类口头和非物质遗产代表作"，19项代表作获得通过，中国昆曲入选；同年10月，联合国教科文组织成员国通过《文化多样性世界宣言》，包括一个行动计划，①《宣言》指出，"文化多样性对人类来讲就像生物多样性对维持生物平衡那样必不可少。"②

2002年9月，联合国教科文组织召开了第三次国际文化部长圆桌会议，会议通过了保护非物质文化遗产的《伊斯坦布尔宣言》，《保护非物质文化遗产公约》进入起草阶段。

2003年10月，联合国教科文组织第三十二届全体大会通过《保护非物质文化遗产公约》；同年11月，宣布第二批"人类口头和非物质遗产代表作"，28项代表作获得通过，中国古琴艺术入选。

2004年，阿尔及利亚于3月15日交存了《批准书》，成为《保护非物质文化遗产公约》的第一个缔约国。

2004年8月28日，经全国人民代表大会常务委员会批准，中国

---

① 巴莫曲布嫫. 非物质文化遗产：从概念到实践［J］. 民族艺术, 2008（01）：6-17.
② 马冉. 文化多样性国际法文件中的文化权利解读［J］. 南京政治学院学报, 2015（02）：46-51.

成为第六个加入《保护非物质文化遗产公约》国家。

2005年,宣布第三批"人类口头和非物质遗产代表作",43项代表作获得通过,中国维吾尔木卡姆艺术以及与蒙古国联合申报的蒙古长调民歌成为"代表作"。全世界的"代表作"总数达90项。

2006年4月20日,《保护非物质文化遗产公约》生效。

2006年11月18至19日,保护非物质文化遗产政府间委员会的24位成员国在阿尔及利亚阿尔及尔举行该委员会第一届会议,制定行动指南,讨论列入"人类非物质文化遗产代表作名录"的标准等问题。

2007年3月18日,联合国教科文组织第33届大会通过的《保护和促进文化表现形式多样性公约》(简称《公约》)生效。[①] 该《公约》在援引前者大量条款的基础上对文化多样性的保护与促进针对缔约方进行了具有拘束力的法律规定,《公约》的通过使得文化在历史上首次成为国际法中一个单独的领域,被喻为国际文化政策的大宪章(Magna Charta for international cultural policies)以及文化事项的新章程。[②] 经全国人民代表大会常务委员会批准,我国于2006年12月29日加入该公约。[③]

2007年5月和9月,联合国教科文组织保护非物质文化遗产政府间委员会第一届会议和第二届会议分别在中国成都和日本东京召开。[④]

新时代,中国以更加开放的姿态拥抱世界,在国际事务中主动承担更多的责任,在维护《保护非物质文化遗产公约》等国际重要公约文件的权威性方面发挥了建设性的作用。

2. 国家政策和法规

1)关于促进民族文化发展繁荣的文件与法规

从邓小平的"社会主义精神文明建设"思想,到江泽民的"中国特色社会主义文化建设"思想,再到胡锦涛的"提升我国文化软实

[①][③][④] 巴莫曲布嫫. 非物质文化遗产:从概念到实践[EB]. 民族艺术, 2008 (01): 6-17.

[②] 马冉. 文化多样性国际法文件中的文化权利解读[J]. 南京政治学院学报, 2015 (02): 46-51.

力、建设社会主义文化强国"的战略决策,再到习近平的"文化自信和文化强国思想",中国共产党对文化建设的理论认识不断深化,并进行了不懈的实践探索。2011年,党的十七届六中全会通过的《中共中央关于深化文化体制改革、推动社会主义文化大发展大繁荣若干重大问题的决定》明确提出,要推动文化产业成为国民经济支柱性产业,推动社会主义文化大发展大繁荣,努力建设社会主义文化强国,从而吹响了中国建设文化强国的号角。2012年,党的十八大报告强调,扎实推进文化强国建设。2017年,党的十九大报告进一步强调:"坚定文化自信,推动社会主义文化繁荣兴盛。……要坚持中国特色社会主义文化发展道路,激发全民族文化创新创造活力,建设社会主义文化强国"。

  在党的大政方针指引下,国务院和有关部委出台一系列促进民族文化建设的重要文件。2000年2月13日,文化部、国家民委印发了《关于进一步加强少数民族文化工作的意见》,提出促进我国少数民族文化发展的若干措施,包括:抓住机遇,加快中西部民族地区文化建设;采取措施,加强民族地区文化基础设施建设;搞好重点文化工程建设,促进民族地区文化事业全面发展;繁荣少数民族文艺创作,丰富各族人民群众的文化生活;大力培养人才,加强民族地区文化队伍建设;加强少数民族传统文化的保持和利用,扶持优秀的少数民族文化;落实和完善文化经济政策,增加民族地区文化建设的投入等。2000年5月23日,文化部发布了《关于实施西部大开发战略加强西部文化建设的意见》,强调"加强西部民族地区的文化工作,推动西部民族地区的文化事业发展。文化部要继续实行对少数民族地区文化设施建设、文艺人才培养、对外文化交流、文物保护优先安排的特殊优惠政策,积极推动民族地区文化事业发展。西部地区在安排文化建设项目时,要适当向民族地区倾斜"。2009年7月5日,国务院发布《关于进一步繁荣发展少数民族文化事业的若干意见》,提出系列政策措施:加快少数民族和民族地区公共文化基础设施建设;繁荣发展少数民族新闻出版事业;大力发展少数民族广播影视事业;加大对少数民族文艺院团和博物馆建设扶持力度；大力开展群众性少数民族文化活动；加强对少数民族文化遗产的挖掘和保护；尊重、继承和弘扬少数民族优秀传统文化；大力推动少数民族文化创新；积极促进少数民族文化产业发展；加强边疆民族地区文化建设；努力推进少数民族文化对外交流等。

2）关于非物质文化遗产保护的文件与法规

2002年10月28日，第九届全国人民代表大会常务委员会第三十次会议通过《中华人民共和国文物保护法》，随后，国务院于2003年5月13日颁发《中华人民共和国文物保护法实施条例》。2004年8月，我国正式加入联合国教科文组织《保护非物质文化遗产公约》，2005年3月，国务院办公厅发布了《关于加强我国非物质文化遗产保护工作的意见》，我国非遗保护工作全面展开[①]。采取了加强法规建设、健全非遗保护机制、加大教育宣传力度、资金投入、尊重非物质文化遗产传承规律、科学保护与借鉴并行等多项措施。文化部先后发布了《世界文化遗产保护管理办法》（2006年11月14日）、《国家级非物质文化遗产项目代表性传承人认定与管理暂行办法》（2008年5月14日）、《关于加强国家级文化生态保护区建设的指导意见》（2010年2月20日）、《关于加强非物质文化遗产生产性保护的指导意见》（2012年2月13日）等文件，建立了非物质文化遗产名录制度、非物质文化遗产传承人制度、国家文化生态保护区制度，初步形成了一套有中国特色的非物质文化遗产保护制度体系。[②] 2011年2月25日，第十一届全国人民代表大会常务委员会第十九次会议通过了《中华人民共和国非物质文化遗产法》，"这是我国首部文化领域的法律，标志着我国非遗保护实现了国家层面的法制化。"[③]

截至2016年年底，国务院共公布了1372个国家级非物质文化遗产代表性项目，文化部共认定了1986名国家级非物质文化遗产项目

[①][②][③] 段超，孙炜. 关于完善非物质文化遗产保护政策的思考［J］. 中南民族大学学报（人文社会科学版），2017（06）：62-67.

代表性传承人。①

目前,新形势赋予传统文化传承和非物质文化遗产新的手段和新的使命。2016年11月29日,国家文物局、国家发展和改革委员会、科学技术部、工业和信息化部、财政部共同发布了《"互联网+中华文明"三年行动计划》,要通过信息技术等现代科技手段使传统文化活起来。2017年1月25日,中共中央办公厅、国务院办公厅印发了《关于实施中华优秀传统文化传承发展工程的意见》,强调"丰富多彩的多民族文化是中华文化的基本构成",提出"深入阐发文化精髓、贯穿国民教育始终、保护传承文化遗产、滋养文艺创作、融入生产生活、加大宣传教育力度、推动中外文化交流互鉴"的重点任务。

3) 关于民族文化产业发展的文件与法规

2000年10月,党的十五届五中全会通过的《中共中央关于制定国民经济和社会发展第十个五年计划的建议》,第一次在中央正式文件里提出了"文化产业"和"文化产业政策"这一概念,要求完善文化产业政策,加强文化市场建设和管理,推动有关文化产业发展②。2009年7月,我国第一部文化产业专项规划——《文化产业振兴规划》由国务院常务会议审议通过,标志着文化产业已经上升为我国国家战略性产业,成为助推社会转型、促进国家经济结构调整的新动力。2015年10月,党的十八届五中全会通过的《中共中央关于制定国民经济和社会发展第十三个五年规划的建议》明确提出,未来5年,一定要努力实现"文化产业成为国民经济支柱性产业"的战略目标。2017年4月12日,文化部印发《"十三五"时期文化产业发展规划》,提出"加快民族文化产业发展,推动具有竞争潜力的少数民族文化产品进入国内国际市场,促进特色文化产业发展与民族文化传承、群众就业增收、生态环境保护、特色民居保护等融合。支持建设

---

① 文化部. 中华人民共和国文化部 2016 年文化发展统计公报 [EB/OL]. (2018 - 02 - 09) [2018 - 12 - 09]. 中华人民共和国文化和旅游部官网, http://zwgk.mcprc.gov.cn/auto255/201802/t20180209_831188.html.

② 杨吉华. 改革开放以来我国文化产业政策实践的回顾与反思 [J]. 上海行政学院学报, 2006 (06): 77 - 81.

一批辐射带动贫困人口就业增收的文化产业项目"。

为了积极培育市场主体，增强微观活力，通过先进文化企业的示范、窗口和辐射作用，引导促进我国文化产业持续健康快速发展，提高我国文化产业规模化、集约化、专业化发展水平，增强文化产业的总体实力和竞争力，文化部于2004年11月开始评选命名"国家文化产业示范基地""国家级文化产业示范园区"和"国家级文化产业试验园区"，并于先后发布实施《国家文化产业示范基地评选命名管理办法》（2006年2月13日）、《关于加强文化产业园区基地管理、促进文化产业健康发展的通知》（2010年6月9日）、《国家级文化产业示范园区管理办法（试行）》（2010年7月19日）、《国家文化产业示范基地管理办法》（2014年4月16日）等重要文件。

国家积极调动盘活各方资金，支持文化产业发展，促进文化产业资金来源的多元化。其中，2010年3月19日，中国人民银行、财政部、文化部等部门联合下发《关于金融支持文化产业振兴和发展繁荣的指导意见》。2012年，文化部发布《文化部关于鼓励和引导民间资本进入文化领域的实施意见》。2013年11月，党的十八届三中全会提出"鼓励金融资本、社会资本、文化资源相结合"的要求。2014年3月17日，文化部、中国人民银行、财政部等部门联合下发《关于深入推进文化金融合作的意见》。

2009年8月31日，文化部、国家旅游局下发《关于促进文化与旅游结合发展的指导意见》，提出"坚持保护为主、合理利用的原则，既要保留非物质文化遗产的原生态和本真性，又要通过旅游开发向外界宣传推广。对传统技艺类非物质文化遗产，通过生产性保护方式，加以合理利用，为旅游业和文化产业发展注入新鲜元素。"[①] 2018年3月，十三届全国人大一次会议审议通过了国务院机构改革方案，文化部与国家旅游局合并组建文化和旅游部。文化与旅游的融合发展，使

---

① 文化部、国家旅游局关于促进文化与旅游结合发展的指导意见［EB/OL］．（2009 - 08 - 31）［2018 - 12 - 08］．中华人民共和国文化和旅游部官网，http://zwgk.mcprc.gov.cn/auto255/200909/t20090915_466108.html．

我国文化更富活力，旅游更富魅力。

我国重视文化产业的创新发展。2014年2月26日，国务院发布《关于推进文化创意和设计服务与相关产业融合发展的若干意见》，提出"文化传承，科技支撑。依托丰厚文化资源，丰富创意和设计内涵，拓展物质和非物质文化遗产传承利用途径，促进文化遗产资源在与产业和市场的结合中实现传承和可持续发展。加强科技与文化的结合，促进创意和设计产品服务的生产、交易和成果转化，创造具有中国特色的现代新产品，实现文化价值与实用价值的有机统一"。2014年7月11日，文化部、工业和信息化部、财政部联合发布的《关于大力支持小微文化企业发展的实施意见》指出："支持小微文化企业发展，是全面深化改革战略部署的一项具体任务，是实现文化产业成为国民经济支柱性产业战略目标的重要举措和促进小微企业健康发展战略任务的重要组成部分"。为深入发掘文化文物单位馆藏文化资源，发展文化创意产业，开发文化创意产品，弘扬中华优秀文化，传承中华文明，推进经济社会协调发展，提升国家软实力。2016年5月11日，国务院办公厅转发了文化部、国家发展改革委、财政部、国家文物局制定的《关于推动文化文物单位文化创意产品开发的若干意见》。2017年4月11日，文化部发布《推动数字文化产业创新发展的指导意见》，"以供给侧结构性改革为主线，加强原创能力建设，推进文化创业创新，促进产业融合发展，培育新型文化业态，满足人民群众高品质、多样化、个性化的数字文化消费需求，提升人民群众幸福感和获得感，增强中华文化在数字化、信息化、网络化时代的国际竞争力、影响力"。

2018年3月11日，十三届全国人大一次会议对十三届全国人大常委会今后5年的立法规划提出建议，《中华人民共和国文化产业促进法》也在建议之中。这也意味着，作为我国首部提出的关于整体文化产业领域的法律的《中华人民共和国文化产业促进法》将于5年内制定发布。[①]

---

① 《文化产业促进法》被列入五年立法规划 [EB/OL]. (2018-03-19)[2018-12-09]. 搜狐网, http://www.sohu.com/a/225823891_432994.

4）关于促进民族文化对外交流的文件与法规

2014年3月3日，国务院办公厅印发《关于加快发展对外文化贸易的意见》，提出"加快发展传统文化产业和新兴文化产业，扩大文化产品和服务出口，加大文化领域对外投资，力争到2020年，培育一批具有国际竞争力的外向型文化企业，形成一批具有核心竞争力的文化产品，打造一批具有国际影响力的文化品牌，搭建若干具有较强辐射力的国际文化交易平台，使核心文化产品和服务贸易逆差状况得以扭转，对外文化贸易额在对外贸易总额中的比重大幅提高，我国文化产品和服务在国际市场的份额进一步扩大，我国文化整体实力和竞争力显著提升"。

2016年12月，文化部服务国家"一带一路"倡议，制定了《"一带一路"文化发展行动计划（2016—2020年）》。23个国家文化部部长或代表受邀出席丝绸之路文博会文化部部长圆桌会议并通过了《敦煌宣言》，与沿线国家开展交流的机制化水平不断提升。①

5）关于民族文化专门领域保护和传承的文件与法规

我国对民族文化的保护与传承逐步规范和细化，一些民族文化专门领域相关政策也日渐完善。

例如，1997年5月20日，国务院颁布《中华人民共和国传统工艺美术保护条例》，规定："国家对传统工艺美术品种和技艺实行保护、发展、提高的方针。"1980年7月1日国务院办公厅转发了《国家经济委员会关于旅游纪念品工艺品生产与经营若干问题的暂行规定》，从法规上对工艺品做了具体的保护和发展规定。为了全面贯彻落实党的十九大精神，顺应新时代深化民族团结进步宣传教育和加快推进体育强国建设的需要，繁荣发展少数民族传统体育，促进健康事业发展，国家民委、国家体育总局于2006年1月16日印发了《关于加强少数民族传统体育工作的意见》。2015年7月11日，国务院办公

---

① 文化部. 中华人民共和国文化部2016年文化发展统计公报［EB/OL］. （2018-02-09）［2018-12-21］. 中华人民共和国文化和旅游部官网，http://zwgk.mcprc.gov.cn/auto255/201802/t20180209_831188.html.

厅印发《关于支持戏曲传承发展若干政策》，提出了"促进戏曲繁荣发展，弘扬中华优秀传统文化，丰富人民群众精神文化生活"的若干政策要求。2017年3月12日，国务院办公厅转发了文化部、工业和信息化部、财政部制订的《中国传统工艺振兴计划》提出："到2020年，传统工艺的传承和再创造能力、行业管理水平和市场竞争力、从业者收入以及对城乡就业的促进作用得到明显提升"的目标。

3. 广西相关政策和法规

广西积极落实中央有关民族文化政策，结合实际区情，出台系列地方响应文件法规。

2005年4月1日，广西壮族自治区第十届人民代表大会常务委员会第十三次会议上通过了《广西壮族自治区民族民间传统文化保护条例》。广西壮族自治区人民政府先后发布了《关于加快文化产业发展的实施意见》（2010年12月19日）、《加快文化产业发展工作方案》（2011年5月22日），要求加快文化产业园区、基地和区域性特色文化产业集群建设，培育文化产业骨干企业和战略投资者，积极采用高新技术创新文化生产方式，培育新兴文化业态，加快推进文化产业集约化、专业化、规模化发展，使我区文化产业总体实力达到全国中上水平。2012年10月25日，广西壮族自治区人民政府印发《关于加快推进文化科技融合发展的实施方案》，提出"十二五"时期将我区建设成为在全国有较大影响力的区域文化科技融合中心和中国—东盟文化科技融合发展的交流枢纽、中国文化科技融合发展走向东盟的主力省区，使文化科技融合发展成为我区文化软实力的硬支撑。2017年1月5日，广西文化厅印发《广西特色文化产业重点项目评选暂行办法》，将开展广西特色文化产业重点项目评选作为促进广西特色文化产业发展的具体举措。2017年12月21日，广西文化厅印发的《广西文化产业跨越发展行动计划（2017—2020）》，提出了海丝文化产业带、西江文化产业带、世界遗产文化产业带、民族风情文化产业带、红色文化产业带、沿边文化产业带等六大重点产业带规划。2016年12月26日，广西壮族自治区人民政府办公厅印发了由自治区文化厅、新闻出版广电局联合编制的《广西文化发展"十三五"规划》提出:"到 2020 年,广西民族文化强区建设取得重要进展:……文化综合发展实力位于西部地区前列,成为全国边疆民族地区文化建设示范区、全国区域性文化中心、中国—东盟文化交流枢纽、中国文化走向东盟的主力省区"的总目标。此外,广西壮族自治区文化厅还先后印发了《关于鼓励和引导民间资本进入文化领域的实施意见》(2013 年)、《关于促进文化创意和设计服务与相关产业融合发展的实施意见》(2014 年)等中央文件的响应文件,促进了规范我区的文化发展。

4. 民族文化的归口管理及相关机构

1) 广西民族文化行政管理

民族文化传承涉及民族、文化、产业、艺术、体育等诸多方面的问题,在我国,这些问题又归口诸多部门不同的政府部门来管理。因此,我国的民族文化传承呈现多头管理的局面,政策主体政出多头,产业政策缺乏协调性。[①]

以广西民族传统手工艺品为例。广西民族传统手工艺品保护和发展涉及多部门管理,一是其文化的载体与发展文化事业的客体涉及地方文化部门;二是广西少数民族传统手工艺品工业企业属于工艺美术行业,涉及经济职能部门,受自治区工信委和自治区二轻工业联合社管理;三是少数民族传统手工艺品的保护和开发是复杂民族事务中的一部分,受民委和民族事务局管理;四是部分传统手工艺品的生产多是手工为主,较为零星、分散,由劳动群众利用空余时间进行制作生产,如绣球、刺绣等,具有鲜明的地方民族特色,承载着地方民族风俗和民族传统文化精髓,是旅游纪念品的最佳选择,因此,也归旅游部门对带有旅游特性的传统手工艺品进行管理、规划、指导和服务。[②] 同时,广西民族手工艺中纳入非物质文化遗产名录的,又受广西文化

---

① 陈加友. 论我国文化产业政策的调整与优化 [J]. 云南民族大学学报(哲学社会科学版),2015 (02):38 – 44.

② 姚磊. 广西少数民族传统手工艺品发展调研报告 [J]. 广西社会科学,2012 (05):36 – 42.

厅下属的广西非物质文化遗产保护中心管理，该中心的主要职责是承担全区非物质文化遗产保护和传承的技术性、事务性及指导性工作。

下面，以网络游戏产业为例。网络游戏的主管部门涉及宣传部、文化厅、工信委、体育局、广电新闻出版局等单位。工信委主管着网络游戏行业的技术开发，文化厅拥有网络游戏的文化经营的审批权，广电新闻出版局负责网络游戏的出版，体育局又主管着网络游戏中的电子竞技部分。广电新闻出版部门认为他们才是网络游戏审批的主管部门，而文化部门则强调，网络游戏不经文化部审查，就不能正式进入市场，而工信部门也不甘大权旁落，将网络游戏列入电子信息产业进行管理。这种恶劣的政策环境往往会导致文化产业政策难以统一，甚至互相冲突，使得文化产业未得其利，反遭其累。[1]

2018年3月，中共中央印发了《深化党和国家机构改革方案》，其中，就包括将文化部、国家旅游局的职责整合，组建文化和旅游部，作为国务院组成部门。主要职责是，贯彻落实党的文化工作方针政策，研究拟订文化和旅游工作政策措施，统筹规划文化事业、文化产业、旅游业发展，深入实施文化惠民工程，组织实施文化资源普查、挖掘和保护工作，维护各类文化市场包括旅游市场秩序，加强对外文化交流，推动中华文化走出去等。我们期待着新的管理架构能够好地理顺民族文化的管理关系，革除原有管理体系的一些弊端，促进民族文化的传承与发展。

2）广西民族文化行业组织

为了民族文化的健康发展，广西成立了一些社会组织，加强对少数民族传统文化传承的组织、协调、管理和服务。自治区级的有广西文联、广西工艺美术协会、广西民俗文化协会、广西工艺美术学会；市级的有玉林市轻工工艺品商会、桂林市工艺美术协会、钦州市工艺美术学会、钦州市陶艺协会；民间组织有广西收藏家协会、广西玩石协会和绣球协会等。这些都是行业自律组织，它们在组织、协调、服

---

[1] 陈加友. 论我国文化产业政策的调整与优化 [J]. 云南民族大学学报（哲学社会科学版），2015（02）：38-44.

务、监管等方面发挥了重要作用。以绣球协会来说，它为会员单位提供市场信息、技能培训等专业服务，协调和处理各类关系，规范市场，调配资源等，以防范各类风险，从而维护成员利益。①

3）广西民族文化研究机构

为了民族传统文化的传承创新，广西成立了多所研究机构，主要有广西民族文化艺术研究院、广西工艺美术研究所、桂林工艺美术研究所和钦州市陶艺研究所。在这些研究机构内部都成立了科研队伍，承担着民间民族工艺美术的研发，开展工艺技术的转让、服务、咨询等业务，并进行科研产品的生产经营，极大地促进了民族传统文化的传承和创新。②

以广西民族文化艺术研究院为例。该机构是广西文化厅直属事业单位，前身为1951年成立的广西省戏曲改进委员会和1985年成立的广西壮族自治区艺术研究所。2001年改为现名。多年来，负责民族文化艺术、文化产业发展以及非物质文化遗产保护的学术研究、考察等工作。此外，还负责承担广西文化产业研究中心、广西非物质文化遗产研究中心、广西非物质文化遗产保护协会的具体工作。主办公开发行期刊《民族艺术》《歌海》以及《广西非物质文化遗产》《广西文化产业》内刊。

4）广西民族文化藏馆

为了做好民族传统文化的保护工作，广西设立博物馆，收藏、展示民族工艺美术。"十一五"时期，在广西博物馆、桂林博物馆和钦州坭兴陶博物馆基础上，广西又启动博物馆"10+1工程"建设工作，即在广西区内建成一个民族博物馆和10个生态博物馆，形成以广西民族博物馆为龙头的全区民族生态博物馆的群体规模。如今，这项工作基本完成，成效显著。这些博物馆馆藏的文物和工艺美术作品丰富，种类齐全，是广西各民族历史文化和民族传统文化的经典浓缩。③2015年5月，广西民族博物馆申报的《贝侬——壮族文化展》获第十二届

---

①②③ 姚磊.广西少数民族传统手工艺品发展调研报告［J］.广西社会科学，2012（05）：36－42.

(2014 年度）全国博物馆十大陈列展览精品奖。这是全国首个荣获精品奖的民族文化专题陈列。①

5）广西民族文化传播网络平台

到目前为止，广西区内建有较为完善的民族传统文化网站，主要有 2004 年创建的广西特产网、2006 年创建的广西工艺网和 2008 年创建的钦州坭兴陶工艺网，再加上早先创建的广西旅游网，这些网站为广西工艺美术作品等连接国内外市场、工艺品厂家和贸易商间的交流交易搭建了极其便捷的平台，有利于广西工艺美术作品的对外宣传和销售。②

（二）经济社会发展环境

当今的时代是一个急剧变革的时代，全球化迅猛发展，城市化进程加快，信息技术扑面而来，中国经济实力不断增强，这些变化对于民族传统文化而言都是双刃剑。一方面，它们为民族传统文化的传承和发展提供了更先进的技术手段、更通畅的交流通道、更坚实的经济基础及更广阔的传播平台；另一方面，它们又深深动摇和改变了民族传统文化滋生、发展的环境，对民族文化的传承产生巨大的冲击。

1. 全球化迅猛发展

经济全球化（Economic Globalization）是指世界经济活动超越国界，通过对外贸易、资本流动、技术转移、提供服务、相互依存、相互联系而形成全球范围的有机经济整体。经济全球化使各国的贸易、投资、金融、生产等活动都具有全球性，它有利于促进各个国家，尤其是发展中国家经济的发展，推动世界经济的增长。③ 全球化是当今时代不可阻挡的潮流。1978 年之后，中国打开国门，敞开胸襟，拥抱世界，实施对外开放的基本国策，主动融入经济全球化的大潮之中，取得了非凡的成

---

① 广西壮族自治区地方志编纂委员会. 广西年鉴 2016 [M]. 南宁：广西年鉴社，2016（12）：427.

② 姚磊. 广西少数民族传统手工艺品发展调研报告 [J]. 广西社会科学，2012（05）：36-42.

③ 杨宁宁. 经济全球化背景下的广西民族文化传承与发展策略研究 [M]. 桂林：广西师范大学出版社，2015（08）：2.

就。2018年4月10日,习近平在博鳌亚洲论坛2018年年会开幕式上发表主旨演讲指出:"过去的40年中国经济发展是在开放条件下取得的,未来中国经济实现高质量发展也必须在更加开放条件下进行。"

近年来,广西乘势而上,大力实施开放带动战略,以"四维支撑、四沿联动"构建开放新格局,在服务国家战略中加快自身发展。一是海上丝绸之路的崛起。海陆相连的区位优势,不断创新广西北部湾经济区开放开发体制机制,使区域综合实力和核心竞争力不断提高,贸易往来密切。北部湾经济区成立以来生产总值增长3.1倍,财政收入增长4.5倍,进出口总额增长8倍。二是两江经济活力四射。以珠江—西江经济带为轴心,向先进生产力靠拢,与周边省份对接,优化产业布局,2013—2016年全区招商引资到位资金2.44万亿元,年均增长10.2%。三是沿边口岸经济腾飞。在互联、互通、口岸开放、边境贸易、人员往来、通关便利化等方面做足文章,2016年全区加工贸易突破100亿美元,比2013年翻了一番。大开放促进大发展,在对外开放的新格局里,广西赢得了更为广阔的发展空间:中马钦州产业园区和马中关丹产业园区成为"两国双园"合作典范;文莱—广西经济走廊建设稳步推进,中越跨境经贸合作区建设积极推进广西向建设"21世纪海上丝绸之路"与"丝绸之路经济带"有机衔接的重要门户迈出了坚实步伐。①

经济全球化一方面促进了各国的经济增长,增进各民族文化沟通交流。仅从国际旅游和跨境旅游的日益频繁便可窥见经济全球化的一角。广西接待入境旅游者人数连年攀升,2012年为350.27万人次,2013年为391.54万人次,2014年为421.18万人次,2015年为450.06万人次,2016年为482.52万人次,② 2017年则达到了512.44万人次;

---

① 骆万丽. 开放发展立潮头——党的十八大以来广西经济建设发展综述 [EB/OL]. (2017 - 09 - 22)[2018 - 12 - 30]. 中国共产党新闻网, http://cpc.people.com.cn/n1/2017/0922/c412690 - 29552548. html.

② 陈蕾. 广西人生活怎么样?大数据看广西经济和社会发展 [N]. 南宁晚报,2017 - 12 - 04.

2017年广西国际旅游外汇消费23.96亿美元,比上年增长10.7%。①

全球化时代:一方面自由贸易促进了文化产品与服务的自由流通,承载其上的文化内容也得到了广泛传播;②另一方面,经济全球化也带来对各国家民族文化的强烈冲击。经济全球化会促使不同国家不同民族的异质文化发生交流、碰撞与融合,其结果是加速了世界文化的趋同化。这个趋同化体现于强势文化对弱势文化的蚕食和吞噬。③

2. 城镇化进程加快

城镇化是指农村人口持续向城镇转移,第二、三产业不断向城镇聚集,从而使城镇数量增加、城镇规模扩大的渐进的历史过程,其实质是农业人口向城镇转移、农业文明向城市文明转变的过程。城镇化对我国来说十分重要,城镇化是现代化的必由之路。推进城镇化是解决农业、农村、农民问题的重要途径,通过减少农村人口、优化土地配置、加大科技投入、缩小城乡差距,推动区域协调发展,形成扩大内需和促进产业升级的重要抓手,对促进民族地区经济发展、全面建成小康社会、加快推进社会主义现代化具有重大现实意义和深远历史意义。④据统计,2018年末,广西全区常住人口4 926万人,比上年末增加41万人。从城乡结构看,城镇常住人口274万人,比上年末增加70万人;乡村常住人口2 452万人,减少29万人;城镇人口占

---

① 广西壮族自治区统计局. 2017年广西经济运行总体平稳稳中提质增效[EB/OL]. (2018 – 01 – 19)[2018 – 12 – 30]. 广西统计信息网:http://www.gxtj.gov.cn/tjsj/xwfb/tjxx_sjfb/201801/t20180119_141314.html.

② 马冉. 文化多样性国际法文件中的文化权利解读[J]. 南京政治学院学报,2015 (02):46 – 51.

③ 杨宁宁. 经济全球化背景下的广西民族文化传承与发展策略研究[M]. 桂林:广西师范大学出版社,2015(08):2.

④ 农华礼. 西南民族地区城镇化进程中民族文化传承探究——以广西壮族自治区靖西市为例[J]. 奋斗,2017(12):50 – 51.

常住人口比重（城镇化率）为50.22%，比2017年年末提高1.01%。① 据《广西壮族自治区新型城镇化规划（2014—2020年）》，"到2020年，广西常住人口城镇化率和户籍城镇化人口率分别达到54%和34.5%，新增城镇人口700万人，600万农业转移人口和其他常住人口落户城镇。"②

除京族外，广西多数民族的传统文化具有显著的农耕文明特点。城镇化进程的加快，直接改变了各民族文化生存的土壤。例如，壮族民歌根脉在乡村、发展在村寨，城市化的提升及城市人口的增加使壮族民歌传承发展的文化基因发生变异且有被边缘化的危险，这对壮族民歌的传承发展产生不利影响。③ 又如，瑶族人为适应深山密林生活而积累的以医治伤筋断骨、虫蝥伤害和防治各种疾病见长的瑶医瑶药，在现代都市中已失去了原有的独特价值。广西少数民族中还有许多在农耕生活中形成的祈求风调雨顺、庆祝五谷丰登的习俗，随着城镇化进程也慢慢淡出人们的视线。

3．信息化不断升级

"计算机""互联网""信息化""数字化""电子商务""自媒体""物联网""互联网+""大数据""人工智能""区块链"……与现代信息技术相关的新概念不断刷新，其变革与升级速度之快常令世人措手不及，这些技术革新深刻改变了人类生活，也对民族文化产生深刻的影响。

第一，信息化为民族文化的保护和传承提供了更先进、更多样化的技术手段，为民族文化走向世界创造了更便捷的渠道，加快了文化传播的速度，拓宽了文化传播的区域和领域，也是民族文化创新的推

---

① 广西壮族自治区统计局. 2018年广西经济运行总体平稳 稳中提质. [EB/OL]. (2019-01-23) [2019-05-03]. 广西壮族自治区统计局网站 http://tjj.gxzf.gov.cn/tjsj/xwfb/tjxx_sjfb/201901/t20190123_150800.html.

② 到2020年广西将新增700万城镇人口城镇化率达54% [EB/OL]. (2014-07-30) [2018-12-30]. 广西新闻网：http://www.gxnews.com.cn/staticpages/20140730/newgx53d8d9f0-10845396.shtml.

③ 黄玲. 城市化进程中民族文化的传承与发展——以广西壮族民歌为例 [J]. 黑龙江民族丛刊, 2016 (03): 132-136.

进器。例如，电台的少数民族语言广播，电视台的少数民族语言频道，都促进了少数民族语言的传播；一些少数民族服饰和工艺品等通过电子商务渠道走向了国内外市场；对民族文化资源进行数字化采集、加工、处理、再现、保存、共享和传播，建设数字化、网络化、可视化的民族文化资源库。①

第二，通信技术的发展和网络的普及，改变了各民族的生活方式、娱乐方式，也改变了民族文化的一些内涵和功能。② 科技的迅速发展，文化交流方式的日益便捷，却也凸显了"文化均质现象（homogenization of culture）"。③ 例如，在传统习俗中，壮族青年男女以绣球为媒择偶而婚，绣球是定情的信物和爱情的象征，而在信息技术使男女青年交往沟通非常便捷的今天，传情求爱再也不需要借助于绣球，绣球传统功能仅有作为民族体育运动项目被保存下来，除此之外，便成了纯粹的工艺品了。

4. 广西经济社会稳健发展

党的十八大以来，经济发展进入新常态，国内外形势错综复杂，结构调整面临阵痛期，深层次矛盾和短期困难交织，经济下行压力不断增大，广西也面临困境，感受压力，经历大考。④ 这几年，广西经济在"优结构、增动力、扬优势、补短板"等方面下功夫，实现了经济较为稳健的发展。

2013—2016 年，广西 GDP 年均增长 8.5%，高于全国同期增速 1.3%。⑤ 据初步核算，2017 年，广西全区生产总值（GDP）

---

① 张姝. 云南民族文化教育资源开发保护问题探究——基于民族文化数字化档案资源保护与传承 [J]. 学术探索，2015（04）：135-138.
② 杨宁宁. 经济全球化背景下的广西民族文化传承与发展策略研究 [M]. 桂林：广西师范大学出版社，2015（08）：3.
③ 马冉. 文化多样性国际法文件中的文化权利解读 [J]. 南京政治学院学报，2015（02）：46-51.
④⑤ 骆万丽. 开放发展立潮头——党的十八大以来广西经济建设发展综述 [EB/OL]. (2017-09-22)[2019-01-12]. 中国共产党新闻网，http://cpc.people.com.cn/n1/2017/0922/c412690-29552548.html.

20 396.25亿元，按可比价格计算，比上一年同期增长7.3%。其中，第一产业增加值2 906.87亿元，比上一年同期增长4.1%；第二产业增加值9 297.84亿元，比上一年同期增长6.6%；第三产业增加值8 191.54亿元，比上一年同期增长9.2%。第三产业增加值占全区生产总值的比重分别为14.2%、45.6%和40.2%，第三产业对经济增长的贡献率分别为8.3%、41.9%和49.8%，其中工业贡献率为35.6%。[①] 此外，统计还表明，2017年全年广西全区财政收入2 604.21亿元，比上一年同期增长6.1%。全年全区居民人均可支配收入19 905元，比上一年同期名义增长8.7%，扣除价格因素实际增长7.0%。[②]

当前，广西经济转型升级面临战略攻坚期。一是铝、糖、机械等广西传统优势产业仍占很大比重，以技术创新为核心，延长产业链，发展深加工，优化产业布局为主掀起"二次创业"浪潮；二是战略性新兴产业在发展壮大，为经济增长注入新鲜血液，电子信息产业从无到有，从小到大，由弱变强，迅速发展成为千亿元产业；三是新能源汽车、石墨烯、机器人、北斗导航应用、3D打印等新业态风起云涌，使新经济异常活跃；四是特色农业生机勃勃，推动生态农业发展，1 560多个现代特色农业示范区如同美丽的珍珠，在八桂大地上连点成线、连线成面、连面成区；五是现代服务业异军突起，影响到生活的方方面面。5年来，广西电子商务交易额年均增长近70%，服务业对经济增长的贡献率超过40%，广西初步构建起工业、服务业双轴驱动的新格局。

《管子·牧民》说："仓廪实而知礼节，衣食足而知荣辱。"在经济生活尚不富足的年代，人们是无暇去关注民族文化传承问题的。而随着广西经济社会的稳步发展，广西民族文化传承与保护也日益受到关注和重视；同时，经济的发展也为民族产业发展和民族文化传承奠定了较为坚实的物质基础。

---

①② 广西壮族自治区统计局. 2017年广西经济运行总体平稳稳中提质增效［EB/OL］.（2018 - 01 - 19）［2019 - 01 - 12］. 广西统计信息网：http://www.gxtj.gov.cn/tjsj/xwfb/tjxx_sjfb/201801/t20180119_141314.html.

二、广西民族文化传承与发展的现状

(一) 取得的成就

1. 民族文化产业的发展

广西在民族文化产业发展过程中,形成了以"南宁国际民歌艺术节、《印象·刘三姐》《八桂大歌》《侗族大歌》、骆越文化、宁明花山岩壁画、钦州坭兴陶、临桂农民绘画、靖西旧州绣球村等"[①]为代表的一批民族传统文化和民间工艺的品牌,大大提升了广西民族文化产业项目的核心竞争力。

以民族艺术为例。近五年来,广西艺术创作百花齐放,有267件作品和个人获得全国性奖项,12件作品和个人获得国际性奖项。《桂花雨》《七步吟》《百鸟衣》《冯子材》《花山》等彰显桂风壮韵的舞台精品惊艳绽放全国舞台。广西戏剧院以时代楷模黄大年为原型的现代桂剧《赤子丹心》,成为弘扬社会主义核心价值观、传播正能量的精品力作。舞剧《碧海丝路》荣获中国文化艺术政府奖文华奖,话剧《老街》荣获全国话剧金狮奖小剧场剧目奖,音乐剧《幸福不等待》荣获全国话剧金狮奖编剧奖,彩调剧《刘三姐》荣获文化部保留剧目奖。壮剧《第一书记》在全区巡演反响热烈;儿童剧《魔豆》被评为第八届全国儿童剧优秀剧目展演入选剧目;大型壮族音乐舞蹈诗《花山》受邀参加上海国际艺术节巡演,惊艳全国。广西千年传说影视传媒股份有限公司2013年完成的融入"刘三姐""绣球"等丰富壮族元素的原创动画连续剧《阿米萝之歌海奇缘》通过广西卫视面向全国首播,实现了广西本土原创动画连续剧零的突破,并成为广西卫视首次购买的本土原创作品。

根据广西统计局提供的数据,"2016年广西规模以上文化及相关产业企业实现营业收入751.82亿元,比上一年同期(669亿元)增长12.3%(未扣除价格因素)。与全国规模以上文化及相关产业企业

---

① 广西少数民族优秀传统文化得到保护、传承和发展[EB/OL]. (2015-11-20) [2019-01-23]. 广西民族报网, http://www.gxmzb.net/content/2015-11/20/content_11656.htm.

实现营业收入增长7.5%相比,增速提高4.8%。但是,与西部地区增长12.5%相比,低了0.2%。2017年1月至6月,规模以上文化及相关产业企业实现营业收入342.18亿元,比上一年同期增长9.1%,但是营业收入增速比全国平均水平低了2.6%。"①

2. 非物质文化遗产的保护

广西积极申报国家级非物质文化遗产代表性项目名录。目前,广西共有国家级非物质文化遗产代表性项目49项,自治区级代表性项目424项和22个扩展项目。2016年7月15日,广西左江花山岩画文化景观成功列入《世界遗产名录》,成为中国第49处世界遗产,"实现了广西世界文化遗产'零突破',同时填补我国岩画类世界遗产空白。进一步完善了广西非物质文化遗产名录体系。"②

近年来,广西进一步强化了传承保护机制,制定了《广西国家级非物质文化遗产代表性项目传承人(传统戏剧类)抢救性保护记录工程标准》,开展了国家级非物质文化遗产桂剧、壮剧、彩调等代表性传承人抢救性记录工作。③成功申报五批共52名国家级非物质文化遗产代表性传承人,认定了五批共554名自治区级非遗文化传承人。2017年11月,广西3位非遗传承人谭湘光、陆景平、杨似玉被北京非物质文化遗产发展基金会主办、中国工艺美术协会认定为首批"大国非遗工匠"。2012年12月,文化部将铜鼓文化(河池)生态保护试验区(河池市)设立为国家级文化生态保护试验区。壮族织锦技艺生产性保护示范基地(百色市靖西市)、钦州坭兴陶烧制技艺生产性保护示范基地(钦州市)分别于2011年10月和2014年5月由文化部设立为国家级非物质文化遗产生产性保护示范基地。积极推进中越边境非物质文化遗产保护惠民富民示范带建设,在边境8个县区建设

---

① 关于《广西文化产业跨越发展行动计划(2017—2020)》的政策解读 [EB/OL]. (2017-12-21)[2019-02-11]. 广西壮族自治区文化厅官网, http://www.gxwht.gov.cn/affairs/show/21616.html.

②③ 广西壮族自治区民委. 广西多举措保护传承弘扬少数民族优秀传统文化 [EB/OL]. (2016-08-02)[2019-02-11]. 国家民委官网, http://www.seac.gov.cn/art/2016/8/2/art_86_261592.html.

了一批非物质文化遗产保护示范点。

(二) 遭遇的危机

1. 民族文化根脉被动摇

民族文化是各民族在历史过程所创造的，根植于特定的生态环境及民族成员在环境中形成的生产生活方式之中。生态环境和生产生活方式是民族文化产生与存续的载体，民族文化只有在特定的生态环境和生产生活方式中才能得到保持和延续。"漫长的稻作农耕文化以及区域生态孕育了广西民众的民族性格与文化心理，也形成了区域性的生活习俗、文化活动、宗教礼仪，形成了自身的特色。"① 随着历史的发展，特别是随着全球化和现代化进程的加快，民族文化赖以生存的生态环境发生改变，社会环境和生产生活方式逐步瓦解，民族文化，特别是少数民族文化，必然面临急剧的变迁，其文化变迁速度之快，前所未有。

1) 生态环境发生改变

"工业化社会以来，经济崇拜成为中国各地的普遍现象，广西也不能幸免。"② 由于历史原因，农业是少数民族的主要产业，因为生产力落后，存在着吃资源、卖资源的现象，主要体现在森林问题和农田生态问题，广西大量林木被砍伐，大量垦荒造成了植被覆盖率的下降，城镇化造成农田的流失，也造成了广西自然生态上的失衡。现代机械的引入，使得从事农业的人员数量减少。此外，大量村寨（落）青壮年外出务工，也造成人口生态上的区域失衡。而现代工业污染及生态环境的破坏，导致广西红水河流域、左、右江河流、珠江—西江流域等水质的污染，河流内的鱼虾资源锐减或不能食用，伴随而来的下河捕捞活动及庆祝活动也因之减少。另外，为了经济追求，乡村旅游的过度商业开发，打破了乡村传统文化的原初生态环境，民族传统文化在旅游业创收中为了迎合游客需要，传统文化项目被大幅度篡改，严重扭曲了文化传承的原初意义，沦为商业的奴仆，使广西民族传统文化发展碎片化。

---

①② 汪全先. 广西民族传统体育文化碎片化及其重构研究 [J]. 体育文化导刊, 2016 (12): 69-73.

2）生活方式发生改变

"当代广西传统的稻作农耕文化已经逐渐被打破，现代灌溉技术、农药的引入，广西居民的农作物保护神意识、水神意识逐渐淡化，有关稻作农耕神信仰的文化体系逐渐解构或崩溃。"① 随着城镇化、现代化的步伐，乡村民众逐渐走向现代化，电视、计算机、手机的普及给人们带来了大量的信息，也促进年轻人群涌向城市，人们不断受到现代高科技的洗礼，价值观念、宗教意识、审美情操等随之发生巨大变化，民族认同感降低。随着物质财富的积累，生活器具的现代化，广西民众生活方式发生质的变迁，传统的婚丧嫁娶形式、节庆活动模式被年轻人排斥，被现代仪式所取代。现代时装代替了原来的手工织布；日常生活的大众流行音乐取代了弹唱民族音乐。

3）生产方式发生改变

农耕文化与捕捞文化是广西民族传统文化赖以存在的主体，乡村人口是广西民族传统文化的身体符号载体。改革开放后，广西从传统农耕社会向现代化工业社会逐步转型，农耕文化与捕捞文化的萎缩致使广西民族传统文化生存空间变小。由于青壮年的外出，大量的民族传统文化活动无法开展，或者受到现代文化冲击之后不愿参与这些民族传统文化活动，形成了民族传统文化身体符号无法良性传承的困境。而农耕文化的现代化，机械与农药的大量引入，区域人群逐渐丧失了劳动参与和丰收的喜悦，与丰收相关的节庆活动随之减少，因丰收而载歌载舞的场面不复存在。② 在很大程度上，生产方式的改变使民族传统文化的"实用价值"消失殆尽。

2. 民族文化传承理念断裂

1）民族文化被片面视为经济发展的手段

在现实中，文化往往被地方政府当作"经济的引诱之物"。"文化

---

① 段送爽. 论动漫产业对广西少数民族文化的传播与保护 [J]. 西部广播电视, 2015 (20): 97, 99.

② 汪全先. 广西民族传统体育文化碎片化及其重构研究 [J]. 体育文化导刊, 2016 (12): 69-73.

搭台,经济唱戏"是人们早已经习以为常的口号。地方政府似乎更重视将民族文化作为谋取经济利益的资源,却不重视民族文化自身的可持续发展。"这种经济利益的实现方式一方面是利用村落和民俗活动等文化空间进行旅游开发;另一方面是将传统技艺商品化,使之成为旅游工艺品。此种思路若以保护为前提,未尝不可,而且民俗旅游的适度开发也比其他方式更容易唤起当地人的文化自觉意识,而其适度与否的标准则在于当地人在旅游中充当了什么样的角色,拥有多少自己诠释传统的话语权。"① 在实践中,这种取向的结果往往是使人们重视民族文化的经济价值而忽略了其文化本身的意义。

2) 民族文化产业沦为"生人经济"

民族文化对外昭示着一个民族的个性和存在,对内则是一个民族赖以生存根基和血脉,是一个民族的信仰、生活方式和生产方式的呈现。然而,当前全球化、现代化、信息化加速了民族同化的进程,少数民族的许多生产、生活方式已经悄然发生改变。此时,一些传统文化被重新挖掘出来,其作用并不在于延续民族的血脉,其使用或消费的主体也不是本民族,而是用以向其他民族进行表演,或成为吸引旅游观光者的卖点,又或者开发成工艺品供其他民族消费。例如,"过去,少数民族传统手工艺品都用于生产生活。如今,除了少量编织类和织锦类工艺品用于生产生活外,少数民族传统手工艺品应用功能逐渐退化,主要向礼品、纪念品和收藏品方面转化。"② 从这个意义上说,许多民族文化产业并不服务于本民族,而是一种服务于其他民族的"生人经济"。

3) 老一辈与年轻一辈的理念分歧

在民族传统文化传承问题上,老一辈和年轻一辈往往存在心理断层和理念分歧。这种现象在各个民族都具有相当的普遍性。

---

① 郭悦. 分离还是统一:非物质文化遗产与旅游工艺品——以靖西绣球为例 [J]. 广西民族研究, 2009 (04): 197 – 203.
② 姚磊. 广西少数民族传统手工艺品发展调研报告 [J]. 广西社会科学, 2012 (05): 36 – 42.

第一,老一辈民族文化传承人的"传技观"陈旧保守。在中国民族文化传承和民间手工业生产中,父传子与师带徒的师传家传是传承的主要模式。一些民族文化和独门技艺是传承人赖以生存的独门本领,技艺精髓绝不轻易外传。首先,在传统手工技艺传承上有着"传内不传外"的风俗。技术诀窍一般只是家族传承,"教会徒弟饿死师傅"使师傅留一手,师傅传授给徒弟的大多是规矩和一般技术,几乎不会传授特殊高超的独门绝艺。其次,为了家族绝技永不外传,在传统手工技艺传承上有着"传男不传女,传媳不传女"的说法。唐代诗人元稹在《织女赋》中写道,"东家头白双女儿,为解挑纹嫁不得。"为了使"挑纹"这项绝技永不外传,诗中东家的两个女儿一辈子都不能嫁人,这也是技艺传承不传女的重要原因。这种"家传技艺、秘不外传"的传技观念,使得传统手工技艺传承闭关自守而缺乏创新,甚至造成某些技艺失传。①

老一辈一般对民族传统文化有着比较深的感情。不愿意看到民族文化逐渐消亡。但是,生活方式的改变、族群成员文化心理的改变促使族权及血缘认同上的弱化,老年人在族群的话语权逐渐降低。②

第二,年轻一辈对民族传统文化失去兴趣。随着社会的急剧变迁、经济的快速发展和国际交流的密切,传统的生活方式发生了改变,人们的价值观念受到外来文化的冲击,发生了很大变化。③广大乡村农民特别是年轻人开始追求现代人文和现代生活方式,更钟情于现代艺术或都市文化,更热衷于"时尚""时髦",老祖宗留存下来传统艺术和技艺对他们已经失去吸引力。④许多民族传统文化被当作过时、土气的东西,民族传统文化所赖以生存的文化土壤受到极大破坏。⑤城乡居民文化心理上也发生着改变。新生代逐渐融入现代社会,追求新生事物,喜欢

---

① ③ ⑤ 孙凤敏,孙红艳.传统手工技艺类非物质文化遗产的现代传承——基于现代学徒制的视角[J].职业技术教育,2017,38(13):39-43.

② 汪全先.广西民族传统体育文化碎片化及其重构研究[J].体育文化导刊,2016(12):69-73.

④ 韦顺国.广西桂西资源富集区乡村文化建设研究[D].陕西师范大学,2014.

过圣诞节、元旦节、情人节，对传统节日逐渐失去兴趣，与农耕文化相关的民族传统逐渐受到新一代民众新思想的挑战，新生代与老一代之间的文化心理鸿沟逐渐加大，民族文化认同逐渐降低，传统节日、民俗活动逐渐淡化。① 许多年轻人认为传统手工技艺的经济回报率低，学技苦、用时长而且实用性不强，不愿意去学习传统手工技艺，更不用说担负起传承传统手工技艺的责任。② 由于青年一代文化认同上的沟壑，往往不能自觉地去习得这些民族传统文化，根源并不在于这些民族传统文化价值的失落，也不在于青年一代文化传承道德上的沦丧，而在于现代社会的生产生活方式及群体构成的巨大改变，造成了民族传统文化传承所必需的族群文化心理认同上的堕距。③

3. 民族文化传承人后继乏人

民族技艺传承人"承载着祖先创造的精湛技艺和文化精华，拥有卓越的特殊才能或超凡的技艺，是千百年来乡土知识和乡土手艺的传递者。"④ "传承人是民族传统文化一种活态传承系统结构的一分子，他们肩负着传与承的两项任务。要拜师学会师傅所传授的知识与技艺，并且融会贯通，然后将自己所学会的知识毫无保留地传给下一代艺人，这样才算是完成了传承人的使命和任务。"⑤ 然而，随着社会的现代化推进，传承人作为技艺得以传承的桥梁，呈现出无人继承的尴尬状况。曾经的师徒传承到根本无徒可收；曾经的父传子受，到现在子女宁可去打工发家致富，也不愿学他认为周期长、产出慢的技艺。一方面是技艺本身在现实社会中应用的弱化，导致人们对技艺传承的意识淡薄；另一方面是技艺传承人培养的环境造成当前传承人培养的

---

①③ 汪全先. 广西民族传统体育文化碎片化及其重构研究 [J]. 体育文化导刊, 2016 (12): 69-73.

② 孙凤敏, 孙红艳. 传统手工技艺类非物质文化遗产的现代传承——基于现代学徒制的视角 [J]. 职业技术教育, 2017, 38 (13): 39-43.

④ 王荧, 李昶罕, 秦莹, 等. 云南民族技艺传承人困境探析 [J]. 理论观察, 2014 (09): 127-128.

⑤ 米霞. 彩调艺术的传承与发展——以广西彩调团杨氏家族为例 [D]. 南宁：广西民族大学, 2015: 43.

困境。①

1) 民族文化传承人总量不足

随着我国教育事业的蓬勃发展和国民经济的持续增长，人们的就业渠道逐渐拓宽，就业选择呈现多样化趋势，很多人认为传统手工技艺实用性不强，对技艺和职业素养要求又很高，而且一般经济效益不佳，大多数年轻人不愿意去担负传承的责任，导致传承人数量不断下降。②

以壮族山歌为例。20世纪90年代前，参与壮族民歌活动不用组织动员，壮族群众不但踊跃捧场而且主动作为，几乎达到全族皆歌、全村皆歌的程度。传统节日以歌待客、以歌会友，家族婚嫁以歌传情，就连生活耕作也以歌达意，民歌成为凝聚族心的和共同媒介和纽带。遇到歌圩或歌会，人山人海、盛况空前，"从白天唱到晚上，从晚上唱到天明，有时几天几夜，歌声不绝"。这样的难忘场景如今已辉煌不再，且每况愈下，参与人数、参与范围及参与观众都大不如前。"即使政府部门不定时地举行一些歌会或歌赛，却再也无法看到昔日'歌海'的宏观场面。"③ 另据学者对南宁周边地区的调查显示，有47.53%的人认为"周围很少甚至几乎没有人会唱山歌。"④

2) 民族文化传承人日渐老化

在2018年文化和旅游部公布的第五批国家级非物质文化遗产传承人名单中，入选的1 082人，平均年龄63.29岁，80岁以上的107人，70~79岁的237人，60~69岁的287人，40~59岁的444人，传承人老化现象，使得民族文化和民族技艺的传承发展面临严重的人才断层危机。在广西的国家级非物质文化遗产传承人中，以民歌为

---

① 王荧，李昶罕，秦莹，等. 云南民族技艺传承人困境探析 [J]. 理论观察，2014 (09)：127-128.

② 孙凤敏，孙红艳. 传统手工技艺类非物质文化遗产的现代传承——基于现代学徒制的视角 [J]. 职业技术教育，2017，38 (13)：39-43.

③ 吴晓山. 壮族民歌的当下境遇——南宁国际民歌艺术节研究 [D]. 桂林：广西师范大学，2007.

④ 高卫华，马艳. 广西壮族民歌传播与少数民族文化传承发展问题探析——基于南宁市部分区域的实地调查 [G]. 中国少数民族地区信息传播与社会发展论丛 (2009)，2010.

例，据陈海霞2010年的调查，柳州柳城县太平、冲脉壮族三声部民歌传承人中，60岁以上的传承人"占了40%"，"30岁以下的民族歌手较少"，40岁的中年人"达到44%，"①他们的子女几乎无人学唱壮族民歌。覃荣在广西素有"山歌之乡"的马山县对壮族三声部民歌传承人进行调查后指出，"会唱、能唱民歌的人已经逐渐年老甚至已经去世，年轻人不会唱，也不想学。……更别说是悟透三声部民歌本身的精华了。"②自20世纪90年代以来，广西的歌圩点急剧减少，"歌圩"文化的关注度和影响力急剧下降，懂得歌圩传统表演流程和演唱技巧的只有留守本地的60岁以上的老人。本应该继承"歌圩"文化的青壮年大多外出务工，少数留守青年对本民族的"歌圩"文化的掌握程度远远低于现代歌舞，因而造成了壮族"歌圩"文化继承和发展断层。③又如民族传统手工艺，从事传统手工艺的大多都是老一代艺人，而且随着老艺人年龄增长，其脑力、体力和视力逐年下降，难以承担繁重的教学工作。④传统手工技艺类非物质文化遗产常常因人而存，人亡则艺绝，目前传统手工技艺后继之人的状况非常严重。⑤

3）民族文化传承人的培养难以满足需求

民族文化具有"无形性""活态性"等特征。目前民族传统手工技艺人才培养方式主要有师徒传授、家族传授、院校专业培养、教习馆传习和企业职业培训等。

师徒传授和家庭传授。还有一些身怀绝技的民间手工艺人，将自己的技艺手把手地传授给自己的得意弟子或家族成员，⑥缓解了传承

---

① 陈海霞. 试论广西马山壮族三声部民歌传承与发展的文化生态［J］. 柳州师专学报，2010（3）.

② 覃荣. 关于马山县壮族三声部民歌的调查报告［A］. 国家民族事务委员会. 首届全国民族文化论坛论文集［C］. 2004.

③ 宋秀秀. 全方位教育势在必行——广西民族文化现状及独特的传承模式［J］. 广西教育学院学报，2014（03）：25－27.

④⑤ 孙凤敏，孙红艳. 传统手工技艺类非物质文化遗产的现代传承——基于现代学徒制的视角［J］. 职业技术教育，2017，38（13）：39－43.

⑥ 姚磊. 广西少数民族传统手工艺品发展调研报告［J］. 广西社会科学，2012（05）：36－42.

人培养压力,这样培养了少量具有高超技艺的工艺美术人才。通过这一途径培养出来的传承人实践能力较强,但理论基础有所欠缺,导致传承人质量不高。① 这种师徒式或家庭式的"私传密授"不利于技艺的普及和传播。

院校专业培养。本科院校和职业院校相关专业的培养,为广西民族传统手工艺品的传承与发展储备了丰厚的人力资源。

教习馆传习。在地方政府的重视下,靖西市设立了绣球传习馆,三江侗族自治县设立了手工艺品传承基地,由工艺大师教授技艺,取得了良好效果。

企业职业培训。传统手工艺术企业为了自身的发展,对新手和企业员工进行职业培训。

上述几种培养方式,还远远无法满足广西民族文化传承人的培养需求。现阶段,必须拓宽传承人培养途径,提高传承人培养的质量,进一步促进广西民族文化的保护与传承。②

4) 民族文化传承人的素质有待提高

在技艺教授过程中,传承人起着主导作用。"传承人是传统手工技艺非物质文化遗产最重要的活态载体,他们的素质直接决定了传统手工技艺的传承质量。但是,目前传承人的素质远远不能适应传统手工技艺传承的需要。"③ 主要表现为以下几个方面的问题。

第一,传承人教学语言严重方言化。教学语言的表现形式会直接影响教学效果。由于传承人受教育程度大都不高,他们在民间生活,比较习惯用方言来教授规矩和技艺,大部分人在一定程度上存在着普通话教学的障碍,④ 这对教学效果势必产生影响。

第二,传承人缺乏专业教学知识和能力。目前从事传统手工技艺的人,大部分学历不高(初高中学历较多),没有系统地学习过专业

---

①② 陈炜. 广西少数民族非物质文化遗产传承人培养现状及对策探索 [J]. 产业与科技论坛, 2014 (17): 53–54.

③④ 孙凤敏, 孙红艳. 传统手工技艺类非物质文化遗产的现代传承——基于现代学徒制的视角 [J]. 职业技术教育, 2017, 38 (13): 39–43.

理论知识及教育学与心理学知识,[①] 至于运用现代信息技术手段的意识和能力就更加缺乏,他们通常是通过师傅带徒弟的方式来传授技艺,使传统手工技艺传承的效率和规模受了很大的限制。

第三,匠人品质仍需提升。随着信息化时代和快节奏生活的到来,民族工艺产业开始追求速成和现实利益,导致一些传承人也趋向工艺技法速成,发生了难以避免的变质现象。由于传承人丧失了其本真的品质,摒弃了精益求精的工艺精神和尽职尽责的职业操守,导致市场上艺术精品匮乏,使传统手工技艺的文化含量不断贬值。[②]

可以说,传承人的素质瓶颈已成为制约民族传统手工技艺传承的一个重要因素。[③] 要加强民族文化传承,就必须下大力气提升民族文化传承人的素质。

4. 民族文化产业还不成熟

任何一种产业都要经历形成期—发展期—成熟期—高潮期—衰退期的循环反复,广西民族文化产业也会遵循这一产业发展规律。少数民族传统手工艺品走过了形成期的零星制作和发展期的家家户户制作。目前,广西壮族绣球、织锦、竹(草)编织、银饰加工等均已步入了产业化发展轨道(如绣球产业年产值达到300万元),成为当地的特色产业,在一定程度上促进了民族地区的脱贫致富。[④] 但是,广西民族文化产业化发展从整体来说尚处于初级阶段,远未进入成熟期。许多民族文化产业,都尚在探索阶段,规模不大,效益不高。广西的民族文化企业普遍经营方式较为陈旧,缺乏市场竞争意识,市场占有份额很小;产品的生产主要是被动接受订单定做,不了解外界需求信息,产品品种单一,销售渠道不畅,主要是政府机关订购的礼品和会议纪念品,少量开发成旅游商品。总体来说,广西民族文化产业

[①][②][③] 孙凤敏,孙红艳. 传统手工技艺类非物质文化遗产的现代传承——基于现代学徒制的视角 [J]. 职业技术教育,2017,38(13):39-43.

[④] 姚磊. 广西少数民族传统手工艺品发展调研报告 [J]. 广西社会科学,2012(05):36-42.

经营尚处于"散兵游勇"状态。① 以工艺美术为例,由于行业的不景气,很多制作精美的民族工艺品有价无市,甚至无价无市。如富有广西壮族特色的壮锦,其织工复杂,工艺精湛,而且制作费工费时,但价格始终上不去,无法维护正常的运转,更谈不上发扬光大。广西刘三姐故乡宜州环江的花竹帽,制作精美绝伦,但是由于制作难度特高,愿学者少,需求者少,无法形成产业链。因此,尽管环江花竹帽已列为广西环江毛南族的地理标志产品,也只是很少数老人利用农闲时间编织,在数量上根本无法形成产业,甚至有成为"绝版"的危险。广西钦州的坭兴陶,20 世纪初就与江苏省宜兴陶、四川省荣昌陶、云南省建水陶一起位列中国四大名陶,但从 20 世纪 90 年代在经济大潮中渐渐沉寂,产品无销路,生产急速下滑,甚至到了举步维艰、濒临倒闭的地步,著名的钦州坭兴陶厂也只能靠承接一些日用陶瓷汤煲内胆来维持基本生产,从而也造成了陶艺人才的大量转行;20 世纪 80 年代初北海贝雕厂也曾红火了一阵子,但进入 90 年代后,贝雕画也终究难以支撑,只能关门倒闭。②

5. 民族文化传承资金匮乏

民族文化传承人培养是一项长期而艰巨的工作,既需要花费大量的时间和精力,也需要持续的资金支持。文化部从 2011 年开始对国家级代表性传承人补助标准为每人每年 1 万元,广西壮族自治区级传承人的补助经费为 2 000 元,这些补助在非物质文化遗产保护专项资金中都只占了极小的一部分,补助额度尚不能保障传承人的基本生活,因而传承人进行传承活动的积极性较低。此外,在 2011 年国家颁布的《中华人民共和国非物质文化遗产法》中,虽然要求县级以上政府部门根据需要提供必要的传承场所、提供必要的经费资助其开展授徒、传艺、交流等活动、支持其开展传承、传播活动的其他措施等,但对资金支持的具体额度并没有细化,③ 导致非物质文化遗产传

---

① 姚磊. 广西少数民族传统手工艺品发展调研报告 [J]. 广西社会科学, 2012 (05): 36-42.
② 刘永福. 广西民族工艺美术人才的现状与培养 [J]. 艺术与设计 (理论), 2010 (02): 156-157.
③ 陈炜. 广西少数民族非物质文化遗产传承人培养现状及对策探索 [J]. 产业与科技论坛, 2014 (17): 53-54.

承人培养在资金上无法得到保障。

以对壮族民歌文化传承的资金支持为例。壮族民歌要想在城市化背景下得到很好的传承与发展,自然离不开有相应的资金支撑作为物质保障。但是,在现实中,由于广西经济发展十分缓慢,地方政府投入资金数量有限,致使壮族民歌传承发展工作因资金不足时而停顿。广西马山县作为国家级贫困县,每年用于包括壮族民歌在内的民族文化遗产保护资金就少得可怜,他们多采取上级拨款的方式来化解资金不足的矛盾。据粗略统计,该县自"20世纪80年代以来,总共投入三声部民歌保护的经费不足10万元"。若按专家估算,现有保护项目所需经费"至少100万元以上。"① 因政府投入资金严重不足,导致"众多卓著编、导、演人才……有的因无法维持生计而改行;一些代表性传承人因生活拮据,亦无法专心投身于非遗传承。"②

6. 民族文化传承法规不健全

民族文化传承保护的法律法规不健全。我国在2011年以前没有一部正式法律对非物质文化遗产进行保护,加上地方各级政府又缺乏相关的法规来制约,在大力推进乡村城镇化建设过程中,出现了"乱套""乱来"等各种不利于非物质文化遗产保护传承的行为,如许多优秀传统文化被商标抢注,许多老字号被抢注等,这些行为严重侵害了非物质文化遗产继承者或传承者的合法权益。2011年2月底,国家正式颁布了《中华人民共和国非物质文化遗产法》,总算是实现了法律上一个新的里程碑。但由于新法律刚出台,宣传力度还不够,各种违法行为还是经常发生。说明了我国在非物质文化遗产的知识产权方面的法律法规还没有健全,且对新颁布的法规宣传也不到位。③ 在广西,依照国家法律法规,结合地方实际制定地方法规的工作也需要加强。此外,现阶段,民族文化处于发展期或转型期,民族文化传承法规的建设有待持续深化。

---

① 覃荣. 关于马山县壮族三声部民歌的调查报告 [N]. 国家民族事务委员会网站.
② 程艳,等. 文化生态视域下广西马山壮族三声部民歌的传承与发展 [J]. 中华文化论坛, 2013 (8).
③ 韦顺国. 广西桂西资源富集区乡村文化建设研究 [D]. 西安:陕西师范大学, 2014.

第三章 民族文化传承与创新是民族地区中等职业教育的使命

第一节 职业教育在民族文化传承中具有重要作用

一、教育是民族文化传承的内在动力

(一) 教育是一种特殊的文化现象

在文明体系中,教育本身就是一种特殊的文化现象,具有文化的属性。它既是传递和深化文化的手段,与文化构成内容与形式的关系,又是文化的本体,教育实践者和教育实践本身都体现着文化的特质。因而说,教育本身就是一种文化存在。

(二) 教育培养的是民族文化传承的核心要素——人

民族文化具有"活态性",它主要不是依附于"物"之上,而是依附于"人"之上,任何一种民族文化的传承都是以人为载体的。人是民族文化的核心,也是民族传统文化传承的主体,民族文化依托人而存在,没有传承人的绵延赓续,民族文化就失去了"活"的灵魂。民族传统文化"要永续传承下去并且发扬它的魅力,就必须坚持保护

与培养传承人。"① 因此，传承人的培养在民族文化保护和传承中具有至关重要的作用。文化传承和创新的重任要一代一代地交到年轻一辈的肩上，传承人的培养重在年轻一代，而且需要从娃娃抓起。青少年儿童学生正处在个人成长成才的关键期，他们是民族的未来，让他们热爱民族文化，熟悉民族文化，掌握民族技艺，秉承民族精神，民族文化的可持续发展就有希望。中宣部、教育部从2004年开始，把每年9月定为"中小学弘扬和培育民族精神月"，就是希望可以在中小学生中加强对民族文化和民族精神的传播，使学生从少年时就对自己国家和民族的文化有着深刻的认识和理解。2014年3月，教育部颁布的《完善中华优秀传统文化教育指导纲要》指出："加强中华优秀传统文化教育是深化中国特色社会主义教育和中国梦宣传的重要组成部分。加强对青少年学生的中华优秀传统文化教育，对于培养中华优秀文化的继承者和弘扬者，推动文化传承创新，建设社会主义先进文化具有基础作用。"民族文化传承人的培养，不仅仅要做好当前的培养和保护，更要重视人才培养的可持续性。

这些都使得传承民族文化成为学校教育不可推卸的一种责任，教育解决的是民族文化传承中最关键的问题，也就是人的问题。如何使民族文化比肩联袂得以延续，开展民族文化传承人培养，将民族文化传承培养纳入现有国家义务教育体系和人才培养体系，通过对民族教育的衍伸来实现民族传统文化传承人培养大有可为。②

从文化产业的发展来看，文化产业是当今高技术和高文化相结合的新兴产业。广西民族文化产业要发展、繁荣，人才是根本因素。③没有民族文化人才的支撑，民族文化产业的发展就无从谈起。虽然从事文化产业的人员不断增加，然而人才素质偏低，结构不合理的现象比较突出。民族地区的文化人才匮乏问题已经成为制约其文化产业发

---

①② 王延昭，李昶罕，刘红. 浅议民族教育框架下民族技艺传承人培养体系的构建[J]. 传承，2014（03）：96-97.

③ 陆文丽. 广西民族文化产业的发展及对策研究[J]. 企业科技与发展，2011（16）：127-130.

展的瓶颈问题。① 这在很大程度上也有赖于通过学校教育来解决。

(三) 学校教育是民族文化传承的重要途径

百年大计，教育为本。教育是民族文化传承的重要途径。"教育人类学把教育看成是文化的一种生命机制，教育本身就具有文化的特征，"② "文化是教育教学过程中的教育资料的构成要素，文化的保存、传承与创新只有依靠教育来实现。"③ "民族教育与民族文化传承息息相关，发展民族教育，提高民族素质，实现文化自觉，是本民族的文化得以传承的内在动因。"④

学校教育具有组织严密、目的明确、计划性强等特点，是传授民族文化知识、弘扬民族精神的有力阵地，是青少年儿童学习传承民族文化、增强民族自豪感、自觉接棒民族文化传承使命的主要方式。⑤ 有学者将学校教育对民族文化的传承功能概括为两个方面：一是民族文化的纵向传递；二是对多元民族文化的整合，即"教育能把社会需要的民族文化按层级差异通过不同渠道逐步有效地进行传递；教育能在传承的同时对民族文化进行整合与创新；教育能使各民族文化进行吸收与融合。"⑥ 学校教育对民族文化传承的作用也可以概括为3个方面：一是筛选和保存民族文化；二是传播和交流民族文化；三是创新和发展民族文化。无论是上述哪一种功能，主要都是通过广义的"课程"（含显性课程和隐性课程）的建设和实施得以实现。

二、传承民族文化，职业教育的作用不可替代

职业教育是我国教育体系中的一个重要组成部分。作为同社会经

---

① 陆文丽. 广西民族文化产业的发展及对策研究 [J]. 企业科技与发展, 2011 (16): 127-130.
② 冯增俊. 教育人类学 [M]. 南京：江苏教育出版, 2001: 270.
③ 龙泉良. 多元文化背景中湘西苗族小学民族文化课程资源开发研究 [D]. 重庆：西南大学, 2008.
④ 覃德清. 文化保护与民族发展 [M]. 哈尔滨：黑龙江人民出版社, 2009. 1: 179.
⑤ 宋秀秀. 全方位教育势在必行——广西民族文化现状及独特的传承模式 [J]. 广西教育学院学报, 2014 (03): 25-27.
⑥ 苏德毕力格. 全球化与本土化多元文化教育研究 [M]. 北京：中央民族大学出版社, 2013. 524.

济联系最紧密的一种教育类型,职业教育对传承创新民族文化,提高民族文化人才技艺技能水平,做大做强民族文化及其相关产业,具有独特的、不可替代的作用。推进职业院校民族文化传承与创新,是提高技术技能人才培养质量、服务民族产业发展的重要途径,对于文化资源向文化资本转变、实现民族产业升级、提高民族特色产品附加值、提升民族产业在国际市场上的竞争力将产生积极影响。

目前,职业教育发展面临前所未有的大好机遇。加强民族文化领域产教融合、校企合作,既是政府职责所在,也是职业院校使命所在,更是行业企业提高劳动者素质、推动产业优化升级、提升企业核心竞争力的大好机遇和有效途径。[1] 职业教育的这种独特作用,得到了政府、企业和职业院校的重视。2013年5月15日,教育部、文化部、国家民委联合下发《关于推进职业院校民族文化传承与创新工作的意见》,一场职业教育推进民族文化传承创新的探索与实践正在全国民族地区如火如荼地展开。

第二节 传承民族文化是民族地区 职业教育发展的必然要求

《教育部、文化部、国家民委关于推进职业院校民族文化传承与创新工作的意见》(简称《意见》)的公布,既着眼于促进民族文化的保护、传承和发展,也指出了其对于职业教育自身的重大意义。《意见》认为,职业教育作为国民教育的重要组成部分,是民族文化传承创新的重要载体。推进职业院校民族文化传承与创新,有利于促进教育思想和教育观念的转变,提高职业院校学生的文化品位、审美情趣、人文素养和技术技能;有助于加强职业教育专业建设和内涵发展,创新人才培养模式,加快发展现代职业教育,提高职业教育人才培养质量;有利于促进职业教育人才培养适应产业发展要求,提高相

---

[1] 田联刚. 汇聚推进民族技艺产教融合的正能量[J]. 黑龙江民族丛刊,2014(01):17-19.

关人才技术技能水平，做大做强民族文化及其相关产业。

一、传承民族文化是民族地区职业学校加强内涵建设，走特色办学之路的需要

当前，国家大力发展职业教育，尤其对西部民族地区欠发达省份的职业教育的发展更为重视。① 经过2008年以来的两轮"广西职业教育攻坚"，广西职业教育取得了长足的发展，职业院校基础条件显著改善，办学规模稳步扩大，初步搭建起中等职业教育与高等职业教育相互衔接的技能型人才成长"立交桥"。尽管如此，广西作为欠发达省份，其职业院校不管从办学能力、办学水平、办学资源上都仍然无法与发达地区相提并论。

民族地区职业教育的发展需从属于民族地区发展方式的转变。民族地区职业教育一旦价值定位失当，会出现毕业生大量外流、技能型人才缺失、招生困难、专业设置本土适应性不强等问题。例如，一些民族地区职业教育专业建设薄弱、滞后、被动与趋同的情况较为严重，民族特色、地方特色淡化，办学本土适应性不强。而一些市场需求相对饱和的专业，开设学校和在校生却最多。很多学校原有专业设置明显老化或同质化，不能满足区域内经济发展的特殊需求，部分地区的职业教育没有地方特色，专业设置盲目跟风，与其他地区无异，没有形成强势专业，许多学生不愿意在本地区学习，也是招生困难的原因。因此，因地制宜，从民族地区独特的传统文化出发，发展特色职业教育十分必要。② 在发展已达一定规模，生源数量已趋于峰值，而经济社会发展对职业教育的要求越来越高的今天，广西职业教育必须从强调投入的规模发展，向质量发展、内涵发展、特色发展转变。

（一）独特的民族文化资源为民族地区职业院校特色发展创造了条件

职业院校抓内涵、求特色，必须充分考虑自身的资源优势。广西

---

① 陈良. 民族工艺品课程开发与教学研究 [J]. 美术大观, 2015（11）: 152 - 153.
② 张诗亚. 发展民族特色职业教育 促进民族共生教育体系建立 [J]. 民族教育研究, 2013（1）: 5 - 9.

有着独特的民族文化资源,开展民族文化传承为广西职业院校带来新的发展空间。由于地区不一样,各地的民族文化特色不一样,只要把当地民族文化带进课堂,挖掘民族文化特色,围绕非物质文化遗产的传承与保护,调整专业设置,加强专业建设,更新课程内容,创新教学方式,实施对口培养,就能为民族文化传承、创新、研究和管理提供有力的人才保障,从而形成学校的办学特色,对提升当地民族文化产业在市场上的竞争力将产生积极影响。①

(二) 民族文化进校园孕育了职业院校特色校园文化

职业院校内涵建设从根本上说是校园文化的建设。校园文化是学校重要的精神财富,它是增强学校核心竞争力的重要指标。民族传统文化中有很多优秀的文化基因,是推进职业学校文化发展的珍贵养分。② 构建校园文化是一项系统而复杂的工程,多民族视野下的学校想在竞争日益激烈的环境下求得生存、办出特色、办出自己的文化品牌,则必须充分利用校内多民族文化资源,通过大力挖掘、融合、传承和创新各民族文化,创新民族文化展示平台,做好民族文化进校园等方式构建特色校园文化,实现"你无我有,你有我精,你精我特"的办学格局,从而与其他普通学校实现错位竞争,以提高综合竞争力。③

(三) 民族文化渗透课程有助于提高职教课程在民族地区的适应性,拓宽学生就业渠道

少数民族地区职业教育在生源、服务对象、条件、地域等方面都有明显的特殊性,职业教育人才培养方案、课程等如果不考虑这些特殊性,必然会出现南橘北枳、水土不服的现象,限制了教育质量的提升。而民族地区职业教育依据自身特点,发挥民族文化资源丰富的优

---

① 陈良. 民族工艺品课程开发与教学研究 [J]. 美术大观, 2015 (11): 152-153.
② 何惠. 关于高职院校传承创新民族传统文化的思考——以柳州职业技术学院为例 [J]. 广西教育, 2014 (04).
③ 魏巍, 祝小宁. 多民族文化视野下特色校园文化研究 [J]. 教学与管理 (理论版), 2014 (7): 61-63.

势，将民族文化渗透在课程建设中，必然有助于提高课程在民族地区的适应性，从而培养出在民族地区具有更强适应能力的学生，拓宽学生的就业渠道。

二、民族传统文化对促进学生发展具有重要作用

学校教育被定位成民族传统文化传承的工具，遮蔽了文化传承与学生发展的内在联系，忽视了少数民族学生个体发展，其实质是否定了传统文化在现代社会中促进人发展的作用。学生是民族传统文化传承的主体，民族传统文化又在传承的过程中促进学生的发展。① 丰富多彩的民族传统文化，是无数劳动人民集体智慧的结晶，是生活的浓缩，是艺术的升华，是对今天的青年学生实施爱国主义教育、素质教育、审美教育的最优秀的国粹文化之一，是培育和弘扬民族精神的优秀教材。② 民族文化具有强大的教育功能，对人的智力和非智力因素都产生影响。在王军、董艳主编的《民族文化传承与教育》（2007年）一书中就系统地分析了民族文化对人的智力因素中的观察力、记忆力和想象力的影响，以及对非智力因素中的动机、兴趣、情感和性格的影响。③ 以广西藤县中等专业学校传承民间舞狮文化为例。该校开办以狮舞为特色的运动训练专业，传承与发展国家级非物质文化遗产"东方狮王"狮舞技艺。在学习狮舞过程中培养学生的团结协作、顽强拼搏、战胜困难、勇登高峰的精神，让学生从中受到爱国主义教育和集体主义教育。

（一）民族传统文化的德育功能

民族传统文化不仅蕴涵着明确的文化价值取向，而且凝聚着特有的民族智慧和力量，具有强烈的感召力和推动力。学习民族传统文

---

① 靖东阁. 民族传统文化进校园的认识误区及归因分析［A］. 见张诗亚. 云时代学习与民族教育发展："云时代学习与民族教育发展"学术论坛论文集［C］. 北京：科学出版社，2015. 224.

② 温小宁. 中职学校民族技艺的育人功能研究［D］. 武汉：华中师范大学，2010：22.

③ 李洋. 将民族文化元素融入大学校园文化建设的实践路径研究［D］. 上海：华东师范大学，2014.

化，促使人们凭借这源远流长的民族文化、恢宏深厚的精神力量，孕育不屈不挠、百折不回、团结奋进、敢于胜利的意志和品质，磨炼成才的毅力和灵感，帮助人们克服人生道路上可能面临的各种精神压力，使我们的民族更加富有朝气。研习民族传统文化，接受民族文化精髓的滋润，具有强大的德育功能。①

例如，广西中医学校以培养职业素养为核心，从博大精深的中医文化中汲取养分，以培养学生"能胜任医、护、药等相关职业所具备的综合素养"为目标，推行"德育五行"文化，将其融入校园文化管理中。一是"金（曰从革）"，与培养学生良好职业道德相结合；二是"木（曰曲直）"，与培养学生心理健康相结合；三是"水（曰润下）"，与培养学生社会服务能力相结合；四是"火（曰炎上）"，与学生的养成教育相结合；五是"土（曰稼穑）"，与培养学生传承创新相结合。通过"德育五行"文化的浸润，促进学生"德"和"技"共同成长，从而更好地融入职业、融入社会、服务社会。

广西正久职业学校依托集团公司旗下的茶业公司，生产广西著名的茶产品白蕾牌系列春茶，学校茶业文化氛围浓郁，成为陶冶情操、净化心灵、塑造人格的重要载体。该校倡导以茶之韵，提师之蕴，促进学校教风建设。该校要求茶艺专业的老师，负责对全校老师进行茶艺专业知识的培训。通过茶艺知识的学习，对老师融入相关的德育教育，在老师队伍中树立起实事求是、细致耐心的工作作风和为人师表、教书育人、治学严谨、开拓进取的教风。该校以茶道为载体，重抓学风建设，塑造学生"勤动手，爱劳动"的价值观。学校还结合茶文化的推广，提倡学礼仪和学做人。

1. 民族文化有助于完善学生的个性

民族文化的基本精神内涵是反映民族特征的观念、思想和意识，是具有民族特征的人生观、价值观，对人们实践活动具有重要的指导

---

① 温小宁. 中职学校民族技艺的育人功能研究 [D]. 武汉：华中师范大学，2010.

作用。民族文化历经长期的嬗变、汇聚，绵延千年而被保存下来，沉淀下来的精华潜移默化为我们民族独有的社会心理，在引导、规范我们的精神风貌、人生态度、观念行为等方面有着巨大的价值。优秀民族文化在个性情操、个性修养、个性风范、人生抱负等方面的重要阐述与示范有助于中职学生完善个性，对中职学生个性教育具有重要借鉴价值。①

2. 民族文化有助于重塑学生的自信心

随着现代化的发展，传统民族文化被一些人认为是落后和愚昧的代表，从而造成少数民族学生的自卑。因此，在中职学校宣传和传播民族文化，开展民族文化教育，让各族学生在校园学习民族文化，有助于学生建立文化自信，在民族文化这个大舞台找到成功的快乐和喜悦，在民族文化这个"大染缸"里漂洗得朝气活泼、充满自信。②

3. 民族文化培养学生的工匠精神

民族传统工艺强调"天时""地气""材美""工巧"相结合，强调"物"与"心"更近的距离，同机器化工业产品相比，民族传统工艺产品的价值更多是体现在精神层面。无论是壮锦、绣球技艺，还是坭兴陶、贝雕技艺，都凝聚着匠人们的精雕细琢、精益求精、不断创新的精神，这恰恰与当前我国大力倡导的"工匠精神"相吻合。对职业学校学生进行民族传统技艺和民族文化的教育，有助于让"工匠精神"这一抽象概念根植于学生的潜意识之中，为学生步入社会成为合格的"大国工匠"做好准备。

4. 民族文化有助于激发学生的爱国情感

1994年8月，中共中央印发《爱国主义教育实施纲要》，明确指出："爱国主义教育的素材相当广泛。从历史到现实，从物质文明到精神文明，从自然风光到物产资源，社会生活的各个领域都蕴藏着极为丰富的进行爱国主义教育的瑰宝。"③ 民族优秀传统文化，从古流传

---

① 陈光军. 优秀民俗文化与大学生个性教育[J]. 云南电大学报，2011（03）.
② 温小宁. 中职学校民族技艺的育人功能研究[D]. 武汉：华中师范大学，2010.
③ 十四大以来重要文献选编（上）[M]. 北京：人民出版社，1996：803-804.

至今，历久弥新，是国家和民族不断发展的历史见证，也是祖先智慧的凝聚和悠久文化的积淀，是我们伟大祖国发展进程的历史见证，是极其丰富的爱国主义教育资源，具有爱国主义教育的价值和功能。职业学校学生通过学习民族文化，重温祖辈先人的聪明智慧，领会中华文化的博大精深，可以激发民族自豪感和爱国情感。①

(二) 民族传统文化的益智功能

1. 民族文化有助于学生认知能力提高

加德纳的"多元智能理论"将智能定义为"一种或一组个人解决问题的能力，或制造出在一种或多种文化背景中被认为是有价值的产品的能力"。他认为一个人的智力是在遗传和环境共同作用下形成并在身边文化的熏陶下继续发展，所以一个人的教育不能同其赖以生存的文化体系割裂开来。因此，民族传统文化与教育的结合是学生个人发展的需要。② 学生在学习民族手工技艺、民族艺术、民族文学等各个领域的民族文化时，都离不开观察、记忆、思维、想象等各种认知活动的参与。例如，学习贝雕技艺，学生要学会观察材料，更要注重平时在生活中多观察，还要放飞想象的翅膀；民族舞蹈技艺除了自身身体条件外，还需要耐力、定力，整合潜移创新力，涉及平面视图、空间构造，涉及视觉、听觉等。既发展学生的基本能力，即观察能力、记忆能力、分析问题和解决问题的能力，又发展期其感能力，其功能如涓涓细流，润物无声。人类学的田野调查发现："在那些本民族文化保存相对完好地区的儿童，发生感觉统合失调的现象比较少。"③

2. 学生在民族文化中汲取知识技能

我国各民族丰富多彩的民族传统文化中蕴含博大精深的知识资源。其中既包括有形知识，也包括无形知识（图3-1）。因而中职学

---

① 温小宁. 中职学校民族技艺的育人功能研究 [D]. 武汉：华中师范大学，2010.
② 曹繁. 多元文化视野下"民间文化与美育校本课程资源开发"研究 [J]. 中国人民大学教育学刊，2017 (03)：128-137.
③ 王军，董艳. 民族文化传承与教育 [M]. 北京：中央民族大学出版社，2007：20.

生学习民族传统文化的过程,也是吸取知识和增长技能的过程。

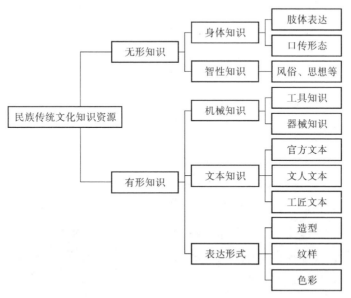

图 3-1 民族传统文化知识资源分类图①

(三) 民族传统文化的审美创造功能

"审美对当代人的幸福价值就在于,它不仅能够使人保持感知的敏锐和丰富,享有悦耳动听的快乐,而且能引导人由感官之乐进入到生命深处的心灵世界的感动,让人在感知中获得精神的启迪和愉悦。"② 社会对学校开展广泛而高质量的美育的呼声越来越高。美育能够塑造人的心灵,启迪人的智慧,促进人的身心和谐发展,是实施素质教育、促进学生全面发展的重要组成部分。③ 在辽阔的中华大地上,56 个民族那数不清的民族音乐、舞蹈、服饰、饮食、工艺等民族文化璀璨夺目,堪称"百花齐放春满园",这些都是实施美育的重要资源

---

① 张西昌. 传统手工艺的知识产权保护研究 [D]. 西安:西安美术学院,2013.
② 易晓明. 美育:指向学生幸福之教育——基于审美与幸福关系的思考 [J]. 江海学刊,2012 (4):219-225.
③ 温小宁. 中职学校民族技艺的育人功能研究 [D]. 武汉:华中师范大学,2010.

和手段，为美育提供源源不断的文化滋养。2015年9月，《国务院办公厅关于全面加强和改进学校美育工作的意见》（简称《意见》）中提出："要以戏曲、书法、篆刻、剪纸等中华优秀传统文化艺术为重点，形成本地本校的特色和传统……开发利用当地的民族民间美育资源，搭建开放的美育平台，拓展教育空间。"落实国务院的《意见》，要把民族传统文化作为实施美育的重要途径，发挥民族文化教育对培养学生审美观、提高审美能力的特殊价值。

（四）民族文化的体育功能

在漫长的岁月中，我国各民族在适应自然和生产的过程中，摸索出各自追求强健体魄的方式，形成各民族独特的民族体育。以广西为例，有壮族的投绣球和板鞋、苗族的打草球和爬坡杆、瑶族的射弩、壮族和侗族的抢花炮、毛南族的同填、同顶和同拼、仫佬族的草龙舞和步虎掌、彝族的打磨秋、京族的跳竹竿、回族的摔跤、水族的赛马、仡佬族的打花笼和荡秋千，以及深受各民族喜爱的踢毽球、打陀螺、武术、赛龙舟、舞龙舞狮……，可谓丰富多彩，形式多样；既有民族特色，又有娱乐健身的价值。职业学校根据当地实际情况，引入和持续开展民族体育项目，必将对学生身心健康发展产生积极作用。

第三节　国家对民族地区中职教育传承民族文化的政策与要求

一、国家关于中职教育传承民族文化的重要文件

我国对于民族文化传承存在由不重视到逐步重视的过程。近年来，积极出台系列政策扶持职业教育传承创新民族文化。

2013年5月，教育部、文化部、国家民委联合印发了《关于推进职业院校民族文化传承与创新工作的意见》，指出职业院校传承与创新民族文化应充分发挥职业教育的基础性作用，要以职业教育的规范、系

统、科学带动民族工艺系统、规范地传承与创新,通过职业教育培养符合民族文化保护与传承所需要的高素质技术技能人才和非物质文化遗产传承人才,并把推进职业院校民族文化传承与创新作为加快现代职业教育发展的重点工作。

2014年6月,教育部等6个部门联合印发的《现代职业教育体系建设规划(2014—2020年)》指出,要加快发展文化产业,依托职业教育体系保护、传承和创新民族传统工艺与非物质文化遗产,将民族特色产品、工艺文化纳入现代职业教育体系,将民族文化融入学校教育全过程,着力推动民间传统手工艺传承模式改革,逐步形成民族工艺职业院校传承创新的现代机制。

2015年8月,国务院印发《关于加快发展民族教育的决定》提出,现代职业教育质量提升计划、优质特色学校建设等项目重点要向民族地区倾斜;加强校企合作,推进产教融合,择优扶持发展民族优秀传统文化等优势特色专业;聘请民族技艺大师、非物质文化遗产传承人担任兼职教师。

2017年1月,中共中央办公厅、国务院办公厅印发了《关于实施中华优秀传统文化传承发展工程的意见》,要求将中华优秀传统文化"贯穿国民教育始终。围绕立德树人根本任务,遵循学生认知规律和教育教学规律,按照一体化、分学段、有序推进的原则,把中华优秀传统文化全方位融入思想道德教育、文化知识教育、艺术体育教育、社会实践教育各环节,贯穿于启蒙教育、基础教育、职业教育、高等教育、继续教育各领域。……推进职业院校民族文化传承与创新示范专业点建设。"

2017年4月,文化部发布《文化部"十三五"时期文化发展改革规划》,明确提出,拓展文化技能人才培养途径,加强文化系统艺术职业院校建设,加强文化技能人才培养,引导职业院校根据基层需求设置专业和课程。

2017年5月,中央宣传部、教育部、财政部、文化部联合印发了《关于新形势下加强戏曲教育工作的意见》,为戏曲后备人才的培养指明了方向和路径,① 提出优化戏曲专业结构布局、完善戏曲人才培养体系、创新戏曲人才培养模式、鼓励院团深度参与实践教学、积极推进招生与用人一体化、建立健全戏曲教育质量评价机制、搭建平台展示教育教学成果等任务,要求"巩固提高戏曲中等职业教育基础性地位"。

这些政策的出台,既为广西职业教育传承与创新民族文化提供了方向和依据,也提出了任务和要求,需要广西结合当地实际认真贯彻落实。

二、国家促进中职教育传承民族文化的重要举措

(一) 优化职业院校民族文化相关专业设置

教育部等部门根据文化产业发展的实际需要,指导相关职业院校紧贴市场、紧贴产业、紧贴职业岗位设置专业,提升职业教育与产业发展的适应性与吻合度;积极推动专业课程改革,提高人才培养质量,努力培养符合我国文化事业发展需求的高素质技术技能人才。②《中等职业学校专业目录(2010年修订)》设置了轻纺食品类、旅游服务类、文化艺术类等18个专业大类。轻纺食品类下设民族风味食品加工制作等民族文化相关专业;旅游服务类中旅游服务与管理、导游服务等专业在民族地区都自然成为民族文化相关专业;文化艺术类下设戏曲表演、曲艺表演、戏剧表演、木偶与皮影表演及制作、民间传统工艺、民族音乐与舞蹈、民族乐器修造、民族美术、民族服装与服饰、民族织绣、民族居民装饰、民族工艺品制作等民族文化相关专业。可以说,涉及民族文化吃、穿、住、用各方面的内容,都基本被囊括进入了职业教育专业体系之中。

(二) 构建中职学校民族文化教育教学标准体系

2014年,教育部分两批公布了230个《中等职业学校专业教学标准(试行)》,涉及多数民族文化相关专业。专业教学标准是开展专业教学的基本文件,是明确培养目标和规格、组织实施教学、规范教

---

①② 教育部. 关于政协十二届全国委员会第五次会议第3648号(教育类366号)提案答复的函 [EB/OL]. (2018-03-06)[2019-03-13]. 中华人民共和国教育部官网, http://www.moe.gov.cn/jyb_xxgk/xxgk_jyta/jyta_zcs/201803/t20180306_328932.html.

学管理、加强专业建设、开发教材和学习资源的基本依据，是评估教育教学质量的主要标尺，同时也是社会用人单位选用中等职业学校毕业生的重要参考。专业教学标准的制定，促进了职业教育民族文化相关专业教学的科学化、标准化、规范化。

顶岗实习标准是组织开展专业顶岗实习的教学基本文件，是明确实习目标与任务、内容与要求、考核与评价等的基本依据。2016年7月、2018年1月，教育部分两批公布了136个《职业学校专业顶岗实习标准》。其中与民族文化传承关系较为密切的主要是中等职业学校表演艺术类专业顶岗实习标准，所占比例还非常小。

（三）推动现代学徒制改革

2014年2月26日，国务院总理李克强主持召开的国务院常务会议，提出了要大力发展职业教育的目标，首次提出"发展校企共同招生、共同培养的学徒制试点"。2014年8月，教育部《关于开展现代学徒制试点工作的意见》指出，建立学徒制是职教积极适应市场经济发展的要求，积极的推进职教与就业机制的共同发展，扩大技术人才培养与发展的渠道，有效的推行现代职教机制创建的战略选择；是有效的深化校企联合、产教集合、工学结合、知行结合的主要方式，是开展素质教育，将培养学生技能和职业精神紧密结合，有效的培养学生的创新精神、责任感和实践力的主要方式。教育部由此启动了现代学徒制试点工作，职业院校与相关行业企业共同探索现代学徒制人才培养模式，深化产教融合、校企合作，推进工学结合、知行合一，全面提升包括民族技艺类人才在内的各类职业人才的培养水平。[①]

在试点工作基础上，教育部办公厅于2019年5月印发了《关于全面推进现代学徒制工作的通知》，要求总结现代学徒制试点成功经验和典型案例，在国家重大战略和区域支柱产业等相关专业，全面推广政府引导、行业参与、社会支持、企业和职业学校双主体育人的中

---

① 教育部. 关于政协十二届全国委员会第五次会议第3648号（教育类366号）提案答复的函［EB/OL］.（2018-03-06）［2019-03-12］. 中华人民共和国教育部官网，http://www.moe.gov.cn/jyb_xxgk/xxgk_jyta/jyta_zcs/201803/t20180306_328932.html.

国特色现代学徒制。①

（四）积极推进民族文化传承与创新示范专业建设

2013年，教育部会同国家民委、文化部联合印发《关于推进职业院校民族文化传承与创新工作的意见》。2013年和2016年，分两批遴选了162个职业院校民族文化传承与创新示范专业点，涉及全国31个省（区、市）及新疆生产建设兵团的157所职业院校，涵盖了一批世界级非物质文化遗产和国家级非物质文化遗产相关专业点。通过示范专业点建设，在职业院校推行民族文化类专业教师"双向进入"制度，推动职业院校通过聘请民间艺人、技艺大师、非物质文化遗产传承人等方式参与教学与专业建设，②推动相关职业院校在完善专业建设规划、深化产教结合、校企合作、深化专业课程改革，加强师资队伍和实训基地建设等方面更好地发挥示范辐射作用，带动全国职业院校民族文化类专业建设水平的提高。

同时，国家民委着力开展"全国民族地区职业教育示范基地"的遴选和建设工作，将云南省民族中专、辽宁省岫岩满族自治区职业教育中心列为全国民族地区职业教育示范基地。

（五）积极开发企业生产实际教学案例库

2014年，教育部以政府购买服务方式，委托相关行业开发职业院校专业企业生产实际教学案例库。积极引入企业真实案例和项目，组织行业专家、企业专家和职业教育课程专家共同开发企业生产实际教学案例库，推动学习者在真实职业环境中应用知识、技术和技能。③

---

① 教育部、教育部办公厅关于全面推进现代学徒制工作的通知 [EB/OL]．（2019 - 05 - 15）[2019 - 06 - 02]．中华人民共和国教育部政府网站：http://www.moe.gov.cn/srcsite/A07/s7055/201906/t20190603_384281.html

② 教育部．关于政协十二届全国委员会第四次会议第1885号（文化宣传类091号）提案答复的函 [EB/OL]．（2016 - 12 - 06）[2019 - 03 - 13]．中华人民共和国教育部官网，http://www.moe.gov.cn/jyb_xxgk/xxgk_jyta/jyta_ghs/201612/t20161206_290993.html.

③ 教育部．关于政协十二届全国委员会第五次会议第3648号（教育类366号）提案答复的函 [EB/OL]．（2018 - 03 - 06）[2019 - 03 - 13]．中华人民共和国教育部官网，http://www.moe.gov.cn/jyb_xxgk/xxgk_jyta/jyta_zcs/201803/t20180306_328932.html.

但目前该案例库中与民族文化紧密相关的仅有高职院校戏曲或戏剧专业的几个案例,亟须补充和完善。

(六) 加强民族文化职业教育行业指导

行业是连接教育与产业的桥梁和纽带,在促进产教结合,密切教育与产业的联系,确保职业教育发展规划、培养规格、人才供给适应产业发展需求等方面,发挥着不可替代的作用,是建设我国现代职业教育体系的重要力量。[①] 为进一步发挥行业主管部门和行业组织在发展职业教育中的重要作用,推动职业教育改革创新,根据《全国中等职业教育教学改革创新指导委员会章程》规定,2010年11月,教育部批准成立全国民族技艺职业教育教学指导委员会、全国文化艺术职业教育教学指导委员会等43个行业职业教育教学指导委员会。2015年,教育部完成了全国文化艺术职业教育教学指导委员、全国民族技艺职业教育教学指导委员会换届工作。新一届行指委在健全行业指导机制,推动行业制订有效的政策措施和激励手段,鼓励和支持企业积极参与和支持职业教育发展等方面发挥了积极作用。[②]

相关行指委积极承办全国职业院校技能大赛,通过具体承办赛项,将行业标准、职业标准、教学标准以及知识能力素质要求融入比赛全过程,以赛促改引领专业建设,促进产教深度融合。从2013年以来,全国职业院校技能大赛连续4年设置"艺术专业技能"或"文化艺术类"比赛项目。2017年,设置了中职"艺术专业技能(中国舞表演)"比赛,高职"艺术专业技能(中国舞表演)""艺术专业技能(钢琴演奏)"比赛。[③] 广西民族技艺行指委成立以来,通过搭建校企合作平台、加强学校专业建设、提升传承能力、强化行业指导、改革评价机制取得了很大成效,12 000名民族技艺技能创新型人才收

---

① 田联刚. 汇聚推进民族技艺产教融合的正能量 [J]. 黑龙江民族丛刊, 2014 (01): 17-19.

②③ 教育部. 关于政协十二届全国委员会第五次会议第3648号(教育类366号)提案答复的函 [EB/OL]. (2018-03-06)[2019-05-03]. 中华人民共和国教育部官网, http://www.moe.gov.cn/jyb_xxgk/xxgk_jyta_zcs/201803/t20180306_328932.html.

益。民族文化类技能项目影响力和覆盖面不断扩大，全面展示了民族文化类专业学生的学习成果和风采。

(七) 组织民族文化产教对话和学术研讨活动

2013年8月21日，中国职业技术教育学会在云南省昆明市召开了"推进职业院校传承与创新民族文化座谈会"。会议提出贯彻落实党的十八大的文化强国战略和教育部、文化部和国家民委《关于推进职业院校民族文化传承与创新工作的意见》的精神和要求，进一步推动职业院校深入开展传承和创新民族文化活动，加快培养具有较高人文素养的技术技能人才，为促进民族文化的大发展、大繁荣作出更大贡献。会议就职业院校传承与创新民族文化方面的做法进行了经验交流和专题研讨。提出了以下建议：一是推进职业院校传承与创新民族文化工作，探讨面临的课题；二是政府主导顶层设计，给予政策指导和经费支持；三是政府、行业、学校、社会共同参与，将民族文化的传承与创新系统化、跨界化；四是重视和加强对非物质文化遗产保护相关专业的建设，对属于抢救性的文化产品，目前还不具备市场产业支持条件的产业，在政策上、资金上给予倾斜式支持；五是国家重点扶持100个全国职业院校民族文化传承与创新示范专业点，并通过以点带面示范辐射；六是既要抓民族文化特色专业的建设，也要抓对全体学生民族文化的精神建设。①本次会议对于落实教育部、文化部、国家区委《关于推进职业院校民族文化传承与创新工作的意见》具有重要的意义。

2013年12月，由国家民委教育科技司、经济发展司、教育部职业教育与成人教育司、职业技术教育中心研究所、全国民族技艺职业教育教学指导委员会主办的"传承民族技艺促进民族特色产业发展"职业教育与产业对话会在黑龙江民族职业学院召开。对话会邀请学校、民贸企业、民族工艺大师共聚一堂，共商民族技艺职业教育产教融合和校

---

① 韦舟. 打造我们共同的精神家园——记"推进职业院校传承与创新民族文化座谈会"[J]. 中国职业技术教育, 2013 (25): 17-18.

企合作大计。此次对话会主要有3个方面的意义：一是，推动民族文化传承创新的新举措，进一步更新观念，创新思路，推动职业教育内涵式发展，创新人才培养模式，使文化资源向文化资本转变、实现民族产业升级、提高民族特色产品的附加价值、提升民族产业的竞争力；二是，开拓新途径、搭建新平台、推进职业院校与企业深化合作；三是，利用国家扶持民族贸易和特需商品定点生产企业优惠政策的作用，搭建校企合作平台，实现民贸民品企业与职业教育的双赢，促进民族技艺人才培养和民族特色产业发展。此次会议，参会的多家院校、企业、民族工艺大师达成59项合作意向，现场签约19项。通过学术研讨与产教对话，达成优势互补，共同培养技术技能型人才，迈出了职业院校民族文化技艺校企合作崭新步伐。来自全国各地的职业院校和行业企业参观了黑龙江省职业教育传承创新民族文化的最新成果，结合工作实际，交流人才培养经验，探讨合作办学途径。[1] 本次对话会，拓展了行业指导的方式和手段，总结积累相关经验，增强了通过行业力量指导职业院校传承创新民族文化的信心和决心。

第四节 民族地区中职教育传承民族文化的可行性

一、民族地区中职教育传承民族文化的区域优势

（一）民族地区中职学校学生的民族成分有利于民族文化的传承

开设在民族地区的中职学校，吸纳了大批少数民族学生，为他们提供了学习知识、掌握技能和改变命运的机会。与本民族有割舍不断的血脉联系的少数民族学生，即使身在本族群中时不愿主动学习民族文化，但还是长期在潜移默化中受到民族文化的滋养和浸润，所以当职业学校引入民族文化课程时，他们还是会表现出相对较强的学习意愿和习得能力。

---

[1] 田联刚. 汇聚推进民族技艺产教融合的正能量［J］. 黑龙江民族丛刊，2014（01）：17-19.

(二) 民族地区中职学校拥有丰富的民族文化资源

民族地区有着丰富的民族文化资源。民族地区职业学校师生长期置身于富饶的民族文化资源宝库，浸润于浓郁的民族风情，职业学校开展传承创新民族文化教育有着取之不尽的源泉，传承的场域可以从校内拓展到校外，有着广阔的舞台和空间。

(三) 民族地区中职学校与民族文化企业联系愈加紧密

民族地区中职学校在长期办学过程中，与地方政府、民间文化团体或协会、民族文化企业等逐步建立起较为紧密的合作或者沟通渠道，职业学校利用系统职业教育为本地区在民族传统文化的保护、传承、开发利用提供人才支撑。民族文化产业的发展产生了强劲的人才需求，为职业学校相关专业毕业生提供了大量的就业机会。随着2017年12月《国务院办公厅关于深化产教融合的若干意见》的发布，民族地区中职学校与民族文化产业的联系与融合将更加紧密，教育链、人才链与产业链、创新链将更加有机地衔接，中职学校传承创新民族文化的教育将大有可为。

二、中职学生学习传承民族文化具有优势

(一) 当前职业教育比普通教育更具有传承民族文化的可行性

尽管国家要求各类型的学校教育在民族文化传承中都积极承担起责任和义务。但在中国普通教育还深陷应试教育泥沼的当下，普通中小学仍围绕高考指挥棒而转，很难投入更多的精力来关注和落实民族文化的传承。比较而言，在职业教育中传承创新民族文化更具可行性。

(二) 中职生年龄特点和心理特征使民族文化传承创新具有可行性

中职学生年龄一般为15~20岁，正是埃里克森心理社会性发展理论所称的第五阶段，即建立个人同一性阶段，其心理发展的主要矛盾是同一性对角色混乱。他们虽然褪去了初中生，懵懂而叛逆的个性。但是，面对纷繁复杂的外部世界和即将踏入的现实社会又缺乏必要的心理准备和心理调适。他们既渴望了解社会，寻找适合自己的生

存环境，又对充满竞争和挑战的社会环境以及自身的适应能力心存疑虑，这种复杂而又矛盾的心态就是这个年龄阶段的总体反映。① 通过民族文化传承，有助于少数民族学生建立对本民族的认同，解决他们的"角色混乱"问题。

一般来说，中职学生感性思维能力强于抽象思维能力，喜欢并擅长动手操作，却不喜欢书本学习，他们是理想的民族艺术、民族手工技艺传承者，民族文化课程在中职学校必定能绽放绚丽的花朵。

三、中央和地方提供了有力的政策和经费保障

近年来，中央财政始终坚持"推改革、促发展"的理念，先后出台了一系列政策措施，引导和支持地方不断加大投入力度，逐步形成了全方位、普惠与特惠相结合的职业教育财政政策框架，有力地推动了职业教育改革发展。②

（一）支持实施现代职业教育质量提升计划

2014 年，财政部会同有关部门将实训基地建设计划、教师素质提高计划、国家级中高职改革示范校建设等重大项目整合为现代职业教育质量提升计划，并设立专项资金，2017 年安排 177 亿元。自 2010 年以来，中央财政共投入 5 250 万元，建设包括"传统手工业（非遗）技艺传习传承与创新"在内的 10 个"民族文化传承与创新"子库。③

（二）完善生均拨款制度

2015 年 11 月，财政部会同教育部、人力资源社会保障部联合印发了《关于建立完善中等职业学校生均拨款制度的指导意见》（简称《意见》）（财教〔2015〕448 号）。④《意见》确定了"明确责任，依

---

① 温小宁. 中职学校民族技艺的育人功能研究 [D]. 武汉：华中师范大学，2010.
②③④ 教育部. 关于政协十二届全国委员会第五次会议第 3648 号（教育类 366 号）提案答复的函 [EB/OL]. （2018-03-06）[2019-04-11]. 中华人民共和国教育部官网，http://www.moe.gov.cn/jyb_xxgk/xxgk_jyta/jyta_zcs/201803/t20180306_328932.html.

法制定；多元投入，分类支持；促进改革，突出绩效"的原则，要求到 2020 年，建立起与社会主义市场经济体制相适应、基本满足事业发展需要的中职教育多元经费投入体系，形成以政府投入为主，行业、企业及其他社会力量共同支持的经费投入长效机制。

（三）积极落实中职学生学费减免政策

为保证家庭经济困难学生顺利完成学业，提高职业教育吸引力，国家建立了中等职业教育免学费和国家助学金政策，对所有农村学生、城市涉农专业学生和家庭经济困难学生（艺术类相关表演专业学生除外）实施免学费政策；一、二年级所有涉农专业学生和非涉农家庭经济困难学生享受国家助学金资助。除艺术类相关表演专业学生外，符合条件的中职文化艺术类其他专业学生均可享受上述有关政策。[①] 民族地区职业学校大部分生源来自农村，如果没有免学费和国家助学金政策，艺术类专业对家庭经济困难学生的门槛之高是可想而知的，而免学费和国家助学金政策的落实，使学生更自觉选择民族文化（手工技艺、歌舞技艺等）专业。

四、民族地区中职教育打下了良好的民族认同、民族团结教育基础

我国是各族人民共同缔造的统一的多民族国家，民族团结进步事关国家的和谐稳定和民族的繁荣昌盛。自 2000 年正式在全国中、小学开展民族团结教育活动以来，在各界引起了积极的社会反响，取得了良好的教育和社会效果。2008 年 3 月，教育部办公厅、国家民委办公厅发出《关于在中小学切实抓好民族团结教育工作的通知》，要求各地"统一思想，提高进一步做好中、小学民族团结教育工作的思想认识，加强领导，把中、小学民族团结教育工作纳入重要工作安排，将民族团结教育有关课程列入地方课程，加大力度把中、小学民族团

---

① 教育部. 关于政协十二届全国委员会第五次会议第 3648 号（教育类 366 号）提案答复的函［EB/OL］.（2018-03-06）［2019-04-11］. 中华人民共和国教育部官网，http://www.moe.gov.cn/jyb_xxgk/xxgk_jyta/jyta_zcs/201803/t20180306_328932.html.

结教育工作进一步抓好、抓实、抓出成效"。2008年12月，教育部办公厅、国家民委办公厅印发《学校民族团结教育指导纲要（试行）》，进一步明确了学校民族团结教育的指导思想、课程性质、基本原则、目标任务、主要内容和实施方案，指出民族团结教育是学校、家庭和社会的共同责任，也是一项长期的系统工程。① 事实上，几十年来的民族团结教育使"平等、团结、互助、和谐"的民族关系牢牢扎根在各族学生心中。

广西是全国5个自治区之一，是少数民族人口最多的省区，也是壮族人口最集中聚居的地区。几十年来，广西各族人民自强不息、开拓创新、励精图治、奋发图强、团结奋斗、同心同德建设美好家园，维护国家统一，促进边疆稳定，谱写了祖国南疆繁荣发展的新篇章。广西推进民族团结进步事业的成绩是有目共睹的，获得各级领导的充分肯定和社会各界的普遍赞誉。这也为职业院校传承创新民族文化营造了良好的社会氛围，奠定了坚实的社会基础。

五、广西职业教育的扎实发展为民族文化传承奠定坚实基础

经过多年的努力，广西建成了全国少数民族地区最大规模的职业教育体系，走出了一条富有中国民族地区、后发展地区特色的职业教育发展道路，成为广西产业转型升级和社会进步的重要支撑。广西职业教育总体发展水平进入全国中等行列。广西先后实施两轮职业教育攻坚，各级财政累计共投入近400亿元。在全国率先召开省级职业教育工作大会，率先实施中职学校教师特设岗位计划、中职学校教师"非实名制"人事制度改革，率先出台促进校企合作的政策。与教育部共建国家民族地区职业教育综合改革试验区，与教育部共同举办三届中国—东盟职业教育联展暨论坛，与教育部共同签订"一带一路"教育行动备忘录。全区职业院校已达到了373所（高职40所、中职

---

① 中国教育年鉴编辑部. 中国教育年鉴2009 [M] 北京：人民教育出版社，2009 (10).

333所），在全国1 322所高职院校中，广西有5所高职院校进入前100名；在全国1 000所国家改革发展示范性中职学校中，广西拥有32所。全区职业院校全日制在校生规模已达到97.7万人（其中，中职全日制在校生规模59万人），约占全国职业院校在校生总数的4%。在2014年全国职业教育教学成果奖评审中，广西共获奖22项，获奖总数位居全国第六名。其中，中职获一等奖1项、二等奖13项，获奖率达80%，超出全国平均水平30个百分点，获奖总数位居全国第一名，[1]说明广西职业教育的改革与研究走在了全国前列。因此，广西职业教育传承创新民族文化，是以较为完善职业教育体系和职业教育办学条件作为支撑的。

---

[1] 广西壮族自治区教育厅. 三个维度看广西职业教育发展成效显著［EB/OL］.（2017－03－29）［2019－04－23］. 广西壮族自治区教育厅官网：http://www.gxedu.gov.cn/Item/15687.aspx.

第二篇

探索与实践

第四章　政府和企业在广西职业教育传承民族文化的探索

自2013年国家教育部、国家文化部和国家民委印发《关于推进职业院校民族文化传承与创新工作的意见》以来，广西在推进民族文化传承职业教育上做了大量有益的探索与实践，形成了自己的一些经验和模式。广西职业教育发展研究中心王屹、王立高两位学者在对广西职业教育传承创新民族文化的工作进行总结梳理的基础之上，提出培养适应民族文化产业需求的人才，要构建起"政府主导、行业指导、企业参与、学校主体、社会协同"多元参与的人才培养体制和运行机制①（图4-1）。

（1）"政府主导"。政府部门作为主导，强化顶层设计，加大政策引导，创新体制机制，以政策、资金等作为支撑，着力为民族文化传承人才培养提供保障。

（2）"行业指导"。行业组织根据行业人才需求，指导制定民族文化传承人才的培养目标和专业设置，推动专业建设规范化。

（3）"企业参与"。企业要指导和支持教学实践，共同培养适应民族文化产业需求的人才。②

---

①② 王屹，王立高. 民族文化传承人才培养的探索与实践——以广西中职民族文化传承示范特色项目建设为例［J］. 职业技术教育，2017（6）.

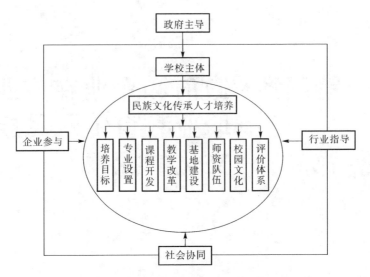

图4-1 职业教育民族文化人才培养体制图

(4)"学校主体"。职业学校必须承担起传承人才培养的使命,结合自身办学特色,在人才培养目标、专业与课程建设、评价系统等方面,建构起传承人才的培养方案,并付诸实践。

(5)"社会协同"。社会要营造弘扬优秀传统文化、尊重传承人才的良好氛围,塑造民族文化传承人才的职业荣誉感,充分调动人才的积极性、自主性和创造性。

第一节 政府部门的引导与支持

一、政策引导,顶层设计

近十年来,广西打出了一系列推动职业教育大发展的"组合拳",2008—2010年的职业教育攻坚战;2009年起与教育部共建国家民族地区职业教育综合改革试验区;2012年启动新一轮深化职教攻坚五年计划等。10年来,广西职业教育面貌发生了令人欣喜的显著变化,并明确提出于2020年率先在民族地区构建"传承民族文化"的现代职业教育体系。

作为对 2013 年教育部、国家民委、文化部联合印发的《关于推进职业院校民族文化传承与创新工作的意见》的省级响应，为充分发挥职业教育在民族文化传承创新中的基础作用，2015 年 3 月 2 日，广西教育厅、民族事务委员会、人力资源和社会保障厅、文化厅等四部门联合印发了《广西职业教育民族文化传承创新工程实施方案》。方案明确指出，按照广西民族特色产业、文化产业发展战略部署要求，把推进职业教育民族文化传承创新作为加快发展广西现代职业教育的主要内容，不断提高职业院校的民族文化传承创新能力，推动民族地区职业教育特色发展。[1] 方案提出到 2020 年"建成 40 个民族文化传承创新职业教育基地（中等职业学校 30 个、高等职业院校 10 个），普遍提高职业院校学生的民族文化素养，形成职业教育与非物质文化遗产传承人才培养、优秀民族文化教育保护的有效机制，为民族特色产业、文化产业发展提供人才支撑"[2] 的工作目标。

方案提出四项主要任务。

第一，是推动民族文化融入学校教育全过程。职业院校要把弘扬具有广西民族特色的民居文化、饮食文化、服饰文化、节日文化、艺术文化、歌谣文化、医药文化等作为教育教学的重要任务。通过加强校园文化建设，广泛开展民族文化传承创新社团活动，积极开发一批民族技艺课程以及创造条件建设民族文化特色专业，提高职业院校民族文化传承创新能力，促进民族优秀传统文化薪火相传，发扬光大。[3]

第二，推动民间传统手工艺传承模式改革。利用职业教育改造民间传统的壮锦、坭兴陶、铜鼓、绣球、桂林画扇、北海贝雕、博白编织、梧州人造宝石等手工艺传承模式，推动传统手工技艺与时代发展相结合，与科技进步相结合，融入现代设计理念，改进民族工艺流程，提升民族工艺品质，打造特色高端手工艺品产业品牌，提高民

---

[1][2][3] 广西教育厅，民族事务委员会，人力资源和社会保障厅，文化厅. 广西职业教育民族文化传承创新工程实施方案 [Z]. 2015 – 03 – 02.

产品的附加价值与竞争力。支持职业院校建立网络等现代营销平台，促进民族工艺产业化发展。①

第三，加强非物质文化遗产传承人才培养。职业教育人才培养要与广西非物质文化遗产传承相结合，围绕非物质文化遗产的传承与保护，加强与广西的国家文化产业示范基地、广西文化（美术）产业示范基地、文化企事业单位合作，将师徒世代相继、口传身授的广西民间民族技艺及各种特色的民族文化活动整理成规范、系统、科学的教学资源。充分利用信息技术手段，记录、整理、规范和创新民族技艺和非物质文化遗产，建设慕课（Massive Open Online Courses，MOOC，大型开放性网络课程）或微课等网络课程，建设共享型专业教学资源库，实现民族文化与非物质文化遗产的科学传承。推进民族文化特色课程建设，以现代学徒方式实施对口培养，为非物质文化遗产的传承、创新、研究和管理提供有力的人才保障。②

第四，探索民族文化的现代传承机制。采用非实名制、专职聘用、兼职聘用等多种方式，聘请知名技艺大师、民间艺人、非物质文化遗产传承人等到学校建立技能大师工作室，采用师傅带徒方式，共同培养学生民族技艺传承人，共同开发民族文化产品。鼓励探索独资、合资、股份制等多种方式，共建集"技艺研究、产品开发、社会服务、展示交流"于一体的民族文化传承与创新基地，实现民族文化传承创新、非物质文化遗产保护、高技能人才培养、产业孵化等功能，服务区域经济发展，实现产教深度融合。③

《广西职业教育民族文化传承创新工程实施方案》对广西民族文化在职业教育中的传承创新工作具有较强的政策导向和顶层设计意义。自此开始，广西职业教育民族文化传承创新工程开始如火如荼地展开，初步取得了让人鼓舞的一些成果和成效。

---

①②③ 广西教育厅，民族事务委员会，人力资源和社会保障厅，文化厅. 广西职业教育民族文化传承创新工程实施方案 [Z]. 2015-03-02.

二、项目驱动，资金支持

(一) 广西中职学校民族文化技术技能人才培养培训基地项目

2013年3月，经过广西教育厅、民族事务委员会、文化厅的认定，广西理工职业技术学校等17所学校为首批"广西中等职业学校民族文化技术技能人才培养培训基地"（表4-1），在民族文化技术技能人才培养的师资培养培训、业务指导等方面得到教育、民族、文化部门的重点扶持，着力打造一批将民族文化技艺传承与职业教育改革发展有机对接的示范学校。

表4-1 首批广西中等职业学校民族文化技术技能人才培养培训基地学校

序号	学　校	特色项目
1	广西理工职业技术学校	民族工艺（建筑等）
2	广西艺术学校	民族艺术（彩调剧等）
3	广西民族中等专业学校	民族语言文字（壮文等）
4	广西中医药大学附设中医学校	民族医疗（壮医药等）
5	广西工艺美术学校	民族工艺（木雕等）
6	广西华侨学校	民族艺术（动漫）
7	广西银行学校	民族工艺（蜡染等）
8	南宁市第一职业技术学校	民族餐饮
9	南宁市第四职业技术学校	民族艺术（葫芦丝等）
10	靖西市职业技术学校	民族工艺（绣球等）
11	北部湾职业技术学校	民族工艺（坭兴陶等）
12	河池市职业教育中心学校	民族服饰
13	北海市中等职业技术学校	民族工艺（南珠贝雕等）
14	张艺谋漓江艺术学校	民族艺术（侗族大歌与天琴）
15	百色市民族卫生学校	民族医疗（壮医药等）
16	广西贺州民族旅游艺术职业学校	民族艺术（长鼓舞等）
17	凌云县职业技术教育中心	民族艺术（蓝靛瑶长号等）

资料来源：根据相关文件整理。

(二) 广西民族文化传承创新职业教育基地项目

从2015年11月起，广西教育厅在全广西中等职业学校（含技工学校）中组织申报遴选"民族文化传承创新职业教育基地"。基地遴选在民族文化类专业设置、在校生规模、社会培训规模、实训条件、校企合作、师资条件、校园文化等方面设置了申报的基本条件,力图将一批有基础、有潜力、有示范作用的优秀学校遴选出来。经过先后3批遴选,共有42所职业院校成为"广西民族文化传承创新职业教育基地",其中中职学校31所(表4-2),高职学校11所。2015—2017年,广西教育厅先后4次投入5 730万元资金(其中中职学校3 530万元)支持42个民族文化传承创新职业教育基地的建设。

表4-2 广西中等职业学校民族文化技术技能人才培养培训基地学校

序号	学校	项目	建设内容	自治区财政资金/万元	批次
1	广西理工职业技术学校	民族建筑人才培养培训基地	新建民族文化形象墙、真武楼阁水上平台、八桂文化石立柱、三江侗族风情凉亭、壮乡现代风格铭牌雕塑,校企共建民族建筑模型(工艺品)制作实训室与展示室,编制课程标准,探索人才培养模式,研发古建筑模型手工艺品,聘请侗族木构建筑营造技艺大师等	100	第一批
2	广西艺术学校	戏曲人才培养基地	修缮学校非物质文化展厅,建设戏曲排练场、黄艺君大师工作室,开发"戏曲表演"选修课程,创作、录制壮剧节目、戏曲节目,聘请国家级非遗传承人,师资培养等	100	第一批
3	广西民族中等专业学校	贝雕、角雕实训基地建设与校园民族文化提升项目	建设民族工艺美术展厅、贝雕工艺实训室、角雕工艺实训室,建设课程体系及资源库建设,传承师资队伍建设,项目研发、校园民族技艺传承活动及对外宣传,社会培训等	100	第一批
4	广西中医学校	壮瑶民族医药文化传承创新职业教育基地	建设壮瑶民族传统体育器材室、五音心理辅导中心、壮瑶医药展示中心、李永茂大师工作室,开发开设特色课程,项目研发,师资培训等	100	第一批

续表

序号	学校	项目	建设内容	自治区财政资金/万元	批次
5	广西工艺美术学校	民族工艺（陶艺工作室建设及工艺品创新研发、工艺品创意中心建设及工艺品创新研发、服装工作室建设及服饰创新研发）传承创新职业教育基地	购置专用书籍、设备材料，修缮基地，师资培训，外聘专家（大师），教学视频制作，编写教材，工艺美术衍生产品研发，创新作品（产品）展示推广等	100	第一批
6	南宁市第一职业技术学校	广西民族特色小吃传承创新基地	建设广西民族特色小吃展示馆，龙付孙大师工作室，课程建设，校企合作，项目研发，师资培训等	130	第一批
7	广西银行学校	民族工艺品和民族服饰文化传承创新基地	设备和材料采购，师资培训，开发开设特色课程，建设大师工作室，与企业共同研发产品等	100	第一批
8	靖西市职业技术学校	靖西市民族文化传承创新职业教育基地	建设壮族文化综合教育中心（含锦绣工作坊、非遗工作坊），开发课程，编写教材，校企合作研发产品，师资培训等	100	第一批
9	北部湾职业技术学校	民族工艺（坭兴陶）传承创新职业教育基地	设备及耗材购置，装修实训室、大师工作室的装修，技能培训，聘请师资，师资培训，新产品研发和宣传推广，教材开发等	100	第一批
10	河池市职业教育中心学校	民族文化艺术传承创新实训基地	建设民族服饰研发工作室、民族旅游工艺品研发室、民族文化传承展示活动中心，课程建设，校企合作，项目研发，师资培训等	100	第一批
11	北海市中等职业技术学校	南珠贝雕文化传承创新职业教育基地	建设贝雕展示馆、大师工作室及粗加工室，大师精品工程，环境文化建设，课程体系、课程开发，师资培训等	100	第一批

续表

序号	学校	项 目	建设内容	自治区财政资金/万元	批次
12	张艺谋漓江艺术学校	音乐表演（侗族大歌）传承创新职业教育基地	建设侗族艺术陈列室、建设民族音乐实训室、乐理教室、录音室，开发开设特色课程，校企合作，研发侗族大歌表演形式，师资培训	100	第一批
13	百色市民族卫生学校	壮医药适宜技术实训室	改装壮医药适宜技术实训室，装修壮医药实训室，采购设备，师资培训，校本教材开发等	100	第一批
14	广西华侨学校	民族文化（民族动漫）传承创新职业教育基地——E设计众创空间	建设工作室、民族文化平台，开展调研，形成调研报告，手绘作品制作，培训教师，聘请技能大师，社会培训，出版教材，摄制微电影等	100	第一批
15	广西贺州民族旅游艺术职业学校	贺州民族文化技术技能人才培养培训基地（民族艺术（壮族、瑶族舞蹈）传承创新）	建设传承场所，建设壮族、瑶族舞蹈与中国传统艺术融合班，舞蹈教材创编与培训、推广，创作舞蹈精品，非遗项目进校园等	100	第一批
16	南宁市第四职业技术学校	壮族音乐舞蹈训练基地及文化建设	特色校园文化建设，壮族舞蹈传承基地设施设备建设；课程建设，骨干教师培养；社团建设等	100	第一批
17	凌云县职业技术教育中心	瑶族长号和民族手工艺	建设瑶族长号和民族手工艺文化展示厅、民族手工艺实训室、民族鼓演奏室、民族舞蹈室、民族音乐制作室，聘请传承人，开发特色课程，社会服务等	100	第一批
18	柳州市第二职业技术学校	民族服饰（侗族服饰）文化传承创新职业教育基地	建设侗族手工技艺传承工作坊（名师工作坊），升级改造服装一体化同步教学室信息化设备，建设特色课程及信息化教学资源库建设，建设社团，研发手工艺品，建设教学团队，推广及宣传等	100	第二批

续表

序号	学校	项　目	建设内容	自治区财政资金/万元	批次
19	恭城瑶族自治县民族职业教育中心	民族工艺（恭城油茶）文化传承创新职业教育基地	建设油茶文化展示厅、油茶制作工艺实训室、油茶技能大师工作室、油茶茶叶种植实验基地，编写校本教材，开发特色课程，校企合作研发产品，油茶及被套产品创新项目研发，师资培训等	100	第二批
20	藤县中等专业学校	东方狮王藤县狮舞民族文化传承创新职业教育基地	建设"东方狮王"藤县狮舞工作坊、数字化教学实训室、大师工作室，研发狮舞用品和工艺品，编印宣传手册、宣传画册，师资培训，制订人才培养方案，编写实训指导教材等	100	第二批
21	苍梧县中等专业学校	中华茶艺（六堡茶）文化传承创新职业教育基地	建设中华茶艺（六堡茶）技艺训练馆、茶席设计与六堡茶文化展示馆、谭爱云大师工作室，开发开设特色课程，拍摄六堡茶文化宣传视频，师资培训，校企合作研发产品（茶器具）等	100	第二批
22	容县职业中等专业学校	民族工艺（雕刻、编织）文化传承创新职业教育基地	建设编织工艺品工作室室、雕刻工艺品工作室室、编织工艺品展示室、雕刻工艺品展示室，编写校本教材，校企合作研发产品，编织、雕刻宣传视频制作，师资培训等	100	第二批
23	富川瑶族自治县职业技术学校	民族工艺（瑶绣）传承创新职业教育基地	建设瑶绣文化展示中心、瑶绣工艺实训室、李冬梅大师工作室，开设"瑶绣工艺"特色课程，校企共同研发产品，瑶绣服饰工艺品项目研发，师资培训等	100	第二批

续表

序号	学校	项 目	建设内容	自治区财政资金/万元	批次
24	钟山县职业技术学校	民族艺术（瑶族歌舞）文化传承创新职业教育基地	建设民族服饰文化展示中心、民族音乐实训室、民族舞蹈实训室，开发开设"瑶族歌舞"特色课程，与当地文化馆、旅游局、文工团合作，创编瑶族歌舞并制成音频和视频，师资培训等	190	第二批
25	宜州市职业教育中心	刘三姐歌谣文化传承创新教育基地	建设刘三姐歌谣文化展示厅、刘三姐歌谣文化资源库、刘三姐艺术雕刻工作坊，进行课程建设，刘三姐歌谣文化培训与推广，师资建设等	110	第二批
26	南丹县职业教育中心	民族艺术（民族歌舞）创新与传承基地	购买民族歌舞项目表演专用服装及乐器，完善民族歌舞文化展厅建设，制作视频，建设校园文化，建设民族项目拓展学生团队，师资培训，完善民族歌舞培训手册等	100	第二批
27	来宾职业教育中心学校	民族服饰（壮锦）文化传承创新职业教育基地	建设壮锦文化展示室及民族技艺体验式环境，扩建壮锦传承工作坊并配套设备，扩建民族文化（壮锦）创新设计制作综合实训室，构建数字化资源网络平台，开发校本教材，师资培训，校企研发壮锦新产品，建设学生社团，社会培训、宣传推广等	100	第二批
28	广西纺织工业学校	广西仫佬族马尾绣技艺传承创新基地	建设谢秀荣大师马尾绣技艺传承创新工作室、马尾绣文化展示橱窗，建设学生社团，开发《广西仫佬族马尾绣技艺》课程，校企合作，研发马尾绣文创产品，建设师资团队，与广西民族博物馆、南宁妇女儿童活动中心合作宣传推广，参与制订《仫佬族服饰标准》，采购设备材料等	200	第三批

续表

序号	学校	项　目	建设内容	自治区财政资金/万元	批次
29	宾阳县职业技术学校	炮龙文化传承创新职业教育基地	建设炮龙文化社团，建设炮龙文化展示厅、炮龙制作实训室、炮龙传承大师工作室，建设课程体系，培训师资，社会服务等	200	第三批
30	巴马民族师范学校（河池巴马国际养生旅游学校）	民族艺术（东巴凤铜鼓艺术）文化传承创新职业教育基地	建设铜鼓文化艺术展示厅、铜鼓艺术演艺厅、铜鼓文化艺术大师工作坊，开发课程，组建"东巴凤铜鼓艺术"社团，建设资源库，编撰校本教材，校企合作，铜鼓产品研发，大型铜鼓雕塑的制作，培训师资，聘请传承导师等	200	第三批
31	广西正久职业学校	民族工艺（荔枝根雕）传承创新职业教育基地	建设"甘高混"大师工作室、荔枝根雕工艺实训室、荔枝根雕文化馆、荔枝根雕网络宣传及销售实训室，建设课程体系，开发教材，校企合作，项目研发，师资培训，建设校园文化等	200	第三批

资料来源：根据调研资料及广西教育厅相关文件整理。

2018年11月，广西教育厅组织对第一、二批广西民族文化传承创新职业教育基地进行了项目验收，并对第三批基地也进行了中期检查。经过二至三年的建设，第一、二批的27个基地总体上取得了丰硕的建设成果，都基本做到了"个个有"：一是有民族文化展示中心（馆、室）；二是有民族文化传承实训室（或工作坊）；三是聘请民族文化技艺大师或非物质文化遗产传承人；四是有宣传与培训手册；五是有民族文化或手工艺相关的社会培训；六是有民族文化课程或手工艺传承活动；七是有民族文化传承的宣传视频。广西民族文化传承创新职业教育基地在推动职业教育传承与创新民族文化方面作了有益探索，具有先行先试的探索意义和示范价值，所积累的经验将为全广西乃至全国的职业教育开展民族文化传承与创新工作提供启示与借鉴。

(三) 自治区民族文化教育示范学校建设工程

在广西"十三五"时期的六大民族教育工程中，就把民族文化教育示范学校建设工程列入其中。2014年，广西启动"百所民族文化教育示范学校"创建工作，力求将民族民间优秀文化引进中小学教育，力求通过学校的示范建设、项目课题、活动开展、区域辐射来对民族文化进行开发、保护、传承和创新。2016年，审批通过第一批38所学校的验收，在第一批民族文化示范校的引领下，形成弘扬和传承民族文化的氛围，发挥示范作用，带动当地更多的中小学民族文化特色办学。2018年，自治区继续开展第二批52所民族文化示范校创建，通过已建成和在建的示范校，旨在五个方面推进学校特色建设，推动民族文化发展。

自治区民族文化示范校建设主要包括以下任务。

第一，将周边的民族文化纳入本市、县的发展规划中，借助学校已有的教学环境，在政策、项目、投入等方面给予倾斜，为学校民族文化教育建设奠定物质保障，提供支撑和引领，每年向建设学校提供20万专款，用于学校民族文化建设。

第二，在基础建设上加强民族文化育人氛围建设，突出民族文化元素、民族文化环境建设，建设如民族文化园区、民族文化长廊、民族文化展览厅、民族文化博物馆等，为学校添置与建设相关的设施设备、器材用具等，为民族文化特色学校营造良好的育人环境。

第三，示范学校充分挖掘和利用本地民族文化教育资源，将包括民族音乐、民族服饰、民族饮食、民族体育、民族节庆、民族文化教育基地等物质文化与非物质文化结合起来，将专业设置、课程改革、教材开发、师资培育一系列融入到校本建设。民族地区本身所具有的地域性、服务性、教育性、广泛性等特征，使得社区教育成为民族文化的重要阵地，而示范学校多位于民族聚集地区，学生可以早晚或周末回归家庭、或长期浸润在社区教育中，更能主动、自觉参与文化传播。

第四,广泛开展民族文化系列教育活动,开展优秀民族文化金校园,当地民歌、民间舞蹈、民族传统体育金课堂活动。充分利用班级文化课、团队活动、专题讲座、墙报板报、活动课等载体,通过组织民歌对唱、民族舞蹈表演、民族知识竞赛、民族传统体育运动、民族绘画及手工等群众喜闻乐见的活动方式,推动学校民族文化教育也特色、出亮点、上水平、创品牌,变碎片化的活动与普通课程和选修活动为双线条的教育活动体系。

第五,促进本土化师资培养,推动学校民族文化科研发展。当地民族文化专家、传承人,民间艺人、歌王舞王,有丰富的资源,精湛的技艺。学校通过"走出去,请进来"的方式:一方面请外聘老师进来,教好的民族技艺,讲好的民族故事;另一方面,学校教师走出院校,到民间去学习民族文化,回校后再传授给学生。

不足的是,在前两批共 90 所立项的自治区民族文化示范校中,仅有贺州市的钟山县职业技术学校一所职业学校被纳入立项范围。今后该项目上还需加大对职业教育的支持力度。

三、搭建平台,展示成果

(一) 成果展示的平台

为弘扬劳动光荣、技能宝贵、创造伟大的时代风尚,充分展示职业教育改革发展的成果和做法,扩大职业教育的影响力和吸引力,2015 年以来,国家教育部已经连续 4 年部署涵盖国、省、市、校四个层次的"职业教育活动周"活动。

2015—2018 年,广西的"职业教育活动周"活动的主题分别确定为"支撑中国制造,成就出彩人生""弘扬工匠精神,打造技能强国""共筑职教梦,喜迎十九大"及"十年职教大发展,产教融合育工匠",启动仪式分别在广西金融职业技术学院、广西机电职业技术学院、柳州国际会展中心、北部湾职业技术学校隆重举行。每年的广西职业教育活动周,都精心布置了技术技能展示、职教风采展演、创新创业展示和互动体验等活动,不论在其中哪项活动,"民族文化传承与创新"都是不可或缺的内容。职业院校师生和民族文化传承人们在职业教育活动周上充分展示了广西职业教育科技创新、创业成果、民族文化手工艺和专业技能,展示职业教育学生才艺,宣传职教故事。

(二) 对外交流的平台

从2012年起,由国家教育部和广西壮族自治区人民政府共同主办,广西教育厅承办的中国—东盟职业教育联展暨论坛,每两年在南宁举办一届,已成为"中国—东盟博览会"的固定的子论坛活动,成为展示广西民族职教建设丰富成果和民族优秀传统文化的重要平台。在每年联展的广西展区,职业教育"服务民族文化传承"板块都是一道特别靓丽的风景线,具有广西特色的民族服装与服饰、民族工艺等教学成果,成为越南、柬埔寨、老挝等东盟十国职教同行和新闻媒体关注和青睐的焦点。

第二节 行业(企业)组织的积极作用

一、民族技艺行指委

为推动职业院校与民族文化企事业产教融合向纵深发展,2016年初,受教育厅委托,由广西区民族宗教委员会牵头组建和管理,成立了广西民族技艺行业职业教育教学指导委员会。民族技艺行指委委员是由民族技艺企事业单位、民族技艺大师、专家以及职业院校院(校)长等人员组成的专家组织,承担对广西民族技艺行业职业教育教学工作进行研究、咨询、指导、服务和质量监控的任务。设在南宁职业技术学院的秘书处,是民族技艺行指委常设办事机构,负责处理行指委的日常事务。自2016年成立以来,行指委发挥了积极的作用。

(一) 为校企合作"做媒"

民族技艺行指委积极搭建校企合作、产教融合的平台,通过多场活动的举办，为职业院校与企业的交流合作牵线搭桥，成功推动中国工艺美术谭湘光大师工作室等50多个民族技艺大师工作室落户广西的职业院校，促进"产学研创一体化"，2016年"实现直接经济效益300多万。"①

(二) 开展人才需求调研

民族技艺行指委于2016年9月至2017年1月，通过走访调查、问卷调查、电话调查、网络资源搜集等方式，对广西民族技艺行业、企业的发展情况和人才需求情况，广西职业院校民族技艺人才培养情况进行调研，形成《广西民族技艺行业人才需求报告（2016—2020年）》，为广西民族技艺职业教育进一步调整专业结构、课程结构、能力结构、素质结构等提出了建设性意见建议，对广西民族技艺行业、企业的发展与决策具有较高的参考价值。该调研报告已经通过相关部门审核，正式向社会发布。

(三) 指导基地项目建设

受广西教育厅委托，民族技艺行指委组织专家对广西民族文化传承职业教育基地项目进行立项评审、中期检查和验收评审，并在42所民族文化传承职业教育基地的建设过程进行指导，积极帮助基地学校解决建设中遇到的问题，以确保按期完成建设任务。

(四) 指导学校教学改革

民族技艺行指委通过重点项目实施，带动广西职业院校民族技艺类专业建设、课程建设、教材建设等，提高民族技艺类专业建设的内涵和人才培养质量，为广西文化产业发展提供更有力的人才支撑。

民族技艺行指委员于2017年9月批准了18项民族技艺职业教育科研立项（其中中职学校申报的项目11项，每个项目获得5 000元的资助，见表4-3）和12项民族技艺职业教育教材立项（其中，中职

---

① 根据广西民族技艺行业职业教育教学指导委员会2016年度工作总结。

学校申报的项目9项,每个项目获得1.2万元的资助,见表4-4),推动广西民族技艺职业教育在科研、教改方面的发展。

表4-3 2017年广西民族技艺行业职业教育教学指导委员会科研申报立项名单(中职部分)

序号	项目名称	项目负责人	申报院校
1	南丹白裤瑶族歌舞文化在县级中职学校的文化保护与传承	柏世昌	南丹县职业教育中心
2	壮族地区职业学校与刘三姐歌谣文化传承和发展研究	韦月姝	宜州市职业教育中心
3	广西杨美古镇建筑空间格局与建筑形态的研究	王其锋	广西理工职业技术学校
4	基于职业教育有效开展广西侗族建筑文化传承的研究	卢志豪	广西理工职业技术学校
5	依托中医专业的壮医人才培养模式研究与实践	秦生发	广西中医学校
6	壮族地区职业教育壮族文化传承研究与实践——以广西民族中等专业学校为例	潘列英	广西民族中等专业学校
7	广西壮族民族民间技艺的传承策略——以龙州"壮族天琴弹唱"为例	兰洁	广西民族中等专业学校
8	角雕民族技艺人才培养模式研究与实践	李珍	广西民族中等专业学校
9	少数民族地区中职学校铜鼓山歌文化传承的研究与实践	覃小兵	巴马师范学校
10	六堡茶文化的传承、保护和利用的研究	于春燕	苍梧县中等专业学校
11	职业院校民族织锦技艺人才培养模式研究与实践	韦必泉	来宾职业教育中心学校

资料来源:根据广西民族技艺行业职业教育教学指导委员会相关文件整理。①

---

① 广西民族技艺行业职业教育教学指导委员会. 关于科研立项及教材立项的通知[Z]. 2017-09-15.

表4-4 2017年广西民族技艺行业职业教育教学指导委员会教材申报立项名单（中职部分）

序号	项目名称	项目负责人	申报院校
1	美丽南方 侗情如歌	姚 亮	河池职业教育中心学校
2	广西地方戏曲概论	何荣任	广西艺术学校
3	广西少数民族特色建筑的营造技艺	陈 良	广西理工职业技术学校
4	广西少数民族织锦图案赏析	冯 森	广西艺术学校
5	民族传统体育教材——独轮车	李 娜	广西民族中等专业学校
6	铜鼓文化与铜鼓演奏	覃 波	巴马民族师范学校
7	六堡茶的种植与传统制作工艺	于春燕	苍梧县中等专业学校
8	壮锦制作工艺	韦婷婷	来宾职业教育中心
9	侗族大歌	胡庆玲	张艺谋漓江艺术学校

资料来源：根据广西民族技艺行业职业教育教学指导委员会相关文件整理。①

（五）培育民族技艺名师

2018年10月，民族技艺行指委确定8个民族技艺名师工作室建设项目予以立项，每一个建设项目予以资金支持25 000元。其中中职学校的民族技艺名师工作室有6个，分别为：广西理工职业技术学校伍忠庆的民族掐丝技艺名师工作室，北部湾职业技术学校曾宵令的坭兴陶技艺名师工作室，柳州市第二职业技术学校陈美娟的侗族服饰民族技艺名师工作室，北海市中等职业技术学校许承斌的贝雕技艺名师工作室，苍梧县中等专业学校于春燕的六堡茶制作民族技艺名师工作室，广西中医学校秦生发的瑶族医药保健综合技艺名师工作室。

（六）展示职教改革成果

受广西教育厅委托，民族技艺行指委多次承担了中国—东盟职业教育联展暨论坛、广西职业教育活动周的重大活动的民族文化传承创

---

① 广西民族技艺行业职业教育教学指导委员会. 关于科研立项及教材立项的通知[Z]. 2017-09-15.

新展示区的展区布置、作品评选等工作，展示了广西职业教育推进民族文化创新的系列成果。

二、民族文化企业

校企合作"校热企不热"，是困扰职业教育发展的老大难问题。但在广西民族文化职业教育中，还是活跃着不少热心参与职业教育的民族文化企业。

案例

（1）谭湘光。中国工艺美术大师、织锦技艺传承人、宾阳"湘光织锦工作坊"负责人谭湘光，发挥行业优势与社会影响，主动与广西纺织工业学校、南宁市第四职业技术学校、南宁职业技术学院等职业院校合作，建立"集教学、研发、生产于一体"的谭湘光大师工作室，实施现代学徒制培训，在培养织锦技艺技能人才和产业合作研发等方面，都取得了丰硕的成果。

（2）老木棉投资有限公司。老木棉投资有限公司提出"传承民族文化、守住工匠精神"的企业使命，打造以"传统与时尚的对话"为主题的"美丽南方·老木棉匠园"。老木棉匠园的匠人街汇聚了金属工艺、木雕、竹雕、漆艺、蜡染、陶艺、烟斗、雕塑造型、吉他、皮艺等纯手工匠人工坊，以及中国非遗技艺。企业与广西工艺美术研究所及职业院校合作，试图将老木棉匠园建设成为兼具民族文化旅游和民族技艺培训的品牌。

第五章 广西中等职业学校传承民族文化的探索与实践

第一节 主要做法

在政府的主导下，广西中等职业学校勇于承担民族文化传承与创新的重要使命，结合区域经济及自身办学特色，在专业设置、课程开发、师资建设、校园文化建设、校企合作等方面创新人才培养模式，在民族文化传承方面取得了一些宝贵经验。

一、开设民族文化类专业

民族文化类专业包括民族表演艺术、民族美术、民族服装与服饰、民族民居装饰、民族传统技艺、少数民族古籍修复、少数民族语言文化等。广西传统民族文化资源丰富，表演类有以《刘三姐》为代表的桂剧，以《羊角长鼓舞》《门咪歌》《蝴蝶歌》为代表的瑶族歌舞；民族传统工艺美术有以北海为代表的贝雕和以钦州为代表的坭兴陶；民族服装与服饰类有壮族服装与刺绣、瑶族服装与刺绣等；民族民居装饰类的有柳州侗族建筑等；民族传统技艺类的有壮锦、壮医、螺蛳粉加工技艺等；少数民族古籍修复类以壮族古籍、广西民间歌书为代表等，少数民族语言文化类以汉语方言包括粤语（白话）、西南官话（桂柳话）、客家语（俗称涯话、新民话、麽个话等）、平话、桂北湘方言、闽语等6种为代表。这些资源优势为中职学校培养服务地方社会发展需要的民族文化技艺人才提供了广阔舞台（表5-1）。在人才培养过程中，广西充分依托和利用这些地方资源，既有利于学生了解地方资源情况，又有利于适应地方经济发展和文化建设需要。

表5-1 广西中等职业教育开设民族类专业布点汇总表（截至2019年5月）

单位：个

专业大类	专业代码	专业名称	专业点数	南宁	柳州	桂林	梧州	北海	防港	钦州	贵港	玉林	百色	贺州	河池	来宾	崇左
轻纺食品类	071200	民族风味食品加工制作	2		1		1										
医药卫生类	101200	中医护理	1							1							
	101300	中 医	3	1								1	1				
	101700	中医康复保健	6	3				1					1		1		
	101800	中 药	4	2						1				1			
文化艺术类	141000	戏曲表演	3	2		1											
	141300	杂技与魔术表演	2	1		1											
	141400	木偶与皮影表演及制作	1	1													
	142000	工艺美术	21	6	3	4	1	1			4	1		1			
	142700	珠宝玉石加工与营销	3			1		1					1				
	142800	民间传统工艺	2		1												1
	142900	民族音乐与舞蹈	9	2		1					2		2		2		
	143200	民族服装与服饰	3	2									1				
	143500	民族工艺品制作	5	2		1	1			1							
	143945	陶瓷工艺技术应用	1				1										
教育类	160345	壮汉双语教育	1	1													
		合计/个	67	23	4	9	3	4	0	3	6	2	7	1	2	2	1

注：本表数据根据广西教育厅历年专业专业备案文件整理。

中等职业学校开设民族文化类专业，必须主动对接区域民族特色产业、文化产业发展需求，考虑到区域潜在生源基础，本区域的学生经过从小的耳濡目染，对民族文化有一定的认识，继而转化为学习的动机。① 广西民族分布较散，在进行专业设置时，由教育主管部门统一调配，优化专业设置，形成专业优势，学校要根据自身办学定位和文化产业发展趋势，在加强学科建设的同时，推动专业建设，适应社会发展，着力培养特色专业，或在学校原有的学科优势支撑下，强化新专业的特色培育，形成强势大专业。

近几年，广西的中等职业教育对优化专业布局、加强专业建设具有很好的参考价值，认定了广西首批17所中职学校为民族文化技术技能人才培养基地（表5-2），强化民族工艺、民族服饰、民族餐饮、民族医疗等方面的人才培养。这17个基地学校紧密结合区域民族特色产业发展需求，调整本校专业设置，优化专业结构和布局。从师资培养培训、业务指导等方面予以重点扶持，推动民族文化技艺传承与职业教育改革发展的有机对接。面向本地特色产业和民族文化艺术的相关专业，提高民族文化技术技能人才培养培训质量，充分发挥传承民族文化的示范作用。

表5-2　广西首批17所民族文化技能人才培养基地开设专业统计表

序号	学　　校	专业名称
1	广西理工职业技术学校	民族工艺（建筑）
2	广西艺术学校	民族艺术（彩调剧）
3	广西中医药大学附设中医学校	民族医疗（壮医药）
4	广西银行学校	蜡染技术
5	广西华侨学校	民族动漫
6	广西纺织工业学校	服装设计与工艺（民族服饰）
7	广西商业高级技工学校	民族餐饮
8	广西民族中等民族专业学校	民族工艺（蜡染技术）

---

① 蒋汉松，刘永福. 在职业教育中促进广西民族文化传承与创新的思考 [J]. 美术界，2015 (6).

续表

序号	学　　校	专业名称
9	张艺谋漓江艺术学校	民族艺术（侗族大歌与天琴）
10	河池市职业教育中心	服装设计与工艺（民族服饰）
11	靖西市中等职业技术学校	民族工艺（绣球）
12	北部湾职业技术学校	民族工艺（泥兴陶）
13	北海市中等职业技术学校	民族工艺（南珠贝雕）
14	梧州市第二职业中等专业学校	民族工艺（宝石加工）
15	凌云县职业技术学校	民族艺术（蓝靛瑶长号）
16	苍梧县中等专业学校	民族工艺（六堡茶）

广西民族特色浓郁，当地群众创造了壮文、壮医药、绣球、蜡染、木雕、民族餐饮、坭兴陶、南珠贝雕、侗族大歌、天琴、彩调剧等丰富多彩的民间艺术和技艺。比如广西银行学校，其民族工艺代表是蜡染技术专业。相继建立了壮族"中华巧女"黄肖琴、朱素品绣球工作室，苗族蜡染扎染实训室、瑶族油茶实训室；与靖西旧州壮族绣球代表性传承人合作开发了《民族工艺制作》课程，传授壮族绣球制作基本方法；另外，与苗族、白族的民间艺人合作开发的蜡染、扎染课程内容也在积极进行中。又比如，河池市职业教育中心学校重点培养的是传承河池特色民族服饰文化的技能型人才。该校专门成立了民族文化艺术教学部，依托"服装设计与工艺"和"学前教育"两个专业，开设少数民族文化及民族民间手工艺术课程，加大培养民族文化技术技能人才的力度。根据民间刺绣手工技艺，学生创作的马尾绣和"民族娃娃"等系列作品参加了区内外各类比赛，且已被河池市非物质文化遗产展示中心收藏展出。

广西中职学校进一步增强社会适应性与责任感，在原有专业建设的基础上，把握民族文化产业发展趋势，确定学校的专业定位。一方面，以加强基础、拓宽口径为指向改造传统专业，增强了传统专业的社会适应性；另一方面，利用已有专业优势，打造强势专业，形成了较强的专业特色优势。例如，2011年，广西纺织工业学校开设民族服装与服饰专业，为了更多更好地获取行业、企业对中职民族服装与服饰专业人才的需求情况，学校服装专业教师对广西本地区内的民族服装服饰行业、企业、工作室进行大量的调研，了解广西民族服装服饰行业、企业的发展现状，以及对人才需求的信息。通过调研，准确定位出学校民族服装服饰专业人才培养方向，确保本专业培养的技能人才符合广西区域经济社会发展要求和行业企业用人需求。又如，2014年，广西艺术学校民族艺术专业彩调剧等地方戏曲恢复招生。再如，在17所民族文化技能人才培养基地中，广西中医药大学附设中医学校是一所老牌学校，中医专业是它的示范专业，现在中医专业中开展"壮医药线点灸"等壮医特色技能的实训教学，购买壮医诊疗操作器具，如壮医药线、壮医药酒、壮医药书籍和教材等，培育弘扬壮医药文化的土壤，受到学生的欢迎。其他学校也纷纷利用已有的专业优势和区域民族文化结合起来，开设民族艺术、文化、工业艺专业，使专业设置更加合理，专业布局更加优化。

二、建设民族文化课程

2013年，教育部、文化部、国家民委《关于推进职业院校民族文化传承与创新工作的意见》（教职成〔2013〕2号）中明确提出："推进职业院校民族文化传承与创新是发挥职业教育基础性作用，发展壮大中华文化的基本要求。文化是民族的血脉，是人民的精神家园。优秀民族文化是我国各民族共有的精神财富。职业教育作为国民教育的重要组成部分，是民族文化传承创新的重要载体。推进职业院校民族文化传承与创新，有利于促进教育思想和教育观念的转变，提高职业院校学生的文化品位、审美情趣、人文素养和技术技能。对于发挥职业教育在文化育人和文化传承创新中的基础作用，将民族文化的传承和发展融入国民教育，不断增强广大师生员工的文化自觉和文化自信，建设优秀传统文化传承体系，弘扬中华优秀传统文化具有重要意义。"

建设民族文化课程，讲究地方性、民族性、可延续性，讲究基本功的训练、创新能力的培养，讲究落地生根。广西少数民族众多，具有显著的区域特征，各地都蕴藏有丰富的民族文化资源，它们是构成课程的潜在材质。

第一，推行学校传承模式的课程体系。近年来，虽然各地十分重视民族技艺在社会经济发展中的作用，加强了民族技艺人才队伍建设，但是各民族传统技艺的传授，传统上主要靠家传（父子）、师传（学徒）关系，口传面授，没有形成有效规模的民族技艺人才培养模式。民族文化进校园以来，要形成符合规范、系统、科学的教学体系，必须推进学校传承模式的改革。要组织工艺大师、文化传承人、教育专家、企业骨干等组成课程开发小组，将民族文化、民间技艺、非物质文化遗产等按教学及认知规律进行收集、整理，共同改革工艺流程，创新工艺技术，利用模块化、流程化等方式，运用录像视频、三维扫描、三维建模、三维打印、虚拟现实等手段，建立民族文化传承的微课、MOOC和网络课程，校企合作开发特色课程、精品课程，共同编写校本教材和特色教材。① 实现学校传承的系统化教学。

第二，对应民族技艺产业划分，细化专业课程（表5-3）。民族技艺产业可以分为三类：一是生产与销售以相对独立的物态形式呈现的民族技艺产品的行业，如生产与销售民族工艺品等行业；二是以劳务形式出现的民族技艺服务行业，如民族舞蹈演出等；三是向其他商品和行业提供民族文化附加值的行业，如装潢、装饰、民族文化旅游等。这三类产业发展需要大批专业人才，这对学校培养对民族技艺人才提出了新要求。

表5-3 民族技艺特色课程

学　　校	民族品牌、特色课程
广西中医学校	《壮医药线点灸》《壮医药文化及特色技能》
广西民族中等专业学校	《民族手工蜡染技术》《广西壮族民间风俗歌舞》《角雕工艺》
广西纺织工业学校	《壮锦文化》《壮锦织造技艺》《壮锦产品营销》《壮锦纹样面料设计》《壮锦面料打样》《壮锦产品制作》《民族印染技艺》

---

① 蒋汉松，刘永福. 在职业教育中促进广西民族文化传承与创新的思考［J］. 美术界，2015（06）：73.

续表

学　校	民族品牌、特色课程
广西华侨学校	《东盟特色美食制作》《民族传统体育》
钟山县职业技术学校	《羊角长鼓舞》《门唻歌》
河池市职业教育中心学校	《感悟八桂文化》《广西少数民族服饰》《民族民间手工艺》《广西少数民族非物质文化遗产》
北海市中等职业技术学校	《贝雕工艺》
横县职业教育中心	《茶叶生产与加工》《茉莉花手工艺制品》
南宁市第四职业技术学校	《服装设计与工艺》《广西壮锦技艺》
柳州市第二职业技术学校	《广西少数民族服饰制作》
梧州市第二职业中等专业学校	《民族工艺品设计与制作》

第三，贴近民族特色产业、文化产业岗位实际工作过程，更新课程内容，调整课程结构。立足于"服务地方"，以市场需求为导向，明确人才培养目标。在课程内容上，构建以培养应用技术技能为主线的课程体系，根据民族技艺不同岗位工作任务特点及职业成长规律，对于课程内容选取，要做到专业性、实用性和课程培养目标相结合，根据工作过程、职业能力分析，确定课程目标和课程内容。课程内容符合中职学生学习特点和兴趣，遵循职业能力培养的基本规律，任务设计符合由易到难，教学方法按照工作过程的"咨询、决策、计划、实施、检查、评价"六步法实施教学。根据技法变换、产品升级的任务设置以及产品制作过程采取案例教学法、项目教学法、模块教学法、演示教学法、任务驱动法、微观教学法因材施教，发挥学生在学习过程中的主体作用。

第四，以项目化课程改革为基础，编制地方特色教材。体现"必须"和"够用"原则，建设以专业核心课程和特色的校本教材。首先，夯实基础文化课，职业教育在发展中过多强化了自己的职业特色，急功近利，过于注重应用型、技能型、实用型人才的培养，重技能轻德育，重教书轻育人。在教学中，除了深挖教材中相关的本民族历史、人文传统元素等内容外,更要适量补充广西本土民族特有的民间民俗文化艺术知识。"了解自己民族发生发展的历史、了解在辈辈相续薪火传递中劳动创造出来的文明,才能培养学生热爱生活、热爱自己民族的情感,才能更好地激发他们自觉学好专业技艺,自觉地保护和传承本民族的文化艺术。"① 其次,强化民族技艺专业特色,编写实用校本教材。虽然,目前市场上出版的各版本教材良莠不齐,但是适合专业使用的并不多。而非物质文化遗产口传身授的传承特点也很不利于长久地保存和广泛地传播。因此,根据自己民族的特点,结合自己学校的实际情况,编写一套能兼顾民族民间文化地域特征和学校办学个性、专业特征,教师用起来顺手的教材,是十分必要的。用校本教材上课,教师乐教、学生乐学,在教学中让学生领略到本土民族文化艺术迷人的魅力。

以表5-4为例,职业学校民族文化课程可以进行基于工作过程的项目化处理。

表5-4 广西纺织工业学校《民族印染技艺》项目化课程简表②

排序	工作（学习）任务	知识内容及要求	技能内容及要求
项目一 民族印染概论	（1）扎染发展历史认识； （2）蜡染发展历史认识	了解民族印染发展历史及现状,产品风格特点	
项目二 扎染作品制作	（1）扎染工具与材料认识； （2）扎结基本技法练习； （3）染色技法练习； （4）扎染小提包制作； （5）扎染方巾制作； （6）扎染T恤制作； （7）民族图案扎染作品制作	能识记扎染面料、工具材料、常用技法及其扎染效果；常用染料的染色方法；能描述浸染常用技法及其效果特点；能查阅资料进行扎染小提包、方巾、T恤衫的图案设计	会选用适合面料和染料；会使用扎染工具和材料；会运用扎染基本技法进行点、线、面图案的扎制；会运用浸染常用技法染制扎染产品

---

① 符蓉. 浅谈广西民族民俗文化的保护、传承与艺术职业教育的有机结合与良性互动 [J]. 广西教育学院学报,2012（05）：31-33.

② 潘荫缝. 基于工作过程导向的中职民族印染技艺课程开发探索 [J]. 价值工程,2014（12）：252-254.

续表

排序	工作（学习）任务	知识内容及要求	技能内容及要求
项目三 蜡染作品制作	（1）蜡染工具与材料认识； （2）蜡染设计与制作； （3）蜡染小工艺品制作	能识记蜡染的工具、材料和基本技法；能描述蜡染制作的工艺流程、基本技法的染色效果；能查阅资料进行简单蜡染图案设计；能分析蜡染作品的质量	会选择合适的面料和染料；会使用蜡染工具进行涂蜡；会运用蜡染技法进行图案制作；会染色和脱蜡操作
项目四 数码印花仿蜡染作品制作	（1）数码印花仿蜡染制作； （2）数码印花与扎染蜡染技艺综合运用制作作品	能讲述数码印花设计软件的特点、数码印花仿蜡染的工作过程；能评价仿蜡染作品的质量	会使用电脑分色软件进行仿蜡染基本图案的设计、处理；会操作数码印花机印制仿蜡染产品。

广西各中等职业学校，充分结合专业特性及地缘优势，积极探索专业人才的培养途径。在项目化课程教学模式的改革实施中，按照民族文化设计行业、企业职业岗位需求。在教、学、做的过程中，围绕校内不同专项设计工作室开展教学，通过典型案例，分不同单元具体实施项目任务，将课程必须掌握的知识、技能融会到专题设计项目中，实现知识与技能一体化，以设计项目驱动的方式提高学生学习的主动性和积极性，直至学生顶岗实习阶段，完成对学生各项专业技能的培养，职业素质、职业技能、职业态度等能力获得系统提升，达到学生设计制作成果向成品、产品、商品的转化。做到课程教学体系与实际制作生产工艺相吻合，使学生各项能力得以显著提高。

通过对课程体系的优化及教学内容的项目化改造、定型产品的项目教学实施，学生在校期间能够进入准职业化设计工作室环境，完成相应的产品设计制作任务。同时，结合项目化课程教材，开发优秀作品（表5–5）。

表5–5 广西中等职业学校教师编写民族文化教材统计表

学　校	民族文化教材
广西理工职业技术学校	《古建筑构造实训任务书》《壮乡掐丝工艺品制作》《民族服饰工艺制作》《民族音乐赏析》《景泰蓝工艺品设计与制作》

续表

学　校	民族文化教材
广西中医学校	《壮医药线点灸疗法》《中医药膳传统技艺》《中药炮制技术》《中医护理基础》《中医护理学》《中医临床护理学》《中医基础理论》《中医护理学基础》
广西民族中等专业学校	《民间手工蜡染艺术》《广西民族民间歌曲精粹》《广西少数民族传统体育选编》《广西民族民间舞蹈精粹》《角雕艺术设计与制作工艺》
广西纺织工业学校	《民族服饰品设计与制作》《民族印染技艺》
北海市中等职业技术学校	《贝雕技法入门》《南珠系列工艺品营销与管理》《贝雕工艺手册》
北部湾职业技术学校	《坭兴陶拉坯成型基础》《坭兴陶雕刻技法入门》《坭兴陶艺简史》《坭兴陶艺设计》《坭兴陶堆雕技法入门》《坭兴陶模具制作基础》《坭兴陶山水雕刻技法入门》《坭兴陶茶壶附件装接技法入门》《坭兴陶拉坯成型——茶叶罐》
南宁市第一职业技术学校	《南宁地方特色小吃》
南宁市第四职业技术学校	《民族手工饰品设计与制作》
柳州市第二职业技术学校	《侗族图案基础》《侗族图案应用设计》《侗族服饰款式设计》
来宾职业技术学校	《壮锦制作工艺》
藤县中等专业学校	《藤县舞狮技艺基础》
苍梧县中等专业学校	《六堡韵·中国红》《中国茶文化——六堡茶篇》
恭城瑶族自治县民族职业教育中心	《恭城油茶》（校本教材）、《花城油茶》（社会培训资料）
钟山县职业技术学校	《瑶族歌舞历史》《瑶族歌曲》《瑶族舞蹈》
靖西职业技术学校	《简明壮医学》《实用壮医学》《壮医诊疗技术》《壮医制剂学》《壮医药验方偏方集锦》《靖西壮医药选编》
富川民族自治县职业技术学校	《瑶绣》
河池市宜州区职业教育中心	《传承创新刘三姐歌谣》《歌海传情　缤纷职校——刘三姐歌谣文化传承创新基地活动剪影》《刘三姐歌谣文化——传承创新山歌选编》
广西正久职业学校	《木雕美术基础》
张艺谋漓江艺术学校	《〈印象·刘三姐〉演出实训》《原生态侗族大歌》《壮族天琴》《中国民族民间风格舞》《中国民族民间舞特色》《中国民族民间风格舞剧目》

第五，建立民族文化教学资源库（表5-6）。教学资源是支撑课程教学的重要条件，包括素材采集、碎片化音视频整理、专题化课程、结构化设计。其中，资源素材采集要具有地域性、代表性、可操作性与现实价值。资源库建设应该长期的、渐进式的，资源库平台可以是面向教师的服务平台（教学功能设计）、面向学生的自主学习平台（学习路径设计），也可以是面向其他学习者的有偿服务平台（电子商务设计），还可以是跨领域提供应用服务的平台。

民族文化不仅是一个专业，更是一个繁杂的领域，它需要数据的标准化收集，资源的碎片化整理，专题的微型化表现，知识的模块化展示，课程的结构化设计。目前，很多学校已建立专业间的关联互动，建设任务与课程融合、与师生创作融合、与教师科研融合、与学生社会实践融合、与技艺大师创作融合，建立民族文化教学资源库，分为面向学习者的数字化、网络化的学习平台；以传统技艺、创意为核心的专业课程；以技术服务如影像、出版、动漫设计等为主的课程。因民族文化传承创新是长期的、渐进式的，目前，还需政府、企业、行业的持续支持，还有学校与之对应的双向互动，协同发展。

表5-6 教学资源库统计表

学　　校	视频（音频）资源
广西中医学校	《密闭式静脉输液法》模拟教学、《老年护理技术操作教材》光盘
广西民族中等专业学校	《民间手工蜡染艺术》视频
广西纺织工业学校	《绣球花扎染技艺》《民族织绣染技艺》
广西华侨学校	《三月三》VR、《海上丝路之铜鼓魂》《民族传统体育》
钟山县职业技术学校	《羊角长鼓舞》视频、《羊角长鼓操》视频、《门唻歌》音视频、《瑶族歌曲》音频
南丹职教中心	《民族歌舞》视频
南宁市第四职业技术学校	《服装设计与工艺》《民族手工饰品设计与制作》

案例

广西纺织工业学校于 2011 年开设民族服装与服饰专业。专业教师在对广西本地区内的民族服装服饰行业、企业、工作室进行大量调研的前提下,把握广西民族服装服饰行业、企业的发展现状,以及对人才需求的信息,做出民族服装服饰专业人才培养方向定位。2012—2014 年,学校从课程体系构建、课程设置、教学模式、教学方法和手段上作了一系列的应用尝试,这对把握本地区民族服装服饰专业人才的培养方向,确保本专业培养的技能人才符合广西区域经济社会发展要求和行业企业用人需求,对广西少数民族传统服饰民间技艺的保护和传承都具有重要的意义。

(1) 专业建设目标是开发 7 门具有地方民族特色的织、绣、染服饰课程,编写一本有关民族手工设计与制作方面的出版教材,建成一个民族教学资源库,打造一支民族课程专业教学团队,建成一个与课程配套的集"产、训、研、展、销"5 种功能于一体的服装工作室,挖掘其功能和作用,生产具有地方民族特色的服饰家居产品,将民族织绣染技艺向广西少数民族地区的中小学实施推广,从小培养中、小学生对本地区民族服饰文化的保护和传承的意识,编制一套广西民族服饰地方标准。

(2) 课程的目的是利用染整技术优势为区域民族特色产业服务。

(3) 建设内容是构建传承与创新技艺的课程体系(图 5-1):第一年强调夯实专业基础,横向开发有宽度的专业基础课程和特色课程,基础课程有《民族服饰文化》《民族服饰图案》《民族服饰品设计制作》《服装材料应用》,特色课程有《手工扎染与蜡染》。第二年遵循"模块化"原则,突出就业发展方向,纵向开发有深度的专业岗位课程和拓展课程,岗位课程有:《民族服饰设计》《民族服装制版》《民族服装制作工艺》,拓展课程有:《壮锦织造工艺》《手工编织工艺》《礼服立体造型》;第四个学期突出本地民族服装技艺,设置综合实训课程《毕业设计》,这样将横向宽广的面和纵向深入的面有机地聚合在一起。

(4) 依托校企共建的"服装工作室"进行基础技能实训,实施产训融合的项目式教学模式。

(5) 编写《民族手工饰品设计与制作》区域民族特色的校本教材。

(6) 开发教学资源,打造"服饰文化节"专业品牌。

(7) 课程建设成效是通过渗透本地区民族服饰文化与技艺的课程建设,培养了适应地方经济发展和行业、企业需求的中等技能人才。更多的学生加深了对本地区民族文化的认识和对本地区民族服饰的认同,在本地区就业的数量和质量大有好转,更好地服务于区域经济和产业。①

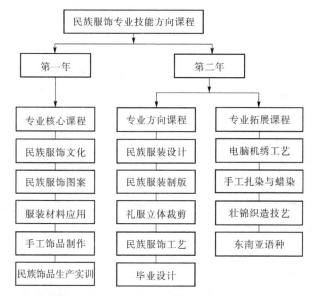

图 5-1 广西纺织工业学校民族服饰专业技能方向课程结构图②

三、打造"双师型"师资队伍

(一) 民族技艺传承大师工作室

1. 建立现代学徒制

现代学徒制和传统学徒制从本质上讲是一致的,都是师傅带徒

---

① 汪薇. 民族地区中职民族服装与服饰专业课程建设实践 [J]. 课题、探索、研讨, 2016 (23).
② 汪薇. 基于地方民族文化的中职民族服装与服饰专业教学改革 [J]. 课程教育研究, 2014 (11): 2-3.

弟，师傅指导徒弟学习技术，关键点在于在"做中学、学中做"。现代学徒制的优势是师傅由专业教师和企业、行业的师傅组成。专业教师的优势在于具备广博的专业知识、熟练的操作技能、组织管理和实施教学的能力，利于学生对手工技艺、工艺制作、文化内涵等理论知识的学习；企业、行业师傅的优势在于他们技艺精湛、爱岗敬业、吃苦耐劳，熟悉该领域的发展态势，实践经验丰富，善于将先进理论转化为实用技术和产品作品，利于学徒的技能培养。现代学徒制下徒弟具有双重身份，既是学生也是学徒。现代学徒制是将传统的学徒培训与现代学校教育思想相结合的一种新型职业教育制度，它以校企合作为基础、以工学结合为核心，学校与企业共同作为培养学生的主体，学生同时拥有学生和企业员工的双重身份，"以学生培养为中心，以工学结合、半工半读为形式"是现代学徒制的鲜明特征。[①]

推行现代学徒制，一是借助行业企业能工巧匠对手工技艺追求的契约精神、卓越精神、创新精神、用户至上的服务精神，对学生进行潜移默化地影响，有助于培养学徒认真负责、爱岗敬业的思想作风和刻苦钻研的学习态度，把正确的职业价值观渗透到学生当中。二是将师傅技术经验开发手工技艺课程，结合传统工艺产品的生产过程、现代行业企业需求的变化以符合学生的真正需求，把技术经验转化成技术理论知识，学生通过理论化、系统化的知识技能学习，更有效地为实际的技艺操作奠定坚实的理论基础。三是将传统的师傅现场指导与现代的信息技术手段相结合，校企共同研发、应用，实现资源共享、文化互通，将统筹共赢的传承成本、高效创新的传承动力，体现在民族工艺技艺传承多元化培养的吸引力及促进民族工艺技艺产业发展的推陈出新的高度（表5-7）。

表5-7 学徒制与现代学徒制的区别与联系

传承模式	传授方式	传授时间	传授地点	关系
学徒制	一对一传授，个别教学	传承周期长，时间不固定	家、作坊	师徒关系
现代学徒制	一对多传授，集体教学	传授时间短，时间固定	学校、企业	师徒关系

---

① 李媛媛，唐锡海，蓝洁. 现代学徒制传承民族工艺探析 [J]. 中国职业技术教育，职业教育与经济社会，2015（33）.

2. 建设大师工作室

缺乏技艺精湛、在民族文化方面有深厚造诣的大师和民间艺人，这是广西的职业学校在民族文化传承教育上的一块短板。广西有一大批国家级、自治区级、市级、县级的文化产业基地，如何让这些大师把精湛的技艺传授出来？广西职业学校探索一条新道路，主动走出去，探索与企业、大师等合作建立"校中厂""厂中校"等，出台措施，鼓励民间艺人、技艺大师、非物质文化遗产传承人参与职业教育教学，采取教师、大师"双向进入"机制等，聘请非物质文化遗产传承人、大师等进驻"校中厂"工作室，担任兼职教师、专业顾问、专业带头人等，派出青年骨干教师进入民族文化企业，担任兼职设计师，并和企业大师共同指导学生学徒等，推行基于工作室的现代学徒制改革，共同培养民族文化传承人，改善职业学校民族文化相关专业"双师型"教师不足的状况，改善教师队伍结构，提升教学质量。[①]

在中职学校，技能大师工作室提供了教师与教师、教师与学生、学校与社会发展的一个平台，技能大师作为技能大师工作室的领衔人，以"传、帮、带"的方式，使教师的专业教学和实训指导水平得以磨炼，使学生的专业技能得到了提高，大师的精湛技艺得到了传承。在"传、帮、带"的具体实施中，除了共同整理、挖掘、创新技艺外，还需帮助青年教师成长；除了传授技能大师的教学经验和精湛的技艺之外，还要引领青年教师共同完成专业建设、课题研究、技术创新等活动，让青年教师在实际工作中，得到全方位的提高。同时，大师还要带领学生学习和实训，指导学生参加技能比赛。通过技能大师对师生的引领和在教学改革中的深度参与，真正将技能大师工作室建设成专业突显、个性彰显、时代性强的工作室，推动专业建设和学校的发展。

技能大师工作室建设的主要做法。在技能大师工作室建设过程

---

① 蒋汉松，刘永福. 在职业教育中促进广西民族文化传承与创新的思考 [J]. 美术界，2015（06）：73.

中，广西中等职业学校主要通过整合资源、立足一线、注重传承、交流合作、总结推广等形式推动各项工作室活动，将工作室建设落到实处。一是整合资源，是将工作室相关专业的设备设施、优秀人才调入工作室，形成团队合力，尽量实现各尽其才，有针对性地为不同类型的技术技能人员分配不同的工作任务。二是立足一线，工作室的每项工作都要基于一线需要，开展技术攻关和科技创新活动，以企业行业真实的项目任务、生产问题为课程内容，以"干中学""教学做"一体化为学习方式，以完成实际的项目任务为评价方式，以增强解决实际问题、提升技术创新的能力作为教学目标。① 三是注重传承，要求工作室承担起人才培养的重任，不仅要开展常规教学，还要承担职业技能竞赛选手集训等人才培养任务。四是交流合作，工作室成员要不断学习、不断提升，工作室要加强内、外部交流合作，提升技能人才培养的有效性和针对性。五是总结推广，工作室在人员构成中除了技术技能专家，还可配备"能写会说"的专业技术人员、管理人员负责总结申报相关课题，宣传报道工作室开展的各项活动，让工作室发挥的作用形成影响力，使技能大师工作室的作用最大化（表5-8）。

案例

靖西市职业技术学校开设了绣球、壮锦、壮医药、夹砂陶艺术等课程，聘请"中华巧女""中国民间文化杰出传承人"黄肖琴，"自治区非物质文化遗产项目代表传承人"（壮族织锦技艺）陈晔，靖西市绣球、壮锦第五代传承人李村灵、谷瑞节，广西"壮药王"赵妙元，夹砂陶艺术文化传承人岑永确等6位民间大师为专业教师，满足实训基地教学的需要。

---

① 耿秀秀. 实践共同体：技能大师工作室的另一种解读［J］. 职教通讯，2013（22）.

表5-8 大师工作室统计表

学　　校	工作室	大　师	大师名誉称谓
广西银行学校	黄肖琴大师绣球工作室	黄肖琴、赵金玉	中华巧女
广西纺织工业学校	民族绣织坊创业工作室	谢秀容	仫佬族马尾绣传承人
南宁市第四职业技术学校	谭湘光大师工作室	谭湘光	壮锦传承人、中国织锦工艺大师、中国工艺美术大师
北部湾职业技术学校	李人帡大师工作室、黄明海大师工作室、亚南大师工作室	李人帡、黄明海、亚南	中国工艺美术大师
北海市中等职业技术学校	许承斌大师工作室	许承斌	中国工艺美术家协会理事，广西工艺美术大师
河池市巴马民族师范学校	铜鼓文化艺术大师工作坊	罗明金	民间铜鼓艺术家
富川瑶族自治县职业技术学校	瑶绣大师工作室 绣娘工作坊	李冬梅、李素芳	瑶绣技艺市级传承人、瑶绣第四代传承人
靖西职业技术学校	李村灵大师工作室	李村灵、谷瑞节	壮锦第五代传承人
柳州市第二职业技术学校	韦清花大师工作室 张礼全工艺美术大师工作室	韦清花、张礼全	非遗代表性传承人、工艺美术大师
容县职业中等专业学校	饶彩云大师工作室	饶彩云	玉林市工艺美术大师
防城港市理工职业学校	苏海珍独弦琴艺术传承人才培养工作室	苏海珍	京族独弦琴传承人

（二）专业教师向"双师型"教师转化

中等职业学校开设民族文化类专业，关键在于师资基础。2010年

1月29日,中共中央、国务院发布的《国家中长期教育改革和发展规划纲要(2010—2020年)》明确指出:"加强'双师型'教师队伍和实训基地建设,提升职业教育基础能力。建立健全技能型人才到职业学校从教的制度。"这将职业技术型人才在职业教育中的作用提升到新的高度。"双师型"教师的标准是既具有教书育人,又具有进行职业指导等方面的素质和能力;既具备宽厚的行业、职业基本理论、基础知识,又具有实践能力;既具备较丰富的经济常识、熟悉并深刻领会"人力资本""知识资本"等经济理论,又能树立市场观、质量观、效益观、产业观等经济理论;既能在校园内交往与协调,又能在企业与行业从业人员进行交流和沟通;既具备相当的管理能力,又具备相应的适应能力和创新能力。现代学徒制是中职师资力量的主体,关系到传承传统手工技艺类非物质文化遗产的成功与否,关系到专业教师向"双师型"教师的转化。

如何优化师资结构,提高培养水平?一是鼓励民间艺人、技艺大师、非物质文化遗产传承人参与职业教育教学,聘请非物质文化遗产传承人等担任职业学校兼职教师、专业带头人。选派相关专业的优秀教师到文化企事业单位实践,建立非物质文化遗产传承人"双向进入"机制。二是学校专业教师在已有的专业知识和技能前提下,经过大师工作室培养,向"双师型"教师转化,形成专业带头人。三是专业带头人通过"以老带新"的"传帮带"方式,搭建合理梯次的老中青人才队伍。

广西17个民族文化传承基地中,聘请民间艺人、技艺大师、非物质文化遗产传承人参与职业教育教学是他们的共同点。如钟山县职业技术学校的民族歌舞实训基地,聘请了第五代传承人盘福贵、黄海德、廖才彪担任歌舞和民俗指导专家进行教学;北部湾职业技术学校推进的坭兴陶民族工艺实训基地建设,聘请了李人帡、陆景平、钟毅、黄明海等国家级、自治区级大师承担课程教学工作,传承文化精髓,保证教学质量。凌云县职业技术教育中心通过有组织的多次走访乡村民间艺人,搜集资料,查缺补漏,为挖掘、抢救、保护和传承优秀的民族民间文化营造了浓郁的社会氛围。该校还在学前教育专业教学中安排蓝靛瑶长号、民族手工艺（虎头鞋、特色金鱼帽）教学，加强学生对传统民族器乐、手工艺技能的学习，并定期请蒋光条、邓国勇两位蓝靛瑶长号师傅和民间手工艺人黄美松到校任教（表5-9）。

表5-9 广西民族文化传承实训基地兼职教师
（传承人、民间艺人、工艺大师）统计表

学　校	传承人（工艺大师）
广西现代职业技术学校	索文德
广西银行学校	黄肖琴、赵金玉
广西纺织工业学校	谢秀容
广西民族中等职业学校	白耀华、钟文兰
钟山县职业技术学校	盘福贵、黄海德、廖才彪、黄开妹
北部湾职业技术学校	李人帡、黄明海、陆景平、钟毅
凌云县职业技术教育中心	蒋光艳、蒋光条、邓国勇
宾阳职业技术学校	邹玉特
南宁市第四职业技术学校	谭湘光
南宁市第一职业技术学校	彭永忠
苍梧县中等专业学校	陈伯昌
河池市巴马民族师范学校	罗明金
富川瑶族自治县职业技术学校	李冬梅、李素芳
河池市职业教育中心学校	谭秀仙、谢秀容
靖西职业技术学校	黄肖琴、陈桦、李村灵、谷瑞节
来宾职业教育中心学校	赵凤香、龚玉娟、蒙如君
柳州市第二职业技术学校	韦清花、张礼全
容县职业中等专业学校	饶彩云、梁志巧
藤县职业中等专业学校	廖金胜

四、建设校企合作民族技艺传承实训基地

职业教育最根本的任务是培养精湛、娴熟的应用型专业技术人才，其最突出的特点就是实践教学。职业教育以培养学生职业能力

为宗旨，突出职业能力培养，强化职业技能训练，是职业教育人才培养的核心目标。职业能力不仅包括与职业相关的专业理论知识和动手能力，更重要的是职业素养（职业道德、专业能力、方法能力、社会能力和个人能力）的培养。其人才培养模式应该体现"教、学、做一体化"的特点。通过生产性实训，创造一种完全的企业工作模式，给学生以全真企业化技能训练。因此，实训基地的建设管理是人才培养的关键和核心。如，广西民族中等职业学校在角雕民族技艺人才培养上，就是依托合浦金福角雕厂合作平台，建设校外校企合作传承实训基地，校内建立配套工作车间，工作车间为生产性实训基地，实现教学过程与生产过程紧密对接，有效提升了人才培养的质量。广西部分中职学校的民族文化传承校内、校外实训基地如表5-10所示。

（一）校内生产性实训基地

建设校内生产性实训基地，不管是企业投资或是学校投资，场地必须建在校内。校内生产性实训基地可以是工厂，也可以是车间；既是对外培训的基地，又满足部分产品加工、生产的功能；其生产的流程可以是一个流程，也可以是几个流程；其产品可以是成品也可以是半成品。校内生产性实训基地要能创造一定的经济效益，增强质量与效益意识，培养劳动的积极性和工作的成就感，但其最根本的任务仍是在更贴近企业生产实际的环境中培养职业技能人才。同时，校内实训基地还要承担科研与培训功能。

校内生产性实训基地应遵循以下三个原则。

第一，学校与企业共管性原则。校企共同管理，企业组织生产，学校组织教学，工学交替，产学合一。

第二，真实性原则。在校根据合理的生产需求，按工艺流程，将场地重新规划布局，确定生产的区域，以不同区域的身份、过程和作业标准要求自己。

第三，生产性原则。学生学习的内容要以生产为主，有完整的工作过程，体现"校中有企，企中有校"，体现学生的作品与产品结合。

广西有丰富的民族文化资源，如何将这些资源转化为文化产业的产品资源？如何去保护挖掘濒临消失的民族艺术文化资源？如何把文化资源转换为产业和产品推向市场？每个学校都在积极探索将学校的教学过程和企业生产过程紧密结合，校企合作共同完成教学任务，推进职业教育与民族特色产业、文化产业发展的双向互动。

案例

（1）广西华侨学校重点建设培养民族文化工艺人才的动漫专业。该校将实训室改建为"企业工作室"，将广西民族文化转化成动漫项目，校企联合开展"项目教学"，培养高技能人才。

（2）靖西市职业技术学校则通过加强学校基础设施建设，逐渐改善学校办学条件，设立绣球制作室、壮锦实训室、作品展厅、计算机绘图实训室等，与靖西市旧州刺绣技术协会、靖西市壮锦厂、靖西市富盛刺绣有限公司等3家建立了学生（员）实习、实训校企合作关系。

（3）广西纺织工业学校的民族服饰实训基地将企业的六S管理理念带进学校，实现场规划地合理化，企业设备生产化，基地管理企业化。

（4）广西中医学校学校建成了壮瑶医药展示中心，主要包括：壮、瑶药生药展示区、民族医药主题墙、壮瑶族民族医药文化展示区，利用展示中心开展相关课程教学，传承壮医药、瑶医药文化与技能。

这些校内实训基地促进人才培养模式的改革，使企业的生产需求和学校的专业培养目标相互贴近，从彼此的兴趣点出发，改善和促进合作的长效机制，在"产、学、研"中长创新技能培训模式，将学校的教学功能向企业的生产功能过渡，将传统的消耗型建成生产型实训基地，建成生产型实训基地，对职业教育的持续发展以及技能型人才培养具有重要意义。[①]

---

① 黄启良，朱华平．建设生产型实训基地培养技能型人才——广西纺织工业学校服装生产型实训基地建设实践与探索［J］．中国职业技术教育，2011（31）．

（二）校外实训基地

实训基地的建设是人才培养的关键和核心。这就要求实训基地跟上企业技术水平的发展。然而，企业才是生产技术活动的主体，也是生产技术活动的前缘，校内实训设施和实训环境与企业生产设施和生产环境是有差别的。建在企业的校外实训基地使中职学生在企业真实的生产实训环境中"零距离"地接触职业技术岗位，全面提高学生的理论认知、操作技能和综合素质，帮助学生完成从学生到企业生产者的心理与角色转换；同时，也为学生展现生产操作技能，取得企业认可，获取就业契机提供机会。校外实训基地不仅是实训教学、职业素质训导、职业技能训练与鉴定等的平台，也是开展教学改革、科学研究、就业指导、服务社会等工作的多功能场所，更是以能力培养为本位，实现由作品到产品转化的必要手段，它是校内实训基地不可或缺的延伸与补充（表5-10）。

校外实训基地模式有以下3种：一是"厂中校"校外生产性实训基地模式。校外生产性实训基地模式主要是以与区内企业合作为主，即将部分班级放到合作企业，建立"厂中校"。"厂中校"集教学、实习实训、工程实践、技术服务及员工培训于一体。"厂中校"有专门的岗位供学生轮流上岗，企业技术人员担任实习指导，学校教师和企业有关人员全程进行管理；学校派教师深入到"厂中校"对企业一线员工进行培训，参与技术研发；同时，青年教师定期到"厂中校"接受锻炼与培训，提高教师的技术素质。二是顶岗实习校外生产性实训基地模式。校外教学实习基地即校企双方签订合作协议，企业定期接收学生到企业进行教学实习或顶岗实习，学校派人进行定期跟踪和管理。这种共建实训基地模式主要是以区外企业为主。① 三是以演艺集团为载体的文化运作校外生产性实训基地模式。组建由职业院校、艺术团体、行业（企业）组成的产学研联合体的实训方式，开展

---

① 王瑶，覃旭军. 校企合作共建实训基地的实践与思考——以广西纺织工业学校为例[J]. 中国职业技术教育，2011（15）.

"订单式"人才培养。采用单项实训、综合实训和舞台实训相结合的形式,总结出了"课堂+实验剧院、课堂+艺术团、课堂+院团、课堂+演艺公司、课堂+企业、专业+剧目(项目)"等多种教学模式,[①] 通过"请进来,走出去"的方式增强学生的专业技能,提高舞台表现力,在民族歌舞演艺类专业得以广泛实施。

表5-10 校内外实训基地统计表

学 校	校内实训基地	校外实训基地
广西银行学校	民族工艺品和民族服饰文化传承基地、瑶族油茶实训室	
广西纺织工业学校	针纺创意手办社、穿针引线手工社、出彩染艺社	"民族绣织坊"创意工作室
广西理工职业技术学校	民族建筑人才培养培训基地	广西宾阳县民族织锦坊
广西中医学校	中医技能实训中心、中药实训中心	广西中医学校康体保健中心
广西民族中等职业学校	贝雕、角雕实训基地	合浦金福角雕厂
广西华侨学校	民族文化(民族动漫)传承基地——E设计众创空间	广西云尚动画制作有限公司
广西艺术学校	戏曲人才培养基地	中国艺术职业教育学会舞蹈音乐专业委员会
广西工艺美术学校	民族工艺传承基地	
南宁市第一职业技术学校	广西民族特色小吃传承基地	广西民族特色小吃动态馆及体验馆
柳州市第二职业技术学校	民族服饰(侗族服饰)文化传承基地	柳州市红裳服饰有限公司、柳州凌达汽车部件有限公司
百色市民族卫生学校	壮医药展示馆	
北海市中等职业技术学校	南珠贝雕工艺体验活动中心	疍家小镇校外创新创业实训基地

---

① 伍益中. 湖南高等职业教育表演艺术实习实训基地建设研究 [J]. 当代教育实践与教学研究, 2015 (08).

续表

学　校	校内实训基地	校外实训基地
北部湾职业技术学校	陶艺技能实训室	钦州三鸿陶艺有限公司
河池市职业教育中心学校	民族服饰展示厅、非遗活动展示厅、民族文化体验室、民族服饰工作室、绣织坊工作室	民族文化艺术发展中心、河池原创音乐录播室
广西贺州民族旅游艺术专业学校	贺州民族文化技术技能人才培养实训基地	
钟山县职业技术学校	瑶族舞蹈实训室、瑶族歌曲实训室、瑶族歌舞展示厅	两安沙坪村实训基地 钟山文化传媒中心
张艺谋漓江艺术学校	音乐表演（侗族大歌）传承基地	《印象·刘三姐》实训基地
容县职业中等专业学校	雕刻工艺品设计室、雕刻工艺品展示室、编织工艺品设计室、编织工艺品展示室	兴鹏鞋业有限公司
南丹县职教中心	民族艺术（民族歌舞）传承基地	白裤瑶表演基地
靖西职业技术学校	绣球制作室、织锦实训室、作品展示厅、计算机绘图实训室	
容县中等专业学校	雕刻工艺品工作室、雕刻工艺品工作室、编制工艺品展示厅	南宁职业技术学院
凌云县职业技术教育中心	壮族长号和民族手工艺开发基地	
苍梧县中等专业学校	茶艺（六堡茶）实训室	
恭城瑶族自治县民族职业教育中心	民族工艺（恭城油茶）文化传承基地	
富川瑶族自治县职业技术学校	民族工艺（瑶绣）传承基地	万古旗袍有限公司
藤县中等职业技术学校	东方狮王藤县狮舞民族文化传承基地	广西体育高等专科学校
宜州职业教育中心	刘三姐歌谣文化传承基地	

续表

学　校	校内实训基地	校外实训基地
来宾职业教育中心学校	民族服饰（壮锦）文化传承基地	
宾阳县职业技术学校	炮龙文化传承基地	
广西正久职业学校	民族工艺（荔枝根雕）传承基地	灵山县正久大酒店、灵山县财富大酒店、灵山县正久宾馆、灵山县正久茶业有限公司等

（三）校企合作促进民族技艺传承

王文章主编的《非物质文化遗产概论》归纳出非物质文化遗产保护的方法之一为转化为经济效益和经济资源，并指出："对那些非物质文化遗产中的工艺性、技艺性项目，进行产生经济效益的生产性保护"。① 2012年2月2日，文化部非物质文化遗产司发布了《文化部关于加强非物质文化遗产生产性保护的指导意见》指出："非物质文化遗产保护借助生产、流通、销售等手段，在传统技艺、传统美术、传统医药医物炮制类非物质文化遗产领域实施。"有学者认为生产性保护同样适用于民族音乐、民族舞蹈、民族戏曲、曲艺等。目前，"生产性保护"主要运用在传统技艺、传统美术和传统医药药物炮制类非物质文化遗产领域，通过参与市场竞争，开发利用其经济价值，实现可持续传承发展。②

广西民族传统文化技艺传承，也离不开校企合作这个模式，首先，民族文化技艺的传承，要有广泛的群众基础，连接现代社会需求，如手工陶瓷类，就能与旅游业和家居装饰业联合，带动民族地区手工艺发展；民族歌舞类，就能与表演业和旅游业结合，带动民众文

---

① 王文章. 非物质文化遗产概论 [M]. 北京：文化艺术出版社，2006（10）：30.
② 李荣启. 非物质文化遗产"生产性保护"的重要性与可行性 [J]. 观察与思考，2013.

化娱乐发展；民族饮食类，就能和餐饮业结合，带动特色餐饮发展；民族服装刺绣类，就可以和轻纺业结合，以民族元素融入潮流，这些都有群众基础，需要校企合作量的推广。其次，民族文化技艺的传承，要有就业的导向作用，区别于老式家传制"父传子受"的受众少或业不精，校企合作可以用新的生产技术或工艺，更符合现代审美需求，产品受众多，对大量的从业人员能从"职业人"到"匠人"进行选拔，无形中增强品牌效应。再次，民族文化技艺的传承，需产教结合，在专业、课程、活动中定位学生培养方向，在民族技艺设计、制作、营销等典型工作任务、工作过程衔接学生毕业后的职业成长，在规模化制作、商品化生产助推地方产业发展。培养既掌握传统技艺，又懂得现代营销理念和网络营销手段的文化传承经营人才，促进民族文化产业化发展（表5-11）。

中等职业学校教育一边连着技艺技能；另一边连着行业企业。在资源丰富的民族地区，如何将文化资源变成产品资源？如何将产品推向市场？这不仅需要学校培养一支多梯队、高素质人才，更需要政府支持，企业投入。

表5-11 校企合作统计表

学 校	合作企业
广西机电工业学校	南宁古鼎家具厂
	佛山维尚家具集团
	东莞城市之光家具集团
广西华侨学校	广西卡斯特动漫有限公司
广西纺织工业学校	宾阳县民族织锦厂
	金壮锦文化艺术有限公司
广西理工职业技术学校	广州致礼工艺品有限公司（蓝雀工坊）
	广西美饰纵横投资集团
钟山县职业技术学校	钟山民族文化传媒中心
	八步旅行社
张艺谋漓江艺术学校	桂林广维文华旅游文化产业有限公司

续表

学　校	合作企业
北部湾职业技术学校	钦州古安陶艺有限公司
	钦州玉陶陶艺有限公司
	钦州千秋陶艺有限公司
广西正久职业学校	广西正久有限公司
南丹县职教中心	广西东谋旅游开发有限公司
北海市中等职业技术学校	一手贝艺工作室
富川瑶族自治县职业技术学校	广西富川万古旗袍瑶族文化旅游发展有限公司
	广西富川冬梅瑶绣有限公司
容县中等专业学校	广西容县美柏工艺品有限公司
靖西职业技术学校	靖西市旧州刺绣技术协会
	靖西市壮锦厂
	靖西市富盛刺绣有限公司
	广西靖西壮医药学校
	岑永确夹砂陶作坊
武宣县职业教育中心	武宣县教育服装厂
河池市巴马民族师范学校	广西巴马寿乡国际旅游集团
南宁市第一职业技术学校	南宁市邕味老友饮食有限公司

案例

（1）张艺谋漓江艺术学校。以桂林阳朔江山水为舞台、以脍炙人口的壮族刘三姐民歌为素材，由张艺谋执导的大型山水实景舞台剧《印象·刘三姐》，从创意、立项、投资、论证到演出、推广等一系列环节，以文化产业方式运作，获得巨大的经济与社会效益。坐落于广西桂林的张艺谋漓江艺术学校，通过与相关企业深度合作，以《印象·刘三姐》为实训平台，学生白天学习文化专业课和基本功，晚上参演《印象·刘三姐》实践演出，形成鲜明的办学特色。

（2）广西华侨学校。广西华侨学校的动漫专业，该校将实训室改建为"企业工作室"，将广西民族文化转化成动漫项目，校企联合开展"项目教学",培养高技能人才。

（3）靖西市职业技术学校。靖西市职业技术学校则通过加强学校基础设施建设，改善办学条件，设立绣球制作室、壮锦实训室、作品展厅、计算机绘图实训室等，与靖西市旧州刺绣技术协会、靖西市壮锦厂、靖西市富盛刺绣有限公司等3家建立了学生（员）实习、实训校企合作关系。

（4）广西纺织工业学校。广西纺织工业学校先后与宁波雅戈尔日中纺印染有限公司、广东中山国泰印染有限公司、江苏江阴福汇纺织有限公司等60多家企业签订了合作协议，在学校染整技术、针织工艺、纺织工艺、服装专业等4个自治区级示范性专业中相应开设企业冠名班。

（5）广西艺术学校。广西艺术学校与广西戏剧院、广西杂技团有限责任公司、南宁市民族文化艺术研究院、博白县青少年杂技团、博白县采茶剧团等文艺团体建立有"定向委培"合作办学关系。这些班级在新生入学时，剧团参与学校的招生，与学校联合面试，符合条件者进入该班学习，学生在完成学校规定课程后，最后一年安排到企业和剧团进行顶岗实习。校企合作班级的课程设置及安排更加趋于实用性，学校负责公共文化课、专业基础课的教学，专业技术课由企业派出专业骨干来授课，使整个教学体系更加科学、合理，教学效果更加明显。

（6）恭城瑶族自治县民族职业教育中心。恭城瑶族自治县民族职业教育中心与恭城万家福茶园种植专业合作社合作，探索茶叶种植、教学实践、产品研发、休闲旅游为一体的校企合作和人才培养新模式。此外，学校还与恭城现代化的油茶及油茶配套产品深加工企业——黎氏食品厂合作，产教融合，侧重油茶工艺配套产品的研发培训，让学校学生在企业中感悟恭城油茶文化的深刻内涵，增强传承创新技艺和使命感。

广西民族文化传承中等职业学校，致力于以能力培养为本位，加强校企合作，实现由作品到产品的转化。例如，民族工艺类专业，从设计到教学专业教学，除了培养学生实践动手能力外，还重点培养学生产品的设计开发制作能力。在原有传统手工艺的样式、材质、风格等方面的定式外，利用现代科技教育手段，引领学生将传统手工艺与现代时尚元素相结合，在民族民间手工艺品的选择、创意、设计和表现手法、制作工艺等方面，不断推陈出新，提高民族民间手工艺品技艺和制作水平，增强学生创新能力培养，促进民族民间手工艺品产业人才链的良性循环，推动传统民族民间手工艺品传承与创新。

五、开展民族文化主题活动

(一) 民族特色主题文化进校园

当前，民族特色主题文化进入广西中等职业学校校园主要有社团活动和主题活动两种形式。

开展社团活动。组织和培育一些民族文化学生社团（表5-12），如服装专业的刺绣、蜡染等兴趣小组，建筑专业的民居、雕刻等兴趣小组，表演专业的吹拉弹唱等兴趣小组等，以社团活动承载民族技艺。

表5-12 广西中等职业学校部分民族文化传承社团表

学　校	社团名称
广西艺术学校	龙狮队
广西纺织工业学校	出彩染艺社、针纺创意手办社、穿针引线手工社
广西机电工业学校	创客协会、木艺轩雕刻工艺协会
广西现代职业技术学校	"蚂拐歌"社团
广西幼儿师范专科学校附属中师学校	嘹歌队
广西工商学校	陶艺兴趣班
钟山县职业技术学校	瑶族舞蹈社团、民族合唱社团
容县职业中等专业学校	雕刻与编织社团
柳州市第一职业技术学校	侗族大歌队、芦笙队、龙狮队
柳州市第二职业技术学校	"非遗"学生社团

续表

学　校	社团名称
凌云县职业技术教育中心	长号队
藤县中等专业学校	狮舞队
靖西职业技术学校	民族技艺兴趣小组
河池市职业教育中心学校	少数民族体育项目协会、龙狮文化艺术团、三姐之声艺术团、刘三姐合唱团、仫佬族剪纸协会、民族服饰及饰品设计社
河池市巴马民族师范学校	铜鼓社团
南宁市第四职业技术学校	天琴社团、壮族歌舞社团、尤克里里社团
宾阳县职业技术学校	龙炮制作社团、舞龙炮社团
恭城瑶族自治县民族职业教育中心	油茶文化社、舞狮社、中国鼓社
广西正久职业学校	根雕社、茶文化社
都安县职业教育中心	藤编协会社团、民族体育爱好者社团
河池市宜州区职业教育中心	山歌社团

案例

（1）钟山县职业技术学校。该校依托瑶族歌舞项目，施行了从专业设置延伸至社团组建，从学前教育专业必修到全校选修，从小课程延伸至大校园的做法，具有开拓性和特色性。学校的瑶族歌舞社团，虽然是起步较晚的社团，但是由于它很好地应和了学校的实际和学生的需求，社团规模质量迅速发展。目前，该社团积极组队参加各级各类运动会开幕式、才艺展示、县、市级春节联欢晚会、市级以上"非遗·传承"展活动等。在主动性和创造性上，社团成员要求全程全员参与，在规划前进行广泛调查摸底，在规划过程中通过学生的主观能动，体现参与主体的创造性，在成立后加强科学指导，加强学生自我管理，在利于提高参与主体对建设内容的认同性的同时，也利于增强社团制度决策的执行力。

（2）广西工艺美术学校。广西工艺美术学校通过建立全校师生共同参与、社会力量深度融合的手工艺社团，逐步探索构建民族文化传承和技艺人才培养的新模式。手工艺社团自创立以来，已逐渐成为该校民族文化传承创新职业教育基地的重要力量，并在民族工艺品的创新研发、民族技艺后备人才的培养、民族文化传承氛围的营造等方面发挥着不可或缺的作用。社团成立至今，师生累计创新研发民族工艺产品达200件以上；师生参加全国工艺品交易会、"金凤凰"创新产品设计大奖赛等不同层次的竞赛和展览活动收获了不俗的成绩；有效地打破了专业间的壁垒、促进了学科间的融合，极大地提升了学生学习的兴趣和效率，大大地提高了学生实践动手、创意创新、团结协同等多方面的综合能力。此外，手工艺社团的发展对深化学校教育教学改革，助力教师成长，营造全校民族文化传承创新氛围也同样产生了深远的影响。

（3）广西工商学校。广西工商学校引入"品轩文化"企业，搭建校企合作的陶艺兴趣班，让学生了解陶艺这一中华文明的瑰宝奇葩，师生共同探究、尝试各种制陶方法，创新思路，创作出了许多优秀作品。

开展民族文化主题活动（表5–13），如民族服饰大赛、唱山歌比赛、民族体育竞技、民族文化报告会、专家讲坛、民族庆典等。

表5–13　广西中等职业学校民族特色主题文化统计表

学　校	活动名称
广西中医学校	"中国—东盟"卫生展、民族传统保健体育运动会
广西艺术学校	非物质文化展、"壮族三月三·广西欢迎您"活动
广西民族中等专业学校	"壮族三月三"歌圩进校园、山歌擂台赛、千人舞龙、民族体育竞技、全校师生多耶舞
广西纺织工业学校	广西民族织锦服饰表演、多彩印记·广西文化遗产之夜——广西民族服饰展、织锦织造展演
广西华侨学校	广西民族博物馆展演
广西现代职业技术学校	校园歌圩

续表

学　校	活动名称
广西工商学校	"壮族三月三"民俗活动、民族歌舞节目表演、民族体育竞技、特色民俗美食展销、戏曲广播体操比赛
钟山县职业技术学校	"中国—东盟"展、非遗·传承展、"民族·传承才艺展示"、花山乡庆
藤县中等专业学校	世界狮王表演、广东国际马戏节、大学生龙狮赛
柳州市第二职业技术学校	广西工艺美术作品展、柳州市旗袍秀、柳州市工艺美术作品展
河池市职业教育中心学校	全国德育工作现场交流会、民族文化传承展、民族体育第二课堂
北海市中等职业技术学校	"中国—东盟"职业教育联展
苍梧县中等专业学校	"中国—东盟"职业教育联展、职业教育活动周茶艺展
南宁市第四职业技术学校	全国中小学艺术展、学校民族才艺展示
宜州市职业教育中心	"中国—东盟"职业教育联展
张艺谋漓江艺术学校	中国音乐家协会展演、民族乐器展演、"印象·刘三姐"展演

案例

广西民族中等专业学校。广西民族中等专业学校坚持民族主题文化进校园，促使民族特色课程教学和相应的民族文化第二课堂活动成为常态化。学习、传承民族音乐、民族舞蹈、民族传统体育已成为师生的共识，整个学校环境已经营造出了浓郁的民族文化传承的氛围。如校园里，经常听到课堂里悦耳的民歌歌声；经常看到同学们手拉手跳起大型民族舞蹈——多耶舞的热烈场面；经常看到同学们在积极进行各种民族体育竞技。

（二）民族特色节庆文化进校园

广西有 11 个世居民族，各民族发展过程中都有着自己独特的传统节日，如苗族芦笙斗马节、瑶族盘王节、苗族春社节、"壮族三月三"民歌节、良双闹鱼节、苗族拉鼓节、侗族的花炮节等等，形成了内容丰富多彩，形式富于变化的节庆文化。民族传统节日是传承民族特色文化的载体，它之所以具有强大的生命力，在于其具有丰富的文化内涵和符合民族的价值体系，它体现了一个民族的文化选择；在于对必要的传统技艺元素进行继承，比如建筑文化、服饰文化、饮食文化、文体娱乐文化、工艺美术文化等；更在于传统节日中蕴涵的人文精神，比如亲情、人际关系的和谐等。

民族的节庆文化以其周期性的举办、由单一向综合发展、由民间向集群化经营、由政府主办到市场化运作的特点引起了广泛关注。校园民族特色文化引入民族节庆文化（表5-14），以参与地方民族文化系列大型社会活动为载体，以团队的形式，从平时训练开始，到基本功的精雕细琢，到集体智慧的展示，突出学校传承模式、传承效果，强化学生对本民族优秀文化的认同与传承拉动了社区民族文化，同时，社区民族节庆文化又为校园民族文化注入了一种别样的活力，不仅磨砺了意志，培育了团队意识和精神，进一步唤醒了师生们热爱民族传统文化的意识。

表5-14 广西中等职业学校民族节庆文化统计表

学　　校	民族节庆活动
广西中医学校	宾阳县歌圩节
广西艺术学校	"壮族三月三"活动、宾阳县歌圩节
广西民族中等专业学校	"壮族三月三"活动
广西华侨学校	"壮族三月三"活动
广西现代职业技术学校	"壮族三月三"活动、"蚂拐"节
钟山县职业技术学校	"壮族三月三"活动、盘王节、花山乡庆
柳州市第二职业技术学校	旅游节
河池市职业教育中心学校	河池铜鼓山歌艺术节、白裤瑶生态旅游节
贺州民族旅游艺术职业学校	盘王节
靖西职业技术学校	"壮族三月三"活动

续表

学　校	民族节庆活动
河池市巴马民族师范学校	旅游节、祝著节、盘王节
南宁市第四职业技术学校	"壮族三月三"活动
宜州市职业教育中心	山歌文化节、"壮族三月三"活动
宾阳县职业技术学校	炮龙节
南丹县职教中心	生态旅游节、白裤瑶节
恭城瑶族自治县民族职业教育中心	油茶节、柿子节
张艺谋漓江艺术学校	"印象·刘三姐"山歌节

在广西南宁"壮族三月三"民歌节、柳州侗族花炮节、桂林山水旅游文化节、河池铜鼓山歌艺术节、贺州瑶族盘王节、瑶族乡庆，学校组织学生积极参与传承民族传统节庆文化的社会活动。每到这些节日，让参加民族传统文化学习活动的学生到各种民族文化场合去体验、去展示、去丰富民族的传统文化，让学生在民族节庆文化活动中去表现他们的才艺，展现他们的民族文化学习成果。一方面，学校要想方设法开展多种形式的艺术交流活动，如带领学生到民族风情浓郁的村寨去感受民间文化的魅力，或请民间艺人到校授课交流，让学生深入民间团队，了解民族民间文化，或鼓励学生参加民族节日活动，在民族节日表演、展示他们在学校中学会的技艺，或参与文化演出，为旅游团作服务表演等，让学生在学习民族文化中获益，激发他们对本民族文化的兴趣，树立热爱和传承民族民间文化的思想。另一方面，开展形式多样的活动宣扬民族民间文化，让学生在活动中得到锻炼，提高学生的民族文化素质，提高学生的学习民族传统文化的兴趣，从而培养学生的民族观念，增强民族凝聚力和文化归属感。[①] 广大师生以敬业的团队精神、规范的志愿服务、精彩的表演、亮丽的形象获得了很高的评价，同时也不断强化了学生对本民族优秀文化的认同和传承。

---

① 杨建忠. 学校教育中的民族传统文化传承研究［D］. 西安：陕西师范大学，2010.

(三) 民族特色校园文化进社区

民族校园文化的另外一个载体是社区服务（表5-15）。以实施户外拓展活动为突破口的社区服务，可以在文化中心、小区、广场进行培训和推广。服务方式一是演艺活动进广场。学校充分利用本地区民族活动元素，如舞蹈、唱歌、戏曲、乐器、武术等，组织学生创排形式多样的舞台节目，开展演艺进社区活动。同时，可组织群众文艺团队参与表演，交流互动，将展演和竞赛有机融合，搭建学生展示技艺的平台，吸引更多的民众参与活动。二是讲座培训进社区。将具有民族历史、民族音乐、民族舞蹈、民族工业等方面特长的师生组成学校民族文化志愿者队伍，利用社区课堂、文化站等阵地，面向街道（镇）、社区（村）基层文化工作者、文化服务志愿者、群众文艺团队、热爱文艺的社区居民和中小学生开办讲座（培训），传播民族文化知识，丰富居民群众精神文化生活。三是送教下乡。结合当地文化中心开展"心连心"艺术下乡，民族文化宣传。学校开展民族文化进社区活动，利用社区阅览室、文化站等阵地，面向社区群众，展出本校的民族特色绘画、设计、动漫、摄影等优秀作品，把文化服务送到群众家门口，打造特色文化课堂。

表5-15 广西中等职业学校民族特色社区活动统计表

学 校	民族特色社区活动
广西中医学校	社区义诊
广西艺术学校	校际艺术交流、老年人健身气功
广西民族中等专业学校	社区打陀螺、板鞋比赛
广西纺织工业学校	民族服饰文化进中小学
广西现代职业技术学校	社区歌圩
钟山县职业技术学校	瑶族歌舞广场表演、《羊角长鼓舞操》
苍梧县中等专业学校	残疾人茶艺技能培训
藤县中等专业学校	藤县狮舞联演
凌云县职业技术教育中心	长号迎宾

续表

学 校	民族特色社区活动
靖西职业技术学校	社区绣球制作
贺州民族旅游艺术职业学校	承德健身盘王舞操
河池市职业教育中心学校	送教下乡展出
百色市民族卫生学校	全国中草药数字查询系统
南丹县职教中心	歌娅思谷迎宾
宾阳县职业技术学校	正月十一炮龙舞
南宁市第一职业技术学校	国庆"上汤"老友粉制作
宜州市职业教育中心	山歌周末培训班、广场文艺演出、敬老院服务

随着经济社会快速发展，社区居民的文化需求也日益增长。职业学校要以服务社会为己任，深入社区，传承广西民族文化。如钟山县职业技术学校依靠钟山丰富独特的民族歌舞文化艺术资源，不断提高社会服务能力。多年来，开展各色的民族文化主题活动，多次向对口共建民族文化基地学校、自然村，提供多种个性化歌舞艺术服务，并且向基地提供专业人才培训、交流展示；多次和县文化传播中心下乡或进校进行专场宣传演出，普及民族文化；并利用职业教育活动活动周，在县中心广场定期展演，吸引大批观众；同时，把舞蹈改编成广播操，健身舞，让群众喜闻乐见。通过这一系列活动，切实增强学生的团队意识与合作精神，突显了学校专业服务社会的能力，得到了社会的认可和好评，同时也进一步为民族文化发展做出了自己的贡献。

（四）民族传统技艺走进技能大赛

"普通教育有高考，职业教育有大赛。"职业学校技能大赛，目的是树立"人人成才"的人才观念，通过大赛引导建立符合职业教育规律的人才评价体系；根据岗位要求，推动职业院校专业改革与建设，提高职业教育人才培养的针对性和有效性。在各级职业技能大赛中将民族文化作为比赛的内容之一，能更好地突出职业教育的地方民族特色和民族职业教育特色，为民族职业院校搭建一个特色展示的平台，能更好地体现民族高职院校服务地方经济、弘扬民族优秀文化的功能。① 将民族传统技术包括刺绣、编织、蜡染、雕刻等民族手工技艺作为技能大赛的内容之一,可以为技能大赛增添独特、新颖的效果,同时也能展示中职学校学生团结、创新、勇于实践的品质。从国家层面看,民族传统技艺进入职业技能大赛,更能突出技能大赛的政治性、民族性、广泛性和整体性。

民族传统技术具有不可替代性、高度实用性、可复制性等显著优势。对于民族传统技术来说,各级技能大赛是一种可复制、可测量的,公开、公平和公正的传承形式。广西职业教育技能大赛中进行了民族技艺比赛的尝试,并逐步向文明风采大赛等渗透,取得显著的成效,得到各界的好评,从而坚定了广西职业教育在技能大赛中凸显民族元素,使民族文化技艺向竞技方向发展的决心和信心。

将民族传统技术纳入职业学校技能大赛,有助于民族传统技艺传承优秀人才的发现和选拔,有助于职业学校民族传统技艺教学培训工作的质量提升,也有助于促进民族传统技艺顺应时代要求的创新发展。民族传统技艺技能大赛可分演艺类、手工类、体育竞技类、创意动漫类等。职业学校通过开展各类民族传统技艺技能大赛,比拼技艺,宣传学校,提升学校影响力。大赛中,学生通过一针一线、一笔一划地亲手制作,展示出钦州坭兴陶、河池马尾绣、宾阳龙炮等民族传统工艺的艺术性和繁琐性。因此,我们也更能体会到:一个优秀民族工艺人才的培养,是需要时间打磨和平台支撑的。

专业技能大赛是检验民族技艺教学成果的有效手段,是职业学校民族文化人才培养成果的一次集中展示。广西中等职业学校民族文化技艺传承在实践教学上创新方法,建立技能大赛长效机制,以赛促

---

① 石玉昌. 民族高职院校要强化办学特色定位 [J]. 职业技术教育, 2013 (15): 59 - 61.

教，以赛促练，以赛促学，学练结合，将各项赛事内化到专业教育人才培养目标和教学过程中。通过专业技能大赛不仅取得了优异的比赛成绩（表5-16），也促进了办学模式、人才培养模式和教学模式的转变，和人才培养质量的提高。

表5-16 部分民族文化作品参加技能大赛获奖情况表

学 校	比赛名称	作品名称	获奖等级
广西中医学校	全国职业技能大赛	健身功法	第二名
广西艺术学校	全国职业技能大赛	健身功法	第二名
	广西职业技能大赛	越剧《风雪山神庙》	一等奖
		桂剧《拾玉镯》	二等奖
		彩调剧《探干妹》	三等奖
广西民族中等专业学校	全国"文明风采"	民族蜡染	三等奖
	广西"文明风采"	民族蜡染	一等奖
		民族蜡染	二等奖
广西理工职业技术学校	全国彩虹人生—挑战杯大赛	民族彩粘艺术	二等奖
广西纺织工业学校	全国职业院校学生民族技艺比赛	《壮锦织造》	一等奖
	全国职业院校信息化大赛	教学设计	一等奖
广西幼儿师范高等专科学校附属中师学校	全国大学生艺术展	《鸣哇那》	二等奖
藤县中等专业学校	广西大学生龙狮锦标赛	龙狮	金奖
	武鸣狮王争霸赛	龙狮	银奖
	田阳狮王争霸赛	龙狮	铜奖
柳州市第二职业技术学校	柳州市旗袍比赛	侗族服饰《侗韵》	一等奖
贺州民族旅游艺术职业学校	中国民协舞龙大赛	《板鞋龙》	一等奖

续表

学　校	比赛名称	作品名称	获奖等级
河池市职业教育中心学校	广西中职学校学生职业技能大赛	卷绣《瑶乡锦韵》	一等奖
		马尾绣《龙凤呈祥》	二等奖
		卷绣《富贵鸳鸯》	二等奖
	河池市中职学生技能大赛	《丝绫布贴绣》	二等奖
		《卷绣》	优秀奖
		《马尾绣》	优秀奖
北海市中等职业技术学校	"百花杯"中国工艺美术比赛	《日月门神》	金奖
广西苍梧县中等专业学校	广西中职学校学生职业技能大赛	《六堡茶》制作	团体一等奖
	全国职业院校技能大赛	《六堡茶》制作	一等奖
	梧州市职业技能大赛	《六堡茶》制作	一等奖
南丹县职教中心	铜鼓山歌艺术节比赛	舞蹈	二等奖
北部湾职业技术学校	全国陶瓷艺术创新评比	《相思壶》	银奖
	全国陶瓷艺术创新评比	《蛙声》	铜奖
	全国金凤凰创新产品设计大赛	《智美壶》	银奖
		《葫芦壶》	铜奖
	广西坭兴陶精品创作大赛	《爱在壮乡》	银奖
		《壮乡魂茶具》	铜奖
张艺谋漓江艺术学校	桂林市中、小学文艺大赛	《天上星星伴月亮》	二等奖
钟山县职业技术学校	贺州市中小学艺术大赛	《羊角长鼓舞》	一等奖
桂林市艺术学校	2018年度第二十二届"中国少儿戏曲小梅花荟萃"	桂剧《桑园会》	地方戏专业组金花
	2018中国—东盟（南宁）戏曲演唱会	桂剧《桑园会》	优秀演唱者
	广西第四届杂技与魔术展演	杂技《田园交响曲》（草帽）	优秀节目奖

专业技能大赛的最终目标就是以赛促改、以赛促训、以赛促教、以赛促学，最后提高到人才培养质量。为了减轻政府负担，实现学生、学校、行业、企业共同发展，必须搭建四方联动的管理机制。政府制定制度，资质合格的学校承接，行业和企业支持，介入人才培养计划，指导大赛工作。

鉴于职业技能大赛是严格按照行业标准和企业岗位实际工作任务设计而成，中等职业学校应该建立以职业技能和素质为基础的课程考核评价体系。按照技能大赛的规则要求，在常规专业课程教学、实训中就以竞技形式，配以专业师资，施行项目化教学；采取实操考试，以赛代考，采取职业资格证书考证形式，赛证合一。让每一个学生都能参与到竞赛培训及选拔过程中，实现全员参与，真正形成"普通教育有高考，职业教育有大赛"的局面。

职业学校所以将技能大赛内容用于指导社团活动，促进兴趣小组与技能大赛结合，使娱乐走向专业，专业融合民族。形成上课严谨，下课热闹，社团丰富，竞技多彩，以赛促学，比学赶超的良好学习氛围。

六、开展教学改革与教育科研

（一）教学改革

职业学校要积极吸收民间艺人参与民族技艺教学改革。民间艺人参与的教学改革，加深了民族间的情感纽带。教学方法倾注了社会责任感，更注重本土民族的血缘、历史因缘，因此传承的民族元素、民族特色更原始、纯粹。例如，广西幼儿师范高等专科学校的嘹歌，保留了原汁原味的男女二声部对唱，保留了嘹歌的传统风格，即使经过了新式创编、舞台改编，壮族音乐、舞蹈还在。又如，广西现代职业技术学校传承的蚂拐歌，本来就是田间地头的对歌、节庆活动的庆歌、青年男女相恋的恋歌、祈求风调雨顺的祭歌，经过与民间的结合，教学方法上，注重手把手、面对面教学，把壮族图腾文化通过手工、项目、校园歌圩、民间歌圩的形式传播。

民间渗入的教学方法改革，适用于受众少、濒临失传的民族歌舞艺术、手工艺术传承。在与民族能工巧匠商讨教学的过程中，各民族的特点不仅能通过技艺传授，还渗入到德育教育中。如宜州市职业教育中心，通过以歌传教的方式创新学校德育工作，将孝道、感恩创编进山歌中，从而使学生在吟唱中，潜移默化地受到教育，促进校风乃至民风的正能量发展；学校还将传统的民族文化引进校园讲座，请民间艺人或大师到校与学生互动，用民族文化浸润学生成长之路；在价值观和价值追求多元化的今天，学校以"德技双馨"引导学生，无论在校学习还是校外实训，师傅和老师都会以身作则，进行爱岗敬业教育。

民族技艺传承教学改革注重政府的统筹主导。政府参与指导教学改革，有利于整合资源，使之更合理、规范、避免重复浪费或相互倾轧。同样是民族文化进校园，在政府的主导下，各地职业学校会选择不同的传承内容和教学方法。例如，在广西宾阳县有"炮龙节"。该县的县委县政府实施"炮龙文化"精品战略，着力打造"百龙舞宾州"特色品牌。宾阳县职业技术学校就开设了"炮龙文化"课程、炮龙制作社团和舞龙社团，将"炮龙文化"通过课程教学和社团活动进行传承。又如，广西纺织工业学校在"一带一路"背景下，推出以壮锦、绣球为主导的有民族特色、地域特色的手工艺研发、生产、营销和培训基地，将壮锦织造工艺传承、壮锦图案纹样设计以及壮锦实物产品研发的内容融入纺织技术与营销专业课程，构建了"工艺—设计—营销"互促进、"核心课程—方向课程—拓展课程—实训课程"共推动、第一课堂与第二课堂相辅助的系列课程，实施项目化、模块化的教学。

民族技艺传承教学方法注重校校联合。校校合作主要集中在教学方法的一脉相承，人才技艺的学历提升，师资培养、演艺技能的培养与提升，民族文化技艺的传承与创新上。例如，河池市巴马民族师范学校，先后与桂林旅游学院、广西幼儿师范高等专科学校合作，吸收别人优秀的方法技艺，为我所用。

民族技艺传承教学方法注重企业的营销理念。企业倡导下的教学方法改革，重在创新，达到把民间大师的工匠技艺和设计理念往专业化发展，侧重于标准化和规模化。在教学过程中，以解决学与用难题，以产学合作为契机，以强化实践运用为突破口，以教学效果为目标，作业即作品，作品即以后的产品，重视创作能力。这样的教学过程，集生机、活力于一体，更大地发挥学生的创作天性。

案例

在广西桂林的张艺谋漓江艺术学校，有大型山水实景剧《印象·刘三姐》，在教学方法上由校企合作，共建"工学结合"的教学体系，白天学习文化专业课和基本功，晚上参演《印象·刘三姐》实践演出，学生不用交学费，还可以获得报酬，既有学，又有做，既传承了"刘三姐"民歌，又将原生态的侗族大歌、民族舞蹈、壮族天琴乐器融在其中，在企业的介入下推广了民族文化。

由于企业渗入学校的教学改革，更容易达到人才共享、设备共享、技术共享、成果共享，打造更为成熟而实用的民族文化传承品牌课程。

案例

广西纺织工业学校在《壮锦技艺》课程建设中，将课程分解为项目（模块），每一个项目（模块）的教学改革又分别引入合作开发的单位（企业）。通过校企共建共享，深化民族文化课程的教学方法改革，打造民族文化传承品牌课程（表5-17）。

表 5-17　广西纺织工业学校壮锦技艺课程建设表

课程项目、模块名称	性　　质	授课时间	合作开发单位、企业
《壮锦文化》（模块）	公共艺术课程增设拓展模块	第一学期	广西工艺美术研究所
《壮锦织造技艺》（课程）	新增拓展课程	第一学期	宾阳县民族织锦厂
《壮锦产品营销》（模块）	方向课程《纺织品营销》中的增设模块	第二学期	广西金壮锦文化艺术有限公司
《壮锦纹样面料设计》（项目）	核心课程《纺织品面料设计》中的增设项目	第三学期	广西工艺美术研究所
《壮锦面料打样》（项目）	实训课程《纺织品打样制作》中的增设项目	第四学期	南宁锦虹棉纺织有限责任公司
《壮锦产品制作》（课程）	新增社团课程	第四学期	广西金壮锦文化艺术有限公司

（二）教育科研

广西是个多民族聚居区，除汉族外，共有 11 个世居少数民族，每个民族都有自己的文化传统、风俗习惯、发展及表现特征，不同的文化在长期的生产生活中不断相互交融，形成了多元一体的文化格局。特别是改革开放以来，广西少数民族在思想意识、价值观念、社会行为、生活方式等方面都发生了巨大的变化，这是当代广西少数民族文化转型的一个重要标志。

虽然各民族都经历了历史变迁，但都保留着自己的文化特色、生活习惯、传承价值，如：壮族的刘三姐传说、侗族的风雨桥建筑、瑶族的歌舞刺绣等；区域特色的民歌文化、炮龙文化、舞狮文化和陶艺、蜡染、贝雕、根雕等。这些独特的传统技艺和风俗习惯，构成了丰富多彩的民族文化内容。在当今弘扬民族文化精神，促进民族传统文化向现代转型传承中，广西中职学校积极投入到理论与实践研究当中，承担课题立项研究，探索民族文化技艺传承的特性（如表 5-18～表 5-20）。

表 5-18 2013 年以来获广西中职教育改革
项目立项的民族技艺传承项目一览表

序号	承担单位	项目名称	立项级别	主持人	立项时间/年
1	广西交通技师学院	用民族元素打造职校生工匠精神的研究与实践——以汽车钣金专业手工成型项目为例	重点	冯培林	2018
2	广西民族中等专业学校	民族地区中职学校特色专业民族文化传承实践研究——以广西民族中等专业学校为例	重点	黄祖兴	2018
3	横县职业教育中心	基于农村职校传承非物质文化遗产的余师傅鱼生王传承人培养模式的研究与实践	重点	李彩银	2018
4	南宁市第一职业技术学校	基于中职校园的广西民族特色小吃创新创业孵化基地的建设研究	重点	毛永幸	2018
5	北海市中等职业技术学校	建设保护、传承和发展北海丝路文化的疍家小镇创新创业示范实训基地研究	重点	穆家庆	2018
6	北部湾职业技术学校	基于现代学徒制的职业学校培养民族技艺"双创"人才的研究与实践	重点	曾宵令	2018
7	广西职业教育发展研究中心	民族技艺传承与中职学校专业建设融合的研究与实践	重点	张成涛	2018
8	广西理工职业技术学校	壮族服饰图案元素融入中职学校艺术设计类专业教学过程的应用与实践研究	一般	李一峰	2018
9	广西物资学校	素养导向下刘三姐歌谣在地方中职艺术课程中的研究与实践	一般	陆慧芬	2018
10	广西二轻高级技工学校	茶文化进校园的研究与实践	一般	陈立琼	2018
11	广西民族中等专业学校	体育与舞蹈的交汇,力与美的结合:壮族民间舞蹈引入体育课堂教学冲研究——以壮族《打榔舞》为例	一般	潘勇	2018

续表

序号	承担单位	项目名称	立项级别	主持人	立项时间/年
12	广西百色农业学校	桂西服装职业教育精准扶贫"校企协作"模式研究与实践	一般	梁小玲	2018
13	广西工贸职业技术学校	中华优秀传统文化渗透中职计算机应用基础教学的实践与研究	一般	韦春雷	2018
14	横县职业教育中心	在茉莉花茶产业下开展茶服特色专业教学的研究与实践	一般	吴晓翠	2018
15	广西幼儿师范高等专科学校附属中专学校	壮乡传统体育文化传承视阈下学前体育游戏特色课程建设与实践	一般	岳利红	2018
16	苍梧县中等职业技术学校	提高中职生传统文化素养的实践研究——以苍梧中专学前教育为例	一般	黄金群	2018
17	北部湾职业技术学校	基于民族传统体育运动的中职体育课教学模式改革探索与实践	一般	沈丽侃	2018
18	富川瑶族自治县职业技术学校	县域中职文化传承《瑶乡技法》校本教材研究与开发	一般	蒋英振	2018
19	金秀县职业技术学校	瑶族文化进校园的实践研究	一般	廖 毓	2018
20	崇左市职业技术学校	边境国门职教园区民族体育赛事文化传播研究	一般	黄华林	2018
21	崇左市职业技术学校	探究民族体育项目在中职体育课教学中的问题及解决对策	一般	赵 生	2018
22	广西商业学校	《广西特色饮食文化》品牌课程开发与建设	重点	黄 琼	2017
23	南宁民族中等专业学校	本土非物质文化遗产校园传承的研究与实践——以边境国门崇左职教园区为例	重点	李金清	2017
24	武宣职业教育中心	非物质文化艺术融入学前教育专业课程的研究	重点	覃 焱	2017

续表

序号	承担单位	项目名称	立项级别	主持人	立项时间/年
25	广西纺织工业学校	广西白裤瑶服饰技艺研究与传承	重点	刘霞	2017
26	张艺谋漓江艺术学校	基于大型实景演出《印象·刘三姐》职业教育民族文化传承创新基地建设的研究与实践	重点	胡庆玲	2017
27	来宾职业教育中心学校	基于地方民族服饰文化传承的服装专业特色化建设研究与实践	重点	黄园	2017
28	龙胜县社区学校心	社会主义核心价值观背景下农村职成教育传承民族传统文化的研究与实践	重点	杨杰军	2017
29	广西艺术学校	戏曲表演专业现代学徒制的研究与实践	重点	何荣任	2017
30	河池市职业教育中心学校	职业教育传承非物质文化研究与实践——以传承马尾绣传统手工艺为例	重点	罗周萍	2017
31	广西商贸高级技工学校	壮民族文化资源应用于中职学前教育专业教学的研究	重点	卢艳芬	2017
32	广西民族技艺职业教育教学指导委员会	基于现代学徒制的民族家具设计人才培养的研究实践	重点	梁华坚	2017
33	广西民族技艺职业教育教学指导委员会	以壮族为主的广西民族服饰教学资源库建设研究与实践	重点	黄世明	2017
34	广西幼儿师范高等专科学校附属中等师范学校	"一带一路"背景下中职学前教育专业美术课传承壮锦艺术文化的研究与实践	一般	刘光玫	2017
35	广西物资学校	"以美育德"中职茶文化教育的实践与研究	一般	刘春霞	2017
36	藤县中等专业学校	本土民族手工艺转化为艺术设计专业优质教育资源的研究——以梧州刺绣为例	一般	邓成英	2017

续表

序号	承担单位	项目名称	立项级别	主持人	立项时间/年
37	广西钦州商贸学校	地域特色民族工艺品课程与中国—东盟职业教育合作的探索和实践	一般	伍燕彬	2017
38	广西商业高级技工学校	非物质文化遗产传承在中职教育中的探索与实践——以"油茶米粉"比翼双"非"为例	一般	邓 伶	2017
39	广西电子高级技工学校	广西民族文化视角下班级管理模式改革实践研究	一般	刘群秀	2017
40	广西民族中等专业学校	基于壮族文化的中职学前教育专业《幼儿园教育活动设计与实践》教学资源开发与利用研究——以广西民族中等专业学校为例	一般	潘列英	2017
41	贺州市经济管理干部中等专业学校	客家民间歌谣走进中职课堂的研究与实践	一般	邱艳梅	2017
42	南宁市第四职业技术学校	民族手工艺制作的实践与传承——中职学校艺术类专业手工教学改革实践	一般	邱艳梅	2017
43	南宁市职业教育中心	南宁市中职学校民族技艺人才培养现状及策略研究	一般	梁东升	2017
44	广西工业技师学院	少数民族地区学前教育舞蹈课程民族特色化的研究——以广西工业技师学院学前教育专业为例	一般	黄竹浪	2017
45	广西桂林旅游商贸技工学校	中等职业学校非物质文化遗产教学实践传承模式探索——以面塑工艺为例	一般	苏 敏	2017
46	广西民族中等专业学校	壮民族工艺美术课程资源的开发与利用研究	一般	苏景玲	2017
47	南宁市职业教育中心	壮乡文化特色社区教育课程建设的研究	一般	黄美娟	2017

续表

序号	承担单位	项目名称	立项级别	主持人	立项时间/年
48	广西民族技艺教育教学指导委员会	基于大师工作室民族艺术设计专业人才培养研究实践	一般	廖远芳	2017
49	广西民族技艺教育教学指导委员会	民族技艺课程教学改革研究与实践——基于艺术设计类专业人才培养的探索	一般	覃勇鸿	2017
50	广西纺织工业学校	广西5个少数民族（壮、白裤瑶、毛南、仫佬、京）服装技艺研究与传承	重点	朱华平	2016
50	广西纺织工业学校	民族地区中职学校"传承创新，产教融合"服装工作室的建设实践	重点	汪薇	2016
51	广西理工职业技术学校	职业院校"互联网+"民族技艺创新人才培养的研究与实践	重点	陈良	2016
52	广西建筑材料工业技工学校	民族手工艺品创客教育的实践与研究	重点	伍忠庆	2016
53	北海市中等职业技术学校	基于区域文化传承的中职第二课堂建设的研究与实践	重点	王丽丽	2016
54	北海市中等职业技术学校	基于区域经济发展需求的民族特色餐饮人才培养模式的研究与实践	重点	周济扬	2016
55	宜州市职业教育中心	职业教育传承非物质文化研究与实践（以刘三姐歌谣文化为例）	重点	韦玖贤	2016
56	藤县中等专业学校	国家级非物质文化遗产"狮舞（藤县狮舞）"在中职教育中传承与发展的探索及实践	重点	陈燊远	2016
57	钟山县职业技术学校	本土《羊角长鼓舞》传承的可为途径探究实践——以学前教育为例	重点	曾瑞玲	2016
57	钟山县职业技术学校	农村职业教育对本地瑶族民歌传承与创新的可行性研究与实践——以门唻歌为个例	重点	劳秀梅	2016
58	崇左市职业技术学校	将花山文化引入中职学前教育专业课程的实践与研究	一般	黄丽园	2016

续表

序号	承担单位	项目名称	立项级别	主持人	立项时间/年
59	广西艺术学院附属中等艺术学校	京族非物质文化遗产"哈节"《敬酒舞》中的转花进入民间舞课堂教学的研究与实践	一般	余甜甜	2016
60	富川县职业技术学校	职业技术学校创新传承瑶族文化研究与实践	一般	周斌	2016
61	广西桂林旅游商贸技工学校	职业教育传承桂北少数民族茶艺的研究与实践	一般	沈志勤	2016
62	南宁市第四职业技术学校	校企合作服装设计与工艺专业《广西民族手工饰品设计与制作》课程实践教学资源库建设	重点	贾旭	2015
63	梧州市第二职业中等专业学校	新民族图案在现代工艺品设计中的运用——中职民族工艺品设计与制作专业教学探索	一般	淡睿	2015
64	梧州市第二职业中等专业学校	基于创意工艺坊的民族工艺品制作专业的教学模式的探索与实践	一般	覃海莹	2015
65	来宾市卫生学校	偏远地区卫校巧用优秀传统文化提高学生德育教育效果的探讨	一般	覃玉敏	2015
66	广西华侨学校	打造中职"民族传统体育"品牌课程,创建校园文化新载体	一般	唐燕飞	2015
67	广西民族中等专业学校	中职艺术类专业"职普渗透"教学实践探索——以广西民族中等专业学校民族音乐与舞蹈专业为例	一般	侯素珍	2015
68	广西艺术学校	广西戏曲人才培养途径研究	一般	隋德平	2015
69	广西艺术学校	民族声乐演唱与桂剧旦角唱腔相结合的教学方法研究	一般	王湘莲	2015
70	广西城市建设学校	广西中职学校体育融入少数民族传统体育项目的研究	一般	王艳梅	2015
71	北部湾职业技术学校	基于现代学徒制的中职坭兴陶专业人才培养模式的探索与实践	一级	梁燕清	2014

续表

序号	承担单位	项目名称	立项级别	主持人	立项时间/年
72	昭平县职业教育中心	《昭平红茶加工技术》品牌课程及教学资源库建设	一级	吴文辉	2014
73	广西民族中等专业学校	广西民族中职学校民族文化传承策略研究	一级	石朝熊	2014
74	来宾市卫生学校	提高农村医学生民族医适宜技术操作能力的实践研究	一级	甘志勇	2014
75	广西理工职业技术学校	广西民族文化特色品牌课程的探索与实践	一级	罗秋怡	2014
76	柳州市第二职业技术学校	中职学校工艺美术专业民族手工艺文化内涵建设的改革与实践	一级	徐娟	2014
77	河池市职业教育中心学校	河池乡土应用型民族文化人才培养的实践探索－以河池职教中心民族文化艺术教学部为例	二级	韦红桐	2014
78	南宁市第一职业技术学校	基于中职烹饪专业与社会培训课程体系的关系民族地方特色小吃传承模式的实践与研究	二级	毛永幸	2014
79	广西商业高级技工学校	基于创建广西民族餐饮风情园、提升中职教育民族文化传承有效性的民族餐饮文化开发与实践	二级	席静	2014
80	富川县职业技术学校	农村职业教育与地方少数民族文化传承的双赢对接	三级	程长福	2014
81	大新县职业技术学校	职业学校民族文化传承的策略——以大新县壮族山歌为对象	三级	言月珠	2014
82	广西玉林农业学校	融入本土客家文化的旅游人才培养模式的探索与实践	三级	吕晓燕	2014
83	广西民族中等专业学校	《民族手工蜡染技术》品牌课程建设	一级	李珍	2013
		《广西壮族民间风俗歌舞》品牌课程建设	一级	兰洁	2013

续表

序号	承担单位	项目名称	立项级别	主持人	立项时间/年
84	北海市中等职业技术学校	《贝雕》品牌课程建设	一级	贺坚	2013
85	广西银行学校	《民族文化旅游—壮族绣球》品牌课程建设	一级	沈立君	2013
86	广西纺织工业学校	《民族印染技艺》品牌课程建设	一级	刘仁礼	2013
87	广西中医学校	《壮医药文化及特色技能》品牌课程建设	一级	吴彬	2013
88	河池市职业教育中心学校	《广西少数民族非物质文化遗产》品牌课程建设	一级	潘湖	2013
89	南宁市第四职业技术学校	《广西壮锦技艺》课程建设	一级	陈迪	2013
90	柳州市第二职业技术学校	《广西少数民族服饰制作》品牌课程建设	一级	陈美娟	2013
91	广西华侨学校	《坭兴陶手工装饰》品牌课程建设	一级	蒙守霞	2013
92	广西工艺美术学校	中职工艺美术专业壮锦民间美术资源的教学开发与利用	二级	朱岸静	2013
93	广西纺织工业学校	在中职《公共艺术》课程中融合地方民族文化的探索与实践	二级	卜艳阳	2013
94	广西理工职业技术学校	壮乡掐丝工艺品特色课程的实践与探索	二级	伍忠庆	2013
95	横县职业教育中心	《茉莉花手工艺制品》品牌课程建设	二级	廖松强	2013
96	梧州市第二职业中等专业学校	民族工艺品制作技能人才的需求和培养模式探究	二级	田非	2013
97	百色市民族卫生学校	民族地区中职学校传播民族文化策略研究与应用	二级	梁俊玉	2013

表5-19 2015年以来获广西教育规划课题立项的民族技艺传承课题一览表

承担单位	课题名称	课题类型	申报人	立项时间/年
广西纺织工业学校	广西白裤瑶服饰技艺职业教育传承研究	A类	汪薇	2019
北部湾职业技术学校	中华优秀传统文化进校园的理论与实践研究——以民族传统体育文化教学为例	B类	陈慧	2019
广西幼儿师范高等专科学校附属中等师范学校	广西中等职业学校教师民族文化素养提升研究	C类	栗莎	2019
广西民族中等专业学校	中职学校民族传统文化传承策略研究——以壮族传统歌舞文化为例	B类	兰洁	2017
广西民族中等专业学校	壮族中职学校特色专业壮汉双语师资队伍建设研究——以广西民族中等专业学校为例	C类	潘列英	2017
广西玉林农业学校	中职学校乡土文化德育资源的开发与利用研究	B类	陈小丽	2015
广西中医学校	基于职业教育的中医药传统文化传承与建设研究	B类	秦生发	2015
苍梧县中等职业技术学校	梧州市中职学校教育传承六堡茶文化的研究	B类	黎琼英	2015
广西玉林农业学校	职业教育桂东南客家文化传承的研究与实践	C类	吕晓燕	2015
河池巴马国际养生旅游学校	少数民族地区中职学校铜鼓山歌文化传承的研究与实践	C类	覃小兵	2015
宁明县职业技术学校	边境少数民族地区传统习俗对学校教育的影响	C类	兰营	2015
田林县职业技术学校	职业教育民族文化传承研究与实践	C类	黄英敢	2015

表5-20 获2016年度广西职业教育教学改革研究重大招标课题
立项的民族技艺传承课题一览表

承担单位	课题名称	首席专家	子课题名称	子课题负责人
百色市教育局教科所	职业院校传承发展区域民族文化研究	马建平	百色红色文化在中职学校的传承与实践研究	韦柳春
			中越边境地区中职学校刺绣文化传承与发展研究	岑亮
			黑衣壮文化传承发展的研究和实践	梁国营
			矮马产业文化传承与研究	梁才世
			北路壮剧在职业学校的实践与传承研究	黄英敢

第二节 成果与成效

广西职业教育面临双重任务，既要提高人口素质，实现脱贫致富，又要适应新发展，提高劳动技能，促进区域经济建设。广西丰富多彩的民族文化资源，已经成为经济社会发展的重要组成部分，涉及广西民族地区的生产生活、节庆、土木建筑、工艺、娱乐和衣食住行的方方面面。民族文化的成效，变成广西全面建成小康的应有之义。

一、实践成效

（一）打造了民族特色职业学校

在传承民族文化方面有较大建树的广西职业院校，往往都能注重区域的比较优势，依据自身独特区位、资源、文化和政策禀赋，因地制宜，变潜在优秀资源为特色，克服比较劣势，形成特色专业和课程体系。在发展途径上，走"人无我有，人有我优，人优我特"的路子，实行重点培育，打造品牌专业和特色学校，通过职业"特色"拓展职业学校培养人才的吸引力。

第一，把握民族文化优势。当地群众创造了壮文、壮医药、壮族绣球、瑶族歌舞、瑶绣、侗族大歌、天琴、彩调剧等丰富多彩的民间艺术和技艺。2015年以来，一批民族特色学校产生，如广西纺织工业学校的壮锦技艺、河池市职业教育中心的民族服饰、靖西市中等职业技术学校的壮族绣球、凌云县职业技术学校的蓝靛瑶长号、钟山县职业技术学校的瑶族歌舞、广西中医学校的壮医、富川瑶族自治县职业技术学校的瑶绣等。

第二，把握区位资源优势。钦州坭兴陶作为一种传统民间工艺，它以钦江东西两岸特有紫红陶土为原料，经淘洗、选练、拉坯成型、雕刻、烧制、打磨而制成上品，至今已有1300多年的历史。从2012年起，北部湾职业技术学校开设民族工艺品制作专业，培养大批坭兴陶工艺特色人才；北海市中等职业技术学校，依托北海地缘，打造南珠贝雕特色专业，向社会输送高素质贝雕工艺人才，成为远近闻名的特色学校；张艺谋漓江艺术学校，坐落在桂林阳朔县，有着著名的大型山水实景剧场《印象·刘三姐》，学校以此为实训基地，打造以侗族大歌、民族舞蹈、壮族乐器——天琴为特色的艺术学校；广西苍梧县中等专业学校，依托古苍梧郡，六堡茶制作是一大特色，学校经过3年实践，获2015年广西中等职业学校示范特色专业。

第三，把握文化和政策优势。广西壮族嘹歌，是一种对唱形式的双声部山歌。广西幼儿师范高等专科学校本着传承与创新广西民歌的目的，于2014年组建嘹歌队，将嘹歌作为特色纳入声乐与舞蹈编排中，形成特色学校；"壮族三月三"是广西传统文化的一个符号，每年的"壮族三月三"，各族都开展隆重的民俗活动。广西华侨学校的VR全景"壮族三月三"推出的是民族动漫特色；宾阳县职业技术学校推出的是炮龙文化特色；贺州民族旅游艺术职业学校"盘王节"文化特色；藤县中等专业学校推出的是"东方狮王"文化特色。

（二）培养了民族文化骨干名师

在传承创新广西民族文化的实践中，一大批中等职业学校优秀教师脱颖而出。他们潜心研究，扎实教改，大胆实践，取得了丰硕的教育教学成果，对广西民族文化的职业教育传承发挥了重要的示范引领作用。例如，广西理工职业技术学校陈良、广西纺织工业学校汪薇和南宁市第一职业技术学校毛永幸等，便是其中的典型代表。

案例

广西理工职业技术学校陈良。陈良老师是国家高级工艺美术师，国家"万人计划"教学名师，广西"十百千"人才工程第二层次人选，中国中央电视台"寻找最美教师"特别关注奖教师，广西理工职业技术学校艺术设计系主任。长期从事建筑装饰、工艺美术创作和研究，应用到职业教育教学改革，取得发明创造和教学创新双重成果。主持或参与研究的科研项目30多项，曾获国家级教学成果奖二等奖，自治区级教学成果奖一等奖；指导学生参加全国全区技能大赛获全国一等奖3项；个人专著3部，主编及参编教材20多本，发表中文核心期刊论文6篇，其他论文30多篇。①

（三）推动了农村剩余劳动力转移

农村剩余劳动力转移，基本归纳有这几种：离土又离乡，长期背井离乡在外打工；离土不离乡，虽然背井离乡在外打工，但依然从事着故乡（民族）生产经济；离乡不离土，季节性、间续性参与故乡（民族）生产经济；扎根于故土，结合故乡（民族）经济，利用区域优势和自身技艺，扎根本土就业，甚至对口就业。随着国家对农村教育的投入、职业教育的投入、民族文化教育的投入，农村技术素质和学历逐步提高，职业教育对民族文化传承创新的潜力，慢慢彰显出来。

广西具有秀丽迷人的自然景观、绚丽多彩的民族风情、形成了多姿多彩的风土人情，各自的文化传统、节庆游乐、民间工艺、集市贸易、餐饮服饰等蕴藏着丰富的经济资源，需要大量的对口人才，中等职业学校的民族特色专业崛起，无疑可以满足大量服务地方经济的人才。例如，以民族旅游业发展为重点的经济，带动餐饮、导游服务、

---

① 李一峰. 自治区政府副主席黄俊华亲切慰问我校陈良老师［EB/OL］. (2018-01-15)［2019-05-04］. 广西理工职业技术学校官网：http://www.gxlgxx.com/news_xx.asp?/news/3993.html.

民俗风情歌舞娱乐、运输等产业发展，提供职业教育培训和特色民族技艺培训。学生毕业后，以高职业素质、技艺能力就业，进一步推动地方第三产业；反之，第三产业的发展，也吸纳更多有理论文化、商业素质和技术技能人才，推动职业教育的特色发展。

案例

（1）张艺谋漓江艺术学校。在桂林大型实景剧《印象·刘三姐》中，大量专业演员从张艺谋漓江艺术学校出来，学生学术有专攻，就业有门路。

（2）北部湾职业技术学校。北部湾职业技术学校坭兴陶专业学生，毕业生以高技能水平为坭兴陶企业服务，部分优秀毕业生甚至成为工艺美术大师，圆创业梦。

（3）广西苍梧县中等专业学校。广西苍梧县中等专业学校茶叶生产与加工专业，学生在校期间实践，参加茶艺比赛，积累经验，毕业学生供不应求。

（4）广西纺织工业学校。广西纺织工业学校创设"民族绣织坊"，通过设计、淘宝、微店等形式，将创意产品化、作品商品化，实现学习与就业衔接。

（四）提升了地方经济的社会效益

广西民族传统技艺，具有明显的区域性。中职学校培养的民族传统技艺人才定位，除了考虑自身发展和企业需求外，还应以服务社会为己任，提升地方经济的社会效益。教育部教职成司《关于进一步深化中等职业教育教学改革的若干意见》指出，进一步深化中等职业学校教育教学改革，就是要"坚持以服务为宗旨、以就业为导向、以提高质量为重点，面向市场、面向社会办学，增强职业教育服务社会主义现代化建设的能力"。

第一，民族传统技艺的人才培养，是为本地区经济发展所必需的人才类型、素质、层次配套的，它的社会功能与区域经济发展紧密联系，民族技艺可以为地方经济发展带来新的增长点，按社会需求确立办学方向和培养模式。

广西中职学校民族技艺传承。一是为区域经济发展服务，积极参与行业、企业、区域服务。除培养全日制学历教育生外，还承接外来技术技能培训。探索城区、社区、农村技能培训业务，使更多从业人员因培训掌握技能，得以脱贫或自力更生。二是为企业（行业）提供技术服务与支持，争创经济收益。三是通过民族技艺职业技能大赛、才艺展示、节庆活动提升地方影响力，带动旅游经济，通过服务区域经济成绩的取得，既促进了本专业的快速发展，又提高了学校的知名度，收到了良好的社会效益和经济效益。

案例

宾阳县职业技术学校依托宾阳县一带的汉族、壮族文化交融衍生的炮龙节，有上千年历史。自2007年，政府实施"炮龙文化"精品战略，打造"百龙舞宾州"特色品牌。近年来，每年增加100多条炮龙。学校成立的传承基地，以社团的形式开设炮龙制作和舞炮龙社团，承接培训，先后参与地方炮龙节，形成规模，使参与炮龙节的群众、游客剧增，吸引国内外60多家主流媒体采访报道。2012年，带动的旅游收入1.3亿元，带动了宾阳县的旅游、服务业的发展。随着炮龙文化的影响，"宾阳炮龙"走出国门，参加新加坡"新年妆艺达游行"活动，进一步提升炮龙节知名度。同时，每年的职业教育活动周，学校炮龙制作社团和舞炮龙社团走进社区，服务群众，取得良好的社会效益。

第二，民族传统技艺的人才培养不仅牵起了学校民族专业的办学质量，还牵起了地方用人单位的质量，通过用人单位的质量意识，把学生的培养同本地区的社会环境和经济需求结合起来。注重长远利益，克服盲目适应短期社会需求的弊病，淡化教育目标的功利思想，培养基础知识宽厚、创新意识强烈、具有良好的自学和动手能力的高素质民族传统技艺人才。

案例

在广西张艺谋漓江艺术学校,天琴是壮族民间弹拨弦鸣乐器,是广西壮族自治区非物质文化遗产保护项目。学校借助桂林旅游城市名片,把它和桂林大型山水实景演出《印象·刘三姐》结合起来。通过与当地旅游文化公司合作办学,确立"以就业为导向,走产学结合发展道路,为社会培养高素质的艺术人才"的办学宗旨。主要招收边远山区贫困学生,不收取任何费用,在学中做,做中学,白天学习文化基础课,晚上参加演出。既可以得到实训报酬,减轻家庭负担,并以精湛的技术水平和吃苦耐劳的精神受用人单位欢迎;又可以打造当地品牌,推动地方旅游经济发展;还可以为贫困山区拓宽就业门路,使更多的学生走出大山,使家庭脱贫。

(五)促进了师生和学员自主创业

民族技艺人才,因其特殊的传承渠道、培养环境、培养规模,学生从入学开始,学习的目的性较强。在学校教师(大师)手把手的教学中,部分学生脱颖而出,经过理论学习和专业学习,教师搭把手指导学生创作,把平时的作业变成毕业作品。经过一段时间的打磨,部分学生能以全新的精神面貌和更高的技能水平毕业,投入到就业实践中。这部分技能好、综合素质高的学生还从就业跨向创业,逐渐从手把手到放开手,成立自己的工作室,一方面将精湛的技艺打造成经济来源,一方面不忘反哺学校,承接更多学生到工作室实习实践,同时还解决师资困境。

案例

(1)广西纺织工业学校。广西纺织工业学校的"壮族织锦技艺"走出了一条"一带一路"背景下的民族织锦技艺传承之路,构建了"工艺—设计—营销"互促进,将"织、染、绣"完整地传承下来。一方面通过与社区中小学结对子,向社区居民开放教学资源;另一方面,为了让师生作品走向市场,2015年,学校注册"织绣坊"商标,注册同名淘宝店、微店。2015年以来，完成产品订单15批次，2016年10月，实现线上线下混合销售，产生经济效益。

（2）北部湾职业技术学校。北部湾职业技术学校培养了一大批优秀的坭兴陶艺人才，他们其中一部分选择自主创业（表5-21），成为广西民族文化产业发展的领跑者。

表5-21　北部湾职业技术学校毕业生在民族文化产业创业典型代表

序号	姓名	创办工作室名称	备注
1	刘欢	钦州市三鸿陶艺厂	钦州市工艺美术大师
2	黎钦	文龙陶艺工作室	钦州市工艺美术大师
3	陈杰	陈杰陶艺工作室	
4	何伟明	伟明陶艺工作室	
5	赖石	赖石陶艺工作室	
6	姚树赛	圆盈堂陶艺馆	工艺美术大师
7	罗志胜	志胜陶艺工作室	
8	苏顺亨	顺亨陶艺	
9	徐晓尊	钦州市晓尊陶艺有限公司	广西工艺美术大师
10	劳永涛	广西南宁晟扬广告有限公司	

二、理论成果

（一）教学成果奖

随着广西民族文化技艺传承进校园的推进，中职学校，特别是民族文化传承创新基地学校，纷纷从专业设置、课程教学、师资、实训基地等改革创新，申请项目促进研究、成立工作室促进教学。经过实践沉淀，取得丰厚成果，有学校作品、老师作品、学生作品、校企合作作品、师生合作作品（表5-22～表5-24）。

表 5-22 2017 年广西民族技艺传承成果统计表

学　校	成果展示名称	作品名称	获奖等级
广西理工职业技术学校	全国职业院校学生技能作品展	工艺品《壮乡少女》	一等奖
	中国—东盟职业教育联展论坛暨学生技术技能展	民族工艺	一等奖
广西纺织工业学校	全国职业院校学生技术技能创新成果交流会	《绣织坊》产品	一等奖
钟山县职业技术学校	贺州市艺术展演	《羊角长鼓舞操》	一等奖
		《门唻歌》	一等奖
柳州市第二职业技术学校	广西工艺美术作品展"八桂天工奖"	侗族坭兴陶《云》	银奖
		侗族服装《偶遇》	铜奖
		侗族工艺《溯源》	铜奖
	柳州市工艺美术作品展	侗族首饰《五行》	铜奖
		木雕《天下大同》	银奖
贺州民族旅游艺术职业学校	中国民间文艺	《板鞋龙》	山花奖
河池市职业教育中心学校	全国职业院校技能作品展	马尾绣《水秀南方》	二等奖
	广西工艺美术作品展"八桂天工奖"	《河池世居少数民族娃娃》	银奖
北海市中等职业技术学校	中国—东盟职业教育联展论坛暨学生技术技能展	贝雕系列作品	
苍梧县中等专业学校	中国—东盟职业教育优秀成果展	《六堡茶》制作	一等奖
南宁市第四职业技术学校	全国中小学艺术展演	《请你带走我的歌》	金奖
	南宁市中小学艺术展演	《灵哟铃》	金奖
北部湾职业技术学校	中国工艺美术"百花杯"精品街	《鱼乐壶》	铜奖
张艺谋漓江艺术学校	全国中小学艺术展演	《唱天谣》	二等奖
	广西中小学艺术展演	《山歌好比春江水》	二等奖

表 5-23 2018 年广西民族技艺传承成果统计表

学　校	成果展示名称	作品名称	获奖等级
广西幼儿师范高等专科学校	广西文艺汇演展	《嘹歌》	一等奖
广西艺术学院附属中等艺术学校	CEFACEFA 首届中国艺术职业教育舞蹈教学展演	《蛙鸣雨落》	最佳展演奖
	第 12 届"红铜鼓"中国—东盟艺术教育成果展演	《蛙鸣雨落》	最佳作品奖
		《京族天灯舞》	最佳优质课堂奖

表 5-24 与民族文化传承相关的职业教育教学成果奖统计表

序号	学　校	教学成果	授奖级别
1	广西中医学校	《养老服务专业视角下"产教融合、公建民营"护理专业实体建设的研究与实践》	2014 年职业教育国家级教学成果奖一等奖
2	北海市中等职业技术学校	《基于现代学徒制培养贝雕民族手工艺人才的研究与实践》	2014 年职业教育国家级教学成果奖二等奖
3	南宁市职业技术学院、广西职业教育发展研究中心、广西民族技艺行业职业教育教学指导委员会	基于少数民族优秀传统文化传承创新的"非遗工坊"模式探索与实践	2018 年职业教育国家级教学成果奖二等奖
4	广西职业技术学院、横县职业教育中心、昭平县职业教育中心、苍梧县中等专业学校、广西正久职业学校、广西农垦茶业集团有限公司、广西南亚热带农业科学研究所、广西茶文化研究会	跨界协同 四链融通：民族地区职业院校茶产业链人才培养创新与实践	2018 年职业教育国家级教学成果奖二等奖
5	北部湾职业技术学校	《中职学校民族文化传承"对接—渗透—交融"育人模式的研究与实践——以钦州坭兴陶为例》	2017 年广西职业教育自治区级教学成果奖特等奖

续表

序号	学　校	教学成果	授奖级别
6	张艺谋漓江艺术学校	《〈印象·刘三姐〉：校企共育实景演出人才，促进区域文化产业的实践探索》	2017年广西职业教育自治区级教学成果奖特等奖
7	广西中医学校	《基于壮医药文化传播的特色技能品牌课程的开发与实践》	2017年广西职业教育自治区级教学成果奖一等奖
8	南宁市第四职业技术学校	《基于大师工作室的新"师徒制"〈广西民族手工饰品制作〉课程改革与实践》	2017年广西职业教育自治区级教学成果奖一等奖
9	广西民族中等专业学校	《民族地区中职学校"313"民族特色课程开发与实践——以广西民族中等专业学校为例》	2017年广西职业教育自治区级教学成果奖一等奖
10	横县职业教育中心	《基于茉莉花产业转型发展的县域职校专业建设与改革的研究与实践》	2017年广西职业教育自治区级教学成果奖一等奖
11	南宁市第一职业技术学校	《广西民族特色小吃传承模式的研究与实践》	2017年广西职业教育自治区级教学成果奖二等奖
12	河池市职业教育中心学校	《"壮族三月三"非遗传承人才培养的研究与实践》	2017年广西职业教育自治区级教学成果奖二等奖
13	来宾职业教育中心学校	《基于传承优秀传统文化的职业教育特色课程〈民族声乐〉开发研究与实践》	2017年广西职业教育自治区级教学成果奖三等奖
14	广西华侨学校	《基于民族工艺手作工坊"德技身一体、四段晋级"育人模式研究与实践》	2017年广西职业教育自治区级教学成果奖三等奖
15	梧州市第二职业中等专业学校	《民族工艺品制作技能人才的需求和培养模式探究与实践》	2017年广西职业教育自治区级教学成果奖三等奖

(二) 专利成果

一些职业学校教师在从事民族文化传承教育教学工作的同时，积极利用本土非物质文化资源进行民族特色产品专利研发，并将科研成果转化成积极领域建设，参与民族传统文化创新的研究。他们利用广西民族文化元素巧妙设计民族服饰、生活用品，独具匠心，形成了一些专利成果。

案例

广西纺织工业学校高度重视专利成果的研究与申报工作，近年就取得了 10 项含有民族文化元素的专利成果（表 5 – 25）。

表 5 – 25　广西纺织工业学校含有民族文化元素的专利成果一览表

序号	名　称	专利类型	设计人	说　明
1	连衣裙《浮沉幻影》	外观设计	何　薇 李　卉	民族风格连衣裙系列
2	连衣裙《爱丽丝的仙境》	外观设计	马宇丽	民族风格连衣裙系列
3	连衣裙《潘多拉的秘密》	外观设计	陈秋梅 李　雯	民族风格连衣裙系列
4	连衣裙《金梦奇缘》	外观设计	汪　洪	民族风格连衣裙系列
5	连衣裙《出奇布衣》	外观设计	韦雪婷 潘　洪	民族风格连衣裙系列
6	连衣裙《如兰斯馨》	外观设计	吴丁丁	民族风格连衣裙系列
7	连衣裙《族变》	外观设计	康　静	民族风格连衣裙系列
8	记事簿（B6 盘扣计算机毛毡记事簿）	外观设计	雷　敏	民族风格记事簿
9	文件袋（A4 近毛毡绳绣文件袋）	外观设计	雷　敏	民族风格文件夹
10	文件夹	外观设计	雷　敏	民族风格文件夹

(三) 论文成果

广西相关学者与中职学校教师在积极参与广西中等职业教育传承创新民族文化的实践的同时，注重反思总结，从实践中提炼出智慧和理论,形成了一些论文成果(表 5-26)。

表 5-26 广西民族文化职业教育论文表(部分)

序号	论文名称	作者	发表刊物	发表时间及刊号
1	浅谈广西民族民俗文化的保护、传承与艺术职业教育的有机结合与良性互动	符 蓉	广西教育学院学报	2012(5)
2	论民族地区中等职业教育的文化使命	常军胜 刘远杰	广西师范大学学报(哲学社会科学版)	2012,48(5)
3	中等职业学校工艺美术品牌课程建设的研究——以贝雕艺术课程为例	贺 坚	艺术科技	2014(3)
4	将民族印染技艺纳入中等职业教育公共艺术课初探	刘仁礼	品牌	2014(6)
5	"任务驱动"教学法在《民族印染技艺》课程中的应用探究——以广西纺织工业学校为例	甘 敏	轻纺工业与技术	2014(6)
6	民族职教传承与创新少数民族传统技艺的模式探索	蓝 洁	职教论坛	2014(25)
7	基于地方民族文化的中职民族服装与服饰专业教学改革	汪 薇	课程教育研究	2014(32)
8	基于工作过程导向的中职民族印染技艺课程开发探索	潘荫缝	价值工程	2014(34)
9	渗透区域民族文化传承民族服饰技艺——广西纺织工业学校"民族文化进校园"教学改革典型案例	汪 薇	轻纺工业与技术	2015(2)
10	让民族文化之花在职业学校绽放——广西推进职业学校民族文化传承创新纪实	周仕敏	中国民族教育.	2015(3)
11	在职业教育中促进广西民族文化传承与创新的思考	蒋汉松 刘永福	美术界	2015(6)
12	民族工艺品课程开发与教学研究	陈 良	美术大观	2015(11)

续表

序号	论文名称	作者	发表刊物	发表时间及刊号
13	中职民族工艺探究式教学和学生学业评价——以坭兴陶专业为例	陈 慧	现代商贸工业	2015（14）
14	《民族印染技艺》品牌课程建设的探索与实践	刘仁礼	轻纺工业与技术	2015，44（3）
15	现代学徒制传承民族工艺的研究	李媛媛	广西师范学院硕士毕业论文	2016
16	中等职业学校特色课程的开发与应用研究——以广西北海市中等职业技术学校民间贝雕工艺课程为例	郭 鹤	广西师范大学硕士毕业论文	2016
17	中职坭兴陶雕刻艺术实践教育	唐飞飞	现代商贸工业	2016（17）
18	依托民族工艺手作工坊的"德技身一体"育人模式研究与实践	林翠云 赖雪清	西部素质教育	2017，3（10）
19	试论中职学校加强培养地方特色小吃文化传承人才的必要性		中国民族博览	2017（4）
20	民族文化传承人才培养的探索与实践——以广西中职民族文化传承示范特色项目建设为例	王 屹 王立高	职业技术教育	2017（6）
21	培养民族特色小吃传承人的探索	毛永幸	广西教育（中等教育）	2017（10）
22	对接—渗透—交融：中职学校培养民族文化传人的实践研究	梁燕清	广西教育（中等教育）	2018（2）
23	茶文化视阈下广西羊角长鼓舞的传承途探析——以学前教育为例	曾瑞玲	福建茶叶	2018（5）

我们可以按照作者类别，将上述论文分为四类。

第一类为高校教师和学者对中职教育传承民族文化进行研究，形成的成果文章。

（1）广西职业技术学院蒋汉松和刘永福的《在职业教育中促进广

西民族文化传承与创新的思考》提出:"职业教育是民族文化传承与创新的重要载体,必须主动对接区域民族文化产业发展,调整专业结构和改革人才培养模式,推动民族文化进校园、进课堂、进职业,校企共同开发系统化、科学化课程,探索建立大师工作室,推行教师、大师'双向进入'机制,探索推行现代学徒制等,推进民族文化传承人才培养的系统化,促进民族文化产业发展。"①

(2) 广西师范学院(后更名为南宁师范大学)王屹和王立高的《民族文化传承人才培养的探索与实践——以广西中职民族文化传承示范特色项目建设为例》,通过对广西职业教育民族文化传承创新工程进行梳理,探讨职业学校民族文化人才培养的基本模式。

(3) 百色学院常军胜和广西师范大学刘远杰的《论民族地区中等职业教育的文化使命》,认为"民族地区的中职教育蕴含了民族教育与职业教育的双重属性,具有特殊的文化使命和优化人文资源的功能"②。

(4) 南宁职业技术学院(后调入南宁师范大学)蓝洁的《民族职教传承与创新少数民族传统技艺的模式探索》,提出"由于少数民族传统技艺与一般手工技艺、现代职业技能都存在区别,在培养目标、技能类型、培养形式等方面明确特殊指向的'定技能培养'是职业教育推动少数民族传统技艺传承与创新的有效模式。"③

第二类为中等职业学校教师在本校民族文化传承工作中进行总结提炼,形成的理论文章,尤其以下几所学校表现最为突出。

(1) 广西纺织工业学校围绕民族服装与服饰专业改革,形成了一批优秀论文,包括汪薇的《渗透区域民族文化传承民族服饰技艺——广西纺织工业学校"民族文化进校园"教学改革典型案例》《基于地

---

① 蒋汉松,刘永福. 在职业教育中促进广西民族文化传承与创新的思考 [J]. 美术界,2015 (06):73.

② 常军胜,刘远杰. 论民族地区中等职业教育的文化使命 [J]. 广西师范大学学报(哲学社会科学版),2012,48 (05):138-143.

③ 蓝洁. 民族职教传承与创新少数民族传统技艺的模式探索 [J]. 职教论坛,2014 (25):26-30.

方民族文化的中职民族服装与服饰专业教学改革》，刘仁礼的《〈民族印染技艺〉品牌课程建设的探索与实践》《将〈民族印染技艺〉纳入中等职业教育公共艺术课初探》，甘敏的《"任务驱动"教学法在〈民族印染技艺〉课程中的应用探究——以广西纺织工业学校为例》，潘荫缝的《基于工作过程导向的中职民族印染技艺课程开发探索》等。

（2）北部湾职业技术学校开设了民族陶艺特色专业，梁燕清校长的《对接—渗透—交融：中职学校培养民族文化传人的实践研究》、唐飞飞的《中职坭兴陶雕刻艺术实践教育》、陈慧的《中职民族工艺探究式教学和学生学业评价——以坭兴陶专业为例》等文章从不同层次介绍了民族陶艺专业教学改革的丰硕成果。

（3）北海市中等职业技术学校将当地极具特色的内雕艺术引入校园，开设贝雕艺术课程。该校的贺坚老师在《中等职业学校工艺美术品牌课程建设的研究——以贝雕艺术课程为例》一文中介绍了学校贝雕品牌课程建设。

（4）广西理工职业技术学校陈良的《民族工艺品课程开发与教学研究》，基于本校教学改革经验，提出在职业院校中开展民族工艺品课程开发与教学研究，传承民族文化技艺。

（5）广西艺术学校符蓉在《浅谈广西民族民俗文化的保护、传承与艺术职业教育的有机结合与良性互动》一文中认为，"只有实现将本土优秀民族民俗文化的保护、传承与艺术职业教育有机结合的良性互动，坚定地扎根于自己足下这片热情的红土地，才能充分展现自身特色，发挥自身优势，走出一条适合自己发展的品牌之路。"[①]

（6）广西华侨学校林翠云、赖雪清在《依托民族工艺手作工坊的"德技身一体"育人模式研究与实践》一文中，提出要构建依托民族工艺手作工坊的"德技身一体"育人模式，培养尊师重道、爱岗敬业、精益求精、务实创新的民族工艺人才。

---

① 符蓉. 浅谈广西民族民俗文化的保护、传承与艺术职业教育的有机结合与良性互动[J]. 广西教育学院学报，2012（05）：31-33.

（7）钟山县职业技术学校民族文化（瑶族歌舞）传承创新基地经过三年实践，围绕着瑶族历史、瑶歌文化、瑶舞文化、瑶族地区经济发展建设等撰写公开发表论文 12 篇，曾瑞玲写的《茶文化视阈下广西羊角长鼓舞的传承途径探析——以学前教育为例》认为"部分瑶族已经拥有了自己的语言，但是却没有独立的文字。因此，除了师徒和家族传承羊角长鼓舞之外，缺少详细的文字记载……在我国传统文化体系中羊角长鼓舞和茶文化都属于重要组成内容，在文化系统中不但具备了丰富的文化元素，同时也体现出完善的价值理念。而茶文化凭借独有的文化内涵，若可以对其采取有效分析，并且在传承羊角长鼓舞中有效融入茶文化，必将可以凸显一系列理想价值。"①

（8）南宁市第一职业技术学校毛永幸在其《试论中职学校加强培养地方特色小吃文化传承人才的必要性》一文中，分析了广西民族特色小吃的现状，阐述了中职学校加强培养地方特色小吃文化传承人才，对落实党中央勤俭节约、反对浪费号召，服务地方经济，促进地方经济繁荣，传承与创新民族文化，建设社会主义新农村等方面所具有的重要意义。在《中职培养民族特色小吃传承人的探索与实践》一文中，介绍了南宁市第一职业技术学校根据广西民族地方特色小吃的发展现状，结合学校的优势骨干专业，在培养民族特色小吃传承人方面所开展的探索和研究。

第三类为硕士毕业论文。

（1）广西师范学院李媛媛的《现代学徒制传承民族工艺的研究》，"立足于现代学徒制双元培养、学校与企业深度融合的培养方式，对民族工艺传承的价值、困境、传承方式进行了梳理，并对民族工艺传承对策进行了系统、全面的研究。"②

（2）广西师范大学郭鹤的《中等职业学校特色课程的开发与应用研究——以广西北海市中等职业技术学校民间贝雕工艺课程为例》，

---

① 曾瑞玲. 茶文化视阈下广西羊角长鼓舞的传承途径探析—以学前教育为例 [J]. 福建茶叶，2018（5）.
② 李媛媛. 现代学徒制传承民族工艺的研究 [D]. 南宁：广西师范学院，2016.

通过研究贝雕工艺在中职学校的开发和应用问题，分析民间技艺传承与中职教育专业改革相结合的新型教学模式。

第四类为记者的深度报道。

例如，周仕敏的《让民族文化之花在职业学校绽放——广西推进职业学校民族文化传承创新纪实》。

三、媒体宣传及社会影响

（一）媒体宣传

2016年5月，习近平总书记在哲学社会科学工作座谈会中指出："构建中国特色哲学社会科学，一是要体现继承性、民族性。"党的十八大以来，我国在文化产业的资金、人力等方面加大了投入力度，使文化产业得到了快速发展，我国的文化产业链条进一步延伸，"文化＋"的效用日益彰显，有力地推动了文化与相关产业的融合发展。广西在"十一五"规划中，建设"文化广西"，就是要充分发挥广西的民族文化资源优势和旅游资源优势，以龙头产业带动文化产业。广西在"十二五"规划中，提出实施"文化精品战略，深度挖掘了广西丰富的民族文化资源，繁荣文化事业和文化产业"。

做好民族文化技艺传承创新工作，离不开舆论宣传的作用。通过一些期刊、网络、电视、广播等媒体宣传报道，展示办学成效等，在全社会形成关心重视民族技艺传承创新、关心重视职业院校民族技艺领域人才培养的良好氛围。通过政府主导、学校参与、社会推进的舆论，提高全民关注度，促进广西民族文化传承创新遍地开花。宣传形式有：一是把民族文化技艺转成文化产品，通过舞台、影视剧、动漫形式出现，在民族区域聚集地的节庆日播放，如广西艺术学校的壮剧《小米同学的脚》《劝学》、桂剧《拾玉镯》、彩调《探干妹》；二是把民族文化与青少年喜闻乐见的VR、动漫对接，如广西华侨学校的民族动漫《刘三姐》《海上丝路之铜鼓魂》等；三是把民族文化技艺跟旅游演艺对接，加入企业的宣传和民众的口耳相传宣传，如张艺谋漓江艺术学校的《印象·刘三姐》、宜州市职业教育中心的"壮族三月三"歌圩等;四是把民族文化技艺与旅游餐饮、纪念品对接,如南宁市第一职业技术学校在2016年国庆节,现场烹制"上汤老友粉",征服了2000多名食客。通过宣传报道,促进民族特色小吃发展,北部湾职业技术学校的坭兴陶、北海市中等职业技术学校的贝雕,无不扬名国内外。柳州市融水县职业技术学校借助"广西融水非物质文化遗产保护工作平台苗族蜡染画培训基地""柳州市非物质文化遗产进校园保护传承基地"优势,于2018年1月在县文化馆百花园展厅举办首届蜡染画展,《人民日报》(海外版)进行了报道,反响很大。

(二) 精准扶贫

民族地区的经济发展、民族文化技艺传承,离不开教育与科技的支持、离不开人才培养与劳动者的素质提升。职业教育是培养技术技能人才和改善劳动力结构与素质的重要手段,在民族地区经济社会中具有不可替代的作用。职业教育的价值取向关系其发展方向和社会功能的发挥,在反贫困的战略背景下,探讨民族地区职业教育的价值取向具有重要的理论价值和现实意义。"从国家的反贫困战略出发,结合民族地区职业教育的功能特性和实际发展中面临的问题,民族地区的职业教育应该把服务区域经济社会发展、实现精准扶贫作为未来的发展定位。"[1] 因为,在广西少数民族聚集区,每个县市都有一所中等职业学校,面对民族区域"三农"问题,职业教育精准扶贫应突出智力和能力扶贫、人才和文化扶贫。一方面通过努力提高自身办学质量和育人水平,实现技术的脱贫;另一方面是发挥区域的独特优势,助推区域经济社会发展,实现民族地区的脱贫。

经过实践探索,广西中等职业学校在助力国家精准扶贫方面,通过以下形式进行。一是民族文化人才定点委培培训模式,培养本土人才。按专业种类、订单、定向式培养,招收的是本地学生,学生毕业后回到本地工作,好处是实现人才本土化,流动性少,稳定性高。二

---

[1] 许锋华. 精准扶贫:民族地区职业教育发展的新定位 [J]. 高等教育研究, 2016 (11).

是民族文化产业化模式，通过校企合作，把地方最具民族特色的报告包装提炼，打响品牌，设立民族文化传承基地，通过基地的辐射作用，把民族文化产业化，带动区域致富。三是开展"互联网+"行动，让民族文化搭上信息快车，打破区域流通，使服务区域范围更大、服务的对象更为精准。四是纳入职业教育资助政策，对民族地区的贫困家境，减免学费，提供实习场所，提供有偿实习，让学生既能学到技术技能，还可以通过实习获得生活补助，在毕业后快速因工作经验丰富而独当一面。

职业教育开展的民族文化传承教育，有助于推进民族地区的精准扶贫。民族文化技艺多在本县、本乡、本村，农民可以利用本地文化资源，实现就地就业，干完田间地头的活，有余力可以做手工技艺，而且老少咸宜，通过职业培训，提升产品质量，达到社会效益、经济效益、文化效益等一举多得的共赢目的。例如，百色市靖西职业技术学校是广西民族文化技术技能人才培训基地，协同政府、行业企业培训，仅靖西旧州村，大量村民从事绣球生产，远销欧美、东南亚市场，从业人员达万人以上，户均生产绣球收入上万元。广西都安瑶族自治县的村民，利用本地的竹、藤、草、芒、枝等有韧性、弹性、柔性的特点，编织各种集欣赏、实用为一体的民族工艺品，远销日本、美、英、加拿大等地，实现脱贫致富。广西纺织工业学校利用"互联网+"，建设民族绣织坊，并在淘宝上注册"民族绣织坊"网店。2016年，注册开办微店"绣织坊"，实现创业。张艺谋漓江艺术学校，学校招生主要面对边远山区孩子，不收取任何费用，白天学习，晚上参与民族技能实训获取报酬，既免费学到专业艺术知识，又减轻了家庭负担。

（三）社会影响

民族文化的传承，不仅凝聚着区域民族特有的智慧和力量，具有社会感召力和时代推动力，其孕育的不屈不挠、百折不回、团结奋进、敢于挑战的意志和品质，磨砺人成长的毅力和灵感，是任何时代、任何时期都不会过时的社会价值取向，民族文化技艺的传承创新，便是这种精神的载体，具有强大的社会影响。

第一，民族技艺传承，通过学校的文明行为习惯的养成和成人教育，教会学生做人，形成专业素养和职业素养，完善心智，并且通过师者的言传身教、学习过程的思想陶冶，增进认知。"民族文化按照其符号象征功能，通过约定俗成的传承方式，对社区社会成员适宜角色予以提示和确认。"[①] 因而，职业学校的民族文化活动，有助于学生民族角色和社会角色的形成。每年的传统节假日或民族节庆日，通过民族特有的情感纽带凝聚优良传统，发扬民族技艺传承的德育作用。例如，广西钟山县瑶族盘王节的祭祀、藤县狮舞文化、贺州的客家文化、宜州的刘三姐文化、宾阳的炮龙文化、广西西北部红水河流域的壮族蚂拐节，无不通过仪式传承文化，使民族成员明确自己的位置，承担自己的社会责任和使命，确立自己的权利和承担的义务，从而增强家庭、家族、农村、社区、区域民族乃至中华民族的凝聚力。

第二，民族技艺传承，在信息化社会，也是智慧的集中体现。学习型社会科技高新化、信息网络化的特点也要求我们在民族文化的传承中，不断地学习新技术，跟上时代的步伐。中职学校传承民族技艺，通过服务整合，带动社区全民学习、终生学习、过程学习、团体学习，把先进的科学技术带到民间。例如，广西机电工业学校传承的铜鼓制造技术，在保持原有工艺造型上，利用数字化先进制造技术再现铜鼓纹饰、实物造型，运用计算机辅助设计/计算机辅助制造（CAD/CAM）技术完整呈现铜鼓作品加工过程，使传统插上科技翅膀，用数字化攻克难题。广西华侨学校的民族动漫，通过虚拟现实（VR）与动漫结合，重现"壮族三月三"民俗节日全景，在当今互联网传播大潮的背景下，制作民族动画《刘三姐》《海上丝路之铜鼓魂》，通过学习与传播，把"教中华文化，育龙脉传人"输出国内外。

---

① 张小东. 民族文化传承在社区文化服务建设中的现实意义［J］. 兰州学刊，2005（01）.

第三，职业学校的民族技艺传承教育对社会体育也采生了影响。民族体育是民族文化的重要组成部分，职业学校在抓民族文化传承时也开展了大量民族体育、健康与养生等教育工作，由此，也影响了民众对民族体育、健康和养生的态度，促进了全民健身的发展。其中包含几种类型。一是，民族传统保健养生、民族体育竞技、壮医诊疗等课程，强调体育锻炼和健康养生，给社会传达了健身的信息。二是，歌舞技艺类课程，如钟山县职业技术学校的《瑶族羊角长鼓舞》健身操等，因其对耐力、气息、灵敏度有较高的要求，也需要通过体育锻炼其心肺功能、柔韧性和协调性。三是，编织、雕刻、剪纸、烙画、刺绣等课程，需要宁静专一、摒弃杂念，可以通过体育锻炼（如广西中医学校开展的《民族健身气功》教学）来增强学生的定力。四是，舞狮、舞龙等课程，如藤县中等专业学校的狮舞高桩训练等，参与人多、时间长、强度大，培养了学生的耐力、敏捷性，向社会传递一种或柔美、或彪悍的健康的体育精神，影响越来越多的民众加入其中，达到全民健身的效果。

第四，民族技艺传承的影响，还有净化社会风气的功能，可以提高社会的审美能力。在社区的文娱生活中，通过民族技艺传承的美育功能，塑造人的心灵，启迪人的智慧。在各类民族技艺中，有刚劲雄厚、婉约醇美的风格美，有徐缓、激昂的韵律美，通过艺术传播，提升人们对美得感受力、鉴赏力、创造力，从而塑造优美、和谐、高尚的心灵。如广西凌云县职业技术教育中心的长号队。古时，瑶族长号是威慑野兽、通知人们来抵御自然灾害的武器和通信工具；现在，由于长号具有浓郁的民族特色，嘹亮的"低音、中音、高音"，不同的音高散发不同的感情，越来越受各种大型活动组织者的欢迎，成为各种大型活动必备的迎宾礼仪和节目，传递出庄严奋进的高亢美感。

第五，民族技艺传承有助于实现养成教育的心育功能。民族技艺传承在长年累月、反复锤炼的训练中，会帮助人面对挫折，挑战自我。在一次次的摸索中，影响人的承受能力，控制自身的情绪。与中小学、幼儿园结对子，通过社团开放日、民族技艺体验馆让更多的人尝试创作，进行职业体验。通过参加社区服务和社会展演，促使形成和谐的人际关系。由于亮相的机会增多，慢慢地曾经沉默寡言的人变得落落大方，曾经羞涩木讷的人变得阳光自信，并把这份自信带到家庭、社会、民族。例如，河池市巴马民族师范学校，为了形成合力，共同做大民族产业，联合桂林旅游学院、广西幼儿师范高等专科学校合作办学，旨在民族技艺人才学历提升、师资培训、演艺培养与提升、演艺节目创新、传承创新等方面拓宽视野，向高端看齐，进一步提高与旅游公司的合作，边学边演，完成自我提升。

近年来，广西职业教育传承创新民族文化工程的成绩令人欣喜，影响力与日俱增。

案例

柳州市部分中职学校结合当地多民族聚居的特性，大力弘扬少数民族传统文化，充分发挥少数民族学生及地区教师特长，将区域优质传统文化融入学生的日常学习生活中。例如，柳州市第一职业技术学校专门组建了侗族大歌队、芦笙队、龙狮队等文化传统社团，引领学生探索传统文化的魅力，弘扬及传承优质少数民族文化，展现少数民族文化特色；柳州市第一职业技术学校曾柳霞教师工作室出品的文创产品"炫彩柳州"成为柳州市政府赠送外宾的城市名片；柳州市第二职业技术学校响应国家文化强国战略，扩展侗族文化传承创新范围，将侗族刺绣、侗族大歌、侗族农民画、侗族油茶、侗族百家宴等非遗文化技艺以侗寨五娘（绣娘、歌娘、画娘、茶娘、厨娘）的形式，对接服装设计与工艺、工艺美术、美术设计与制作、学前教育、社会文化艺术、旅游管理等专业，将侗族文化创新成果进行国际化和商业化，推广开创国际交流与合作新局面。柳州市第二职业技术学校创立的文创产品品牌"侗礼"也已经完成整体形象设计及工商注册。融水职校借助"广西融水非物质文化遗产保护工作平台苗族蜡染画培训基地""柳州市非物质文化遗产进校园保护传承基地"优势，于2018年1月在县文化馆百花园展厅举办首届蜡染画展，《人民日报》（海外版）进行了报道，反响很大。

第三节 典型案例

案例一 钟山县职业技术校瑶族歌舞文化传承项目

本土——创编——蔓延
——钟山县职业技术学校羊角长鼓舞传承研究①

钟山县是一个多民族居住的地区,其中瑶族乡两个,占全县乡镇总数的1/6,民族乡区域面积占全县总面积的25.78%;全县历史文化绝大部分存活于民族地区。形成了钟山县少数民族"民族成分多、人口比例高、居住区域广、历史源远流长、文化存量大、文化积淀深"的特点。钟山县民间节日庆典多,其中基于瑶族的两安盘王节和花山瑶族乡乡庆最为隆重,而为了纪念先祖的《羊角长鼓舞》活跃于人们的生产生活。2010年,瑶族《羊角长鼓舞》获自治区非物质文化遗产名录。但在多元文化视角下,《羊角长鼓舞》因动作单一、乡土,受到冲击;其次,传承人老龄化,学习者以老年人居多,随着各种文化的冲击,民族意识的淡化,在青少年中推广较难。其三,受制于区域经济,大量居民外出打工,不愿回来学习,至今未形成品牌,难以产生影响。钟山县职业技术学校是自治区重点职业技术学校,生源大部分来自本区域初中毕业生,有较好的民族认同基础。2016年5月,钟山县职业技术学校被认定为广西民族艺术(瑶族歌舞)传承创新职业教育基地,同年,在学前教育专业开展瑶族歌舞课程。

一、瑶族长鼓舞与两安瑶族《羊角长鼓舞》概述

(一)瑶族舞蹈的演变

1. 瑶族《羊角长鼓舞》的起源

瑶族《羊角长鼓舞》流行于广西、广东、湖南等省瑶族聚居地

---

① 本案例由曾瑞玲撰写并提供。

区，多在瑶族传统节日、庆祝丰收、乔迁或是婚礼喜庆的日子表演。瑶族长鼓舞的历史悠久，在瑶族传统的祭盘王仪典中和在一些驱鬼逐邪、治病占卜的巫术活动中常跳此舞。现在瑶族长鼓舞已经成为群众性文娱活动。大多是表现生产、生活内容，如建房造屋、犁田种地、模仿禽兽动作等，形象生动，富有生活气息。击鼓有文打武打之分。文打动作柔和缓慢，武打粗犷豪放；有2人对打、4人对打，也可大群人围成圆圈打，气氛热烈，鼓声洪亮。《羊角长鼓舞》大部分反映瑶家人的生产斗争和生活习俗，反映了瑶胞的思想感情和理想愿望，具有瑶族独特的风格。

2. 两安瑶族《羊角长鼓舞》的起源

两安瑶族乡地处富川、恭城交界的大桶山下。改革开放以前，山高路远，当地瑶民保留着淳朴的民风，民族文化浓厚，民间传说盛行，民俗艺人辈出。相传，瑶族的祖先盘王带领瑶民们到山高林密的山上打猎，被凶猛的山羊用坚硬的犄角挑伤，滚落山下，挂落在一棵泡桐树上不幸身亡。同去的瑶民伤心欲绝，齐心协力追杀了那只祸害盘王的山羊，并且用山羊皮和泡桐树做成直径约20厘米、高1米多的长鼓，借以祭奠盘王。此后，瑶民们为纪念盘王，取下山羊角，结合长鼓，创作了羊角长鼓舞。每到年节庆祝，家庭祭祀，女人扮演山羊舞起了羊角，男人扮演盘王舞起了长鼓，跳起了羊角长鼓舞。

(二)《羊角长鼓舞》的艺术特征

1.《羊角长鼓舞》的基本形式

舞动长鼓的人数一般都不超过3个人，舞羊角的人数则不限。一般来说，若场地允许，舞动羊角的都是两个人、两个做一对，这样方可互相碰撞羊角，容易将舞蹈推向高潮。在跳跃时，先由舞动长鼓者连续拍打3下长鼓，舞动羊角者则排着队，躬着身，双手举起羊角，跟着节奏一步一步地边跳边出，跳一步点一下羊角；与此同时，大家跟着节奏轮番地呼喊"呼咃—呼呀—呀咃—呼呀"。跳到中间，舞动长鼓的演员连续拍打两下长鼓时，意思是让舞动羊角的演员做好准备，下一个动作就是"山羊"对打了，即舞动羊角者每隔一步，两人互相碰撞一下羊角，使之发出清脆的响声。跳到最后阶段，舞动长鼓者则连续拍打三下长鼓，大家明白这是将要结束了。接着，舞动羊角者则站直身子，把节奏加快，两个、两个地互相碰撞羊角，同时呼喊"呼呼—呼呼—呀吧呼"。跳到最后，舞动长鼓者用双手高高举起长鼓，舞蹈即宣告结束。

2. 《羊角长鼓舞》的艺术特征

《羊角长鼓舞》民族风格独特、原生态色彩浓厚、表演形式迥异，羊角舞蹈动作上刚劲有力，节奏明快，长鼓击打时鼓点声音洪亮，奔放，跳、跃、蹲、转、腾、挪都显示出一种坚毅的特征，整个场面热烈欢乐、快活。舞者人数不受限制，只要场地允许，几百人参加都可以，适合田间地头、竞赛和节庆活动。

(三)《羊角长鼓舞》的教育寓意

《羊角长鼓舞》具有深远的教育意义，反映瑶家人在远古生产生活中与自然做斗争的勇猛坚毅性格，随着社会的发展，更多反映了瑶胞的进取思想感情和对美好生活的理想愿望，是瑶民健康向上的正能量的民间传统文化写照。在学校教育上，传承创新有以下作用：一是促进民间社交活动的开展；二是《羊角长鼓舞》是民间健康文化娱乐的主要形式之一；三是提高人们的思想道德水平；四是促进地方经济发展，分解农村精准扶贫压力；五是促进社会的和谐稳定。

二、钟山县职业技术学校瑶族《羊角长鼓舞》传承研究

(一) 钟山县职业技术学校的原始调查研究

1. 调查的样本和目的

(1) 样本取样：县文化管理部门、两安乡企事业单位、钟山县职业技术学校、中小学校、两安瑶族村寨。

(2) 调查目的：一是了解两安瑶族《羊角长鼓舞》的开发应用；二是了解《羊角长鼓舞》的传承情况。

2. 调查的方法和过程

(1) 调查的方法：采用问卷调查法。共发放调查问卷400份，收回有效问卷376份，被调查人员年龄为18~65岁，文化程度在小学到大学之间。

(2) 调查过程分析：对本土《羊角长鼓舞》的了解认知调查，2.93%的人表示很了解，30.05%的人表示了解一点，67.02%的人表示几乎不了解。对本土《羊角长鼓舞》的传承情况调查，48.94%的人表示愿意学但没人教，19.95%的人表示无所谓，31.12%的人表示不愿意。对本土《羊角长鼓舞》的衰退原因调查，34.31%的人认为舞蹈动作单调没吸引力，对来自其他文化的冲击抵抗力低，37.23%的人认为宣传和保护没有引起政府与社会的足够重视，28.46%的人认为《羊角长鼓舞》已与现代生活方式不相适应，没有发展的价值。

结论：政府应加大宣传力度发挥引导和支持作用；学校应与时俱进，在创新发展中传承本土民族文化；相关行业应介入推广，形成产业链，成为民族文化传承可持续发展的推手。

(二) 钟山县职业技术学校聘请大师的师资队伍建设

民族技艺传承，其最原始的传承模式就是示范模仿和口耳相传。走到近代，民族技艺传承人培养还主要靠作坊，不外乎有两种模式：师承和家承。但是，目前这些方式不在我国义务教育体系和人才培养体系里，即使建立相关的技艺课程也无法传承原汁原味的民族传统技艺。传承方式虽有创新，但效果不明显。[①]

1. 聘请传承人、地方民俗专家传承原始技艺

2016年，学校成立民族文化传承创新基地以来，在学前教育专业开设民族歌舞课程，聘请《羊角长鼓舞》传承人盘福贵为舞蹈指导专家，指导本土舞蹈动作教学；聘请《门唻歌》传承人黄凤英为舞曲音乐指导专家，指导节庆礼仪教学；聘请民俗专家廖才彪指导歌舞研究；同时，还聘请当地文化馆馆长吴克勤进校进行专题讲座，聘请民间艺人黄海德、黄开妹作为艺术指导。

2. 聘请高校或行业专家改编，民族技艺通过高校或行业专家的

---

① 王延昭，李昶罕，刘红. 浅议民族教育框架下民族技艺传承人培养体系的构建[J]. 社会广角，2014.03.

改编，使《羊角长鼓舞》在传承原始技艺同时，进行创新，符合时代发展与舞台表演。

原始的歌舞技艺内容单调，动作简单。怎样在不失原味的基础上改编，使之观赏性更受年轻人喜欢，更具有舞台效果，更为大众喜闻乐见？钟山县职业技术学校项目团队分为两步走。

（1）到高级艺术学院聘请行家改编舞曲，创编舞蹈动作，按故事的叙事性、舞台的表现力、音乐的跌宕起伏把《羊角长鼓舞》改编成精品舞蹈《羊角长鼓韵》，搬上舞台。

（2）请当地民俗专家和本校专业教师改编《羊角长鼓舞》，在不失原味的基础上简化动作，去掉配乐，保留原始鼓点，改编成《羊角长鼓舞》操，适合日常健身训练，适合大众传播。

3. 传承人—行业专家—专任教师—兼职教师循环队伍建设

建立一支由传承人、行业专家、专业教师、兼职教师的复合型人才师资队伍，打造新型学徒制，培育有实践经验和创新经验的传承人才。

（三）钟山县职业技术学校羊角长鼓舞传承的课程改革实践

1. 校本教材的确立

（1）走进田间，摄制当地瑶族节日、庆典、祭祀的舞蹈视频，认真揣摩，形成校本的视频教材。

（2）查访民间古籍，汇合瑶族历史进程，汇编成校本教材《瑶族文化》《羊角长鼓舞》教学、《门唻歌教学》。

（3）专业教师按校本教材录制视频课件《瑶族文化》《羊角长鼓舞》教学、《门唻歌教学》。

2. 课程选择

（1）专业课程概述：钟山县职业技术学校主要在学前教育专业开展羊角长鼓舞传承教育，分为形体实践课、基础舞蹈课、民族舞蹈课《羊角长鼓舞》、公共文化必修课为民族歌舞历史课和展示课。

（2）非专业选修课程概述：非专业选修课程供其他专业选修，主要以兴趣小组的形式开展（图5-2）。

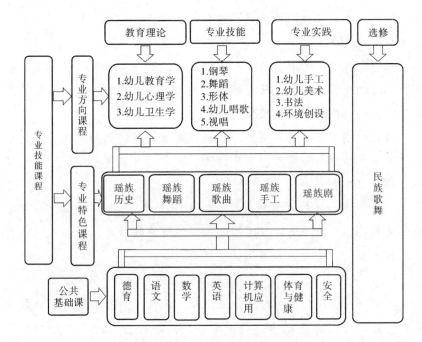

图 5-2 民族文化传承课程体系图

3. 实训基地建设

实践教学是职业教育的重要环节,教学与生产、科技以及社会实践相结合是培养高等技术应用型专门人才的基本途径。① 在少数民族地区建立不同的教学基地:一是采取灵活多样的合作方式(与两安民族中学、两安中心校、沙坪完小合作),本着资源互补、资源共享、互利互惠的原则,在开发、保护和传承的基础上充分利用基地的优势资源,共同促区域民族舞蹈发展;二是充分体现职业情境氛围,同时保证教学基地的高效运转,提高使用功效。

(1)校内实训基地建设:民族舞蹈教学需要有特色的载体,需要明显的民族文化氛围。钟山县职业技术学校借助2016年申报的民族文化(瑶族歌舞)传承创新实训基地,新建民族音乐室一个,民族舞

---

① 邱剑,黄玲. 西双版纳"民族民间艺术实践教学基地"的建构思考 [J]. 艺术教育论丛, 2011, 01.

蹈室一个，民族歌舞展示厅一个，满足校内民族歌舞教学实训和对外培训、参观展示、民族歌舞体验的需要。

（2）校外实训基地建设：民族舞蹈因其具有民族地域性和舞蹈的群众性，必须取之于民，用之于民。学生在校内学习的舞蹈课程，需要一个展示空间，面对以后教的对象——学生，表演展示的主体——观众。为了在教学过程中充分体现职业化、技能化的特色，实现学习与就业需求目标，营造既有职教特色又形式多样的舞台实训空间，先后在钟山文化传媒中心、沙坪村委、两安中心校、两安中学建立校外实训基地，一来满足学前教育学生实习培训，二来满足舞台表演培训。

4. 以赛促教，教研一体

舞蹈教学区别于其他教学，它不是普及性教学，而是选拔性教学。在一年一届的才艺展示中选拔优秀选手，代表各年级比赛。中等职业学校传承民族舞蹈，需要从各级层面参加比赛，扩大影响。"以赛促教"的人才培养模式能够在一定程度上鉴别教学的虚实，完善人才培养模式，以量变谋质变，以聚变孕新生。[①] 从教学层面上说，突出"人人有绝活，个个都出色"；从传承层面上说，突出人才筛选与保护；从科研层面上说，有助于加强对人才培养工作的反思与改进，提炼出教学改革成果。

钟山县职业技术学校推出一年一度的民族文化才艺展示，旨在学校扩大影响，变成传统，从各年级中选拔优秀人才，并吸引更多有舞蹈爱好的学生参与民族舞蹈传承。学校创编的《羊角长鼓韵》于2017年参加贺州市中小学生艺术展比赛，获得一等奖；于2016年和2017年参加两届自治区老干局民族文化"多彩金秋"山歌比赛获"优秀山歌手"两届奖。通过比赛，广泛提升了社会认知度，提升教师自身的专业素质和创编能力，教学实力也得到长足进步，进而促进师生传承民族舞蹈的责任感和使命感。

[①] 韩磊，莫非. "以赛促教"高职舞蹈表演人才培养模式的探究 [J]. 浙江艺术职业学院学报，2011.12.

5. 产教结合，补充课堂

民族舞蹈教学要获得推广，必须接受群众的检验。钟山县职业技术学校《羊角长鼓舞》传承，很大程度上要影响受众。学校除了在校内课程上完成教学，更在社区服务上完善教学，除了积极主动参与到政府部门主导的活动，如职业教育活动周、贺州"非遗展"，更在民间组织的"盘王节"、瑶族"乡庆"、"壮族三月三"、"澳门钟山两地青少年文艺汇演"文化展、公安廖屋扶贫义演演出；钟山县百里水墨画廊旅游宣传演出，甚至在贺州各乡镇节日接受民间邀请演出，丰富学生课内的基础学习和课外的舞台经验，增加地方红色旅游、绿色生态旅游、民俗旅游的吸引力，为国家精准扶贫效力。

（四）钟山县职业技术学校《羊角长鼓舞》传承活动创新

《羊角长鼓舞》的传承活动，基于地方传承的使命和服务地方经济的责任，需要政府、学校、行业和民间结合起来，以节庆活动作为存续的文化土壤，以政府行业导向作为推手，以学校作为主体完成，各类活动相互介入，相辅相成。

1. 在本土中吸收营养，在创新中求突破

吸收本土传承人的《羊角长鼓舞》舞蹈精华，作为基本动作，联合传承人、艺校专家、专业教师改编舞蹈，在不失传承性的基础上突出观赏性，突出舞台效果，改编原有音乐祭祀的晦涩，突出瑶王传说的故事性，体现民族精神的正能量，突出时代性。

2. 立足职教根本，参与职教活动，突出职业教育的技能性

在这些活动中，以职业教育主管部门为主，如职业教育活动周、中等职业学校文明风采等，以活动检测学生的技能掌握情况，基本功、表现力都在一次次抠动作上精益求精完成。2016年2月，钟山县职业技术学校《羊角长鼓舞》参加广西中等职业学校文明风采；2017年5月参加"喜迎十九大，共筑职教梦"职业教育活动周；2018年5月参加"职教改革40年，产教融合育工匠——民族文化助推精准扶贫"职业教育活动周。

3. 放眼幼儿起点，提升就业质量

创编《羊角长鼓舞》操，动作活泼、节奏明快，适合幼儿教学，

在本区域实习时，学生将这套《羊角长鼓舞》操带到幼儿园，实现民族歌舞文化，从幼儿抓起。

4. 服务地方，提升社会化效应

歌舞艺术的教学，需要演艺平台，产生效益。钟山县职业技术学校《羊角长鼓舞》主动联合行业或民间组织，如文化中心、旅游公司的商演，参与地方民间节庆，带有地域色彩的民族节庆活动，如瑶族盘王节、"壮族三月三"活动，拓宽学生的就业渠道。

5. 形成特色，参与政府推广

此类活动，以各级政府主导推动为主，如贺州市运会、贺州非遗传承展、花山瑶族乡乡庆、2017年钟山"贡柑节"电商扶贫活动、澳门回归18年展等。

三、钟山县职业技术学校传承《羊角长鼓舞》的实效与反思

（一）实效

1. 解决了这项非遗文化的传承人问题

《羊角长鼓舞》的传承，由于传承的老龄化，动作的单调性，缺乏吸引力，通过学生的传承创编，通过幼教学生对幼儿园的就业渗透，通过参加演出学生的推广，解决了老龄化问题，解决了影响力问题，进而推进学生的就业面问题。

2. 传承民族文化，助力脱贫致富

"从国家的反贫困战略出发，结合民族地区职业教育的功能特性和实际发展中面临的问题，民族地区的职业教育应该把服务区域经济社会发展、实现精准扶贫作为未来的发展定位。"① 在精准扶贫的今天，钟山县职业技术学校对《羊角长鼓舞》的传承创新，助力钟山的文化产业发展，助力旅游业的发展。例如，钟山县百里水墨画廊，通过旅游业的发展，带动农村的"农家乐"，使更多外地务工人员回乡，解决当地就业问题。

3. 增强民族自信，扩大民族地区职业教育的扶贫功效

当幼儿园、学校、农村、社区、文化公司都在学习《羊角长鼓

---

① 许锋华. 精准扶贫：民族地区职业教育发展的新定位 [J]. 高等教育研究, 2016 (11).

舞》，民族文化的影响力无形中增加了民族自信，更多的人愿意把孩子送到学校学习一技之长，进一步影响职业教育，从而减缓留守儿童教育问题，推动社会的和谐发展。

4. 通过课题研究，带动教师科研水平

本项目综合运用了实地考察、问卷调查、入户访谈、实践学习、影像记录、文献分析与理论研究等手段开展调查研究工作，全员参与，带动了教师的科研水平。整个调研工作可以总结为如下几个特点：一是走访次数多，共计13次；二是调研深入，吃住在传承人当中，收集改编素材4本；三是培训时间长，反复培训、走出去与请进来培训共计2 620人次；四是调研对象有代表性，代表性传承人、民间艺人；五是创编时间久，历时3年。项目调研及初步研究成果主要体现在以下8个方面：一是积累了第一手田野调查材料，形成调查问卷；二是在实践调查的基础上研究撰写了改编报告；三是在上述调查问卷和改编报告的基础上，引入学前教育课堂教学，从多学科视角，对民族舞蹈文化的功能、价值、意义与审美进行了深度阐释与教学应用研究，形成校本教材，教学设计；四是在广泛的田野调查、专题研究基础上，撰写研究论文11篇，创作歌词曲3曲，散文1篇；五是项目组整理出各类视频资料，包括宣传资料、访谈录音、录像资料4辑；六是制作民族文化网站；七是完成两次"民族·传承"才艺展示；八是开展扶贫演出两次。

5. 媒体推广，助推传承

课题开展，得到贺州电视台、钟山县电视台、贺州日报、八桂职教网、钟山信息网、钟山咨询、钟山鲜闻、最钟山等电视、报纸、网站、微信公众号的支持，利用媒体手段，广泛开展宣传教育活动，全面提升社会各界关注支持，全面提升本民族全体成员复兴本民族文化的重要性、自信心、责任感和自觉性的共识。为羊角长鼓舞的传承创新推波助澜。

（二）反思

1. 对大师的保护与管理

《羊角长鼓舞》在创编与推广的过程中：一是如何解决专业教师

的教育问题。这不仅仅是对技术传承问题，更要加强对其民族文化水平的重视，实现技术与文化的结合，达到最佳的效果这是一项长期过程。二是如何解决传承人的待遇问题。不能教会徒弟，饿死师傅。除了政府的制度保障，学校也应探讨聘用问题，使传承人既作为本土传承的保障，又可提出创编思路，使民族舞蹈无论怎样改编，都不失民族特色，不缺灵魂。三是在社会经济水平和人民社会质量不断提升的背景下，如何解决民族舞蹈为了吸引观众，过度向商业化发展，过度媚俗的问题。需要政府和行业共同探讨，达成共识，规范管理。

2．对校园的引进与推广

《羊角长鼓舞》在学校引进和推广过程中，应尊重民族的特色和内涵，更应尊重各学校的专业安排，使之更有效地结合学校特色、学生的特点推广，做到认识歌舞文化的特质、最大限度地提升民族认同。

3．对教学的细化与教学资源的丰富

本课题成员在学前教育专业开展的《羊角长鼓舞》传承教学，受众面积太窄，教材更新难以维继，导致课程安排时有打断。由于本课题教学任务比较繁重，资源库内容比较单调，主体仍然以备课教案、PPT、相关视频和图片为主，更多的模态的教学资源库还需要高投入的人力物力去丰富。

案例二　柳州市第二职业技术学校民族文化（侗族服饰）传承项目

侗绣进校园　大师传技艺　民族文化传承出新意
——服装设计与工艺专业服务地方产业发展典型案例①

一、实施背景

柳州素有广西工业名城、历史名城、文化名城、旅游名城之美誉。柳州市所管辖的三江、融水、融安等地是侗族、苗族、瑶族等少数民族的聚

---

① 本案例由柳州市第二职业技术学校吕涛老师撰写并提供。

居地，民族风情浓郁，民族文化源远流长。侗族刺绣位列柳州市非物质文化遗产名录中，是农耕文化的产物，主要集中在三江县同乐乡一带。

侗族刺绣具有"凡图必有意，有意必吉祥"的文化特征，反映出侗族人民对美好生活的向往和对神灵的崇拜。它以反复绣缀为特色，绣面平整、针法丰富、线迹精细、色彩鲜明，可广泛应用在头巾、婴儿背带、妇女胸兜、布花鞋、鞋垫、烟袋、挎包等人们的日常用品上。受人们生活方式的改变、现代工业技术的发展对传统手工业的极大冲击等因素的影响，带有浓厚乡土气息的侗绣用品逐渐失去存在的市场，已成为博物馆中的艺术收藏品。随着时间的推移，这个靠口授行为传承的文化遗产在逐渐消失，并且因为后继无人已濒临消亡。如何为侗族刺绣找回市场，服务于地方经济发展，重新焕发生命力，成为一个急需我们研究解决的命题。

传承是对非物质文化遗产最好的保护。我校服装设计与工艺专业请非物质文化遗产代表性传承人进校园，挖掘侗族刺绣的优势，找准侗族刺绣与现代生活的融合点，不断创新，在民族文化传承方面做了富有成效的探索。

二、主要目标

瞄准柳州市汽车后市场产业和民族风情旅游产业发展对特色汽车内饰品和旅游服饰品的需求，将柳州市非物质文化遗产项目"侗族刺绣"引入校园。建立非物质文化遗产传承人大师工作室，开展侗族刺绣文化研究，开设民族服饰制作课程，开发特色教材，传授侗族刺绣技艺，创新研发旅游服饰品及汽车内饰品，建立民族服饰与汽车内饰教学工厂，培养具备创作时尚民族风的汽车内饰品及民族服饰品能力的服装专业人才，为柳州市汽车产业和旅游产业的发展锦上添花，传承和发扬侗族刺绣非遗文化。

三、实施过程

1. 传承侗绣技艺，建立非遗传承人大师工作室

聘请柳州市非物质文化遗产侗绣代表性传承人韦清花大师进校园，向服装设计与工艺专业师生传授侗绣技艺。在校内建立大师工作

室，以大师为主导，专业教师为主创和助教，从侗绣文化和技艺中提取精华，将传统技法与现代技术相融合，教会学生创作具有民族风的各类饰品，在学中做、做中学，从而实现侗绣技艺的传承。

2. 研究侗绣文化，开设特色课程，开发新教材

组建项目课程研究团队，研究侗绣文化，根据专业人才培养目标，将侗绣文化及技艺的传授融入专业课程教学中，开发成为《广西少数民族服饰制作》《汽车内饰制作》两门特色课程，设为专业方向必修课，其中《广西少数民族服饰制作》成为自治区级立项建设的品牌课程。专业教师与侗绣大师一起互学互教，对学生边教边学，逐步积累教学项目和教学素材，开发形成了两本特色课程的配套教材，改变了侗绣技术口耳相传的传统传授方式，提高了技艺传承的稳定性和广泛性。

3. 运用侗绣元素，开发民族服饰及汽车内饰品

柳州市的汽车后市场产业和旅游产业需要具有地方特色的产品充实市场，经过可行性分析后，项目团队选定汽车内饰品和旅游民族服饰品作为侗绣文化和技艺传承和发扬的载体，通过大胆运用侗绣元素，在民族服饰及汽车内饰品上进行创新研发，形成多个系列作品，极有效地为地方产业的发展创新了思路，为侗绣非遗文化的弘扬和发展找到了出路。

4. 建设教学工厂，搭建生产性实践教学平台

为了将创新研发的作品转换为产品，同时为专业师生提供实践教学的场所，亲身体验生产过程，提高技能水平，专业积极寻找到了两家企业合作，与企业共同制定《民族服饰与汽车内饰教学工厂建设方案》。在学校及柳州市政府的大力支持下，投入资金，新建了一间民族服饰与汽车内饰教学工厂。通过教学工厂这个生产性实践教学平台，实现了侗绣技艺传承与企业需求的直接对接。

四、条件保障

1. 政府高度重视

自治区教育厅非常重视发挥我区职业教育在保护和传承非物质文化遗产中的作用，在本项目的开展指导和资金使用方面给予大力支

持。柳州市政府、市教育局也非常重视非物质文化遗产保护与传承，在本项目民族服饰与汽车内饰教学工厂的建设上给予了100万元的地方财政资金支持。

2. 企业积极参与

柳州市红裳服饰有限公司与柳州凌达汽车部件有限公司主动参与到项目实施过程中，发挥企业技术及管理优势，与学校建立产学合作研发中心，给予了新产品研发、教学工厂运行管理人力及物力支持。

3. 学校大力支持

学校为服装设计与工艺专业聘请柳州市非物质文化遗产侗绣代表性传承人韦清花大师，为大师工作室的建立调配场地及设备资源，为大师工作室的管理及运行提供资金及人力支持，保障了项目的有效推进。

4. 团队优势明显

服装设计与工艺专业具有一支视野开阔、专业技术精湛、研发能力较强的双师型教师团队，能支持和配合韦清花大师做好侗绣文化及技艺的传承和发扬工作，保障了项目的顺利实施并取得显著成果。

五、成果与成效

1. 突破非遗文化传承进课堂难题，教改成果传四方

侗绣非遗文化的精华经过项目团队之手，物化成为专业课程标准、教学资源和特色教材，打破了口耳相传的局限性，解决了非遗文化通过学校课堂广泛传承的问题。《广西少数民族服饰制作》《汽车内饰品设计与制作》两本特色教材经由广西教育出版社公开出版发行，在全国推广。通过互联网网络查询，尚未查询到同类教材。

2. 突破传统与时尚相融合难题，研发出特色新产品

传统的民族服饰和服装很难让现代都市人在日常生活中穿戴和使用。服装专业师生将传统民族元素巧妙地应用到现代服饰品和汽车内饰品中，研发出了具有特定民族风格的多个系列作品，得到两家合作企业的采纳；在柳州市创意集市活动中展出，被人们竞相购买；在全国全区学生技能作品展览洽谈会上获得了二、三等奖的好成绩。

3. 突破非遗传承濒临消亡的困境,培育地方产业急需人才

侗绣文化及技艺通过专业课堂向学生广泛传授,通过旅游民族服饰与汽车内饰品这些具有广阔市场前景的载体焕发了新意,破除了传承和发扬的困境。拥有民族文化素养和技艺的专业学生具有更广阔的就业市场和提升空间,备受企业欢迎。我们培养的第一批学生已在知名服装企业上岗,其中的优秀学生很快被提拔为设计部门的技术骨干或成为企业的技术骨干培养对象。第二批学生还在校即被企业预订一空。不断有企业慕名而来,寻求与学校建立订单培养合作关系。

六、体会与思考

选择引入校园的项目必须符合区域经济和产业发展的需求,学校自身必须有实施项目的条件和基础,选择什么样的项目是决定研发工作是否有价值的关键。本项目在校企合作推广研发成果,带动三江侗族自治县具有侗绣手艺的村民发家致富方面还有很大的发展空间,值得长期研究并大力推进,争取企业、学校、学生、村民的多方共赢。

案例三 南宁市第四职业技术学校民族文化(大师工作室)传承项目

基于大师工作室的校企合作模式下《广西民族手工饰品制作》特色课程的改革与实践[①]

一、成果研究背景

1. 社会背景

广西简称桂,南临北部湾,是以壮族为主的多民族聚居区。各民族在八桂广袤的土地上,以自己的勤劳和智慧创造了灿烂的文明,其中少数民族传统手工艺品是八桂传统文化中的一朵奇葩。广西少数民族传统手工艺品主要有织锦、绣球、刺绣、铜鼓、雕画、陶瓷、画扇、编织等,它们既是八桂人民谋生的手段,也是八桂文明的重要载体。

---

① 本案例由南宁市第四职业技术学校贾旭老师撰写并提供。

2. 产业背景

一是广西土地广阔，气候温润，物产丰富，少数民族传统手工艺品赖以发展的原材料资源丰富；二是广西城乡劳动力丰富，适合对以手工技艺为主的传统手工艺品的投入，劳动力成本较低；三是广西区内很多院校设立了工艺美术专业，为发展少数民族传统手工艺品培养了大批专业技术人才，形成强有力的科学技术支撑。

因此，传承民族服饰文化，需改革教学模式，调整教学内容。2013年，我校建立服装专业民族文化技术技能人才培养培训基地，加强服装设计与工艺专业人才民族文化技能的培养，民族传统技术技能课程的传承性改革，满足服装行业发展的民族文化技术技能型人才的需求，培养掌握少数民族传统工艺技能的创新型服装制作工艺人才，是经济社会和文化发展的需要。

二、改革目标及思路

传统手工艺的保护与发展，关键是人才的培养。通过广泛的行业企业调研，与企业工艺美术大师、专家共同研究，将民族手工艺人才培养目标定位为：培养符合区域经济发展需求，具备广西民族传统人文素养、民族传统工艺和技术、创新意识、服装设计与工艺专业视野等综合素质的民族手工与制作技能人才。

本课程改革和实践立足于广西少数民族地区，服务地方经济，秉承广西民族手工艺文化与技术传承，以培养传统手工艺饰品设计制作人才为目标，以民族手工饰品制作为主导，以校企合作的工艺美术大师谭湘光工作室为平台，以新"师徒制"传授模式，改革服装设计与工艺专业民族特色课程，编制了相关特色教材，将学徒制与学校教学形式相结合，形成以工作过程为导向的教学模式，确定服装设计与工艺专业多元综合评价模式，培养了具备民族传统手工制作技能和服装设计制作技能的复合型专业技术人才，为广大传统手工艺人才培养的改革与创新提供了借鉴。

三、主要成果及内容

(一) 开发《民族手工饰品设计与制作》课程

将广西少数民族服饰文化引入中职服装设计与工艺专业，为少数民族地区培养具有民族个性特色的技术技能人才。利用第四职业技术学校为广西中等职业学校民族文化技术技能人才培养培训基地的优势，分析广西民族手工艺技术与第四职业技术学校服装设计与工艺专业的契合点，开发《民族手工饰品制作》课程。

以下是课程开发的主要内容、措施。

1. 课程的标准确立

该标准包括课程定位、课程设计、课程目标、课程内容及课时分配、课程实施等。

2. 课程教学模式创新

打破过去传统的理论与实践分离的教学模式，构建新"师徒制"教、学、做、评的教学模式。以新"师徒制"教学方式改变传统师带徒的传承模式，使传承更加规范、系统、科学，推动广西少数民族手工饰品与时代发展、科技进步、市场相结合，提升民族手工饰品的品质，使其具有中国特色、民族特色。

3. 课程教学内容有特色、手段和方法多样

教学内容以民族手工饰品制作为基本内容，在教学手段和方法的改革上，主要采取了项目教学、现场教学、多媒体教学等多种教学方法。实现了知识教育和能力培养的融合理论教学和实践教学的统一。

4. 课程教学资源开发和利用

基于新"师徒制"教学方式，运用"传帮带"的方法，发挥责任清晰、分工明确、传承技艺的功效，大师与教师共同解读《民族手工饰品制作》课程教学目标。根据目标寻找民族手工饰品制作的资源线索，依据线索多途径开发资源，实现课程资源与课程内容的结合。创造性地多种方式利用资源，将教学与科研、现代技术与民族手工饰品制作技艺有机结合。这是传统民族文化的传承，以传授技艺和吸收技艺为纽带，达到合理、有效地进行课程资源开发与企业共同发展的基本目的。

(二) 编写《民族手工饰品制作》教材

民族手工饰品具有浓郁的民族和地域特色，体现了区域人民的审

美和文化特点，承载了民族文化精髓。在世界文化交融碰撞的今天，民族传统文化是现代设计师寻找创造力的来源。不同民族、不同特色手工艺饰品的色彩、造型等在现代设计中的应用，是新设计语言的实现，也是传统手工艺技术与现代设计理念融合的新尝试。

为了拓展民族传承文化与现代服饰设计融合，使学生掌握广西民族手工工艺技术并能与服装工艺相结合，我们开发编写《民族手工饰品制作》教材。教材主要以民族手工饰品制作的基础概述、材料与工具、广西少数民族手针工艺的针法与特点、服饰传统手工工艺、民族手工饰品创意设计与制作等几个项目教学为主导，以"任务驱动，学做一体"的方法展开实践。因此，本教材的编写顺应当今设计发展的潮流，为培养现代新型设计人才做铺垫。

(三) 新"师徒制"的教学方式与实施成效

1. 新"师徒制"教学方式

针对学校的实际情况和专业特点，通过校企融合，学校、企业的深度合作。以校内共建工艺美术大师谭湘光工作室、校外共建的湘光织锦坊实训基地为平台，实践新形式的"师徒制"教师培养方法和手工技能传授模式教学方法。

新"师徒制"教学方式（图5-3）是由企业大师、师傅以不同的教学目标、教学内容、手段和方式，交互式并具有针对性地教授教师与学生。灵活运用"一对一、一对多"的培养优势，分学徒初级期、中级期两个阶段进行人才培养。

(1) 大师

大师在校内的《工艺美术大师谭湘光工作室》、校外《湘光织锦坊》"一对一"传授教师民族手工饰品制作技艺与创作原理，传承民族文化内涵，交流传统与现代、技艺与文化融合创新实践；传授学生民族手工饰品制作基本技能；传授企业师傅传统技艺。

(2) 师傅

企业师傅在校内的《工艺美术大师谭湘光工作室》、校外《湘光织锦坊》"一对一、一对多"传授教师民族手工饰品制作技艺、交流传统与现代、技艺与文化融合创新实践；在校内的《工艺美术大师谭湘光工作室》、课堂与校外《湘光织锦坊》，教授学生民族手工饰品制作技艺，培养学生的职业素养与创新意识。

（3）教师

教师重视技术研究和创新，吸收传统学徒制边看、边干、边学的现场学习优势和教育制度"系统、高效"的人才培养优势，与学生共同提升技艺水平。并在课堂、"工作室"中传授学生民族文化内涵和指导学生进行传统与现代、技艺与文化融合创新实践。

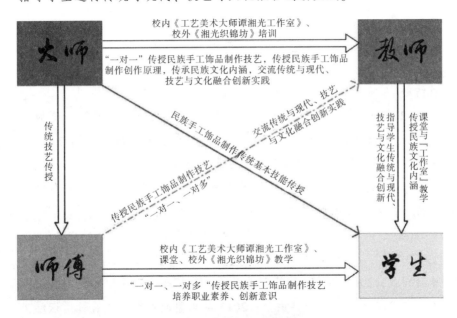

图 5-3 服装设计与工艺专业新"师徒制"教学方式示意图

2. 新"师徒制"实施成效显著

（1）提升师资技能水平

根据《民族手工饰品制作》课程改革、工作任务驱动项目教学的需要，引进校外大师、名师等参与学校课程、工作室的项目教学，以大师带"名师"，以名师育"明才"校企共融共发展。同时，根据学校建设改革的需求，基于新"师徒制"教学方式的应用，提升教师的技术技能，建设了一支"德高""学高""技高"的亦工亦教、工学兼专的教师主力军。

（2）科研成果突出

2013—2015年，有4个与民族文化传承技术技能人才培养研究相关的教改项目分别获批为广西中职教育教学改革项目一级立项两个、重点立项一个，三级立项一个。

（1）2013年广西中等职业教育教学一级立项项目课题两项：梁莹主持《服装设计与工艺专业品牌课程与资源库建设》（2015年11月结题）；凌小冰主持《〈广西壮锦技艺〉课程建设》。

（2）2015年广西中等职业教育教学重点立项项目课题：贾旭主持《校企合作服装设计与工艺专业〈广西民族手工饰品设计与制作〉课程教学资源库建设》（研究成果获得认证）。

（3）2013年广西中等职业教育教学三级立项项目课题：谢家芝主持《广西少数民族非物质文化遗产走进中职校园》。

（4）"以赛促教、以赛促学"，提高教学质量

2013年，全国职业院校作品展洽会民族服饰品获二等奖一项，三等奖6项；2014年全区中等职业学校民族工艺品技能比赛获一等奖一项，二等奖一项，三等奖两项；2015年东盟职业教育联展暨论坛学生技术技能展获二等奖两项。最近5年，中职学生服装专业技能大赛共获得全国奖10项、自治区奖37项、南宁市奖31项。

（四）开发服装设计与工艺专业多元综合评价模式

在学校"45N"多元化评价思想的指导下，以服装专业建设指导委员会为平台，组建由利益相关方组成的教学质量评价、监控、督导小组和学生教学信息员队伍，完善教学质量评价与保障等制度，改革课程考核办法，加强实习实训全过程管理，建立毕业生跟踪反馈系统，构建学校、企业、教师、学生共同评价监控的质量评价体系。

多元综合素质"45N"评价模式:"4"即:学生、教师、家长、企业(社会)4个维度;"5"即:职业素养、文化基础、专业技能、身心素质、发展潜力,五项能力一体;"N"即评价工具和方式多样。(图5-4)

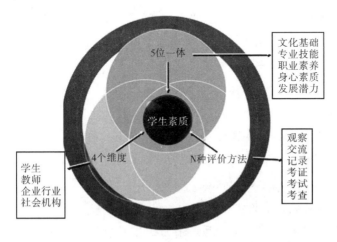

图5-4 学生多元综合素质"45N"评价模式图

(五)构建服装设计与工艺专业信息化教学资源平台

以资源共享、共建为目的,以创建精品资源为核心,面向海量资源处理,集资源专业化分类存储、学习应用、知识管理为一体的资源管理与教学的平台,为服装设计与工艺专业教学资源的整理、发布共享和管理维护提供统一的网络平台。教学资源库应用于课堂教学,促进了传统的教学模式改革发展。

四、成果的创新点

(一)课程开发结合民族传承,建设标准贴近广西民族文化经济需求

《民族手工饰品制作》课程的设计思路是以中等职业学校服装设计与工艺专业典型工作任务和职业能力为依据确定课程目标,设计课程内容,即以民族手工饰品制作领域对手工工艺知识的具体要求而设置。以典型工作任务为载体,以服务工作流程为主线,以新"师徒

制"为教学方式,构建项目化课程。按民族手工饰品制作的各项任务设计学习过程,通过现场任务导向、小组活动等教学。

《民族手工饰品制作》课程的目的是秉承广西民族手工艺文化与技术传承,以培养传统手工艺饰品设计制作人才为目标,以民族手工饰品制作为主导,以校企合作的工艺美术大师谭湘光工作室为平台,以新"师徒制"传授模式,改革服装设计与工艺专业民族特色课程。培养教师与学生的实际操作能力,提高技术技能水平,把传统手工艺与先进生产技术以及文化新时尚进行结合,逐步形成相关职业能力。

坚持"产学结合,校企互动",专业课程开发结合广西民族工艺传承目标,与广西民族文化经济需求相结合,通过工艺美术大师谭湘光的参与指导,为课程教学改革提供宝贵的理论和实践经验,并开发与企业岗位相衔接的课程内容。

（二）创新改革教学方法

以校内共建工艺美术大师谭湘光工作室、校外共建的湘光织锦坊实训基地为平台,打破单一的企业师傅教授学生的传授模式,实践新形式的"师徒制"教师培养方法和手工技能传授模式教学方法。

新"师徒制"以大师教授教师,师傅教授学生,教师与学生共同提升技艺水平,形成将传统学徒制度与学校教育制度相结合的新型传授模式。灵活运用"一对一"的培养优势,经学徒初级期、中级期两个阶段,培养教师与学生的民族工艺饰品设计制作能力。

（三）教材内容有创新

1. 项目教学为主

"以项目为主线、教师为引导、学生为主体",改变了以往"教师讲,学生听"被动的教学模式,倡导学生主动参与、自主协作、探索创新的教学模式。

2. 鲜明的特色性

本教材对民族手工饰品制作工艺做了详细的介绍,特别是广西地区民族手针工艺,包括图案、纹饰、工艺等。通过对民族工艺的了解,重点运用传统工艺的要素进行相关设计制作,培养学生的创造思维和实践操作能力。

3. 时代性

本教材并未局限在介绍了解传统工艺层面，而是着眼于传统工艺的持续发展上。基于"再设计"的发展理念，创造符合社会审美观和功能需求的产品，使传统手工艺纳入日常消费视野，触发新的活力。

五、成果的推广与应用

（一）校内推广效果

本项目辐射校内美术绘画、学前教育、音乐、舞蹈4个专业。借鉴服装专业民族特色课程，进行课程教学改革，分别开设《图案设计》《创意设计》《民族手工制作》《手工制作》等课程。工艺美术大师谭湘光工作室开发制作系列民族包、服饰品，通过服装网络营销工作室向市场推广销售学生制作的服装特色产品。

（二）校外推广应用

1. 民族手工艺作品得到国家领导人的赞誉，享誉全国

2015年3月30日，刘延东副总理视察南宁市职业教育时，对该校服装设计与工艺专业学生的民族手工饰品制作技能展示给予了肯定，在展示现场，接受了学生制作的壮锦手工包作为纪念品。2013年全国学生技能作品展洽会上，学生作品共获二等奖一项，三等奖6项；2014年全区中等职业学校民族工艺品技能比赛获一等奖一项，二等奖一项，三等奖两项。

2. 学生民族手工艺作品走进东南亚

2015年，在中国—东盟国际职教联展中，学校服装设计与工艺专业学生的民族服饰作品深受东南亚友人的好评，并获东盟职业教育联展暨论坛学生技术技能展二等奖两项。该校结合壮族传统手工制作传承而创设的"巧手社"学生社团的成果被团中央收入《中等职业学校优秀社团100例》一书出版。

3. 勇担社会责任，提供技术咨询与服务

学校多次承接广西区残联、南宁市扶贫办等培训项目，学校成为首批国家级残疾人职业培训基地和广西中等职业学校民族文化技术技能人才培养训基地，为广西和南宁提供企业员工培训、残疾人再就

业等培训，为提升就业人口职业技能、促进区域经济社会发展做出重要贡献。为武鸣、横县等县级中等职业学校提供服装技术培训服务。服装专业信息化教学资源平台也为兄弟院校提供了教学资源。

（三）示范与辐射作用

通过项目研究、创办工作室、课程建设等形式，传承民族传统文化，2013年该校列为"广西中等职业学校民族文化技术技能人才培养培训基地"。多年来，学校连续承办南宁市中等职业学校服装设计与工艺专业技能比赛；连续承接南宁市示范课交流活动。通过承办活动，展示学校的专业建设成果，交流教学经验，扩大了服装设计与工艺专业的专业课程的示范、引领和辐射作用。

广西电视台、《南国早报》、八桂职教网等多家媒体对我校服装设计与工艺专业建设、学生技能大赛做了多次报道。

六、成果的形式

1. 出版专著（表5-27）

表5-27 出版教材一览表

序号	名　称	编　者	出版时间	出版社
1	《民族手工饰品制作》	主编：贾旭；副主编：梁莹、黄家宇	2018年5月	中国纺织出版社

2. 获得的主要奖项及荣誉（表5-28）

表5-28 获得主要奖项及荣誉一览表

序号	成果名称	获奖者	获奖时间	获奖类别	获奖来源
1	"黄炎培"杯全国纺织服装职业院校技能大赛银奖	教师：黄曼曼	2016年12月	国家级	中华职业教育社
2	"黄炎培"杯全国纺织服装职业院校技能大赛铜奖	教师：贾旭	2016年12月	国家级	中华职业教育社

续表

序号	成果名称	获奖者	获奖时间	获奖类别	获奖来源
3	全国职业院校学生技能作品展洽会优秀学生技能作品二等奖	学生：莫晶晶 指导教师：杨筱玲	2013年6月	国家级	全国职业院校学生技能作品展组委会
4	全国职业院校学生技能作品展洽会优秀学生技能作品三等奖	学生：李舒婍 指导教师：凌小冰、周红卫	2013年6月	国家级	全国职业院校学生技能作品展组委会
5	全国职业院校学生技能作品展洽会优秀学生技能作品三等奖	学生：黄海丽、伍志莹 指导教师：黄家宇	2013年6月	国家级	全国职业院校学生技能作品展组委会
6	全国职业院校学生技能作品展洽会优秀学生技能作品三等奖	学生：聂小翠 指导教师：贾旭	2013年6月	国家级	全国职业院校学生技能作品展组委会
7	全国职业院校学生技能作品展洽会优秀学生技能作品三等奖	学生：刘芯颖、蒙潇潇、许诗华 指导教师：凌小冰	2013年6月	国家级	全国职业院校学生技能作品展组委会
8	全国职业院校学生技能作品展洽会优秀学生技能作品三等奖	学生：黄海丽、韦燕燕、黄予洁、蒙潇潇、许诗华 指导教师：宁振邕	2013年6月	国家级	全国职业院校学生技能作品展组委会
9	全国职业院校学生技能作品展洽会优秀学生技能作品三等奖	学生：黄海丽、韦燕燕、 指导教师：滕洁清	2013年6月	国家级	全国职业院校学生技能作品展组委会
10	中国－东盟职业教育联展论坛学生技术技能展二等奖	学生：黄燕燕 指导教师：贾旭、何雪英	2015年11月	自治区级	中国－东盟职业教育联展委员会

续表

序号	成果名称	获奖者	获奖时间	获奖类别	获奖来源
11	中国-东盟职业教育联展论坛学生技术技能展二等奖	学生：陆菲菲、陆锦玉、李梦兰 指导教师：贾旭、周红卫	2015年11月	自治区级	中国-东盟职业教育联展委员会
12	全区中等职业学校技能比赛民族工艺品项目一等奖	学生：黄媚 指导教师：何雪英	2014年6月	自治区级	广西壮族自治区教育厅
13	全区中等职业学校技能比赛民族工艺品项目二等奖	学生：黄春凤、马艳芳 指导教师：黄家宇	2014年6月	自治区级	广西壮族自治区教育厅
14	全区中等职业学校技能比赛民族工艺品项目三等奖	学生：冯彩凤、许诗华、陈萍 指导教师：周红卫、黄曼曼	2014年6月	自治区级	广西壮族自治区教育厅
15	全区中等职业学校技能比赛民族工艺品项目三等奖	学生：许庆显、黄艳艳 指导教师：滕银青	2014年6月	自治区级	广西壮族自治区教育厅
16	广西中等职业学校民族文化技术技能人才培养培训基地	南宁市第四职业技术学校	2013年3月	自治区级	广西壮族自治区教育厅

七、成果评价

该成果通过建立"工艺美术大师谭湘光工作室"，以新"师徒制"形式传承技艺，经过初级期、中级期两个阶段，形成了具有本土特色的民族课程、评价模式。项目组成员编写了《民族手工饰品制作》教材，在校内建立工艺美术大师谭湘光工作室，培养掌握民族手工饰品制作技艺并与大师、专家建立师徒帮带关系的3名教师，实现教学过程与生产过程紧密对接，教、学、研、产、销一体，民族手工艺基本知识普及1 000多人。引入少数民族服饰文化研究，研究立足于本土少数民族，立足于学生实际，立足于适应社会，立足于未来，让学生了解本土民族服饰的特点、历史、现状、未来，有助于增强民族自尊心和自豪感，拓宽学生视野，扩大知识面，培养实践能力，提高综合素质，为步入社会和工作岗位打下基础。

课题成果体现了区域民族特色，引大师入校，开展新"师徒制"，培养一批民族手工饰品制作的人才，传承了民族工艺，建立了民族工艺产业传承的一条有效途径，形成了部分研究成果和展示民族传统产业的窗口，可以在服装设计与工艺专业和课程改革方向进行示范和推广。

第三篇

困境与突围

第六章 广西中等职业教育传承与创新民族文化的困境

第一节 现实困境

一、政府层面的问题

1. 多部门管理带来管理混乱

我国职业教育传承民族文化,一直处于多头管理,政出多门的状态,即教育部门管学校办学,文化和旅游部门管文化保护和传承,人力资源和社会保障部门管产业用人需求,工业和信息化部部门管行业规划、产业政策和标准的拟订实施。行政管理部门不能用同一声音说话,让人无所适从,甚至部门间相互推诿扯皮,造成行政管理的资源内耗,降低了行政效率,也影响了政府部门的权威性。

2. 监管不到位导致效益不高

由于民族文化传承自身的固有特性,抓民族文化传承的效益显然不如抓经济那么立竿见影,因而各级政府和机关往往未能将民族文化传承工作提到应有的高度。加之多部门管理带来管理混乱,使职业学校的民族文化传承工作常常得不到必要的指导和监管。民族文化传承依赖于学校层面的理念和自觉,学校重视且措施得当的,就落实得好些；学校不重视或措施不当的，就不开展民族文化传承或落实效果差。没有指导、督促、标准和问责，导致广西职业教育传承民族文化从整体上来说效益不高。

二、行业企业层面的问题

1. 企业对校企合作缺乏热情

校企合作是办好职业教育的关键。但在现实中，职业教育的校企合作往往是学校热企业冷，学校"一厢情愿"，企业参与校企合作的兴趣不浓、热情不高，只想向学校伸手要人，却不想参与职业教育的育人过程。校企合作在深度和广度上都明显不足，也缺乏制度的保障。

民族传统技艺掌握在一些传承人和民族文化企业手中，受传统的技艺传承"私属化"观念影响，一些企业和传承人对传承技艺采取的"保密"的态度，担心在校企合作中"泄露"技艺，因而对校企合作育人持排斥的态度。

2. 行业未发挥引领协调作用

2014年，全国教育工作会议精神和《国家中长期教育改革和发展规划纲要（2010—2020年）》都强调，要"加快建立健全政府主导、行业指导、企业参与的办学机制"，行业在职业教育中的指导地位被明确下来。民族文化行业是发展广西民族文化传承职业教育的重要力量，是连接职业教育与广西民族文化产业的桥梁和纽带。但在当前，这种指导和纽带作用显然发挥得还很不充分。表现为3个方面：一是民族文化行业主管部门和行业组织根据发展需要举办职业教育情况不多；二是行业企业全面参与教育教学各个环节的广度和深度不足，触及人才培养模式改革、课程体系改革、产教结合、人才培养质量行业评价的不多；三是广西民族技艺行业职业教育教学指导委员会成立两年，虽取得一定成绩，但各项工作和运行模式尚在摸索阶段。

三、学校层面的问题

（一）民族文化传承成为"花瓶"

广西近年来以"民族文化传承创新职业教育基地"等项目为抓手，推进民族文化传承职业教育。尽管有不少学校主动申报、积极参与，也基本上都能按照建设方案和任务书完成建设任务，但是，在一些项目学校，民族文化传承职业教育的人才培养质量并没有明显提高；投入大量资金建设的民族技艺实训基地、民族文化展示馆（陈列室）、特色教材等一些物化的建设成果，利用率低，投入产出不成正比；一些学校引入大师建立的民族技艺大师工作室，大师到校没几次，更谈不上指导和参与教学；民族传统文化未融入学校文化体系之中；一些学校，项目建设完成之后，又全部恢复原来的样子，一些学校甚至有很多师生并不知道本校是"广西民族文化传承创新职业教育基地"。

以上现象的出现，究其原因是一些学校并未真正认识到职业学校开展民族文化传承对于经济政治、学校发展和学生发展的重要意义，为了"特色"而搞"特色"，为了项目而搞项目，重申报轻保护，重形式轻效果，民族文化传承与学校教育教学"两张皮"。具体来说，有以下几种情形。

第一，一些学校脱离学校和区域的实际，盲目要将民族文化传承打造为学校特色，为了"特色"而搞"特色"。

第二，一些学校申报项目时积极，实施项目时却不扎实，以评估工作思维方式搞项目，把民族文化传承职业教育基地项目变成"做材料"的应付行为。项目对于学校民族文化传承工作没有实质性的推动作用。

第三，一些学校迫于上级的压力而被动推行民族文化传承工作，开展传承工作的目的就是为了应付上级，效果可想而知。

第四，一些学校将民族文化传承和展示当作面向"外人"的表演行为，民族技艺实训基地、民族文化展示馆（陈列室）、特色教材等的主要用途在于接待宾客来访参观交流，成为学校作秀的"花瓶"，对师生成长和文化传承的作用都微乎其微。

（二）民族文化专业吸引力不大

广西的部分中职学校陆续开设了民族文化类专业，如北部湾职业技术学校的民族工艺品制作专业（坭兴陶方向）等。这些专业特色鲜明，有的已经产生不小的影响力。尽管如此，民族文化类专业仍然普遍存在招生难的问题。家长和学生普遍对就读这一类专业的就业出路表示担忧，因而不愿意报读，从而使专业吸引力维持在较低的水平，专业规模普遍不大。即使像广西纺织工业学校的民族服装与服饰专业这样有较大影响力的专业，每年的招生规模也只有30多人左右。按照《广西壮族自治区人民政府办公厅关于中等职业学校布局调整和专业结构优化的指导意见》中关于"原则上连续3年年均招生规模不足30人、……的专业应该退出"的要求，全区不少民族文化类专业在不同程度上存在着生存的危机。

（三）师生对民族文化认同不足

在工业化、城镇化、信息化和全球化的猛烈冲击下，大量民族传统文化已支离破碎。"广西民族文化包括有形的、无形的文化传统正在迅速地退出历史舞台。"[①] 年轻一代的广西人对于自己的民族文化缺乏兴趣与了解，对广西民族文化的认同度正在逐年下降。面对学校推进民族文化进校园、职业教育传承创新民族优秀传统文化的行动，一些师生要么漠不关心、不愿参与，要么以猎奇的心态，从旁观者的视角，去观看、体验民族文化的传承，完全没有认识到自己与本民族文化之间的血脉联系，没有意识到自己应当成为传承行动的主角而不是观众。

（四）民族文化师资与资源匮乏

职业学校民族文化传承师资普遍不足，特别是掌握民族传统技艺的教师奇缺。通常，职业学校解决专业师资紧缺问题主要通过3个渠

---

① 刘辉，肖祥. 全球化视野下的广西民族文化认同思考［J］. 南方论刊，2010（06）：84–85.

道：一是引进高校毕业生；二是聘请企业兼职技术人员担任兼职教师；三是公共课教师或其他专业教师转型。但是，对于民族文化相关专业而言，这3个渠道都不畅通。首先，高等学校开设相关专业较少，职业学校很难引进到相关专业的大学毕业生。其次，掌握传统技艺的民族文化传承人或民间工艺大师由于技术保密、教师收入不高等原因，往往不愿意到学校任教。所以，到学校任教的民族文化传承人或民间技艺大师，又往往由于文化水平低、缺乏教育教学理论等原因，教学效果较差，不受学生欢迎。最后，一些公共基础课教师或其他专业教师自愿或根据学校要求要向民族文化专业教师转型，但他们自身对民族技艺的学习和掌握还不够精，制约着人才培养的质量。

广西是民族文化资源的宝库，但如何将广西民族文化资源转化为职业学校教育教学的资源，这是需要职业学校认真研究的问题。否则就出现了校园之外民族文化急需传人，而校园之内没有内容可教的矛盾现象。

（五）文化传承主体被无限窄化

广西中等职业教育要传承好民族优秀传统文化，必须让职业学校肩负起传承民族文化的重任，"其传承的主体当然应包括职业学校中蕴含'人'的所有要素，"[①] 特别是"教育者""学习者"和"教育影响"等学校教育的"三要素"，让学校的"一草一木"都参与到民族文化的传承中来，形成民族文化传承的多维度合力。

然而，在广西的多数职业学校中，民族文化传承的主体往往都被无限地窄化了。

第一，仅有部分职业学校开展了民族文化传承教育，而更多职业学校，无论在口号上表达如何重视民族文化传承，却都在行动上表现出事不关己的态度。

第二，传承主体由学校教育的"三要素"无限窄化为"学习者"这一个要素。学校往往仅强调学生在民族文化传承中的作用，学校管

---

① 王国超. 学校传承民族文化：瓶颈与突破 [J]. 学术论坛，2015（06）：134-139.

理者和教师等广大"教育者"要素都仿佛置身事外。

第三,在学生当中,也仅仅是小部分学生被纳入传承主体的范围,更多的学生则成为旁观者。

(六) 文化传承内容被任意切割

民族文化是由众多文化要素构成的复杂系统,它具有鲜明的整体性。传承民族优秀传统文化,应当是对民族文化系统中优秀成分的整体传承。而当前广西职业教育所开展的民族文化传承,所撷取的主要都是民歌、舞蹈、工艺、服饰等碎片式、外显性的文化碎片作为传承内容,这些文化元素在形式上"'看得见''摸得着''易操作',"①但是却显然无法代替民族文化的全部。"碎片化是现代工业文化和后工业文化的一个主要特征,它主要是指某种文化现象脱离了原有的、整体性的文化结构,成为缺乏深层意义和内在逻辑联系的文化碎片。"② 碎片化的传承行为,"追求一种'快'的传承效率",将民族文化传承内容进行任意切割,缺乏对"文化的生成场域与历史"的关照,因而"难以培育学生文化认同、民族认同等内隐性素质。"③ 同时,在碎片化的传承行为中,民族传统文化的精髓出现流失,传承工作呈现表面的繁荣,却使许多优秀传统文化失去原有品质。

(七) 技艺传承与文化传承脱节

民族文化既包含物质性的文化,也包含非物质性的文化。虽然非物质文化遗产必然与"物"发生联系,常常以"物"为承载体,但其重点并不在凝固的物质形态上,而在于"物"所承载的文化内涵、个人情感以及信仰禁忌上。简言之,非物质文化遗产的本质是"非物质性"。

由于当前广西职业教育传承民族文化主要通过"项目化"来推动,搞项目就必然要验收,搞验收就必然以物态形式为主要检验标准。因此,学校在传承教育的实践中自然更多地去关注技艺、商品、场馆、书籍等

---

①③ 王国超. 学校传承民族文化:瓶颈与突破 [J]. 学术论坛, 2015 (06): 134 - 139.

② 陈莉. 非物质文化遗产的碎片化及其对策 [J]. 徐州师范大学学报: 哲学社会科学版, 2009, 35 (2): 87 - 91.

物态化的东西，在这些技艺、商品、场馆、书籍等的背后的非物质的思想、观念、价值、信仰，都被无情地碎片化和空洞化。

事实上，还不能简单地将技艺传承与文化传承相脱节的原因归咎于"项目化"。因为，在市场经济高度发达的今天，民族传统文化也难免被"商品化""产业化""商品化"的传统文化必然以"物"形式为主要的存在形式，其非物质性的本质就被忽略和消解了。职业教育作为与经济生活紧密联系的教育形态，必然要在学校教育中反射出市场经济对民族文化的物态化。

但是，职业教育对民族文化传承重物质轻非物质的倾向又是危险的。这样的传承行为流于表面，既失去了对于推动民族文化保护和传承的意义，也失去了民族优秀传统文化对学校发展和学生培养的意义。这样培养部门工人民族文化类专业学生，缺乏持续发展的文化内驱力，终将被淘汰。

（八）民族文化专业标准待完善

"专业教学标准是指导和管理中等职业学校教学工作的主要依据，是保证教育教学质量和人才培养规格的纲领性教学文件。"① 民族类专业如果没有专业标准，专业设置和教学内容就会表现出明显的随意性，容易背离民族文化传承的需求，考核体系也无从谈起。

2012年5月，教育部成立了中等职业学校专业教学标准制定工作领导小组和专家组。同年12月，教育部办公厅印发了《关于制定中等职业学校专业教学标准的意见》，启动中等职业学校专业教学标准（以下简称专业教学标准）制定工作。教育部办公厅分别于2014年4月和2014年12月，公布了首批和第二批中等职业学校专业教学标准，其中包括了杂技与魔术表演（141300）、民族风味食品加工制作（071200）、戏曲表演（141000）、曲艺表演（141100）、民间传统工艺（142800）、民族音乐与舞蹈（142900）、民族乐器修造（143000）、民族美术

---

① 教育部办公厅关于制定中等职业学校专业教学标准的意见. 中华人民共和国教育部官网 [EB/OL]. (2012-02-07)[2019-06-11]. http://old.moe.gov.cn/publicfiles/business/htmlfiles/moe/moe_722/201212/146273.html.

(143100)、民族服装与服饰（143200）、民族织绣（143300）、民族民居装饰（143400）等民族类专业的专业教学标准。

这些专业教学标准，作为开展专业教学的基本文件，为我们提供了明确培养目标和规格、组织实施教学、规范教学管理、加强专业建设、开发教材和学习资源的基本依据，也为社会用人单位选用中等职业学校毕业生的提供了重要参考。广西的教育行政部门和各职业学校要高度重视已发布的两批专业教学标准，认真组织对专业教学标准的学习、研究和实施工作，组织开展师资培训和教研活动，促进教师转变教育教学观念，提高运用专业教学标准的能力，为专业教学标准的实施提供必要的条件保障，使专业教学标准的效能最大化。同时，我们也要认识到，专业教学标准不是一成不变的，要结合区域的实际情况来科学实施专业教学标准；要根据经济社会发展对人才的需求等因素的变化而不断地修订完善专业教学标准。并且，教育部两批公布的230个专业教学标准，并未能涵盖全部的专业，部分民族文化类专业的专业教学标准也尚未能编入其中，需要广西教育行政部门充分整合科研、教学、行业、企业等各方面的力量，编制完善广西民族文化类专业的专业教学标准。

第二节 原因剖析

一、观念不到位

民族文化传承在各项工作中，往往被置于"说起来重要，做起来次要，忙起来不要"的地位。究其原因，首先在于相关部门、单位和人员并未真正理解民族文化传承的重大意义，并未真正树立起文化传承的责任意识。调研中我们发现，无论是在政府部门，还是在企业、学校，各界人士中都存在一定的认为"民族因素制约了广西经济发展"的声音。当前职业教育中所开展的传承创新民族文化的工作，仍然鲜为人知，一些人甚至认为职业教育开展民族文化传承教育没有必要。

（1）政府。一些政府部门没有从根本上认识到民族文化传承对于政治稳定、民族振兴、经济发展、国家安全和文化繁荣的重大意义，仅仅将民族文化当作"引诱资本之物"。近年来虽然广西各地开展了越来越多的"文化搭台"活动，但一些部门更看重的其实还是背后的"经济唱戏"。如此一来，这些相关部门在推进民族文化传承和民族文化传承职业教育时，必然投入不足，监管不力，流于形式。

（2）行业。民族技艺行业组织对广西民族文化传承的严峻形势有着比较清醒的认知，对民族文化的危机有着敏锐的感知。对各级各类学校开展民族文化传承教育，民族技艺行业组织持欢迎的积极态度。但是，行业组织对自己在民族文化传承职业教育中应该承担怎样的角色，如何发挥作用还缺乏认知。因此，行业组织的协调引领作用还没有充分发挥出来。

（3）企业。民族文化传承和职业教育都具有明显的公益性，而企业所追求的是利润和经济效益；民族文化传承和职业教育都是"慢的艺术"，而企业期待的是能在较短周期内得到经济回报；一些企业看到民族优秀传统文化所蕴含的巨大经济价值，希望将之转化为企业的经济利益，却不愿意承担相应的社会责任；民族文化企业希望从学校中得到具有民族文化素养和民族技艺职业技能的优秀毕业生，却不愿参与到职业学校的人才培养中来。

（4）学校。职业学校及其教师普遍将民族文化传承与职业人才培养割裂看待，对二者之间的内在深刻联系缺乏理解；一些职业学校老师认为，职业学校的责任就是培养职业技能人才，不是传统民族文化；民族传统文化对于学生成为合格职业人才，满足经济社会发展需求没有帮助。因此，他们对于上级或学校要求开展的民族文化传承教育积极性不足，容易产生应付了事的行为。

二、体制未健全

第一，尚未建立与跨界特质相匹配的职教行政管理体系。"跨界教育"是职业教育的典型特质。就民族文化传承职业教育而言，涉及教育、民族、文化、工业、商业、旅游等多个领域，在这些领域分属不同部门行政管辖的当下，民族文化职业教育就具有了鲜明的跨界特质。正由于这种跨界特质，民族文化职业教育要接收教育、民族、文化、工信等多个部门的管理。这种与职业教育跨界特质不匹配的职教行政管理体系，造成政出多门无所适从、部门扯皮相互推诿等诸多问题，影响了职业教育的办学质量提升。

第二，尚未形成企业参与民族文化传承职业教育的责任机制和获利机制。企业作为市场主体，追求的是经济利益的最大化。多数企业只对能迅速带来经济效益的项目感兴趣，没有将职业教育的育人功能纳入企业的价值链，忽略企业的社会责任。与此同时，学校综合服务能力不强，研发能力不强，无法满足企业在校企合作中的需求。在实质性合作中，企业的投资效益难以保障，资金支出多、精力付出多，回报少、要求高、责任重、风险大，企业视校企合作为一种"负担"。

三、场域未形成

布迪厄在《实践与反思》中提出了场域的概念，他给场域的定义是："各种位置之间存在的客观关系的网络或构型。社会世界是由相对自主的小世界构成的，所谓的小世界就是客观关系的空间，也就是场域。"[①] 文化在历史的必然性中进行稳定、连续、完整的传承，只有依托场域才能流传和实现，场域是有着自身逻辑规则和必然性的客观关系交织而成的社会空间，文化场域是社会群众生产生活和参与文化活动的主要场所，在这个文化场域里人的行为和思想受文化场域的影响。民族文化受生存环境和文化背景的限制，也离不开特定的文化场域。

由于广西民族传统文化主要根植于广西独特的地理环境及其孕育的农业文明，因而与民族传统文化传承相适的文化场域主要在农村地区。这就导致城镇中的职业学校缺乏民族文化传承所要求的文化场域。没有相适的文化场域的影响和滋养，职业学校传承创新民族文化将成为空中楼阁，无源之水，无本之木。因此，职业学校开展民族文化传承教育，必须要首先抓好学校文化场域的构建。

---

① 周莲莲. "民族民间文化进校园"文化传承模式探析 [D]. 贵阳：贵州民族大学，2012：102.

第七章　广西中等职业教育传承民族创新民族文化的突围与展望

第一节　突围策略

一、理念突围——正确处理几对关系

当前我国职业教育传承民族文化所遭遇的困局，在很大程度上是理念的困局。要在传承实践上有所突破，必须理念先行，革除旧有的看法和固化的思维模式，以新的视角、新的方法和新的思维模式，形成新的结论或思想观点，进而指导中职教育传承民族文化的实践。

其中，处理好以下几种关系至关重要。

（一）传承与创新的关系

托尔斯泰说过："正确的道路是这样，吸取你的前辈所做的一切，然后再往前走。"这句话以文学的方式阐释了传承与创新的关系——二者在任何领域，都是相辅相成，缺一不可的。传承是血脉之基，没有传承，民族文化就是无根之浮萍；创新是活力之源，没有创新，民族文化就是无源之水。

第一,民族文化传承是民族文化创新的基础。民族文化是一个民族的根基与血脉。传承性决定着了民族文化发展的连续和渐进,统一和相承。我们不能离开民族传统文化来空谈民族文化的创新。一个民族,如果漠视对民族传统文化的批判继承,甚至企图摒弃传统文化而从头开始,就必然会失去民族文化创新的根基,民族文化就会出现断层。

传统民族文化传承中富含深刻的民族情感体验,这是民族文化创新绕不开的情感因素。以民族节庆为例,人们由春节、元宵、中秋,想到团圆;由端午、清明想到缅怀、祭祀;由重阳节想到尊老;由"二月二""三月三"想到特有民族的期盼、喜悦。因此在民族文化创新中,不但不能弱化,反而应当增加传统节日的仪式感,使人们更加热爱生活、注重亲情,从而升华到热爱祖国。

第二,民族文化创新是民族文化传承的时代要求,是在传承基础之上的发展。人类社会和文化的发展都是由低级向高级发展,文化变迁是社会和文化发展的一种表现。在现代社会发展进程中,民族文化只有对自身进行改变才能适应社会文化发展的趋势,所以民族文化的现代变迁是社会和文化发展的必然结果。[①] 民族文化创新表现在为民族传统文化注入时代精神的努力之中。这种创新,是推动社会实践发展和促进民族文化自身发展的必然要求,是民族文化富有生机和活力的重要保证,有助于推动社会实践的发展,促进民族文化的繁荣。中国共产党始终代表先进文化发展方向,决定着中国共产党领导下的民族文化建设,始终在不断创新发展的路上,坚持改革开放,给民族文化的传承与发展增添生机和活力,通过发展先进文化增强中华民族的生命力、创造力和凝聚力。

民族文化的创新在传承中至关重要。既不能一味地拿来主义,把民族文化全部照单全收,新瓶装旧酒;也不能一味地闭门造车,脱离实际。而是要一脉相承,为传统注入新质,与如今人们的生产、生

---

① 周莲莲. "民族民间文化进校园"文化传承模式探析 [D]. 贵阳: 贵州民族大学, 2012: 15.

活、娱乐方式联系起来,找准契合点。如内容上注入现代节奏,方法上注入现代科技手段,形式上注入现代生活气息。甚至可以借鉴国外的成功经验,以更广阔的视野,站在更高的高度,去认识、去思考民族文化,在传承创新中有所作为。

"民族文化的传承和保护不是要求各少数民族保持古老的生活方式和原始的生存景观,而是在充分利用现代科技文明成果的基础上,建设文化平台让人类共享少数民族文化,保持和传承民族文化的特异性,实现民族文化的创新和发展。"① "少数民族广大民众是民族文化最主要的载体,民族文化的传承要更多地站在人类学的立场,立足于他们的生存境况与精神世界,去激发大众的文化自觉,以改善民众的生存质量,充实提升民众的精神境界,并以此作为制定文化传承方案的出发点和落脚点。"② 这就要求在民族文化的传承过程中不能为片面追求保护文化多样性的理想愿望,而要求少数民族群众在现实生活中故步自封地拒斥现代文明,而是要利用现代科技文明,实现少数民族文化的传承与创新。③

民族文化现代变迁是一把双刃剑。既有有利的一面,给民族文化带来了发展机遇;又有不利的一面,给民族文化带来了生存的挑战。那些在现代还能够满足人们现实生活中需要、具有一定社会功能的民族文化,在文化变迁的进程中会充分地利用变迁带来的机遇往好的方向发展,不断吸收外界优秀的文化因子充实自我,通过创新发展,在文化竞争中增强防御力,面对外来文化冲击反而使本民族文化特征更加鲜明,从而使自身得到保持和延续。例如,广西的天琴是我国的地方民族音乐,以前在我国民族文化中名不见经传,甚至濒临失传;如今通过融入现代音乐元素、改变表演形式,这些传统的民族文化频频出现在国内外舞台上。通过创新发展,不仅弘扬了本民族文化,而且在现代社会中重新获得传承和发展。不过,民族文化现代变迁的利和

---

①③ 黄尧,张淑云. 基于知识生产方式转变的广西民族文化传承与创新 [J]. 社会科学家,2016 (09):136-139.

② 覃德清. 审美人类学与区域文化建设 [M]. 北京:人民日报出版社,2014:193.

弊总是相生相伴的，也会引导民族文化往不好的方向前进。从整体上来说，文化变迁给民族文化更多地带来了生存挑战，面对外来强势文化冲击，在文化竞争中民族文化处于弱势地位，常常因为缺乏文化竞争力而被强势文化普同化，失去民族特征。①

职业教育领域要消除两个民族文化传承与创新观念误区：一是一味强调原生态性而拒绝创新的"守旧主义"和"封闭主义"；二是认为民族文化过时无用，不需要学习的"民族虚无主义"和"历史虚无主义"。静止、封闭的文化不能让学生在当今瞬息万变的社会中生存与发展，民族传统文化中只有在传承中不断创新，才更有利于学生的成长。② 民族传统手工技艺传承不是静止的、僵死的文化保持，而是要用开放的、兼容的、发展的文化理念来丰富其文化内涵。传承的目的不仅是文化的保持，还要有服务生产生活的要求，因此，文化创新是必然的。但是，创新也要有度，要在文化保持的基础上进行创新③。要将发展作为保护的重中之重，在传承中创新，在创新中传承；在开发中保护，在保护中开发。

正确处理民族文化传承与创新的关系，要求职业教育做到几点。

第一，在教育内容上，要兼顾传承与创新。不能不加甄别地将民族传统文化引入校园，引入课堂。对传统文化要"取其精华，去其糟粕"，要推陈出新，革故鼎新。既要把优秀的民族传统文化传承下来，保护其原生态性，也要顺应时代的新形势对民族文化进行有效的挖掘、开发和创新，以保证职业学校学生适应当代社会经济发展对人才的需求。以广西民族中等专业学校角雕工艺人才培养为例，该校改进角雕工艺技术，创新设计理念。改进角雕工艺技术方面，将教学、现

---

① 周莲莲."民族民间文化进校园"文化传承模式探析 [D]. 贵阳：贵州民族大学，2012：15.

② 靖东阁. 民族传统文化进校园的认识误区及归因分析 [A]. 张诗亚. 云时代学习与民族教育发展："云时代学习与民族教育发展"学术论坛论文集 [C]. //北京：科学出版社，2015．224-225

③ 赵士德，郭宏斌. 中国民族传统手工技艺的演进、制约及发展 [J]. 贵州民族研究，2014（10）：49-52.

代技术与传统工艺有机会结合在一起,实现技术创新,以实训工作室为平台,投入现代先进设备,校企合作进行技术创新,扭转传统工艺设备简陋、劳动强度大、效率低、学生厌学等劣势;创新设计理念方面,在角雕工艺品的设计开发上融入现代时尚元素,创作研发传统与现代艺术结合的角雕工艺品。例如,广西理工职业技术学校将广西民族建筑、服饰、壮锦、绣球、铜鼓等壮乡元素与现代意识和现代技术工艺相结合,通过技艺大师的"手手相传"和学生的"教、学、做"一体的学习训练,创作出一项项体现壮乡文化风情的创新成果,实现了民族文化的传承。

第二,在教育目标上,要兼顾传统文化的习得与学生传承创新能力的培养。进行民族文化传承教育,不能简单将学生作为接纳民族传统文化的容器,而要将学生的成长和发展,当作教育的根本目标。要点燃学生传承创新民族文化的热情,培养他们的传承能力和创新能力,使之成为切合市场需求的合格职业技术人才。

第三,在教育环境上,要兼顾原生态与创新发展的环境和氛围。民族地区职业学校,无论是从打造学校特色的需要,还是民族文化课程建设的需要,都应当注意建设民族文化显性和隐性的传承环境,挖掘和培育民族文化传承的土壤和气息。同时,积极打造开放创新的现代职校文化,面向世界,博采众长。

(二) 碎片化与整体性的关系

民族文化是一个复杂的系统。它以整体性的姿态呈现给世界,以整体性的烙印赋予民族每个成员以文化身份。整体性是民族文化的应有属性。但与此同时,全球化、现代化、网络化给广西民族文化带来了生机,也带来了文化传承上的失落,在此背景之下,广西民族文化呈现多元的碎片化征象,部分民族文化甚至走向消亡。

广西民族传统文化碎片化现象是现代社会政治、经济、文化发展的结果,也是广西农耕、捕捞、狩猎社会被打破的当代显现。随着现代化、城镇化进程,民族传统文化赖以生存的物态根基逐渐被改变,参与民族文化项目的人群也逐渐被分化,商业化、市场化给广西民族传统文化也带来了新的冲击,广西民族传统文化在现代社会中逐渐被解构,原有的文化系统受到破坏,并产生文化断裂,大量民族传统文化面临着发展的困境甚至是走向消亡的境遇。在此情境之下,我们要正视广西民族传统文化碎片化现象的现实性,正确认知文化解构的正常性。基于传承优秀民族传统文化的考量,我们要正确认识政治理性、经济理性、社会理性及文化理性在广西民族传统文化发展中的作用,追求文化发展的价值理性,摒弃过度的经济理性或工具理性,理性认知文化重构的意义,促进广西民族传统文化重构场域的良性存续。① 对于职业教育而言,具体应做到以下几点。

第一,职业教育在传承民族文化时不必苛求文化的完整性,但要准确抓住和牢牢保持每种民族传统文化的核心,注重其本身"精神内核"的保存与延续。②

第二,要符合新时期广西文化发展的现实,允许广西民族传统文化被赋予新的时代内涵。③ 将与时俱进的元素植入广西固有的优秀民族传统文化之中,修复或重组文化结构,推动广西民族传统文化的绵延。④

第三,要对各种碎片化的民族文化结构进行记忆及技艺强化,通过可能引起整个民族的情绪共鸣的事件,进行疏导和情绪释放,用共同的民族情感重塑民族整体性的文化身份;对各种民族共同体中的族群从伦理精神挖掘和塑造中,寻找共同的凝聚力,形成并强化民族文化身份的整体性,推动民族文化传承发展。

(三) 民族同化与多元文化的关系

多元文化是在社会发展过程中,在继承本民族优秀文化的基础上,兼收并蓄对其他国家或民族的优秀文化。民族同化与多元文化主义是在不同时期提出来的文化主张。但是,在现实情况中,这两种文化现象是相伴而生、同时存在的,并且随着群体之间的互动和交往,

---

①②③④ 汪全先. 广西民族传统体育文化碎片化及其重构研究 [J]. 体育文化导刊, 2016 (12): 69-73.

民族同化现象和多元文化现象产生出对立统一的较为复杂的民族文化关系。①

第一,"对立"表现在,民族同化达到的目的和产生的结果主要是消除民族之间的差异,而多元文化主义达到的目的和产生的结果主要是保留民族之间的差异。民族同化强调趋同,甚至有时候是过分的趋同;多元文化主义强调趋异,当然也会产生毫无章法的趋异。②

第二,"统一"表现在,民族同化虽然是消除差异,但是民族同化还存在着这样一个适得其反的结果,越同化,反而越趋向于多元。③一是强制性的民族同化会造成反弹,使文化弱势民族努力保持本民族文化的延续;二是民族同化对民族经济发展具有推动作用。民族文化不断融合,文化中包含的先进文化因子也就相应的会越多,这样,经过不断吸收融合的文化也就会赋予经济发展以更强的竞争力和生命力,④ 从而为民族文化的多元化发展奠定经济基础。反过来,多元文化主义虽然强调的是多元,是多样化,但是不管是怎样程度的多元,都会在一个主流文化的影响下实现自我的发展。实行多元文化主义,能够增强多民族之间的互动和交流,增强彼此之间的感情,这既需要一个统一的环境,同时它本身也有利于营造这样一个统一的环境。⑤

民族同化与多元文化主义这两个相互矛盾的文化主张,实质上对社会文化起着相互补充的作用。文化的多样性是世界文化拥有魅力的前提,多元文化主义主要关注的是民族文化的多样性以及追求弱势群体的平等。多元文化主义的前提是保留差异,承认和尊重文化的多样性,能够在很大程度上营造一个比较宽容的社会环境,从而实现各个民族之间平等地发展。全球化加剧了不同文化之间的紧张,处于强势文化一方对于处于弱势一方采取了文化殖民政策,导致文化冲突。多元文化主义无疑有利于社会的和谐与稳定,同时不要忽略民族同化的

---

①②③⑤ 吴玉凤,杨宗亮. 论民族同化与多元文化主义 [J]. 名作欣赏,2014(06): 152-154.

④ 詹晓菲. 壮汉民族文化融合与广西经济发展关系研究 [D]. 北京:中央民族大学,2013:12.

作用。民族同化代表着统一，其实现的前提是消除差异。所以既不要过度的民族同化，也不要过度的多元文化。在社会实践中，要把握文化的共性与个性，使二者达到一个平衡关系。这样才能使民族文化在千变万化的环境中既能保持本民族文化特色，又能使自己适应社会变化的需要和发展。①

民族文化的多样性和差异性，为文化提供了多姿多彩的精神源泉。多样文化相互比较、借鉴、学习、竞争，是中华文化和各民族文化不断创新进步的强大动力。尊重、包容多元，保护、支持各民族优秀文化的发展，既符合文化发展规律，又有利于消解弱势少数民族对于被文化同化的担忧。但是，在尊重差异、包容多元的同时，我们还必须致力于强化一体，凝聚共识，对多元文化进行有机的整合。只强调"多元"，不讲"一体"，是不利于国家认同、文化认同构建和民族关系和谐的。

职业院校要努力培育"和而不同"的校园文化，让不同民族的师生在这样的文化氛围中既能相互学习借鉴又彼此尊重宽容；既始终健康向上又多元发展。在倡导文化多元——丰富、多样、复杂的背景下，不同文化相互影响，吸收、融合而趋于一体——同化。既有其民族的多样性，又有其价值趋向的同化性，使民族文化不断注入活力，源远流长。

(四) 民族性与世界性的关系

文化的民族性与世界性的关系，是一般与个别、普遍与特殊的关系。文化的世界性是各种文化普遍具有的属性，即世界各种文化的共性。文化的民族性是各种文化的个体性、独特性，它使世界上各民族的文化互相区别开来。世界上的人类文化，都是以民族文化的形式存在，它们的存在和发展呈现出不同的形态。世界各民族的文化之中又贯穿着一般的东西，即共同的、普遍的属性，也就是文化的世界性。在文化多样性的背景下，协调民族性与世界性的关系，需要培养宽容精神，文化的民族性与世界性是个性与共性的辩证统一，它们反映着

---

① 吴玉凤，杨宗亮. 论民族同化与多元文化主义 [J]. 名作欣赏, 2014 (06): 152 - 154.

世界各种文化的差异性和统一性的辩证联系。在民族性与世界性的关系上，倡导交流、理解、对话，即文化的世界性不能脱离民族性而存在，世界性寓于民族性之中，没有民族性就没有世界性。民族性与世界性的界限具有相对性，它们在一定条件下相互转化。① 在处理文化的民族性与世界性的关系问题上，习近平坚持从本国本民族实际出发，讲求开放包容、兼收并蓄，坚持取长补短、择善而从，在不断汲取各种文明有益成分的基础上丰富与发展民族文化。他主张既不盲目排外，亦非以洋为尊，而是以我为主、洋为中用，辩证取舍、推陈出新，同时将揭示人类命运和民族前途相统一。

2000年，国家教育部颁布的《国家基础教育课程改革指导纲要》指出：教育要将民族性与世界性相结合。在全球经济一体化的今天，全世界各民族文化相互影响，相互促进，没有独立于世界而存在的单一民族文化。学校的教育应负起继承发扬民族文化，又培养学生跨文化能力，使学生成为全面发展的社会栋梁人才的主要责任。② 这也同样应当是对职业教育的要求。

（五）理论与实践的关系

关于民族文化的理论学习和实践学习的关系，要充分认识两者在目标上的统一性和效果上的互动性；要坚持理论联系实际，用实践成果来检验思想认识的成果，在实践中推动思想认识的深化与巩固。

对于中职学生进行传承创新民族文化的教育，要坚持理论教学和实践教学相统一。"单靠口头说教和权威约束，难以培养出良好的思想品德和人文素养，而必须在实践的基础上，通过切身体验和总结经验，不断确立信念、锻炼意志、规范行为才能养成。"③ 例如，在弘扬广西精神中，实践活动是不容忽视的实体。在以往的教育过程中，对

---

① 何星亮. 文化的民族性与世界性［J］. 云南社会科学，2002（05）.
② 陈燕，陈晨春. 社会距离和心理距离视阈下广西少数民族文化和跨文化教育［J］. 广西社会科学，2016（01）：195-199.
③ 闫雪梅. 民族文化视阈下广西精神及其培育研究［D］. 南宁：广西师范学院，2010：31-32.

民族精神的重视和强化往往以课堂灌输为主,流于形式,即使开展一些课外活动,也起不到真正让学生有所触动和主动践行的作用。缺少实践活动的口头说教又会成为"孤家寡人",理论上的倡导和实践中的培育往往各行其道,这样的教育易导致受教育者熟视无睹,乃至逆反心理,很难取得实效。因此,采取理论先导、直接参与、亲身感受的方式,通过对历史遗址、机关单位的参观,对庆典活动的参与,亲身体验,直观地进行广西精神的弘扬与培育。"只有在正确理论的指导下,在实践过程中让广西人民认同广西精神,内化广西精神,从而发扬广西精神,才是我们研究广西精神的根本目的。"[1]

中职学校传承创新民族文化的工作,要坚持理论提升和实践探索相统一。近几年来,广西一大批中职学校对民族文化传承教育已经做了大量的探索与实践,取得了丰硕成果和丰富经验,当然也还存在许多不足和困难。因此,在实践的基础上,中职学校要进行认真的总结和反思,将民族文化传承的实践总结提炼成理论成果,形成一批有理论指导意义和实践参考价值的典型案例。

(六)授业与育人的关系

在学校教育中,授业与育人是不可分割的整体。对于职业学校而言,授业为责,育人为本,通过授业与育人并重的教育,才能培养德技双馨的职业技能人才,才能满足经济社会对职业教育人才培养的需求。在民族文化传承教育中,不仅仅要使学生通过民族文化和技艺的学习而增长就业的本领,更要挖掘民族文化的育人价值,使学生在民族文化的浸润下全面提升品德和素养,成为民族振兴和国家发展大业中的合格人才。

在中共中央办公厅、国务院办公厅2017年联合下发的《关于实施中华优秀传统文化传承发展工程的意见》中明确提出:"传统文化要贯穿国民教育始终"的工作要求。授业者要甄别好民族文化的良

---

[1] 闫雪梅. 民族文化视阈下广西精神及其培育研究 [D]. 南宁:广西师范学院,2010:31-32.

莠，取其精华，去其糟粕；授业者要做好系统化设计，构建第一课堂、第二课堂以及生活实践之间的互动关系，注重学生的主体发展，发挥文化育人的功能。

二、机制突围——建立利于民族文化传承的保障体制

传承与创新民族文化，仅仅依靠职业学校，甚至仅仅依靠教育部门的力量，都是杯水车薪，难以成事。必须充分整合各有关职能部门的职权，充分调动相关社会资源，形成教育、文化、经济、社会多元良性互动的格局，并从立法、投入、管理上提供政策保障。①

（一）立法保障

依法治国是中国共产党治国理政的基本理念。我国各民族的发展繁荣与团结和睦离不开法治的支撑和保障。

依法治国的前提是"有法可依"。目前，广西中等职业教育传承创新民族文化，从国家法律法规上讲，主要依据的是《中华人民共和国民族区域自治法》（1984年）、《中华人民共和国传统工艺美术保护条例》（1997年）、《中华人民共和国非物质文化遗产法》（2011年）等国家法律法规，以及《广西壮族自治区民族民间传统文化保护条例》（2005年）等广西的地方性法规。这些法律法规有力地保障着民族文化的传承和发展，但却并未涉及或未明确职业教育在民族文化传承中的地位、义务和权利。近几年来，《中华人民共和国民族民间传统文化保护法》和《中华人民共和国文化产业促进法》这两部法律的立法呼声越来越高，它们分别作为保障民族文化保护和民族文化产业发展的重要法律，都早已进入反复酝酿讨论、征求意见的程序。建议在这两部重要法律的起草中，要充分考虑到职业教育在民族文化保护和民族文化产业促进当中的作用，对职业教育在民族文化保护和民族文化产业促进中的权利和义务进行规范和保障。同时，鼓励广西各级人大及政府依法推进地方性民族职业教育法规的立法，制定与国家

---

① 孙翀. 从民族传统文化视角探索少数民族地区职业教育的发展 [J]. 民族教育研究, 2012（5）：116-119.

相关法律相应的地方性法规、实施细则、行政规章，使国家相关法律法规更具有可操作性。

相关的单位、团体和个人，要严格执行相关法律法规，在法律的框架内推进民族文化传承职业教育的发展。民族地区职业学校要加强对师生进行民族文化传承法律法规的教育，特别是知识产权保护的教育，增强师生依法传承和创新民族文化的意识和能力。

（二）投入保障

职业教育传承和创新民族文化是一项艰巨的工程，必须以充足的资金支持和保障作为前提和基础。其中，既需要加大财政投入力度，政府在职业学校传承民族文化建设的投入每年要有较大增长，占财政支出的经费比重要逐年提高；又需要社会各界、各渠道的共同参与。广西应因地制宜，既有政府财政上给予大力保障，又充分调动社会力量支持职业教育传承创新民族文化，鼓励社会资本投资、建设、经营，形成多元投入机制。

1. 财政统筹保障

要在政府统筹下，加大各级财政对职业教育传承民族文化的支持力度。2013年，《教育部、文化部、国家民委关于推进职业院校民族文化传承与创新工作的意见》要求"加强经费保障，切实加大投入"，指出"职业教育经费要向民族文化相关专业建设倾斜，鼓励支持民族、农村地区学生就读民族文化相关专业。推动各地加大对民族文化特色职业院校基础能力建设的投入，积极改善民族文化相关专业办学条件。统筹文化、民族事务等部门教育经费，在专项资金使用中优先投入民族文化职业教育。推动增加中央财政对民族地区职业教育的投入，优先保障少数民族文化发展"。

政府的投入保障，应该包括3个层面。一是积极争取和用足用好中央的相关经费支持。近几年来，中央通过"全国职业院校民族文化传承与创新示范专业点"等项目的建设，划拨了不菲的专项资金。例如，2018年初，国家发展改革委下达中央预算内投资8亿元，支持包括广西在内的13个省区的人口较少民族聚居行政村基础设施、基本公共服务设施、生态环境保护和人居环境整治，以及民族文化传承等4个领域项目建设。①广西要积极支持、鼓励、指导各市县、各职校申报项目，获取中央专项资金的支持。二是广西壮族自治区政府层面要制定政策、划拨专项经费。三是指导和督促广西各市县建立相应的财政支持制度。

政府对职业学校传承创新民族文化的经费支持，主要应该用于职业院校民族文化类专业夯实基础建设，改善民族文化相关专业办学条件；推进民族文化相关专业的专业改革和建设；营造校园文化以及民族类专业的学生资助等方面。

2. 社会力量支持

社会资本的投入是职业教育发展的重要渠道。要通过多种优惠制度鼓励和吸引社会力量参与将少数民族优秀文化融入少数民族职业教育培训的创新实践。② 社会资本的参与，主要体现在以下几个方面：一是直接开办职业教育以传承民族文化；二是校企共建共享民族文化类专业相关实训基地；三是由企业行业设立奖助金，对经济困难学生进行资助，对优秀学生进行奖励；四是由企业向学校捐赠民族文化传承教育相关的设备设施和资源。

最后，职业学校传承民族文化的经费无论是来自政府还是民间，都必须加强对经费使用情况的监督监管和绩效评价，以确保每一分钱的投入都能产生最大化的效益。

（三）管理保障

1. 管理机制

解决多部门管理造成的管理混乱问题，可以有3种模式。

1）政府牵头的职业教育集团模式

事实上，职业教育作为一种跨界的教育，本身就需要一种跨界的行政管理机制。姜大源研究员职业教育管理的跨界思考，提出了"建

---

① 国家发改委下达资金扶持人口较少民族文化传承. 中国经济网［EB/OL］. (2018-02-09)［2019-06-20］. http://www.ce.cn/culture/gd/201802/09/t20180209_28130464.shtml.

② 孙翀. 从民族传统文化视角探索少数民族地区职业教育的发展［J］. 民族教育研究, 2012 (5): 116-119.

立'国家职业教育总局'机构"的设想。他指出:"建立'国家职业教育总局',统筹教育行政部门、劳动人事部门和专业部委、行业协会及企业资源,实现职业教育与人力资源开发的协调发展,以开筑职业教育发展与改革跨界的新平台,这应该成为职业教育体制机制改革破题的第三个突破。""借鉴国际先进经验,结合中国国情,建议建立'国家职业教育总局'或'国家职业教育署'或'国家职业教育委员会',使其成为职业教育的最高管理或协调机构,以实现职业教育资源的统筹,实现职业教育发展与改革的综合协调。"① 虽然在2018年上半年启动的新一轮党和国家机构改革中,姜大源研究员建立"国家职业教育总局"的主张并未成真。但是,我们不应该放弃对建立职业教育跨界行政管理机制的呼吁和追求。广西作为民族区域自治地方,在此问题上有很多可以作为的空间。

在广西市、县一级,则可以根据实际需要建立适应职业教育发展和职业人才需求的管理体制。在这个问题上,扬州市职业教育集团的经验具有积极而重要的参考价值。扬州市职业教育集团与国内通常意义上的"职教集团"有着非常明显的差异。其与众不同之处首先在于"成立了扬州市职业教育集团管理委员会,市政府分管领导任集团管委会主任,市发改委、经信委、教育局、人社局、财政局、编办、总工会、工商联及教投公司有关负责人,以及沿江区(市)政府分管负责人为成员。管委会主要负责职教集团发展规划及重大决策,充分发挥统筹、协调作用,重点调动社会各方参与职业教育的积极性,促进各类职业教育资源的共享和互补,促进校校合作和校企合作;联合本地各类职业院校、企业及行业,实现职业教育与区域经济的联动。职教集团管委会明确了各成员单位的工作职责,管委会下设办公室,配备了专职人员,负责职教集团日常工作。"② 由此可见,扬州市职业教

---

① 姜大源. 论职业教育体制机制改革的应然之策——关于《职业教育法》修订的跨界思考 [J]. 中国职业技术教育, 2015 (27): 5-9.

② 陈金国. 关于扬州市职业教育集团的研究和未来发展的思考 [J]. 江苏教育研究, 2016 (09) C: 44-47.

育集团不再是类似于国内其他职教集团那样仅仅作为校行企合作、校校合作的平台，而是通过成立集团管理委员会，具有了行政管理部门的职权与功能。这对于对接职业学校人才培养与经济社会人才需求，深化产教融合等大有裨益。如果在广西的市、县一级可以借鉴扬州模式，建立具有相同职能的职教集团及其管委会，并在管委会下设民族文化专业委员会，那么，当地的民族文化传承职业教育必将得到很好的建设与发展。

2）多部门联合办事机构模式

退一步来讲，若实在不具备条件建立专门从事职业教育管理的政府部门，则应当设立常设的联合办事机构。《教育部、文化部、国家民委关于推进职业院校民族文化传承与创新工作的意见》提出："各级教育、文化、民族事务部门应加强对职业院校推进民族文化传承与创新工作的组织领导，制定民族文化人才培养规划，确保责任落实到位。省级教育、文化、民族事务等部门应加大对区域内民族文化发展的统筹，将民族文化人才培养工作纳入本地教育、文化、民族事业发展规划，并支持和督促市（地）、县级政府履行职责，促进民族文化人才培养区域协作。各地应根据本地实际，制定本地区民族文化人才培养的地方性法规和政策，落实非物质文化遗产传承人到职业院校担任兼职教师的相关政策和管理办法，完善兼职教师聘用程序、聘用合同、登记注册、聘用考核等管理环节。"分别成立自治区级、市级、县级的职业教育传承民族文化工作领导小组，小组成员应包含来自教育、人社、文化和旅游等部门的人员。他们在更深层次携手，对本级职业教育传承民族文化工作进行有效的顶层设计、统筹协调、监督管理、宣传推广。要建立完善的管理制度、运行制度和问责制度，避免成为虚设。

产教融合、校企合作在推动民族文化技艺领域职业教育改革创新发展和人才培养工作中具有不可替代的重要作用。上述多部门的联合办事机构可以积极尝试开展广西民族技艺民族文化产教对话活动，开拓新思路，拓展新渠道，结合实际，搭建平台，促进政府与行业、学校、企业的对话机制的建立,有机地将学校、企业、民族民间技能人才聚集起来,整合力量,开创民族文化技艺领域职业教育教育工作新局面。①

3)民族技艺行业职业教育教学指导委员会模式

行业职业教育教学指导委员会(简称"行指委"),是受教育部门委托,由行业主管部门或行业组织牵头组建和管理,对相关行业(专业)职业教育教学工作进行研究、咨询、指导和服务的专家组织,同时也是指导本行业职业教育与培训工作的专家组织。行指委的建设,是落实教育规划纲要,建立健全政府主导、行业指导、企业参与的职业学校办学机制,强化行业在现代职业教育体系建设和职业教育改革发展的指导作用,推进中等和高等职业教育协调发展的需要。近年来,教育部重视全国行指委的建设,并部署各省成立和建好行指委。

广西教育厅在2016年1月成立了广西民族技艺行业职业教育教学指导委员会等15个行指委,各行业指导委员会于2018年上半年完成了换届。各行业指导委员会的运行机制已基本建立,下阶段要继续强化对广西民族技艺行业指导委员会监督管理,使之履行好基本职责,发挥好其在分析形势、助推改革、促进交流、推动产教整合等方面的作用。

总之,要构建起"政府主导、部门分工协作、行指委指导协调、学校组织实施、全社会共同参与"的多方合作模式,建立"多元投入、立体培养和个性制定三结合"②的民族文化职业人才培养体系,保障职业教育传承民族文化传承工程的实施和成效。

2. 激励机制

民族文化传承是光荣而艰巨的事业,要调动各方资源和力量参与其中,必须要有完善的激励机制。这其中至少包括4个方面。

1)调动职业学校参与的激励机制

政府要提供政策和资金支持,通过设立、吸引和指导职业学校申

---

① 田联刚. 汇聚推进民族技艺产教融合的正能量 [J]. 黑龙江民族丛刊,2014 (01):17-19.

② 施日全. 生态文化与美丽广西 [M]. 南宁:广西人民出版社,2014:164.

报建设"民族文化示范学校""民族文化传承职业教育基地""职业学校民族文化传承实训基地""职业学校民族传承场馆""职业学校民族文化专业""职业学校民族文化传承科研课题"等专项,激发职业学校参与热情,发挥职业学校在民族文化传承创新中的作用。

2)调动行业企业参与的激励机制

为促进职业学校校企合作,教育部等六部门于2018年2月印发了《职业学校校企合作促进办法》,提出一系列促进措施,包括:"鼓励各地通过政府和社会资本合作、购买服务等形式支持校企合作。鼓励各地采取竞争性方式选择社会资本,建设或者支持企业、学校建设公共性实习实训、创新创业基地、研发实践课程、教学资源等公共服务项目。按规定落实财税用地等政策,积极支持职业教育发展和企业参与办学。鼓励金融机构依法依规审慎授信管理,为校企合作提供相关信贷和融资支持。企业因接收学生实习所实际发生的与取得收入有关的合理支出,以及企业发生的职工教育经费支出,依法在计算应纳税所得额时扣除。县级以上地方人民政府对校企合作成效显著的企业,可以按规定给予相应的优惠政策;应当鼓励职业学校通过场地、设备租赁等方式与企业共建生产型实训基地,并按规定给予相应的政策优惠。"① 行业企业掌握着民族文化技艺领域职业教育改革发展的脉搏,各地和各有关部门要积极落实该办法,在法规范围内采取灵活措施调动企业参与职业教育传承民族文化,让行业企业在协同推进民族文化职业教育的改革创新中实现自身发展。

3)调动民族文化传承人参与的激励机制

文化传承人,通常也称之为"非物质文化遗产传承人",他们是非物质文化遗产的掌握和存续者,在民族传统文化特别是非物质文化遗产的传承、保护、延续、发展中起着重要的作用,具有相当的代表性和影响力,受到民众的尊重。广西民间有大批得到认定或者尚未认

---

① 教育部等六部门关于印发《职业学校校企合作促进办法》的通知 [EB/OL]. (2018-02-12)[2019-06-21]. 中华人民共和国教育部官网. http://www.moe.gov.cn/srcsite/A07/s7055/201802/t20180214_327467.html;2018-02-12.

定的文化传承人。与这些文化传承人进行合作，将这些传承人引入职业学校，作为民族文化传承教育的顾问或兼职教师等，意义非常重大。

要调动民族文化传承人通过职业教育传承民族文化的积极性，需要给予他们充分的尊重。要尊重他们对传承方式的选择权；在职业学校中可以建立民族技艺大师工作室，为大师开展民族技艺传承提供良好的办公和教学条件；虚心听取大师在专业发展、课程建设和教学方案等方面的意见，吸纳他们参与教学改革。这些做法，都会增强民族文化传承人在职业学校中的价值感，提高他们参与职业教育的热情。

要调动民族文化传承人通过职业教育传承民族文化的积极性，需要严格落实《国家级非物质文化遗产项目代表性传承人认定与管理暂行办法》和《广西壮族自治区非物质文化遗产保护条例》等法规。根据《国家级非物质文化遗产项目代表性传承人认定与管理暂行办法》，各级文化行政部门应对国家级非物质文化遗产项目代表性传承人的授徒传艺或教育培训活动予以支持，鼓励社会组织和个人进行资助，保障传承人基本生活需求。同时规定国家级非物质文化遗产项目代表性传承人应承担的义务，包括："在不违反国家有关法律法规的前提下，根据文化行政部门的要求，提供完整的项目操作程序、技术规范、原材料要求、技艺要领等""采取收徒、办学等方式，开展传承工作，无保留地传授技艺，培养后继人才"等。《广西壮族自治区非物质文化遗产保护条例》也规定了非物质文化遗产代表性项目的代表性传承人应当履行"开展传承活动，培养后继人才"的义务；"县级以上人民政府文化主管部门应当采取下列措施，鼓励、支持非物质文化遗产代表性项目的代表性传承人开展传承、传播活动""非物质文化遗产代表性项目的代表性传承人无正当理由不履行义务的，县级以上人民政府文化主管部门可以取消其代表性传承人资格，重新认定该项目代表性传承人。"总而言之，要在法规的框架内，既给予文化传承人充分的权利，又要求其履行好法定的义务。

4）吸引职业学生选择民族文化专业和课程的激励机制

在职业学校，民族文化类专业往往被视为"冷门"专业，民族文化类课程往往被视为"冷门"课程，对学生的吸引力较弱，发展势微。要想增强其吸引力：一是可以通过资助倾斜，使选择民族文化类专业的学生享受到更多的优惠政策；二是职业学校要推进民族文化类专业的教学改革，提高人才培养质量，进而提高就业率。毕竟，就业出路好坏是家长、学生和社会衡量一个专业和一所学校办学质量的最重要指标之一。

3. 合作机制

民族文化传承是需要多方联动、协作推进的系统工程。职业教育要想传承好民族文化，需要加强教育系统内中职学校之间、中职与高校之间、中职与普通中小学之间等的合作；也需要加强与教育系统之外的政府部门、民间机构和文化传承人、行业、企业、科研机构等的合作。地方政府要做好顶层设计，特别发挥好广西职业教育民族技艺专业指导委员会的指导引领、沟通协调作用，指导建设各级民族文化职业教育集团，搭建合作的平台和机制。

1）中职学校之间的合作。广西开展民族文化传承教育的各职业院校之间，要加强合作与交流。一是通过相互参访交流、跟岗实践，互学互鉴，分享民族文化传承工作的经验与成果；二是共同推进各级民族文化传承职业教育集团的建设，将职教集团打造成为信息互通、资源共享、帮扶互助、携手共进的平台；三是可以将市级职业学校的师资、设备等优势与县级职业学校民族文化资源优势相结合，进行职业学校之间的校校联合办学，打造优质的民族文化类专业；四是有条件的职业学校联合企业建立"民族技艺双师培养培训基地"，为当地相关专业教师成长搭建平台。

2）中职学校与高校的合作。在广西，广西艺术学院等本科院校在民族文化传承的研究与教学等方面已积累了较为丰富的经验，也取得了较为丰硕的办学成果。南宁职业技术学院、柳州职业技术学院等高职院校开展民族文化传承教育方兴未艾，成绩喜人。中职学校与高校的合作空间巨大。中职学校可以借助高校的人才集聚优势，聘请高校教师到中职学校讲学、担任兼职教师，或选派中职民族文化专业骨干到高校培训进修；借助高校科研实力优势，由高校指导中职教师开展民族文化传承教育科学研究；积极推进中高职贯通，使中职民族文化课程与高职民族文化课程更紧密地衔接，使中职民族文化类专业学生继续上升的渠道更加畅通。

3）中职学校与普通中、小学的合作。开设民族文化类专业和课程的职业学校，可以通过为普通中、小学生开放校园、课程和民族文化展馆，或者组织职业学校相关师生进入中、小学，开展民族技艺展示和表演，激发中小学生对传统民族文化和职业教育的热情，对他们进行职业启蒙教育。

4）中职学校与民间文化机构及文化传承人的合作。中职学校可以与民间机构及文化传承人合作共建产、教、研一体的民间工艺（艺术）大师工作室、民族文化保护与开发中心等，将学校资源和民间资源进行整合，实现优势互补。

5）中职学校与行业企业的合作。在教育部等六部门关于印发《职业学校校企合作促进办法》的背景下，中职学校与民族文化企业的联合发展有了更大空间和更多可能性，要探索并逐步健全校企合作长效合作机制。例如，中职学校可独立建立企业经营实体，或与文化企业合作建立企业经营实体，或共建生产性实训基地，实现产教融合，既使企业获得经济上的合法利益，又利于发扬光大民族传统文化，还有利于提高民族文化人才培养的质量。

6）中职学校与科研机构的合作。在广西，民族文化研究的专门机构有广西民族文化艺术研究院、广西工艺美术研究所、桂林工艺美术研究所和钦州市陶艺研究所等；职业教育研究的机构有广西教育科学研究院、广西职业教育发展研究中心及各市教育科学研究所。中职学校要善于通过项目立项建设的形式，与这些研究机构建立合作关系，在科研机构的指导下，科学谋划、有效开展民族文化传承教育，以科研助推民族文化类专业发展。

三、政府顶层设计,创新推动职业教育传承民族文化

(一) 做好民族文化传承职业教育发展模式创新的研究引导

职业教育是与经济社会发展联系最紧密、最直接的一种教育类型。地方政府作为区域经济社会发展的顶层设计,也理应成为区域职业教育的顶层设计者。民族地方的政府部门要发挥各部门的信息资源、政策研究优势,做好民族文化技艺领域职业教育发展模式创新的研究和引导,使职业教育少走弯路。民族文化技艺领域职业教育发展模式创新的研究框架,包括民族文化技艺领域职业教育发展模式创新的客观要求、现实基础、驱动因素和制约因素等,要遵循分析研究的科学技术路线,才能得到科学的研究结论。

民族文化技艺领域职业教育发展模式创新中政府的作用路径,如图7-1所示。

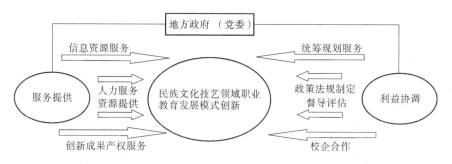

图7-1 区域职业教育发展模式创新中地方政府行为作用路径图①

(二) 完善和落实民族类专业的专业标准

教育部办公厅分别于2014年4月和12月,公布了首批和第二批中等职业学校专业教学标准,其中包括了部分民族类专业的专业教学标准。我们在高度肯定这些专业教学标准的重要意义,充分利用其指导民族文化类专业教学工作的同时,也要认识到,专业教学标准具有

---

① 参考改编自:马小丽. 民族地区职业技术教育与经济互动发展研究 [M]. 成都:四川大学出版社,2014:195.

动态性，要结合区域的实际情况来科学实施专业教学标准，也要根据经济社会发展对人才的需求等因素的变化而不断地修订完善专业教学标准。并且，教育部两批公布的230个专业教学标准，并未能涵盖全部的专业，部分的民族文化类专业的专业教学标准也尚未能编入其中，需要广西教育行政部门充分整合科研、教学、行业、企业等各方面的力量，编制完善广西民族文化类专业的专业教学标准。

（三）科学制定民族文化产业人才发展规划

产业发展需求是职业教育人才培养的依据。民族文化产业发展规划决定了民族文化产业人才发展规划；而民族文化产业人才发展规划又决定着职业教育的民族文化人才培养计划。在这个逻辑关系中，民族文化产业发展规划和民族文化产业人才发展规划的制定，都需要由政府层面来组织实施。

广西各级政府应组织力量，依据当地民族文化产业发展需求，科学编制本级民族文化产业人才发展规划。无论是人才发展规划还是人才培养计划的制定，都既要实事求是，又要对未来有充分的前瞻。只有着眼于实际的需求，立足于科学的规划，广西中等职业教育培养民族文化产业人才方能既不缺位，也不盲目。

（四）加大宣传力度，提高公众对民族文化的热情

"优秀的民族文化蕴含着中华民族思想观念、人文精神、道德规范，这些是涵育中国精神的重要资源，民族文化通过凝练升华，教育宣传、展示宣传、舆论导向等，使各民族群众掀起传承、保护、创新和发展各民族文化，团结各民族群众共同创建更加灿烂辉煌的中华民族文化；民族文化宣传是民族工作的一项重要内容，是民族文化教育的重要手段和途径，在民族教育中具有不容忽视的重要地位和作用。"[①] 广西是民族文化资源的宝库。民族文化的发展，为了人民，也须依靠人民，最终成果要由人民共享。在现代传媒高度发达的今日，

---

① 刘珂欣. 试论民族文化宣传教育与北京世界城市建设的关系 [J]. 民族教育研究，2015（01）：126-131.

广西民族文化常常是"深在闺中无人识",可见"酒香仍怕巷子深",只有勤"吆喝",加大对民族文化的宣传和传播,才能让更多人了解广西民族文化、喜爱广西民族文化,自觉保护和传承广西民族文化。也唯有如此,才能吸引更多的人,包括少年儿童及社会各界,来共同关心和参与民族文化职业教育,推动职业教育传承创新民族文化的事业发展。广西民族文化要走出去,着重要在精品宣传上下功夫,在惠民宣传上下功夫,在革新上下功夫,以讲好中国故事、讲好广西故事,办好南宁国际民歌节、中国—东盟戏曲周、中国—东盟文化论坛、在"一带一路"沿线国家宣传广西民族文化,传播中国精神。

(五) 将民族技艺纳入各厅局举办的职业技能大赛

随着我们经济社会的高速发展,"劳动力市场对高素质劳动者的需求越来越旺盛,各种类型和级别的职业技能大赛受到人们的普遍关注。"① 这些技能大赛中,影响力较大的主要有教育部门主办的职业院校技能大赛,人力资源和社会保障部门联合其他部门举办的技工院校技能大赛、职工技能大赛、数控技能大赛等,由共青团系统联合人社部门主办的青年职业技能大赛,以及由不同行业主办的行业职业技能大赛,如印刷行业职业技能大赛等。"目前,中国职业技能竞赛的制度建设不断完善,已形成较完整的政策体系、工作体系和技术保障体系;管理模式不断创新,已形成政府部门主导、社会力量参与、企业公益性支持的竞赛组织形式,赢得了社会和企业的高度认可。"②

对于职业院校而言,影响力最大的莫过于"职业院校技能大赛"。技能大赛对职业院校的教学产生明显的导向作用,推进学校的教学改革,助推"双师"队伍的建设,同时也促进了学校实训基地的建设、校企合作的深化,因而有所谓"普通教育有高考,职业教育有技能大赛"一说。但是,如此重要的大赛,对民族技艺的关注却明显不足。以 2018 年广西职业院校技能大赛为例,当年广西大赛有 120 个赛项

---

①② 靳润成. 全国职业院校技能大赛促进职业教育发展的战略思考 [J]. 教育研究, 2011 (09): 56 – 61.

(涉及27个专业类),却可能是出于参与面小、考评标准难统一等因素考量,这些赛项中没有一项为民族文化类赛项。民族文化传承教育在广西职业教育中的地位可见一斑。我们认为,正是由于技能大赛具有强烈的导向性,建议将民族技艺比赛纳入职业院校技能大赛范畴,引导学校、教师、学生和社会各界更加关注和重视民族文化的传承和保护,发挥技能大赛对民族文化职业教育的推动作用。

同理,在其他部门、行业举办的技能大赛中,也可视情况纳入民族技艺的比拼。也可根据实际考虑将一些比赛进行整合,扩大参与面,提升影响力。给全社会带来一股强劲有力的民族技艺技能冲击波,从而在全社会营造尊重民族文化、尊重劳动、尊重技能、尊重人才的浓郁、良好的氛围。

(六) 整合职业教育在内的力量建设文化产业基地

近年,文化产业基地的建设在广西方兴未艾。各地将文化产业基地建设作为促进文化繁荣发展,驱动经济起飞的重要途径,积极申报或建设文化产业基地项目,通过先进文化企业的示范、窗口和辐射作用,引领我国文化产业持续健康快速发展。截至2018年年底,广西就有桂林广维旅游文化产业有限公司、桂林愚自乐园、桂林五通农民三皮画、百色靖西旧州绣球街、广西钦州坭兴陶有限公司共5个基地入选国家文化产业示范基地。除此之外,各自治区级文化产业示范基地、县级特色文化示范县(区)、乡(镇)中,不乏以传承和创新民族优秀传统文化为己任者。

文化产业示范基地(园区)的建设,需要国家和自治区文化产业发展专项资金的支持,需要整合并发挥各方面的力量,不仅要大力吸引和引导文化企业和文化产业项目进驻文化产业基地(园区),也要大力吸引和引导职业院校参与基地(园区)建设,使基地(园区)成为职业学校民族文化类专业的校外人才培养基地。通过上述力量的整合,形成文化产业基地(园区)集聚资金、资源、项目和人才的优势,使人才培养融入文化产业的研发、生成、销售等产业链条,实现产教融合和产教双赢,"促使文化产业基地(园区)的产业、项目、园区一体化发展,促进文化产业由'小、散、乱'的发展模式向集约化发展模式转变,形成具有地域和民族特色的文化产业群,提高文化产业的集群效应,促进文化产业集聚发展。"①

案例

2017年春节前夕,北海市委书记王乃学提出,"把银滩回建区打造成一个富有渔家风情特色的'疍家小镇',引导搬迁群众转产转业,谋求产业发展方向,形成集餐饮食宿、特色小吃、特色小商品于一体的特色小镇,让'疍家小镇'成为北海银滩的又一张旅游名片。"②2017年4月,银滩疍家小镇建设项目正式启动,并确立了以"银滩后街"为定位、以疍家文化为支撑、产业发展为导向,打造"产、城、人、文"有机融合,集"吃、喝、玩、乐、购"等功能于一体的滨海魅力小镇的建设方向。2017年12月,银滩疍家小镇被列入北海市首批特色小镇培育名录。根据北海市委书记的指示,北海市中等职业技术学校在疍家小镇建设以"聚集人气,扩大影响"为经营手段,以"培训村民,精准扶贫"为经营目的的疍家小镇创新创业示范实训基地。2018年5月4日,北海市中等职业技术学校疍家小镇校外创新创业实训基地正式揭牌运营,基地以北海丝路文化为主题,融合疍家元素、客家及土著文化风格。分成三大业态:一是商业业态,主要由住宿、餐饮和特色工艺品营销组成;二是文化业态,主要由丝路文化展示和表演组成;三是服务业态,由创业职业培训项目、小镇电商平台和小镇志愿者服务组成。学校充分发挥艺术类师生的特长,帮助疍家小镇进行整体设计,在外观上打造色彩艳丽的"涂鸦小镇"小镇名片,带动旅游产业发展。学校每周五都由一个专业部的师生,在小镇广场组织一台免费的、融合技能展示与疍家文化的文艺晚会,每次表演都会吸引几百名周边群众和下榻这里的游客前来观看,迄今已

---

① 施日全. 生态文化与美丽广西 [M]. 南宁:广西人民出版社,2014:163.
② 胡春山. 引导群众转产转业打造特色疍家小镇 [N]. 北海日报:2018-11-23 (07).

开展了近10场演出，累计观摩群众早就逾万；每周二、四晚上7:00至9:30，学校体育教师和市银海区太极拳协会的教练，在疍家小镇广场及主要街道免费为群众及全国各地的游客表演和传授太极拳，将定期组织开展太极拳表演、比赛等活动，让太极文化成为疍家小镇的又一个亮点。文艺表演和太极拳让小镇聚起了前所未有的人气，给小镇带来了无限的商机。为了提高小镇的旅游服务质量，实训基地对小镇村民开展了各种免费培训。例如采取"种文化"形式，通过周五的表演，手把手地为小镇培育了一支支文艺骨干队伍，让歌舞每天晚上都能在小镇上欢腾；通过定期向村民开展就业创业"大讲堂"培训，旅游服务与管理、工艺品加工、学前教育、电子电器应用等八个专业共计36个培训课程在村民中大规模地展开，短期内就取得了显著的效果。例如客房的布置，在实训基地入驻前，疍家小镇的客栈留不住客人的一个重要原因就是客房布置非常不专业，游客入住的体验非常差，往往第二天一早就急不可耐地退房走人。经过11场、累计609人次接受了学校旅游部开展的酒店管理培训。目前，疍家小镇客栈的服务水平都达到了三星级的标准，未出现过1例投诉。学校积极参与南珠贝雕工艺设计及旅游产品开发项目，特聘贝雕大师许承斌设计制作了极具疍家特色的贝雕画和贝雕件，在实训基地的渔玥客栈大量展出，受到了游客的广泛喜爱。学校将北海贝雕生产加工、旅游工艺品销售项目带到疍家小镇，不仅丰富了疍家小镇的旅游纪念品，让贫困家庭迅速脱贫致富，更是让贝雕文化得到很好的传承。

（七）对广西各地职教传承民族文化进行统筹规划

近年来，广西的部分职业学校陆续开办了一些民族文化类专业，这固然是我们所期盼的。同时我们也要看到，从长远角度看，由于资源、环境与发展思路的相近或相同，同一个城市的职业学校，或自治区内不同城市的职业学校，在民族文化类专业设置上很容易造成面向的产业趋同，重复建设，以及同质竞争，从而对整个区域的文化产业造成巨大的浪费和恶性循环。① 因此，必须抓好新专业的申报环节，对全区的民族文化类专业设置进行统筹规划。2017年10月，《广西壮族自治区人民政府办公厅关于中等职业学校布局调整和专业结构优化的指导意见》颁布，各地政府、教育行政部门、职业学校推进和落实这一指导意见的过程，恰恰可以成为对全区民族文化类专业进行统筹整合的一个契机。严格按照文件"规模化、集约化、特色化"的要求，对不符合办学条件要求和规模要求的专业点进行撤并，努力实现职业教育资源效益最大化。

（八）利用地缘优势，促进广西民族文化跨境传播

广西的那坡、靖西、大新、龙州、凭祥、宁明、防城、东兴等8个县（市、区）与越南接壤，陆地边境线长1 020千米，海岸线长1 595千米，有壮、苗、瑶、彝、仡佬、汉、京、回等8个民族跨境而居。广西利用地缘优势，促进民族文化的跨境传播，既有利于民族文化发展繁荣、边境的和睦安定，也为广西职业教育的发展带来新的机遇。其对广西职业教育的积极意义至少表现在两个方面。

1. 引导广西职业教育培养服务于民族文化跨境传播的技能人才

广西中职学校在教育教学体系中，纳入民族文化跨境传承内容，不仅可以抢救保护跨境民族优秀文化和非物质文化遗产生存发展空间，夯实跨境民族文化产业发展基础，还能为跨境民族文化产业发展，诸如旅游产品设计与开发、旅游现代服务业等，提供坚实的人才保障和智力支撑。② 民族文化跨境传播的需求，又会反哺中等职业教育发展。随着跨境民族文化产业昌盛，跨境民族现代服务业、特色旅游、特色旅游产品不断发展壮大，中职学校毕业生就业与创业面临新的机遇和岗位。政府、社会和学校应顺势而为，注入更多的资金用于改善职业学校传承民族文化的软硬件条件，如在校内建设民族文化实

---

① 余益中，刘士林，廖明君. 广西北部湾经济区文化发展研究 [M]. 南宁：广西人民出版社，2009：37.

② 罗金凤. 高等职业教育促进跨境民族文化传承创新的探讨 [J]. 南宁职业技术学院学报，2017（03）：41-44.

践活动中心,或在校外建设跨境民族文化发展基地。

2. 拓宽广西职业教育面向东盟的国际化办学视野和格局

随着"中国—东盟自由区""一带一路"等的建设,广西与东盟国家的联系愈加紧密。职业教育的合作未来也必将成为广西与东盟合作的一个重要领域。通过选派优秀职业学校教师到东盟国家任教、吸纳东盟留学生到广西职业学校就读、为东盟国家培养职教师资等渠道,迈出探索"职教输出"的步伐。

四、抓好学校阵地,创新开展职校民族文化传承工作

2012年12月18日,国家职业教育体制改革试点工作暨职业教育集团化办学现场交流会在郑州召开。时任教育部副部长鲁昕在会上指出,要"推动非物质文化遗产目录与职业教育专业目录、非物质文化遗产传承人与职业院校专业教师、非物质文化遗产传承与职业教育专业人才培养、民族文化技艺传承与职业教育等四方面对接。……要加强职业院校相关专业建设,开发教学标准,完善课程体系,培养专业师资,把职业院校建成传承创新民族文化的人才基地和产业支撑平台。"[①] 鲁昕副部长提出的这"4个对接",为职业学校创新开展民族文化传承工作指点了方向。以学校为教育阵地,培养师生的民族文化认同感,教师与学生是学校教育的基本要素,他们对民族文化的认同和理解直接关系到民族文化教育的效果。政府对学校投入资金,配齐民族文化传承设备,以制度形式规划民族文化传承活动,通过建成的民族文化彰显学校特色。

(一) 准确定位发挥优势,推动民族职校特色发展

1. 推进专业结构优化,准确定位民族文化专业

目前,广西正在积极落实《广西壮族自治区人民政府办公厅关于

---

① 鲁昕. 深入推进教育体制改革试点工作完善职业教育国家制度体系——在国家职业教育体制改革试点工作暨职业教育集团化办学现场交流会上的讲话摘要 [EB/OL]. (2014-06-10)[2019-07-05]. 陕西工商职业学院人才培养工作评估网. http://pgw.snbcedu.cn/ldjh/855.htm.

中等职业学校布局调整和专业结构优化的指导意见》，这是广西职业教育改革的一次大手笔，也是广西各中职学校在政府统筹下撤并夕阳专业，改造传统专业，把握新兴专业，强化优势专业，整合专业资源，优化专业设置，形成专业优势，打造专业特色的难得机遇。开办民族文化类专业的广西中职学校，只有在这一次布局调整和优化中"定好位"，才能"站住脚""走好路"。学校要根据自身的办学定位和办学优势，以及当地民族文化资源的优势和民族文化产业发展趋势，推动民族文化类专业建设，增强民族文化类专业的社会适应性，着力培养民族文化类专业特色。

案例

（1）广西商业技师学院。坐落于国际知名旅游城市桂林的广西商业技师学院，就主动适应区域产业结构优化升级要求，面向本地重点产业、优势产业，服务于桂林市打造国际旅游胜地的战略，将民族风味餐饮等专业确定为学校重点建设的品牌专业，依托示范校建设，借助国家级高技能人才培训基地，践行互利共赢的校行企合作运行机制，合力培养民族餐饮人才。该专业建设成效明显，在桂林市发挥了很好的引领、示范作用。2014年，学院被广西烹饪餐饮行业协会认定为"广西民族餐饮人才培养基地"；2017年，学院被列为广西"注册中国烹饪（餐饮服务）大师名师培训基地"，获得中国烹饪协会"中国餐饮30年桃李芬芳优秀奖"、世界中餐业联合会"烽火杯——烹饪教育成就奖"；2018年，学院被评为改革开放40年中国餐饮行业培养人才突出贡献单位，成为广西烹饪餐饮行业协会"校企行合作委员会单位"；2019年，学校被评为"改革开放40年·自治区成立60周年广西餐饮业"人才培养卓越单位。

（2）广西民族中等专业学校。地处壮乡武鸣县的广西民族中等专业学校，以服务广西民族地区经济文化发展为办学宗旨，坚持走民族特色办学之路，紧密结合区域民族特色产业、文化产业的发展需求，调整专业课程设置，优化专业结构，在发挥民族文化传承和传播、民族语言文字教学和研究工作中的特殊优势的基础上，重点建设民族民间音乐、民族舞蹈、民族传统体育等特色专业。

（3）平南县中等职业技术学校。平南三利小刀驰名全国，它的锻造工艺入选广西第二批非物质文化遗产名录。平南县中等职业技术学校结合地方特色产业——刀具加工产业，大力开展机械加工专业的校企合作，促进产教融合。不断加大机械加工专业设备投入，为专业发展和校企合作打好基础；校企共同编制人才培养方案，制订课程标准，开发刀具地方特色课程；企业以生产标准要求参与指导学校实训室建设；学校聘请当地著名的刀具加工师傅到学校进行联合执教，学生通过在校实际观摩，逐一了解刀具加工流程，掌握初步理论知识，熟悉各种刀具加工机械操作；学生和教师不定期到企业跟岗实习实训；实行学徒制教学方式，由刀具企业资深师傅根据行业上岗要求培养培训学生，学习即是上岗，不断提升技术技能水平，逐步把机械加工专业打造成示范特色专业，为服务地方产业发展做出贡献。

（4）桂林市艺术学校。桂林市艺术学校原名桂林戏曲学校，戏曲专业起家。为满足广大人民群众日益增长的文化需求，该校坚持文化艺术专门化办学，以特色专业求发展，相继开设了戏曲、曲艺、音乐、舞蹈、杂技等专业。形成了以桂剧、彩调、广西文场为特色，音乐、舞蹈、杂技等专业并肩发展的办学格局，已成为桂林艺术教育的重要窗口和广西非物质文化遗产保护与传承的人才培养基地。2012年，该校桂剧专业方向成为首批全国民族文化类示范专业点，2013年，该校成为广西文化厅颁发的"国家级非物质文化遗产代表性项目传承基地（桂剧、彩调、文场）"。

（5）河池市宜州区职业教育中心。河池市宜州区职业教育中心结合宜州区"广西特色旅游名县"创建工作，围绕刘三姐文化品牌，在旅游基础设施建设与规划、旅游产品开发与旅游环境保护、旅游宣传推介营销、旅游公共服务提升与旅游产业规模提升、旅游人才培训、提升旅游服务质量等6个方面下功夫，将"旅游服务与管理专业"和"中餐烹饪与营养膳食专业"这两个专业打造为极具民族特色的专业。

2. 找准并发挥自身优势，推动民族职校特色发展

在城市化的影响下：一方面，职业学校的办学模式也受到影响，形成了"千校一貌"的场景，就连民族地区在这种背景的冲击下也渐渐失去了原有的文化特质，没有充分开发本民族、本地区丰富的教育资源，导致本地优秀民族文化资源浪费；另一方面，由于区域发展，民族地区需要大量的初、中级技术人才，以及美食、环保、旅游、工艺方面的职业人才，把当地职业教育的重点放在这些方面，不仅有生源基础，还有师资及就业的优势。广西长期以来发明了许多精巧的工艺技术，生产了许多富有民族特色的产品。通过开展民族技艺培训课程，聘请专家大师，使民间技艺发扬光大，并培养出自身特有的民族技艺发展项目所需的各种人才。培训项目不求多，根据岗位定学习内容，定标准，用精美的产品和作品区别于市面上粗制滥造的东西，形成特色化、规模化培养体系。

基于民族地区中职学校特色发展，应首先提升校长的办学理念，通过制定学校的教育观、学校观、学生观、资源观、效能观来定位学习整体发展；提升学校教师、学生的主体意识，认清建设特色民族学校的必要性，通过培养团队意识，把民族特色办学理念融入教师深层意识中，同时挖掘学生资源，使学生成为特色学校的一员，成为学校民族特色内容的收集者和构建者，形成建设合力；确定学校定位，通过人员分工把主要特色深化、细化、内涵化，不能形式化或拿来主义，盲目跟风。在阶段性进展中，不断筛选、比较、深挖、提炼、总结，在这个进程中，推动民族职业学校特色发展，同时促进扩张性发展。

俗话说"靠山吃山，靠水吃水，回馈社会。"广西依山傍水，民族资源丰富，山水旅游、民族风情旅游、绿色生态旅游、红色经典旅游、民族歌舞、民族手工、民间美术、民族特色小吃、建筑等，职业学校应就地取材，详细调研，结合学校实际，主打一项民族品牌，融入课程，从文化环境、文化内涵、文化的推广输出全方位包装，融合到地方经济发展，再通过地方发展，进而推动自身的特色发展。

案例

※广西民族中等专业学校。广西民族中等专业学校（广西壮文学校）是直属于自治区民宗委的区直全额拨款事业单位，其前身是1956年创办的桂西壮文学校（1958年易名为广西壮文学校）。1974年，自治区人民政府同意在广西壮文学校校园内创办广西民族干部学校；1994年，易名为广西民族中等专业学校。该校在广西的独特性是显而易见的。作为一所民族学校，学校坚持"彰显特色，锻造精品"的办学理念，办学特色鲜明，民族特色浓郁。在特色专业、特色课程、特色文化、特色研究、特色活动等方面走出一条自己的特色之路。学校被授予"全国民族教育先进集体""全国民族团结进步创建活动示范学校""全国职业院校民族文化传承与创新示范专业点""自治区民族团结进步先进集体""广西中职学习民族文化技术技能人才培养培训基地""南宁国际民歌艺术节创作基地"等荣誉称号。

※恭城瑶族自治县民族职业教育中心。"恭城油茶"是富有民族特色和地域特色的传统饮食。近年来，恭城县委、县政府也积极主导将恭城油茶打造为民族饮食文化品牌。2011年，获得国家工商总局商标局地理标志证明商标注册证书，是广西首个小吃类地理标志商标，也是广西首个获得地理标志证明商标注册证书的非物质文化遗产。2017年1月，《恭城油茶制作技术要求》《恭城油茶服务质量规范》经广西质量技术监督局批准发布。在此背景下，恭城瑶族自治县民族职业教育中心牢牢把握区域民族文化赋予学校的优势资源，将"恭城油茶"与学校专业建设和人才培养紧密结合，开展了5个方面的工作。一是开设恭城油茶民族工艺课程，建设共享型专业教学资源库。让恭城油茶文化进校园、进课堂、入网络、入社团活动，推动民族文化融入学校教育全过程、全覆盖，培养恭城油茶从茶叶种植、茶叶制作，到油茶系列配套产品制作、油茶销售经营等相关产业的职业技能人才。二是编写恭城油茶文化传承创新宣传手册。内容包括油茶茶叶种植、茶叶制作加工、油茶制作艺术（制作过程）、油茶系列配套产

品制作、油茶功效、油茶文化典故、歌曲、油茶文化的传播与影响，以及社会经济价值等。三是建设恭城油茶文化传承教师队伍。聘请瑶族文化专家、主管部门领导担任顾问；聘请恭城油茶茶叶种植能手、油茶茶艺制作行家到校教学，打造教师团队。四是建设茶叶制作与恭城油茶工艺工作室一间，恭城油茶配套产品工作室一间。工作室主要用于大师口传身授。同时，在恭城龙虎乡建设校外的茶叶种植基地一个，主要为工作室提供优质原材料等。五是面向社会开展民族工艺（恭城油茶）传承创新培训。通过这些措施，恭城油茶文化与学校教育的有机的结合在一起，成就了恭城瑶族自治县民族职业教育中心的鲜明特色。

※柳州市第二职业技术学校。柳州市第二职业技术学校就是从学校内外环境的实际出发，确定了以三江源侗族文化作为本校民族文化传承创新职业教育工作的主线和发展方向，将优秀的侗族文化和侗族艺术逐渐全方位、全过程地融入学校美育、德育、专业建设和文化建设等之中，形成学校鲜明的办学特色。

※广西体育高等专科学校附属中等职业学校。广西体育高等专科学校附属中等职业学校将学校办学目标定位为"以普通高等职业（专科）教育为主兼顾中等职业教育，积极发展国际教育，力争把学校建设成为在国内和东南亚地区具有较大影响的、具有民族特色和地方特色的体育院校"，并分解为引领民族体育文化传承、引领行业产业智力支撑、引领区域国际体育交流的"三引领"目标。学校积极发展民族体育项目，充分彰显民族体育特色。2018年，学校毽球队代表参加自治区民族运动会女子毽球双打第一名，女子团体第一名，男子团体第三名，双打第五名，参加广西毽球邀请赛第三名。学校体育代表团参加2018年广西"'壮族三月三'民族体育炫活动暨体育庙会民族体育系列全国邀请赛"获得二等奖两项、三等奖一项。学生作品《广西少数民族传统体育旅游活动基地》参加2018年全国大学生体育产业创新创业大赛项目荣获创意设计三等奖。

(二) 加强校园文化建设,构建民族文化传承场域

场域是布迪厄的社会学理论中的一个重要的概念,布迪厄认为:"一个场域可以被定义为在各种位置之间存在的客观关系的一个网络(Network),或一个构型(Configuration)。正是在这些位置的存在和它们强加于占据特定位置的行动者或机构之上的决定性因素之中,这些位置得到了客观的界定,其根据是这些位置在不同类型的权力(或资本)——占有这些权力就意味着把持了在这一场域中利害攸关的专门利润(Specific profit)的得益权——分配结构中实际的和潜在的处境(Situs),以及它们与其他位置之间的客观关系,如支配关系、屈从关系、结构上的对应关系,等。在高度分化的社会里,社会世界是由具有相对自主性的社会小世界构成的,这些社会小世界就是具有自身逻辑和必然性的客观关系的空间,而这些小世界自身特有的逻辑和必然性也不可化约成支配其他场域运作的那些逻辑和必然性。"[①] 将场域理论用于民族文化传承,每个细分场域都有自己的游戏规则,学校教育是最便捷、最完备的民族文化传承场域。职业学校要履行传承民族文化的使命,首先要在学校内构建适合于民族文化传承的场域,其中最重要的就是文化观念的革新和校园文化的积淀。

1. 培养师生的多元文化理念

"文化传承场的核心是文化观念,文化传承通过一定的场力实现文化观念对个体的影响。"[②] 在职业学校中教师和学生都是民族文化传承的鲜活的载体,唯有树立师生的民族文化观念,民族文化的传承与创新才具有成功的可能性。

1) 教师多元文化观念的培养

教师的多元文化教育。传承文化是教师的重要使命之一,广西职业学校的教师在广西民族传统文化的传承中起着至关重要的作用。职

---

① [法]皮埃尔·布迪厄,[美]华康德. 实践与反思:反思社会学导引. 李猛,李康,译. 北京:中央编译出版社,2004,133-134.
② 孙亚娟. 少数民族文化传承场域的变迁与重构 [J]. 教育文化论坛,2012 (02).

业学校教师要正确认识民族文化的价值，认清自己在民族文化传承中的使命和角色定位，塑造并不断提升自己的文化自觉；职业学校教师要树立多元文化的教育理念，充分认识到各民族文化都有其存在的价值，各种文化之间并不存在高低贵贱之分，各民族的文化都应当得到尊重。"每一种文化的萌生、演化和发展，都依赖于特定的生态环境，都是适应不同自然生态环境的结果，这就决定了文化必然是多样的，每个文化个体都有自己独一无二的文化积累，也都会随时吸收其他文化分子而创造自己的文化特色。因此，每一种文化都因其体现了特定群体的心志和理想而作为一种文化类型必然具有特定的意义和存在的价值。文化与文化之间没有好坏、高低、贵贱之分。不能以人口多少和实力强弱来判定某个民族文化的先进落后或者高低贵贱。"① "任何一种文化都是特定民族长期适应、改造自然环境和社会环境的结果，是一个民族集体智慧的结晶，失去一种文化意味着将失去一种思维的方式、失去了一种智慧。"② "任何文化，无论多么地微不足道，都是人类共同财富部分的持有者，为了文化多样性的需要都应保留。"③ 由此可见，学校要实现多元文化教育，使不同民族的文化都能得到发展，在观念上就要求教师或课程开发者成为一个文化相对主义者。④

因此，要在职业学校教师的多元文化素养培训上下大功夫。一是多元文化教育理论的学习。"培养教师的多元文化意识，掌握多元文化教育的知识和技能，具备多元文化的态度、情感和价值观，能够客观地看待各种民族文化，在教育上注意考虑不同学生的文化背景。"⑤ 二是民族文化职业教育课程意识和课程开发能力的培训，鼓励教师在教学实践中开发、引入民族文化课程，在能力上逐步具备民族文化校

---

① 陈时见. 多元文化视域下的课程发展 [J]. 西南师范大学学报（人文社会科学版），2003（06）：81-84.
② 邵忠祥. 多元文化教育视野下黔东南苗族文化校本课程开发研究 [D]. 贵阳：贵州师范大学，2008：4.
③ [法] 列维·斯特劳斯. 种族与历史，种族与文化 [M]. 于秀英，译. 北京：中国人民大学出版社，2006：7.
④⑤ 邵忠祥. 多元文化教育视野下黔东南苗族文化校本课程开发研究 [D]. 贵阳：贵州师范大学，2008.

本课程开发的各种能力。三是提倡职业学校教师开展关于广西民族化的研究，或民族文化职业教育的研究，让教师在研究中了解民族文化的生存状况、民族文化传承的意义、民族文化传承与职业教育的关系等，提升多元文化素养，增加多元文化知能。

2）学生多元文化观念的培养

学生多元文化观念的树立与教师同样重要。只有当学生中普遍认同不同民族文化的价值，形成尊重多元文化的观念，对文化差异给予发自内心深处的善意、宽容、喜爱与接纳时，民族文化传承的职业教育才能"有尊严"地展开。对职业学校进行学生多元文化观念培养的过程，也是文化共生层面的民族共生教育的过程。除了民族文化通识课程、民族文化知识专题讲座、民族文化展览、民族文化校园主题活动、民族文化社团建设等之外，最根本也最持久的还在于广西相关职业学校富于民族地方特色的校园文化的潜移默化地浸润。对此，我们在后文将作更详尽的论述。

2. 培养师生的民族文化认同感和民族自豪感

"民族文化认同感是指文化主体在共同的社会实践中形成的对某种文化意识在心理上达成的共识，也就是通常所说的相对其他民族共同体而言，'我之为我'的民族情感。"① "民族自豪感是对自己的国家和民族的悠久历史、光荣传统、优秀品德及对人类文明的贡献等感到光荣的深厚情感。"② "民族文化认同是一个民族得以存在的基础，一旦丧失了对民族文化的认同就意味着民族的消亡。"③ 民族自豪感"也是一个民族自强不息、自立于世界民族之林的心理基础。"④ "培养教师和学生的民族文化认同感和自豪感既是学校民族文化教育的目的，也是学校民族文化教育可持续发展的内在动力。"⑤ 教师和学生对

---

① 赵世林. 云南少数民族文化传承论纲 [M]. 昆明：云南民族出版社，2002：118.

②④ 理查德·罗斯，侯宏勋. 民族自豪感透视 [J]. 国际社会科学杂志（中文版），1986（02）：76-77.

③ 刘辉，肖祥. 全球化视野下的广西民族文化认同思考 [J]. 南方论刊，2010（06）：84-85.

⑤ 曹能秀，孙亚娟. 以教育促进贫困农村地区民族文化传承的实践探索——以云南省寻甸回族彝族自治县六哨乡为例 [J]. 民族教育研究，2009（08）：58-63.

民族文化的认同、理解、自豪感常常会以自然和无意识的方式为职业学校创造民族文化传承和谐氛围，直接影响到职业学校民族文化教育的效果。

广西职业学校对师生民族文化认同感和民族自豪感的培养，可以从以下几个方面进行。

第一，以唯物辩证法引导师生正确对待西方强势文化。既以"拿来主义"的精神勇于吸引西方文化中精华的、有益强化广西民族文化认同的文化因子，使之本土化，又坚决摒弃其糟粕的、不利于广西民族文化认同的文化要素。近年，国内陆续有教育主管部门以文件形式要求学校不得在校园内组织圣诞节等带有明显西方宗教色彩的"洋节日"，我们认为就是值得肯定的做法，具有积极的导向意义。

第二，通过课程、活动、展览等方式展示民族文化的多样性，让各民族师生了解和体会本民族文化的独特价值和优越性，给予每位师生平等的展示民族文化的机会，并感受到其所带来的尊重和荣耀，从而让每位师生都因为自己是某族人而深感自豪，而不是羞于示人，民族文化认同感和民族自豪感在这样的体验和感悟中会自然而然地形成。

3. 加强民族团结教育

"广西作为我国民族团结模范省区之一，在贯彻党和国家民族政策、推进民族团结进步方面取得了显著的成果。广西各族人民有团结一致共谋发展的信心和动力，社会整体和谐发展。广西没有因为任何涉及民族问题而引发的重大突发性事件，民族关系满意度始终是广西各族群众最满意的社会发展指标之一。因此，广西的民族团结工作一直以来都得到了国家政府及中央领导的肯定和各族群众的赞誉。"[①] 广西今日团结和谐局面之所以能形成，广西各级各类学校长期卓有成效地开展的民族团结教育，自然是功不可没。

今后，广西职业学校要进一步更好地发挥在促进广西民族团结方面的作用，就要继续严格落实《学校民族团结教育指导纲要（试

---

① 刘子云. 民族团结教育实践模式研究 [D]. 北京：中央民族大学，2015：135.

行)》(教育部办公厅、国家民委办公厅 2008 年 11 月)、《关于进一步加强在我区中小学开展民族团结教育工作的通知》(广西教育厅、自治区民委 2011 年 10 月)等文件要求,加强民族团结教育。一是充分发挥课堂教学主渠道作用,科学安排专门的民族团结教育课程,课程内容以民族理论常识实践教育为主,教学活动时间确保每学年 12～14 个学时,扎实推进民族团结教育进教材、进课堂、进学生头脑。二是根据学校实际情况、中职生年龄特点和当地民族文化教育资源,因时因地制宜,利用校内的校(团、班)会、宣传平台、竞赛活动等,以及校外的爱国主义教育基地和民族团结进步教育基地,在职校内、外开展丰富多彩的民族团结专题教育活动和实践活动,在抓好 9 月"广西民族团结教育活动月"的基础上,将民族团结教育活动贯穿于全年,贯穿到育人全过程。

4. 渗透"广西精神"教育

2011 年 11 月召开的广西第十次党代会上,"团结和谐、爱国奉献、开放包容、创新争先"的广西精神第一次全面、系统、规范地公布。"广西精神是广西各族人民在长期的共同生活和社会实践中,自觉地对广西民族文化进行取舍之后的凝练与升华,它集中了广西民族文化的要义和精髓,浓缩了广西民族文化的灵魂和精华,深刻展现了广西的人文特质、民族特质和区域特质,是广西民族文化中的积极方面和最具生命力的部分。"[①] 它是推动广西人民追求民族振兴的共同信仰,激励广西人民努力实现经济社会进步的共同精神,是支撑八桂儿女砥砺奋进的共同信念。

广西精神同时也是广西中职学校取之不尽的教育资源。广西中职学校的绝大多数生源来自广西本地,培养人才的目标主要是服务于广西经济社会发展的需要。在进行人才培养的过程中应根据广西精神的深刻内涵和精神实质,因地制宜地把广西精神教育作为中职学生人文精神培养的重要内容,利用广西精神所蕴含的高尚的道德追求和正确

---

① 闫雪梅. 民族文化视阈下广西精神及其培育研究 [D]. 南宁:广西师范学院,2010.

的人生准则教育学生,促进学生形成正确的人生观、价值观、世界观,这样才能培养出适应广西经济社会发展需要的全面发展的高素质技能人才。① 对于承担着民族文化传承创新使命的广西中职学校学生而言,学习、领会、实践和弘扬广西精神,既是传承民族文化本身的重要内容之一,又对他们传承民族文化产生巨大的推动力。

广西中职学校要有效利用校内和当地资源,多方位、多角度探索弘扬和传承广西精神的有效方法和途径。

第一,开发相关校本课程。传承和创新广西精神一定要根植于本校和本地实际,只有实际,才能实用;只有实用,才有实效。通过开发蕴含广西精神的校本课程。通过开设公共选修课、举办讲座等方式进行课堂教学,帮助学生学习人物和历史事件以及所蕴含的独特价值和丰富内涵等,在学生的心灵深处构建起广西精神的文化自豪感和自信感。②

第二,渗透到育人的方方面面。职业学校在人才培养中注意结合广西精神,将其渗透到教育教学的方方面面,融入师生工作、学习和生活的各个方面,引导和教育学校成员感知广西精神,认同广西精神,践行广西精神;在社会服务中,充分利用高校优势,通过多种途径宣传广西精神;在对外交流中注重展现广西精神,提升其文化品位和影响力,为扩大广西的影响力、树立广西的良好形象提供精神支撑。③

第三,融入校园文化建设。首先,把广西精神纳入到校园文化制度建设之中,使其成为校园文化建设的一项重要内容。对师生员工的行为进行规范、引导和约束,从而使学校成员形成校园文化制度所期望生成的广西精神。其次,开展以广西精神为主题的校园文化活动。一方面,要善于挖掘振奋广西精神的活动及事件,大力开展弘扬广西

---

① 雷景创,徐丽娟. 高校弘扬广西精神的意义、优势、途径[J]. 传承,2012(07):26-27.

②③ 黄必超. 发挥高校文化传承创新功能做好广西精神宣传弘扬工作[J]. 教育教学论坛,2013(07):262-263.

精神的教育活动，并以此为契机，形成崇尚广西精神、培育广西精神的校园氛围。另一方面，要注意打造以广西精神为品牌的校园文化，通过品牌的打造，对内强化师生对广西精神的认同和创造意识，加强师生的归属感、凝聚力、感召力、向心力和奉献精神；对外扩大广西精神的知名度、影响力。另一方面利用学校的各种宣传媒介，举办广西精神的综合展览，扩大广西精神在中职校园内的影响，形成了解、熟悉、崇尚广西精神的氛围，让中职生感受到广西精神的力量，从而培养中职生的广西精神。①

5. 渗透"工匠精神"教育

李克强总理在2016年、2017年连续两年政府工作报告中，均强调了"工匠精神"。"工匠精神"由此成为当下热门词汇。"工匠精神的强势回归，是'中国制造2025''一带一路'等国家倡议的需要；是企业转型、产业升级的需要；是消费者个性化消费和高品质生活的需要；是劳动者职业生涯发展和个人价值实现的需要。"② 不过，"工匠精神"却并非一个完全新生的事物。《诗经》的"如切如磋，如琢如磨"所体现的就是古代工匠们的工匠精神；老子和孟子都将技艺卓绝的手艺人称为"大匠"，也体现的是对具有工匠精神的手艺人的尊重。由此可见，尽管"工匠精神"这个词汇的提出只有短短几年，但其精神的实质却是中国几千年文化里所一直倡导和追求的。民族文化中的传统技艺之所以能代代相传，并不断革新、进步，造就了我国民族传统技艺的辉煌，是因为有一代又一代传承人坚持不懈的钻研，精益求精的态度，这正是我们后人要向民族文化传承人学习的工匠精神。工匠精神的本质内容是在继承传统的基础上创新，是技艺的传承，是追求完美、极致的态度。民族传统文化尤其是民族传统技艺得以传承的条件，首先是"人"。传承者是传承过程中至关重要的部分，也是工匠精神的

---

① 黄必超. 发挥高校文化传承创新功能做好广西精神宣传弘扬工作 [J]. 教育教学论坛, 2013 (07): 262-263.

② 李进. 工匠精神的当代价值及培育路径研究 [J]. 中国职业技术教育, 2016 (27): 27-30.

"技"与"艺"的一部分。技是物质本身的技能,而艺是工匠自身,也就是传承人。传承者通过长时间对自身技能的不断琢磨,创造出新的技艺。工匠精神对"技"的强调,正如传统技艺中对技艺的要求,有精湛的技艺才能创造出完美的作品。其次,强调创新,工匠精神的本质就是创新,培育具有工匠精神的民族技艺传承人;打造追求极致、完美的精神理念;培养精益求精、一丝不苟的专业态度。在人类社会不断演变前进的今天,民族传统技艺如果不创新,终将退出历史的舞台。① 所以说,工匠精神是民族文化尤其是民族技艺传承的核心力量,职业学校民族文化传承教育与工匠精神教育是高度吻合的,要进行民族文化传承教育就必须进行工匠精神教育,工匠精神的培育应该成为职业学校民族文化类职业技能人才培养的重要目标。

职业学校渗透工匠精神教育,可以从以下几个方面进行。

第一,将工匠精神教育贯穿于民族文化职业教育的全过程,体现在课程设置、思想政治教育、专业课程教育、实践教育、顶岗实习等环节。职业学校通过对民族文化类专业学生进行专业思想教育、专业技术教育、职业生涯规划教育,使得整个教育教学过程既符合技术传授之要求,也符合人文素养培养之要求。②

第二,将工匠精神纳入校园文化建设的范畴,通过建设"工匠园"、宣传和褒奖技能高手与创新创业之星等形式,营造劳动光荣、技能宝贵、创造伟大的校园文化氛围,提高职业学校校园文化的社会责任感,提升职业学校校园文化的软实力,③ 发挥其对师生职业素养和职业能力的潜移默化的影响作用。

第三,将产教融合、校企合作作为工匠精神培育的重要载体,充分利用平台开展"工匠精神"的体验教育、实践教育与养成教育,使得工匠精神的培育与专业技术的学习有机融合,并且内化为受教育者

---

① 程晓薇. 论音乐类非物质文化遗产中的工匠精神——以潮州筝乐的传承发展为例[D]. 南京:南京师范大学,2017:10.

②③ 李进. 工匠精神的当代价值及培育路径研究[J]. 中国职业技术教育,2016(27):27-30.

成长成才的无形力量。① 可以引企入校，共建民族技艺生产性实训基地或民族技艺大师工作室；也可以校外搭台，与民族文化传承人合作开展生产性技能实训，使企业技师和民族技艺大师真正参与到学生培养中来。在开展生产的同时，主动承担对学生进行技艺讲解、技能实操、职业素养指导等责任，学生在真实的工作环境和工作任务中，进行技能实训，培育职业素养。

6. 培育具有民族区域和职业教育特色的校园文化

校园文化是一所中职学校的核心竞争力。广西的中职学校地处民族地区，其校园文化和广西民族文化在功能和特点上都有着许多契合点。将民族文化元素融入中职学校校园文化建设之中，利用校园这个平台从多个方面向新一代中职生展现民族文化的魅力，让学生了解自己和其他民族的文化和历史，使中职生从文化中得到美的享受，加深对本民族文化的了解和学习的热情，增强民族文化的认同感和兴趣度，提高对文化艺术鉴赏的品位。这样不仅能使广西民族文化的传承后继有人，还使民族文化通过与中职学校校园文化建设的融合得以有效的弘扬和创新，给民族文化自身发展增添新的灵感和生命力。所以，将民族文化元素融入中职学校校园文化之中是广西优秀民族文化传承、弘扬和创新的重要形式。② 同时，广西中职学校在校园文化建设中吸收广西民族文化中的精华，有助于提高校园文化建设的品位和内涵，优化校园育人环境，使校园文化在民族文化的土壤中扎根，在深厚的文化底蕴中得到滋养，形成特色化、高品位的中职学校校园文化。广西中职学校校园文化与广西民族文化的融合，将产生更为强大的文化育人功能，促进广西中职学校学生的成长。

然而，在当前职业教育快速发展的环境下，广西众多中职学校的办学规模越来越大，随之而来的不是校园文化的大发展，而是校园文

---

① 李进. 工匠精神的当代价值及培育路径研究 [J]. 中国职业技术教育，2016（27）：27-30.

② 李洋. 将民族文化元素融入大学校园文化建设的实践路径研究 [D]. 上海：华东师范大学，2014：19.

化的特色、个性、魅力的淡化和缺失,① 出现"整齐划一""千校一面"的现象。特色校园文化构建的民族性不突出,无论在建筑风格、办学理念、专业设置等方面,还是在校园文化活动的组织形式、管理制度方面,抑或是在校训、校风、校歌、校徽和校园文化作品方面,都缺乏明显的民族和地方特色。② 因此,民族文化与校园文化的融合问题,应当引起广西中职学校的高度重视。

校园文化建设是一项系统工程,它具有多侧面、多角度、多层次的特点,它的建设和发展既要有正确的指导思想和明确的建设目标,又要有系统的理论指导和有序的实践探索。③ 将民族文化融入中职学校校园文化建设,可以从物质文化、制度文化和精神文化等几个方面着手:

1) 建设人文景观,优化育人环境

坚持以物质文化为载体,构筑富有活力的高品位的文化生态环境,④ 将职业精神、民族特色和时代风格融入学校建筑设计、人文景观建设、校歌校训校徽设计等之中。

案例

广西中医学校在物质环境的建设上,功能分区清晰,突出中医药特色,非常值得借鉴。该校在校园前操场的文化广场,树立着古代书卷造型,书卷上镶嵌的"大医精诚",突出中医所包含的"技艺精湛,医德高尚"的深邃思想。文化广场两边的花圃,种植花卉及中药材。设"历代中医医家"宣传长廊,内容包括中医经典著作介绍、历代医家介绍、中药饮片介绍等。对校园后操场,主要是突出和区分运动功能,恰当融入中医和中国传统文化特色。在后操场周边墙上、通道等处,增添运动相关的图案,特别是与中医和传统文化有关的"太

---

①② 魏巍,祝小宁. 多民族文化视野下特色校园文化研究 [J]. 教学与管理 (理论版), 2014 (7): 61-63.

③ 徐柏才. 构建大学和谐校园的意义和措施 [J]. 西南民族大学学报 (人文社会科学版), 2005 (11).

④ 徐柏才. 建设特色校园文化培养高素质合格人才——对中南民族大学校园文化建设的若干思考 [J]. 中南民族大学学报 (人文社会科学版), 2007 (01): 174-177.

极拳""八段锦"等,处处彰显传统中医药文化特色。设立中医文物器具展示区,将中国古代有名的中医名家、有影响的中医药诊疗器具等进行展示。建立模拟中药房,按古代药房的场景进行建设,形象生动,完整展现了古代药房的功能,演绎了古代药房的工作场景。学校以浓厚的中医药文化氛围激发学生探索新知的兴趣,做到环境育人。

2)弘扬学校精神,构筑职校灵魂

学校要重视并做好学校精神的提炼工作。在学校精神的基础上,做好整个校园文化的顶层设计和构建。如南宁市第六职业技术学校在分析学校精神和区域民族文化资源之后,提出将"铜鼓文化"作为学校的校园文化,就是一个有益尝试的生动例子。学校精神和校园文化一旦提炼确认,就要通过各种形式宣传、教育、弘扬,渗透在学校生活的各个方面,使之得到全体师生的认可,深入全体师生的内心,并成为他们的自觉行动。

3)吸纳公序良俗,融入学校制度

广西各民族在长期历史进程中,形成了约束人与人、人与自然关系的公序良俗。对这些民间的规则进行甄别、取舍之后,融入学校制度的建设,既可增强校园文化的特色,又有利于少数民族学校对制度的认可的接受。

4)创新校园文化活动开展形式

广西民族文化厚重,地域文化丰富,立足区情,将优秀民族文化挖掘出来,整理归类,传承下去,将丰富多彩的民俗活动引入学校,开展以文化课为基础的诗歌演讲辩论比赛、以体育竞技为主的民族传统体育运动会;以手工技艺为主的才艺展示、以文艺演出为主的民族歌舞比赛、以补充专业不足的民族文化相关社会活动和兴趣小组等,通过广泛的活动开展,提升创新能力。

(三)着眼文化传承需求,完善职校的软硬件条件

1. 创新民族文化师资建设途径

传承创新民族文化必须依赖高水平的师资队伍。目前,很多中职学校民族文化相关领域的师资力量还比较薄弱,具有开阔的文化视

野、高度的文化自觉、较强的文化继承和创新能力的教师尤为匮乏①。中职学校传承与创新民族文化使命迫在眉睫，这就决定了中职学校必须加大相关领域的师资队伍建设。

第一，要加大民族文化人才的引进力度。中职学校应该制定带有激励性的引进政策，多引进优秀人才，充实文化传承与创新教育的师资队伍，② 建立起民族文化师资资源库。引进的主要渠道包括高校民族文化相关专业毕业生、民族文化企业技师、民族文化传承人等。首先一个渠道是高校毕业生。综合性大学与民族文化、文化产业相关的人才培养已经较为成熟。但是，综合性大学培养的这些人才往往不是师范型人才，而中职学校需要优秀的"双师型"教师。因此，必须加大对此类人才的培养培训力度。中职学校可以在引进文化人才的同时，为其制订师范技能培养计划，让其从专业型人才尽快转变为教育型人才，成为优秀的"双师型"教师。在必要时，中职学校还可以向综合型大学相关培养机构"下订单"，委托他们与师范院校或者教师教育机构联合制订"3+1"或"4+1"文化教育人才的培养方案。③ 另外两个渠道是民族文化企业技师和民族文化传承人。他们是广西优秀民族文化传承与保护的主要载体，有着丰富的技术经验和卓越的创造力，为广西优秀民族文化的传承和发展作出了重要贡献。职业学校要注重挖掘民间歌师、舞师、建筑师、工匠师及民族民间演出队伍等民间的民族文化传承人，与他们建立起合作关系，或加强与民族文化企业合作共享企业优秀人才。要给予民族文化企业技师和民族文化传承人一定制度性认可，让他们既在经济上有保障，又在社会上受到应有的尊重，从而积极参与职业教育，共同培养能够传承民族文化的职业技能人才。

第二，要加大对民族文化师资的培养力度。培养工作以师德修

---

①② 卢德生，鲜耀. 高职教育：担起民族文化传承创新"使命"[J]. 教育与职业，2013（13）：34-37.

③ 卢德生，鲜耀. 高职教育：担起民族文化传承创新"使命"[J]. 教育与职业，2013（13）：34-37.

养和双师素质为重点。首先是师德修养的培养，激发教师对职业教育、职校学生和民族文化的使命感和热爱。职业教育是在社会备注冷落的教育类型，职校学生是同龄人群中的"弱势群体"，民族文化在全球化浪潮的挤压下已处于崩溃的边缘。对于这三者，没有发自心底的热爱，没有崇高的使命感，是无法将工作做好，甚至无法在岗位上坚持下去的。其次是双师素质的培养。从事民族文化传承教育教学的教师，既要深谙教育学、心理学的知识，具备驾驭职业学校课堂的能力，又要具备民族文化传承创新的实践能力。要让他们参与民族文化校本课程的开发，外出学习深入调研，特别是到民族文化企业中或民族文化传承人身边，拜师学艺，掌握民族技艺，领悟民族文化。

2. 建设民族技艺传承实训基地

中职学校民族技艺传承实训基地是中职学校为学生提供实践教学场所设置的，培养民族技艺职业技能人才的重要载体和平台，也是提高中职民族文化传承教育教学质量与水平的基本硬件资源，是实训场所、实训设备、专业教师、实训教学计划、实训管理制度等一系列实训要素构成的统一体，涵盖了民族技艺传承实训教学、职业素质训导、教学竞赛承办、职业技能鉴定、社会技能培训、双师队伍培养、对外增值服务等诸多服务功能。①

中职学校民族技艺传承实训基地建设，要研究和解决好以下几个问题。

1）科学构建基地发展框架，确保基地建设效益

要以民族文化相关专业组成的专业群为依托，强调以民族文化专业群中的龙头专业或重点专业为核心，以其他相关专业为辐射，构建民族技艺实训基地发展框架。民族技艺实训基地建设要根据民族文化专业群发展的动态情况进行统一规划，为专业发展提供条件保障，进行有计划分批建设。实训基地建设在分析专业间内在规律和关联度的

---

① 赵善庆. 高职实训基地共建共享管理机制创新探讨 [J]. 实验技术与管理, 2014 (05): 235–238.

基础上，努力追求基地整体的整合效应，优先建设通用性强和决定学生关键职业能力的实训室，打破在设备配置上和基地管理上各自为政的局面，减少实训基地建设的重复投资，提高基地设备的利用率，提升设备的先进性和实训的系统性，从而满足学生专业的技能实训综合性和多样性的要求。所构建的实训基地框架要统筹实训基地资源要素，按照专业群预期发展有针对性地开展教师队伍建设，保证重点专业和核心专业的需求，以专业群为对象开发适用的课程和教材，提高资源共享的程度，提高实训资源的利用效率。[①]

2) 构建基地资源共享平台，拓展社会服务领域

民族技艺实训基地建设，既要服务于学校实践教学的需要，又要兼顾其社会服务的功能。根据广西区域经济特色及民族文化产业布局的要求，搞好民族文化类专业建设，建设具有品牌及特色的民族技艺校内实训基地，为民族文化类专业的实践教学提供场所和资源；同时，利用民族技艺实训基地优质资源，构建基地资源共享平台，为社会提供民族文化社会培训和职业技能鉴定服务，为富余劳动力提供转岗培训以实现再就业，通过职业技能、专业知识和先进技术的培训，提高受教育者的职业素质，拓宽劳动者就业渠道，[②] 促进民族文化的广泛传播。

案例

靖西市职业技术学校建成一个约300平方米的壮族文化综合教育中心，下设3个工作坊：锦绣工作坊（壮锦、绣球）、非遗工作坊（壮族末伦、壮族提线木偶戏）、壮医工作坊（壮族传统医学、医药）。在工作坊内利用高清大屏幕展示、3D打印、触摸式互动一体展示等先进方式多元化地展示壮族传统文化魅力，并以技艺培训、大师课堂等丰富多样的教学互动形式，吸引本校在校学生及社会大众参与壮族传统文化的学习与体验。同时，结合本地相关产业的发展，实现

---

①② 张东志，丁勇. 后示范时期高职院校校内实训基地建设与发展的路径探析［J］. 实验技术与管理，2014（10）：219－222.

人才的培养输送与产业的创新发展。学校充分利用基地资源，举办了绣球制作短期培训、壮医药培训、夹砂陶艺术制作培训，进行人才培养。除学历教育外，学校还承担了农村剩余劳动力转移培训、下岗人员再就业培训、机关及企业事业单位在岗职工培训等任务。

3）重视实训基地文化建设，突出民族特色

在制定民族技艺实训基地规划设计时，必须考虑如何突出区域的特色，以及如何传承民族传统技艺与文化的要求。在基建和装修上，要充分挖掘和运用广西民族文化元素。将民族文化作为的民族技术实训基地首要元素进行强调，使基地的每一面墙都对学生有教育意义。

（四）找准文化与教育契合点，创新人才培养模式

职业教育归根结底是必须要增进就业和促进经济发展的，这是职业教育的根本任务之所在。当前在不少职业学校，民族文化传承沦为形式，开办了专业，但报读者却寥寥，开展活动却只当作作秀的花瓶，轰轰烈烈地立项却敷衍了事地收场。所有这些怪现象的根本症结，都在于没有找到民族文化传承与职业教育的契合点，民族文化传承在这些学校中同职业教育是"两张皮"，对职业教育完成增进就业和促进经济发展的使命没有帮助，自然就会不受待见。因此，职业学校与其应景上级文件要求而一窝蜂地申报民族文化传承项目，不如先冷静下来结合校情、区情认真分析，民族文化传承与本校办学的契合点在哪里。

1. 坚持市场需求导向，服务民族文化产业链

为了学会很客观分析职业教育与民族文化传承创新的契合点。职业学校民族文化类专业的专业设置和课程建设，要坚持以市场需求为导向，服务于当地民族文化产业链发展需求，把职业学校建成传承创新民族文化的人才基地和产业支撑平台。职业学校要很客观分析民族文化人力资源需求（民族文化产业结构和民族文化产业规模的交集）、资源条件（民族文化资源、政府政策、时空条件、物质资源之间的交集）和学校实际（学校办学定位和办学条件的交集）三者之间的契合点。这个契合点，正是职业学校开展民族文化传承教育的可为和当

为之处（图 7-2）。

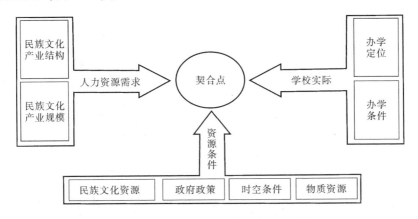

图 7-2 职业教育与民族文化契合点分析框架图

职业教育要服务于民族文化产业的整个产业链。以坭兴陶为例，完整的坭兴陶产业链包括：原材料保护与开发、陶器烧制、创意设计、产品营销、企业文化等方面，每个方面都离不开职业教育所培养的职业技能人才。坭兴陶盛产于广西钦州市，该市中职学校可针对坭兴陶产业链的各个环节，设置专业，开发课程，使人才培养更好地服务于坭兴陶的产业链。同理，为北海贝雕产业链服务的当地职业教育也遵循着同样的规律。

广西是个旅游大省，每年超过 9 000 万人次的游客已成为广西民族文化对外宣传的重要窗口和途径。① 在广西靖西、三江、龙州等少数民族人口较为集中、民族文化资源丰富、风景秀丽迷人的市县，要继续深度开发民族文化旅游产业，吸引更多国内外游客，为民族手工艺和民族歌舞艺术等的保护、开发和发展搭建起良好的平台。当地职业学校要从这一民族文化产业链的人才需求出发，建设好民族文化旅游、民族音乐、民族舞蹈等相关专业或课程，通过职业教育促进"民族文化旅游资源—民族文化旅游产业—民族文化旅游产品—民族文化

---

① 彭仁. 北海贝雕的文化思考 [J]. 大舞台，2015（2）：238-239.

创新开发和原生性保护"相互促进的良性循环发展。

数字化时代的到来,深刻改变着民族文化的传播方式,也催生了一大批新的产业。例如,民族文化动漫,丰富多彩的民族文化赋予广西动漫创作源源不断的给养。近年来,广西动漫人从民族文化血脉中寻找优秀基因,打造原创民族动漫精品,推出了一批优秀作品。① 又如民族工艺品电商,借助电子商务渠道使民族手工艺品更加便捷地走向全国,迈向全世界。职业教育要善于把握新形势、新变化和新机遇,为这些新产业及时培养输送合格的人才。

2. 发挥民族文化的育人功能

本书前文阐述分析了民族优秀传统文化在职业教育中的育人功能:在德育方面民族文化有助于完善学生的个性、重塑学生的自信心、培养学生的工匠精神、激发学生的爱国情感;在智育方面,民族传统文化的学习有助于学生增长知识技能、提高认知能力;此外民族传统文化在美育、体育方面也大有裨益。职业学校办学的落脚点在于培养合格的职业技能人才,民族优秀传统文化的强大的育人功能恰恰是学校教育教学所需要的。职业学校要积极开展民族文化传承教育,发挥民族文化的育人功能,让民族文化育人与职业教育育人更紧密地对接。

3. 创新民族文化专业人才培养模式

"人才培养模式是在一定的现代教育理论、教育思想指导下,按照特定的培养目标和人才规格,以相对稳定的教学内容和课程体系,管理制度和评估方式,实施人才教育的过程的总和。"② 人才培养模式的选择是否恰当,关系到中职学校办学目标能否顺利实现,培养的人才是否符合社会需要的问题。人才培养模式既是教育的基本问题,也是中职教育改革的关键。③

---

① 广西动漫:以民族化推动产业化. 中国经济网 [EB/OL]. (2014 - 11 - 18) [2019 - 07 - 05]. http://www.ce.cn/culture/gd/201411/18/t20141118_3929392.shtml.
② 张宏伟,马贵民,米志鹃,等. 实现高等教育强省策略研究——谈提高教学质量应关注的几个问题 [J]. 中国西部科技,2010 (18):71 - 72.
③ 魏雪峰. 当前我国中职学校人才培养模式改革研究 [D]. 烟台:鲁东大学,2012:2.

与普通教育推行的"知识本位"的人才培养模式不同，我国职业院校借鉴发达国家的中职培养模式，根据现阶段经济社会发展和职业岗位能力对人才培养的客观要求，更强调"能力本位"，并逐渐推行以"校企合作，工学结合"为主要特征的人才培养模式。"校企合作，工学结合"中职学校构建人才培养模式的总的原则和要求，各职业学校要结合学校特点、专业特点、区域经济社会发展水平、校企合作方式等因素来选择人才培养模式。就广西中职学校的民族文化类专业而言，人才培养模式以下几种尝试和探索是值得研究和借鉴的。

1）实施定技能培养

由于少数民族传统技艺区别于一般手工技艺与现代职业技能，其面向的不是宽泛的职业岗位群，而是确定的专项技能经验。少数民族传统技艺的活态传承既不能简单复制家庭作坊式的学徒制形式，也不能完全依赖现代学校化的职业教育体系，而需要在职业院校中将学徒制与现代职业教育形式有机结合，有针对性地对某一项少数民族传统技艺进行有效传承。据此，蓝洁博士在《民族职教传承与创新少数民族传统技艺的模式探索》（2014）一文中提出了职业教育进行少数民族传统技艺培养的"定技能培养"模式。蓝博士将定技能培养定义为"是对某一项固定的、明确的、特殊的少数民族传统技艺进行专项技能经验养成的尝试性教育模式"。少数民族传统技艺传承是关乎民族团结、发展的公益性事业，应由国家相关行政部门通过行政契约的方式执行定向招生、定向培养和定向就业，由国家按一定标准为培养对象提供培养费用，培养对象毕业后到固定的区域、行业就业，尝试构建"需求导向过程系统化"的发展型补偿体系。定技能培养针对的不是全盘接纳的泛化传统技艺，而是针对经过分析、选择的具体某项特殊技艺；它面向的不是岗位群，而是确定的技能类型，进行的是对某项技能全程的感知性学习。定技能培养在现有职业教育体系中营造现代学徒制的条件和氛围，通过建构课程体系重建学习载体，变革教学组织和管理模式等措施，形成特殊的少数民族传统技艺人才培养形式。①

2）深化现代学徒制改革

"现代学徒制实现了传统学徒培训与现代学校教育的有机结合，是一种'学校与企业合作式'的职业教育制度。"② 它以校企合作为基础、以工学结合为核心，学校与企业双主体，学生和学徒双重身份，既继承了传统学徒制的核心特征，又具有明显的时代特色。现代学徒制源自民族传统技艺师徒传习，又利用职业教育对民族传统技艺的传承模式进行了创新。通过教师系统传授理论知识，突破传统的技艺传承过窄的边际；通过在企业岗位的实践操作，促进民族传统技艺与现代需求相结合；通过学校与企业两个学习场合的交替学习，既保证学徒能够充分习得精湛的技艺，又利于养成精益求精的工艺精神和爱岗敬业的职业态度，从而实现了由师徒口传身授的作坊模式向企业与学校双元育人模式的历史性转变，使民族传统技艺的传承更加高效、规范、可持续。③ 因此，现代学徒制应当成为职业学校探寻民族传统技艺传承的重要路径。

案例

广西民族中等职业学校在角雕技艺传承人培养中，改变了传统师带徒的传承模式，引入现代学徒制，使传承更加规范、系统、科学，推动手工技艺与时代发展、科技进步、国际市场相结合，提升传统手工艺品的品质，使其具有中国特色、民族特色；创新"生产性工作车间"形式，校内建立配套工作车间，工作车间为生产性实训基地，聘请国家工艺美术大师白耀华主持工作车间管理职责，使大师传授技艺与生产性实训工作室发挥真正实效，为培养高质量角雕工艺技术人才

---

① 蓝洁. 民族职教传承与创新少数民族传统技艺的模式探索 [J]. 职教论坛，2014 (25)：26-30.

② 赵志群. 职业教育的工学结合与现代学徒制 [J]. 职教论坛，2009 (36)：1.

③ 孙凤敏，孙红艳. 传统手工技艺类非物质文化遗产的现代传承——基于现代学徒制的视角 [J]. 职业技术教育，2017，38 (13)：39-43.

提升必要保障。

3）大师工作室培养体系

截至 2017 年年底，广西共有 609 名民间大师被评认定为国家或自治区级的"非遗"传承人。此外，广西民间还有大量掌握民族文化和民族技艺的优秀民间艺人、民间匠人，他们是民族文化传统和精湛的民族技艺的重要承载者和传递者，是广西民族文化的活的宝库。对于广西职业教育传承创新民族文化而言，这些民间大师、民间艺人、民间匠人是弥足珍贵的教育资源和财富，职业教育迫切需要他们的参与。他们参与职业教育传承民族文化，主要是通过受聘为学校兼职教师、面向师生开办讲座等形式，而更深层次的参与和合作则是在职业学校建立大师工作室，构建基于大师工作室的民族文化传承培养体系（图 7-3）。

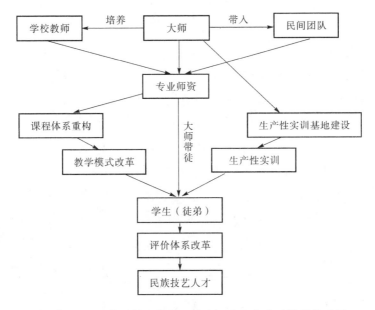

图 7-3　职业学校基于大师工作室民族文化人才培养体系图

民族文化人才培养体系的构成包含以下几个方面。

第一，职业学校与民族技艺大师合作，在职业学校建立大师工作室，引入大师（及其的民间团队），并在大师的引领和培养下，带动学校专业教师成长，从而打造一支以民族技艺大师为核心的专兼结合的师资队伍。

第二，大师深度参与专业课程建设，与学校专业建设共同开发系统的民族技艺传承课程体系，将实践技能的培养和职业素质的培养融入教学内容，借助师傅带徒弟的方式，将师傅的实际工作内容转化为学生（学徒）的学习任务，以工作过程的逻辑关系为基本依据，通过典型工作任务提炼，重新组织课程内容、制定课程标准，实现了课程内容由学科结构到工作过程结构的转变。[1]

第三，依托大师从事实际的民族技艺工作的优势，将大师的民族技艺项目引入学校，在学校建设生产性实训基地，实施生产性实训，创新教学组织形式，以师带徒的形式开展实际工作项目，改变以往理论与实践相脱节、知识与能力相割裂、教学场所与实际情境相分离的局面，工作室将真实的工作岗位环境与传统文化、技艺学习融为一体，提高学生自主学习的能力和岗位职业能力，大大提升学生职业从业、创业能力，养成良好职业操守和行为习惯。[2]

4）其他人才的培养模式

广西各职业院校在民族文化传承实践中探索构建了不同的人才培养模式，由于贴近广西实际，也极具研究和推广的价值。

例1：北部湾职业技术学校"对接—渗透—交融"人才培养模式

钦州市北部湾职业技术学校民族手工艺品制作（民族陶艺方向）专业通过实践改革探索，构建独具特色的"对接—渗透—交融"民族文化传承人培养模式（图7-4）。该培养模式具有三个特点。

---

[1] 叶军峰. 基于国家级技能大师工作室人才培养模式探索现代学徒制的研究——岭南特色工艺传承基地建设［J］. 高等农业教育，2016（06）：112-114.
[2] 叶军峰. 基于国家级技能大师工作室人才培养模式探索现代学徒制的研究——岭南特色工艺传承基地建设［J］. 高等农业教育，2016（06）：112-114.

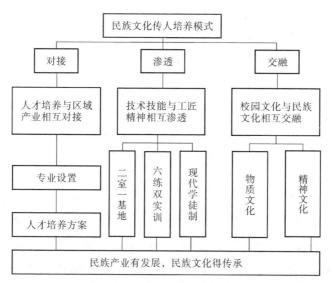

图 7-4 "对接—渗透—交融"民族文化传承人培养模式框架图①

第一,在民族文化传承人培养过程中实现人才培养与区域民族文化产业相互对接。钦州市坭兴陶产业市场需求旺盛,发展势头强劲,而坭兴陶专业人才严重匮乏,专业技术人员的整体技能水平不高、学历普遍较低、市级以上大师的人才紧缺而且不稳定,陶艺传承人才断层现象严重,这些都成为制约钦州坭兴陶产业发展的瓶颈。北部湾职业技术学校对接地方产业开设了民族工艺品制作专业(民族陶艺方向),校企合作,双赢办学,既对解决坭兴陶企业技术人才短缺的问题发挥积极作用,又实现了通过"产业—专业—就业"的模式推进民族文化传承的目的。②

第二,在民族技艺技能教学中实现技艺技能学习与工匠精神培养相互渗透。学校建设了"二室一基地"(大师工作室、学生创业工作室和青年陶艺师孵化基地),为培养学生技艺技能和工匠精神搭建平台;独创了"六练双实训"(练诗词朗读、练毛笔书法、练绘画技法、练雕刻技能、练拉坯技能、练装接技能,以及基础技能开放式实训和

---

① ② 梁燕清. 对接—渗透—交融:中职学校培养民族文化传人的实践研究 [J]. 广西教育(中等教育), 2018 (2): 34-35, 50.

创新技能封闭式实训）教学方式，有效提高了坭兴陶民族文化传承人才培养的有效性及质量；实施现代学徒制育人模式，通过陶艺大师现场授课、手把手地指导，使学生既练就了技艺，又承接了大师特有的耐心、专注、求精、创新的工匠精神。①

第三，在校园文化建设中实现校园文化与民族文化的相互交融。建设坭兴陶艺体验展示中心、坭兴陶民族文化陈列展馆、"安州柴灶"、陶艺主题雕塑装饰、壁画、文化长廊等，② 成立民族文化传承学生社团，开展民族文化主题活动，培育民族文化传承的良好环境。

例2：广西华侨学校"依托民族工艺手作工坊的'德技身一体'"人才培养模式

广西华侨学校通过校企合作，建成涉及木艺、布艺、剪纸、泥塑等民族工艺工坊，培养"以兼带专"的工坊导师队伍，健全校企联动的现代化管理机制，开发规范、稳定、标准的课程资源，构建"3—4—4—4"多元递进式评价体系，从而培养尊师重道、爱岗敬业、精益求精、务实创新的民族工艺人才。

该培养模式强调"德技身一体"的发展：一是"德"方面"尊师重道→爱岗敬业→精益求精→求实创新"的升级发展；二是"技"方面"基本功→作品→产品→商品"的升级发展；三是"身"方面"普通匠徒→首席匠徒→工匠→匠人"的深度发展。

例3：广西艺术学校"订单培养"人才培养模式

广西艺术学校与用人单位开展校团合作订单培养的模式，让学生的学习与就业更加有机地衔接，使学校的教育教学目标明确，思路更清晰，也使用人单位得到更实用、更优秀的民族艺术人才。

在杂技人才培养上，广西艺术学校与桂林文艺演出有限责任公司、广西杂技团、博白县杂技团等合作。例如，学校与桂林文艺演出有限责任公司签订了校企合作协议，根据杂技剧《漓江·神韵》演出人员需求特招杂技学生，学制定为5年，以杂技剧《漓江·神韵》为

---

①② 梁燕清. 对接—渗透—交融：中职学校培养民族文化传人的实践研究［J］. 广西教育（中等教育），2018（2）：34－35，50.

教学蓝本，以"项目作业"的形式开展教学。第一和第二年安排在学校进行基本功训练；第三年安排导师在学校根据角色不同分项目训练；第四年安排到剧团跟进初排杂技剧《漓江·神韵》；第五年整合、联排杂技剧《漓江·神韵》，通过演出不断完善。经过校企双方共同努力，大型杂技剧《漓江·神韵》于2016年11月19日在桂林大剧院举行首演，该剧以现代高、精、尖的杂技、魔术、歌舞、音乐表演，以及现代高科技3D光影特效为语言。在创作和表演上打破了艺术门类的制约，将多种艺术门类表现形式糅合起来，创造出了一种新颖的舞台艺术剧目形式，全剧唯美动人的故事情节，震撼夺目的视觉盛宴，活泼亮丽，青春气息横溢，亮点不断。

在戏曲人才培养上，广西艺术学校则与广西戏剧院等开展合作办学。学校根据广西戏剧院目前人才需求状况，做出相应的人才培养方案和计划。学校配合戏剧院共同抓好招生宣传及学生报读考核工作。新生入学后，专业课程由戏剧院指派专业教师任教，学校负责公共文化课教学。所有专业教学的服装、道具由戏剧院提供，学校负责场地的安排。学校和戏剧院每学期均对学生进行专业考核甄别，不达到要求的学生安排学生另择专业。入学第二学年，开始实行现代师徒制教育教学模式。所有教学实训、毕业实习均安排到戏剧院进行跟岗实践。在学校与广西戏剧院的共同努力下，教学效果显著，培养输送了一批戏曲人才，并在戏剧院的帮助下，完成了许多部戏曲创作，其中比较成熟的有壮剧《劝学》《小米同学的脚》等。

（五）优化民族文化课程体系，推进教学模式改革

1. 建设民族文化课程体系和精品课程

1）民族文化类专业课程体系建设

职业学校民族文化类专业要从专业的人才培养目标出发，调整相关课程，优化课程体系，让学生学习、掌握相关民族文化知识，促进学生民族文化素养的提高。民族文化课程的开发，在课程总体设置上要兼顾民族文化传承规律和职业学校学生认知特点与成长规律，突出民族文化、专业技能和职业素养的有机结合，突出基础课和专业课之间的紧密衔接，突出基础训练和创新能力培养相结合。在课程内容选取上，要体现民族文化和民族技艺的核心要素，基于工作过程导向设计学习任务，满足岗位工作需求和能力要求。在课程开发流程上，课程开发是个动态过程，要经过多次应用检验和调整修订，才能达到更好的教学效果。

2）民族文化公共课程建设

职业学校面向全体专业，把民族文化的内容纳入职业学校各专业的课程体系当中，开设《广西民俗文化》《广西民族工艺赏析》等民族文化公共必修课程，帮助学生全面了解广西各民族饮食、衣着、建筑、生产工具等等，了解精神文化，包括语言、文学、科学、艺术、哲学、宗教、风俗、节日等等。这有利于学生完善知识体系，提升人文素养，深刻领悟优秀的民族文化精髓，增强民族文化意识，培养民族文化情怀，提升对民族文化的认同感和自豪感，促进学生将优秀的民族文化精髓内化至自身的价值体系和思想言行中。同时，因民族文化公共基础课程在全校全面实施而增进的校园文化，对于民族文化类专业的教育教学将产生积极作用。如广西民族中等专业学校，将民族音乐、民族舞蹈、民族体育引进课堂教学，在全校所有班级开设"313"课程，即要求每位学生至少会唱3首民歌、会跳一支民族舞蹈、掌握3种民族体育运动项目操练"313"课程。

除了开设专门的民族文化公共基础课程外，在非民族文化类专业课程中进行民族文化知识教育和民族情感教育的渗透，也是对中职学校非民族文化类专业学生进行民族文化教育的一个重要途径。一是在非民族文化类专业语文、德育等公共基础课程中渗透民族文化传承。甚至在体育课程中都可以实施这样的渗透，即将民族体育竞技项目纳入体育课教学内容。桂林市财贸学校在公共艺术课程增加了非物质文化遗产项目（桂林传统剧目——渔鼓）和少数民族传统项目竹竿舞、抛绣球等内容。二是非民族文化类专业开设以民族文化为主要内容的专业课程，如在导游专业开设《民族文化旅游》《民俗资源与旅游》等课程；在服装设计与工艺专业开设《广西少数民族服装应用设计与制作》等课程。桂林市财贸学校还将本校学前教育专业 175 班定为"桂林非物质文化传承班——渔鼓",聘请桂林渔鼓文化传承人,采用老艺人传统的言传身教手段进行教学。

3)民族文化精品课程建设

所谓"精品课程",是指"具有一流教师队伍、一流教学内容、一流教学方法、一流教材、一流教学管理等特点的示范性课程",① 它具有先进性、互动性、整体性和开放性等鲜明特点。一是"先进性",强调教学理念、教学内容、教学方法和手段的先进性,对接产业新知识、新工艺、新技术,以工作过程为导向建构课程并实施教学,课程设计突出"能力本位"的理念。二是"互动性",校内外同行、校内外学生、企业人员通过课程网上资源的学习,发现问题、反馈问题,可以进一步优化课程。三是"整体性",精品课程的网上资源包括与课程相关的一整套资源,如课程大纲、授课进程、讲授笔记(教案)以及课外作业、考试试卷、问题/解决单元、实验/实践单元、相关研究项目、电子书、教学课件、仿真系统、案例及分析、学习工具、学习指南、参考资料、教学视频等。四是"开放性",可以通过互联网访问,没有地理位置限制,不排斥任何访问者。②

2003 年 4 月,教育部下发了《教育部关于启动高等学校教学质量与教学改革工程精品课程建设工作的通知》,精品课程建设工作正式启动。十几年来,高等教育的精品课程建设取得了较为丰硕的成果,形成了一大批优秀精品课程,积累了精品课程建设的丰富经验。我国部分省市近年也陆续启动并推进了中等职业教育的精品课程建设。但是在广西,目前尚未开展中职层次的精品课程建设,发展步伐已明显落后。在此背景下,广西启动中职精品课程建设既显得十分必要,又容易步人后尘、拾人牙慧。因此,立足广西区情,把握广西优势,可以民族文化精品课程作为广西中职精品课程建设的突破口,形成广西

---

① 高家宝,陆东钰. 少数民族地区高校精品课程建设现状分析与对策研究 [J]. 考试周刊,2011(42):204-205.

② 吴宗保. 高等职业教育精品课程评估若干问题研究 [D]. 天津:天津大学,2009.

自己的一批优秀中职精品课程，将民族文化精品课程的开发与实施作为提升人才培养质量、形成民族地区职业学校特色、提高中职教师素质的重要途径；并利用精品课程的示范作用，以点带面，最终实现广西中职教育课程建设的全面发展。

民族文化精品课程建设，要做好以下几个方面的工作。

第一，大处着眼，细处着手。要根据学校定位、办学基础、区域民族文化资源优势等，科学制定民族文化精品课程建设规划，以精品课程建设带动其他课程建设，促进民族文化类专业发展，并提高学校整体教学水平。

第二，培育名师，打造团队。精品课程与普通课程的主要区别之一，就在于一般课程的教育者就是普普通通一线的教学队伍，而精品课程需要的则是一流教育队伍，无论在教育理念、教学组织乃至教学方法上都有着非常突出的表现，是精品课程建设中的主要依靠力量和生力军。①

切实加强教学队伍建设，由民族技艺造诣较高、具有丰富民族文化传承经验的民族技艺大师和学校优秀教师等主讲，逐步形成一支结构合理、教学水平高、教学效果好的教学团队。

第三，优化内容，注重体系。重视民族文化精品课程教学内容和课程体系改革，建立民族文化课程的课程标准，规范课程教学的基本要求，提高课程教学质量。教学内容要具有民族性、区域性和职业性，同时，要广泛吸收民族文化传承的教育教学经验，积极整合民族优秀传统文化，体现区域民族文化产业发展对人才培养提出的新要求。

第四，革新方法，实现共享。注重使用先进的教学方法和手段，使用网络进行教学与管理，相关的教学大纲、教案、习题、实操指导、参考文献目录等要上网并免费开放，实现优质教学资源共享。②

第五，编写教材，拓展资源。教学团队与企业、大师等合作，加强教材建设，共同编写民族文化传承校本教材，确保优质教材进课

---

① 田应娟. 民族体育舞蹈精品课程建设的新思路［J］. 课程教育研究，2017（30）.
② 吴宗保. 高等职业教育精品课程评估若干问题研究［D］. 天津：天津大学，2009：6.

堂，搭建民族文化教学资源库，把现代信息技术作为提高教学质量的重要手段，为教师的教与学生的学提供优质的资源，并不断推进教学资源的共建共享，提高优质教学资源的使用效率，扩大受益面，使全社会有兴趣了解、学习和传承广西民族优秀传统文化的人士都可以通过网络学习精品课程资源。

第六，理实并重，强调创新。依托民族技艺传承实训基地建设，改革教学方法和手段，坚持理论教学与实践教学并重，融"教、学、做"为一体，抓好见习、实习等实践性教学环节。通过实践，帮助学生既传承民族优秀文化，又能培养和提高学生的职业能力。

第七，注重激励，加强管理。建立切实有效的激励和评价机制，要有相应的激励和评价机制，鼓励教师、教学管理人员和学生积极参加精品课程建设，要有新的用人机制保证精品课程建设。[①] 要加强对精品课程项目的管理，专款专用，合规用款，不断提高精品课程的使用率和使用效益。

2. 推进民族文化传承教学模式改革创新

民族文化课程需要通过教学行为来实现民族文化在师生之间的传承发展。教学质量的好坏决定了民族文化传承质量的优劣。职业学校民族文化类不同专业在教学实践中探索先进的、高效的、科学的教学模式意义重大。由于专业特点、学校条件等的不同，教学模式必然存在差异。我们认为，以下几点是民族文化传承教学模式改革需要共同遵循的原则：

1）突出实践

职业教育是为经济社会发展培养合格的职业技术人才的教育。实际操作能力强不强，这是企业和社会对职业学校培养的毕业生合不合格的重要标准之一。因此，理论教学与实践教学相结合，理实一体，突出实践，这是中职学校教学改革的重要方向。在职业学校的民族文化传承教学中，无论是教学内容的选择，还是教学的设计、评价和反馈，都不能单纯立足于知识的传授，而要立足于学生综合职业能力的

---

① 吴宗保. 高等职业教育精品课程评估若干问题研究 [D]. 天津：天津大学，2009：6.

培养；无论是民族传统艺术、民族民间工艺、民族服饰，还是民族饮食、民族节庆、民族体育、民族文化等的学习，都不能停留在讲授源起、内容、意义等的理论学习上，而是需要学生在反复地亲身实践，将所学的知识借助脑、心、手的联合作用，体验、感悟、领会民族文化精髓，熟练掌握传统工艺流程，从"师傅"那里传承传统工艺的精妙技巧，秉承"师傅"一丝不苟、精益求精、勇于创新的匠人精神。

2）行动导向

行动导向教学以建构主义理论、多元智能理论、活动教学理论为主要理论基础，着眼于学生能力的培养。"是根据完成某一职业工作活动所需要的行动以及行动产生和维持所需要的环境条件以及从业者的内在调节机制来设计、实施和评价职业教育的教学活动。"① 它以"注重行动导向，强调方法学习；注重互相合作，强调全面学习；注重兴趣培养，强调独立精神"② 为基本特征，常见的有项目教学法、案例教学法、模拟教学法、角色扮演法、引导课文教学法等。

项目教学法在民族文化传承职业教育中有很强的适用性。要按照民族传统技艺行业、企业职业岗位需求，通过典型民族传统文化产品，分不同单元具体的实训项目任务，将课程必须掌握的知识、技能融会到专题项目中，实现知识与技能一体化。③ 在教学中，采用小组工作的方式，师生共同制定计划、共同或分工完成一个完整的、具体的、具有实际应用价值的民族文化项目任务。以项目驱动的方式提高学生学习民族文化的主动性和积极性，使学生职业素质、职业技能、职业态度等方面都获得系统的提升。在这样的教学过程中，"教师的任务是为学习者提供咨询、帮助并与其一起对学习过程和结果进行评估。"④

在民族地区，依据市场需求设计民族文化课程的教学内容和实训项

---

①④ 徐书芝. 基于行动导向教学的中职学校教学改革研究——以石家庄市第三职业学校教学改革为例［D］. 石家庄：河北师范大学，2010：6.

② 张皓明. 职业技术教育中行动导向教学模式的研究——中德职教现状对比及其启示［D］. 长春：东北师范大学，2006：14.

③ 杨军. 乌鲁木齐职业大学探索传统手工艺品与现代艺术和商业的契合［J］. 职业技术教育，2013（24）：55-56.

目，开展实训教学项目，实施生产性实训，这既有利于缩小教学与市场的差距，提高教学的有用性和有效性，从而提升人才培养的质量，又有利于促进对民族文化的"生产性保护"。文化部《关于加强非物质文化遗产生产性保护的指导意见》指出，生产性保护是在具有生产性质的实践过程中，以保持非物质文化遗产传统技艺的真实性、整体性和传承性为核心，以有效传承非物质文化遗产技艺为前提，借助生产、流通、销售等手段，将非物质文化遗产及其资源转化为文化产品的保护方式。① 项目教学和生产性实训是最接近于"生产性保护"的民族文化传承职业教育教学组织形式，通过这样的教学形式培养的毕业生也更容易在其未来从事民族文化产业时对民族文化进行生产性的保护。

3）技术创新

现代信息技术和移动互联网的迅猛发展，是人类社会不可逆转的发展潮流，"数字化""大数据""云计算机""互联网＋"……，新概念和新技术接踵而至，无论是教育的变革，还是民族文化的保护、传承与创新，都必然融入这一进程中。目前，现代信息技术和移动互联网在教育教学中的推广运用正如火如荼地开展，使教学组织更具多样性，教学方法的运用更具有灵活性，教学资源的获取更具便捷性，教学评价的实施更具即时性。作为肩负民族文化传承任务的职业学校教师，必须考虑如何借助现代技术手段提高教育教学的质量。

同时，职业学校民族文化专业应将运用现代信息技术和互联网来保护、传承和创新民族文化作为课程重要内容。一是学习建设和运用民族文化数字资源；二是学习借助现代信息技术传播民族优秀传统文化；三是学习借助"大数据"的创新功能实现民族文化的创新。培养学生大数据的思维，学习对民族文化相关"大数据"进行整合与分析，深层挖掘研究民族传统文化的内涵，发现新的知识、创造新的价值，从而实现民族文化创新；四是学习借助"互联网＋民族文化""民族文化＋科技"，创新民族文化产业的产品形式，优化产品呈现方

---

① 中华人民共和国文化部. 关于加强非物质文化遗产生产性保护的指导意见 [Z]. 2012（02）.

式，探索创新线上线下经营模式，融入电子商务发展潮流。

4）以赛促教

"普通高中有高考，职业学校有大赛"是当前职业教育界颇为流行的说法，足见职业技能大赛在职业学校的地位和影响。但竞赛并不是我们的目标，竞赛只是教学的手段，或者是促进教学的手段。竞赛符合学生年龄特点。在民族文化课程教学中适当引入竞赛机制，让学生参与竞赛性游戏，或者组织学生参加相关比赛，有利于激发学生学习民族文化的兴趣。对标大赛，还有助于促进教学的变革，促进教学质量的提升。

案例

梧州市第一职业中等专业学校学前专业民族舞蹈教学坚持"教、学、研、赛"为一体的教学模式，成效显著。该校不断优化学前教育专业民族舞蹈课程内容，将教学转移到赛场，把课堂搬到舞台，提高学生的学习兴趣和积极性，使学生职业素养不断提升，专业技术不断加强。

河池市宜州区职业教育中心每年三月三举行"歌颂本班本专业"的山歌比赛，组织师生参加市里的刘三姐歌谣比赛。做到师生人人会唱刘三姐歌谣。成立山歌社团，学生以山歌的形式传唱孝道、诚信、法治、向善等内容，向社会传播正能量，达到山歌育人的目的。

3. 推进民族文化传承教学评价改革

评价机制在整个民族文化教学的过程中不仅仅是起着总结的作用，更重要的是在教育教学实施过程中的监督引导作用。《面向21世纪深化职业教育教学改革的原则意见》指出："职业教育要培养同21世纪我国社会主义现代化建设要求相适应的，具备综合职业能力和全面素质的，直接在生产、服务、技术和管理第一线工作的应用型人才。"这是政府对职业教育制订的培养目标，也是中职学校对学生在教育教学实施过程中的学业评价各项标准的一个综合。

中职学校以就业为导向质量评价体系及其运行机制的构建，对民族文化技艺的传承创新要求，必须突出以德育领先，以能力为本位，以就业为导向的评价机制。

以表 7-1《民族技艺传承评价量规》为例，评价采用量化的方法，对学生的"综合素质""专业能力"和"作品"进行评价，充分体现了过程性评价和结果性评价相结合的原则。

表 7-1 民族技艺传承评价量规

过程性评价（60%）							成果性评价（40%）		
综合素质（18%）				专业能力（42%）			作品（40%）		
项目	自评(3.6%)	组评(5.4%)	师评(9%)	项目	自评(8.4%)	组评(12.6%)	师评(21%)	项目	校评(32%)	外界评(8%)
考勤				项目熟练度				成果		
学习态度				工作进度				技能大赛		
团队合作				作品质量				社会实践		

1) 过程性评价

对品德进行评价，提高学生思想政治、职业道德和心理健康教育，渗透"做人与做事并重，知识与技能并举"的思想，在学习传统技艺的过程中评价身体素质与职业素养，在向老师（师傅）学习的过程中学会做人处事，评价过程不单单是评价优质技艺传人，更是培养一个人的品行。在长期实践中培养民族精神、培养职业操守、培养规范技术规程和纪律，建立专门档案。

对团队合作进行评价，民族技艺传承是一项系统的工作，有分工、有合作、有跨界。每个工作环节之间联系紧密，因此必须在教学中培养学生的团队合作意识、协调能力和大局意识。教师在教学过程中针对每个项目、每个任务及时提要求，引导学生学会分工、学会协调、学会合作，甚至重新组织任务团队，以考察和提高学生快速建立人际关系的能力、团队适应能力、协调能力和沟通能力。在工作任务完成过程中通过成员的互评、成员自我总结、小组自我总结进行评价并及时调整。

案例

宜州市职业教育中心把德育渗透在民族文化传承中，把中国传统孝道、感恩教育，通过编唱山歌的形式进行传唱，潜移默化促进校风学风。在技艺大师的身上，挖掘优秀传统文化、民族文化，通过大师讲堂，学习和掌握各类大师的思想精华，与大师互动，学习传统文化，树立正确的世界观、人生观和价值观。通过业界知名的大师，加强职业道德教育、树立爱岗敬业精神，把"德技双馨"作为校训教育学生。无论课堂还是车间，无论顶岗实习还是在校学习，以及参观各项活动，都把爱岗敬业作为信念。

2）学业成果评价

学业成果评价，突出考核学生能力、强调民族文化传承成果的评价。在考核内容上，注重分析解决问题能力、技术应用能力和职业能力的考核。

第一，学校对独立完成作品的评价，教学过程中独立且相对完整的教学任务评价，如独舞、独唱；拉丝、制坯；裁剪、印染等，学生针对自身任务完成的作品即为独立作品。学生可通过独立作品完整再现该任务目标所蕴含的技能技巧，教师则通过独立作品，了解学生知识、技能的掌握情况和运用能力，以便及时进行教学策略与进度调整。

第二，系列作品评价。在学生通过学习具有连续性、承接性但整个课程中各环节、模块又有相对独立性和完整性的知识后，综合运用模块的知识、技能完成作品后，教师进行评价，类似于单元测试，学生通过每节课或者每周甚至每学期的学习评价，体现该项目技能的一部分，完成的作品形成的阶段性作品。每个阶段作品的衔接再现了学生的学习轨迹，由此形成了涉及该项目建议传承教学过程中的系列作品，学生对该项目的学习结束后，最终形成了综合运用该项目知识、技能技巧而展现出来的综合作品。

第三，综合作品评价。可以在校内学习实训结束后，创造性地综合运用知识技能而完成的传承成品，即通过在校学习，把成品变成作品，体现学生知识、技能掌握、驾驭能力的综合体现。通过作品完成，可作为用人单位择聘依据，也是学生自荐的佐证材料。

例如，北部湾职业技术学校的坭兴陶传承，在考核形式上采用"开卷+闭卷""笔试+口试""实际操作+作品"等形式进行，突出考核学生综合能力，合理确定考核比例。课程综合评定包括：综合理论占35%、技能操作占40%、书面作业占10%、态度出勤占10%。外语课，突出学生口语训练，主要考查学生的语言表达能力，采取闭卷考试和口语表达两种形式，均占40%，书面作业和出勤态度各占20%。语文考核也改革了期末"一卷定音"的方式，采取闭卷考试和口语考试相结合的办法。口语考试即教师现场出题，要学生用流利、连贯、富有哲理的语言表达出来，教师当场给分。考核标准正在朝着有利于学生技能水平提高的方向发展。还设有附加分项目，如学生技能大赛成绩、特长、实践能力等加学分。学生选定民族工艺品，制定学生可持续发展能力培养的内容、模式进行测评。

3）外界评价

职业教育必须贯彻产教结合原则，从地区和行业出发，增强和行业企业的联系与合作，引入和建立外部评价体系，其实质是实现"教考分离"，并将企业评价与学校考核相结合，即将学校的日常教学与学生毕业评价、技能水平考核和岗位适应能力评价等分由不同机构承担，确立中职毕业证书和技能水平证书的含金量与公信力。采用行业评价，使行业企业有针对性地对中职生的岗位适应能力进行评价，使作品变成产品。

案例

广西纺织工业学校，为了让师生作品走向市场，为了保护设计者和产品的专利性，注册"绣织坊"，与广西织绣发展研究会、宾阳县民族织棉厂、金壮锦文化艺术有限公司合作，用现代的说明书观解构、重构壮锦、苗绣、瑶绣、仫佬绣，在企业的评价推动下，将学生作品推向市场，实现"作品—商品—产品"的转化，学生认识到自己的作品变成产品，最后再到市场上变成商品的转化过程，进一步提高对专业及设计的学习热情，使职业教育更好的适应经济发展和就业需求，反哺传承教学，吸引更多有丰富实践经验的生产技术、经营管理人员直接参与民族文化技艺传承创新过程。

（六）促进校企深度合作，加强文化传承实践教学

1. 校企共建民族文化产业园或民族文化实训基地

校企合作、产教融合符合职业教育发展的基本规律，是职业学校办学的必然选择。深化职业学校与民族文化企业的合作，发挥学校人才优势和企业贴市场、有项目、有资金的优势，创新合作形式，有利于实现提高民族文化专业人才培养质量，实现学校、企业、学生三赢。校企共建民族文化产业园或民族文化实训基地，是其中两种重要的合作形式。

校企共建民族文化产业园，必须对焦市场需求和当地产业基础。脱离了市场需求或产业基础，产业园都将无法立足和生存。在市场需求旺盛、产业基础良好的前提下，校企双方充分挖掘各自的资源优势，进行深度合作。一般情况下，学校的资源优势往往在于"人"和"地"：职业学校师生在企业中得到了更多的操作和实践机会，同时也为企业降低了人力成本；一些学校场地条件较好的学校，还可以引企入校，在校内共建民族文化"校园工厂"、民族文化企业或民族文化产业园。而企业的资源优势往往在于"财"和"物"：企业的设备日新月异，学校即使财力再好也很难追赶企业更新设备的步伐。因此，校企合作有助于解决学校实训设备落后的问题。此外，引入企业也意味着引入项目和工单，使学生有更多机会参加民族文化生产性实训。

另外一种合作形式是校企合作共建校内外民族文化实训基地。其特点在于实训基地由校企共建、共管、共享，实现实训基地效益的最大化。其合作的核心是产学合作、工学结合、双向参与，通过将学生的理论学习与实践操作或训练紧密结合起来，以培养学生的综合能力

和就业竞争力为重点，为社会输送高素质的民族文化职业技能人才，从而达到增强学校的办学效益和企业的人才竞争优势。最终目的是促进地方社会经济的发展。①

例如，2018年起，广西纺织工业学校与广西民族博物馆签订校企合作协议，共同创建产学研基地，开展民族文创产品的研发和民族技艺教学。靖西市职业技术学校与靖西市旧州刺绣技术协会、靖西市壮锦厂、靖西市富盛刺绣有限公司、广西靖西壮医药学校、岑永确夹砂陶作坊等5家企业建立了学生（员）实训校企合作关系。

2. 将民族文化传承融入学生创业项目和社会实践项目

目前，职业学校普遍越来越重视对学生的创业教育，并努力为学校创新创业搭建平台，支持学生开展"试创业"实践活动。在民族地区，民族文化产品和民族文化服务是职业学校学生"试创业"的重要选项。广西拥有丰富的民族文化资源，要引导学生学会通过市场考察等方式来评估民族文化资源的市场价值，激发其利用民族文化资源进行创业的兴趣，锻炼其创业的能力，培养出一批广西民族文化产业的创业人才。

实践出真知。中职学生积极参与丰富多彩的社会实践活动，有助于他们有更多的机会接触社会，了解社会，提高社会适应能力和就业竞争力。将民族文化融入学生社会实践项目，是对中职生进行民族文化传承教育的有效渠道。例如，让学生开展广西民族文化产业的调研，了解广西民族文化产业发展的现状、取得的成绩和存在的问题，特别是通过了解民族文化生存危机，树立保护和传承民族文化的责任意识。还可以让学生开展民族文化传播的社会实践活动，如南宁市第四职业技术学校的"天琴队"就经常深入社区开展歌舞表演，对广西壮族天琴文化的传播产生了积极的作用。

3. 建设民族文化现代职教集团

2015年6月30日，教育部印发《关于深入推进职业教育集团化

---

① 李洁，麻尧莹. 校企合作模式下民族地区美术教学改革初探——以美术本科专业校外实训基地建设为例 [J]. 美与时代（中），2014（11）：46-48.

办学的意见》，鼓励多元主体组建职业教育集团，指出"开展集团化办学是深化产教融合、校企合作，激发职业教育办学活力，促进优质资源开放共享的重大举措；是提升治理能力，完善职业院校治理结构，健全政府职业教育科学决策机制的有效途径；是推进现代职业教育体系建设，系统培养技术技能人才，完善职业教育人才多样化成长渠道的重要载体；是服务经济发展方式转变，促进技术技能积累与创新，同步推进职业教育与经济社会发展的有力支撑"。国内和自治区内在民族文化现代职教集团的建设都有一些成功经验。例如，安徽省行知学校牵头组建"安徽非（物质文化）遗（产）职业教育集团"，以"行知模式"培养出百名拥有千万资产的文化创业人才，走出了一条民族文化传承人才培养的创新之路。[①] 广西职业技术学院牵头建设了广西茶业职业教育集团，"跨界协同""四链融通"，以茶产业链带动茶学学科专业建设，培养应用型复合人才，提升人才培养质量，提高农业科技创新能力，形成以"项目+人才+技术"为利益纽带，以"行、企、校、研"四方联动为基础，以资源共建共享、办学规模效益共享为利益契合点的跨界协同育人创新办学机制。

2018年12月，广西民族技艺职业教育集团获南宁市人民政府、自治区教育厅批复成立。职教集团由广西民族技艺行业职业教育教学指导委员会指导，南宁职业技术学院牵头，成立时成员包括5所高职院校、1所本科院校、12所中职学校，以及政府部门、行业协会、企业、科研机构等10个企事业，共29个成员单位。我们相信，在广西民族技艺职业教育集团这一个平台之上，各成员单位按照"产教合作、统筹发展、资源共享、优势互补、合作共赢"的原则，立足广西结构调整和转型升级，深化广西民族技艺职业教育办学模式创新，着力推动民族技艺产业资源和办学资源整合优化，推动校企校地深度合作，推动广西民族技艺职业教育体系科学发展，全面提升行业产业和民族技艺职业教育内涵发展质量，全面提升广西民族技艺职业教育服

---

① 韦舟. 打造我们共同的精神家园——记"推进职业院校传承与创新民族文化座谈会[J]. 中国职业技术教育，2013（25）：17-18.

务经济社会发展能力。

（七）面向社会开放办学，弘扬传播民族传统文化

1. 开展民族文化社会培训和技能鉴定

社会培训和技能鉴定是职业学校的一项重要社会职能，是职业学校服务社会的重要形式，也是社会最迫切需要的职业学校服务形式。中职学校开展职业培训和技能鉴定：一方面有助于缓解当前生源短缺、竞争加剧的压力；另一方面也有利于拓宽中职学校的生存空间，发挥职业学校的社会职能。面对在校生的技能鉴定，则有助于增强学生的就业竞争力，扩大学生就业机会。

民族文化和民族技艺是拓宽民族地区人口就业渠道的重要资源。因此，民族地区职业学校必须将民族文化和民族技艺纳入社会培训，使之成为学校开展社会培训的重要课程。职业学校要建立专门的培训部门，对学校的社会培训进行统一规划和管理。要建立健全契合学校和区域实际的培训制度。建立完善的培训体系，建设本校的民族文化和技艺培训包，为民族地区有志学习传承民族技艺者提供民族文化、民族技艺技能培训和就业创业指导。

案例

以三江侗族自治县职业技术学校为例。一方面，三江县是侗族文化资源丰富的生态旅游大县，在桂林、柳州旅游大环境影响下，随着贵广高铁、厦榕高速、三江北海高速的开通，各旅游景区将大量需求有民族特色的系列侗族歌舞文化；另一方面，三江县职校作为县级中等职业学校，招生吸引力有限，全日制教育办学规模不大，难以通过学历教育满足当地民族文化职业技能人才需求。因此，在当地政府的引导下，依托"广西侗族歌舞劳务品牌培训基地"建设，充分发挥该校民族文化传承教育综合实训大楼、民族演艺大厅、侗族器乐、侗族歌舞服饰等条件，可以将三江县职校打造成为三江县乃至柳州市侗族歌舞传承培训教育中心，建立一支由三江县职业技术学校教师、社会民间歌舞传承人组成的复合多功能型的侗族歌舞培训师资队伍。一是通过兴趣班、课外活动、晚课等形式，对三江县职校在校生、三江县各初级中学的学生，尤其是三江职校旅游专业学生进行侗族大歌、琵琶歌、耶歌等侗族民歌，芦笙舞、耶舞等侗族舞蹈，芦笙、侗笛、琵琶等侗族乐器传承教学、培训，让学生学会跳一支侗族舞蹈、会唱一首侗族歌曲、会一种侗族器乐。二是对三江县各乡（镇）旅游景点从业人员、乡村富余人员，组织开展侗族歌舞表演培训工作，为旅游企业培养侗族歌舞表演人才、侗族歌舞传承人，切实带动当地百姓就业，促进农民增收。

广西民族中等专业学校（广西壮文学校）充分发挥民族语师资资源优势，开展壮语培训。2018年1月和7月，两次承办全区壮汉双语教师（培训+学历班）培训班，培训76人次；5月2日至6月30日，承办2018年全区民语系统干部壮文培训班，培训人数20人；12月12日至17日，承办2018年全区壮汉双语学前壮文骨干教师业务培训班，培训人数49人。

贺州民族旅游艺术学校派遣专业教师到乡镇开展舞蹈教师培训；到贺州市八步区、平桂区6所中小学校，开展舞蹈教师培训工作，参与教师达到300多人次；为"夕阳红艺术团""长青艺术团""贺江艺术团"等社会艺术团体开展舞蹈编导、排练等艺术培训，参与人数达200多人次。

广西正久职业学校利用灵山县春茶节以及到各乡镇开展茶艺活动，通过优良的茶品、优秀的古韵以及创新茶艺，茶叶知识宣传普及等服务内容。吸引广大社会人群来加入茶文化圈，参与茶文化建设与体验活动，促使他们爱茶、品茶、关心、研究茶事，接受茶文化的熏陶。

职业学校还可以充分利用自身的师资、实践基地等教学资源优势，在当地人力资源和社会保障部门的支持和核准下，成立相应的职业技能鉴定机构，对学生和社会人员进行职业技能鉴定。诚然，由于民族文化和民族技艺技能标准难于统一，目前被纳入国家或行业考证体系的项目不多，为数不多的民族文化和民族技艺技能鉴定主要集中在民族艺术方面，如民族器乐演奏等。职业学校可以积极发挥师资和科研优势，主动协助有关部门开展民族文化和民族技艺技能标准的研究和制定，以利于广西民族文化高技能人才的评定和民族文化的传播。

2. 利用互联网平台传播民族文化

身处信息时代，互联网成为人们生活中必不可少的内容。网络上扑面而来的海量信息一方面动摇了过去民族文化相对封闭状态下自然传承的根基，使民族文化面临危机；另一方面也为民族传统文化提供了更为高效的传承和传播载体，使民族文化的传播更加快速、生动、有趣、立体、丰富、多元，扩大民族文化传播的覆盖面，提升民族传统文化的影响力。民族地区职业学校要主动运用互联网载体，促进民族优秀传统文化在全社会的传承和传播。

第一，利用互联网宣传推广职业学校传承创新民族文化的做法和经验。学校通过学校网站、学校微信公众号等渠道，及时发布学校开展的丰富多彩的民族文化传承教育活动，展示民族文化传承教育的丰硕成果，分享在传承工作中形成的总结和经验，既有利于唤起全社会对民族文化传承的重视，也为职业教育同行开展民族文化传承教育提供了参考和借鉴。

第二，相关专业结合生产性实训教学，开设网店，将学生完成的民族文化作品在网上进行销售。这样，不仅使民族文化伴随着商品进入千家万户，也使学生在实践中掌握民族工艺制作的技艺，积累互联网营销经验，还可以为有经济困难的少数民族学生提供经济上的支持。

第三，组织师生制作民族文化相关微课，在互联网上进行传播。微课是微型课程的简称，因其"短小精活""可视呈现""应用方便"等特点，极大程度满足了移动互联网时代学习者对知识技能的个性化学习需求。由于群众对广西民族传统文化的兴趣点和关注点不同，将这些丰富的民族文化资源制作成一个个短小的微课上传网络，让群众自行选择点击，符合群众对民族文化学习需求的特点。近几年，微课制作在全国各级学校如火如荼地开展，已经储备了一定的技术和人才，因此，职业学校师生制作广西民族文化主题微课既有必要性，也有可行性。

第四，中职学校动漫专业师生制作民族文化主题动漫作品，在互联网上进行传播。以动画、漫画为表现形式的动漫，借助互联网技术而在近年迅猛发展。截至2018年，中国动漫产业总产值已突破1 765.6亿元，较2017年的1 518.1亿元，增长率达到16.3%，高于全国文化产业增加值增长速度，成为最具潜力和发展前景的文化产业之一。① 牢牢把握住动漫产业发展的方向，让优秀产品抢占动漫市场。拥有丰富民族文化资源的广西无疑应抓住机遇，大力发展动漫产业，在创造经济收入的同时，实现在少数民族文化的持续传播和保护。② 在这一方面，广西职业学校在丰富民族的文化资源滋养下成长的动漫类专业是有着先天资源优势的。2012年，广西工业职业技术学院、南宁职业技术学院、广西职业技术学院、广西机电职业技术学院、广西华侨学校等8所学校被认定为自治区首批动漫人才培养基地。这些职业院校积极推进校企合作，打造了一大批具有浓郁广西本土民族特色风格的优秀动漫作品。以广西华侨学校为例，该校牵头组建广西动漫职教集团，通过校企合作创造优秀民族动漫作品——13集广西原创动画片《铜鼓奇缘》。2018年5月，在广西2018年职业教育活动周启动仪式上精彩亮相；2018年10月，获得"新光奖"中国西安第六届国际原创动漫大赛最佳丝路国际艺术民族动漫提名奖，取得在国家新闻出版广电总局备案，获得国家版权局动画美术作品"知识产权证书"。

3. 师生走出校园传播民族文化

职业学校作为区域性的学校，扎根于社区之中，社区是职业学校生存与发展的重要根基所在。职业学校要积极培育与社区之间的良好关系：这一方面，将社区资源转化为职业教育资源，优化办学条件；另一方面，主动为社区服务，提升学校在社区的地位和影响力。近年

---

①② 段送爽. 论动漫产业对广西少数民族文化的传播与保护［J］. 西部广播电视，2015（20）：97-99.

来，我国对职业院校服务社区越来越重视，在《国务院关于加快发展职业教育的决定》和《现代职业教育体系规划》（2014—2020年）等重要文件中，都对职业院校服务社区提出了很明确的要求。

职业学校服务社区，首先，要在做好本职工作的同时，逐步发展多样化的满足当地居民需要的社区教育，主要是开展面向社区居民的社会培训，满足不同年龄层次居民的学习需求。其次，要参与社区的建设，特别是参与社区精神文明建设。

广西中职学校可以将民族文化传承教育的优秀成果带入社区，如在社区参加民族工艺作品展，参加社区的文艺汇演活动，如南宁市第四职业技术学校的天琴社等民族文化社团就经常活跃在学校所在的南宁市邕宁区和那元社区。

广西职业学校可以积极组织师生参与当地的民族文化传承活动，为当地传承创新广西民族优秀传统文化贡献力量。例如，2018年12月2日，在南宁国际会展中心隆重举办的中国国际体育时装周闭幕式上，由柳州市第二职业技术学校精心打造的《侗寨五娘—歌·舞秀》，在金桂花厅精彩亮相，带给人们一场侗族歌舞、服饰文化的时尚美学盛宴。又如，广西民族中等专业学校师生经常性地组织师生送文化下乡，应邀参加南宁市武鸣区各类民族文化表演活动，参加歌圩和民歌艺术节演出，并配合每年中国壮乡·武鸣"三月三"歌圩暨骆越文化旅游节的举办，在校内组织开展民族文化校园开放日活动，为当地居民奉献民族文化"大餐"。钟山县职业技术学校编排的"门唻歌"，参与钟山县举办的各类大型活动展演，均受到好评。

中职学校还可以利用自身技术优势，为区域民族文化传承提供服务和帮助。例如，广西华侨学校对2017年广西"壮族三月三"民俗活动进行全景VR拍摄，完成了《VR全景三月三，传承壮乡民族魂》的项目制作，学校有关专业师生团队全程参与项目制作，并提供技术、人力支持。又如，贺州民族旅游艺术学校派遣专业教师送教下乡，到乡镇开展文艺节目辅导、创作活动，为贺州市八步实验小学、八步区南乡中学、八步区莲塘二中、八步区铺门中心校、平桂区大平中心校等学校分别创作编排了盘王舞大课间操、壮族板鞋大课间操、客家武术大课间操、采茶大课间操、瑶族长鼓舞大课间操等具有浓郁地方特色的艺术课间操，学校专业教师深入学校进行辅导、排练，推广艺术进校园活动，参与人数达5 000多人，极大地丰富了学校的校园艺术活动。桂林市艺术学校积极参加自治区和桂林市的各项演出交流活动，2018年10月学校杂技、舞蹈表演专业赴阳朔参加大宜洞第三届99重阳敬老爱老节演出；参加了2018年环广西自行车世巡赛桂林站开幕式及闭幕式、第22届广西环卫工人节文艺演出。2018年11月，舞蹈《绣缘》和杂技《田园欢歌》参加纪念改革开放40周年、自治区成立60周年"漓东就是您的家"主题文艺晚会，舞蹈《绣缘》和杂技《田园欢歌》代表桂林市中小学生艺术团走进兴安演出，2018年12月该校学生还参与了广西壮族自治区成立60周年庆祝活动中央电视台中文国际频道特别节目《直播广西》之桂林片节目录制工作。

4. 在对外交流活动中传播民族文化

随着广西职业教育的稳健发展，广西职教人应当以更加自信、更加开放的态度敞开胸怀，开展校际、省际、国际的职业教育交往交流，并在对外交流中传播广西的优秀民族文化。

案例

以广西民族中等专业学校为例。该校部分师生受国家民委委派代表中国到希腊参加国际民间舞蹈艺术节，表演了广西民族歌舞。该校在促进台湾海峡两岸民族文化交流中也发挥了积极作用。

2015年5月，我国台湾花莲县海峡两岸少数民族文化交流协会参访团到广西民族中等专业学校交流，观看该校师生表演的民族歌舞《八桂欢歌》、京族民歌《风吹过桥》、毛南族舞蹈《幸福花竹帽》、壮族民歌《酒歌》等。2016年4月，台湾花莲、宜兰、台东等县少数民族参访团来该校参加"壮族三月三"校园民族文化活动。同年8月，该校承办以"贝侬手牵手，两岸心连心"为主题的2016邕台少数民族民俗文化交流周活动。2018年4月18日，该校承办2018年

"壮族三月三"桂台青少年校园民族文化交流活动,学校师生、台湾同胞及各族群众一道欢度"壮族三月三"。

2018年9月,南宁市第四职业技术学校与远道而来的澳大利亚班达伯格州立中学校长及数十名师生开展了民族艺术友好交流。南宁四职校学生天琴奏唱串烧歌曲《壮族敬酒歌》《广西尼滴呀》《多谢了》、古筝演奏《渔舟唱晚》《瑶族舞曲》等曲目,班达伯格州立中学师生则为南宁四职校师生们带来有趣的欧洲知名曲目小提琴演奏。

意大利那不勒斯曾是世界贝壳浮雕艺术的中心,贝雕技艺世界闻名。北海合浦是"一带一路"始发港,北海贝雕历史悠久,是中华文化宝库中的瑰宝,是广西非物质文化遗产。曾任中国任驻意大利记者的张国成的牵线下,意大利贝雕大师帕斯卡勒非常愿意和北海市中职校师生交流切磋,该校将抓住这一交流合作机会,进一步做大做强旅游工艺品专业,并以此带动其他旅游产品的国际化,在传承南珠文化同时,将具有民族特色的贝雕工艺推向世界。

5. 发挥学校民族文化场馆的社会服务功能

在"广西民族文化传承创新职业教育基地"的申报、建设和验收中,广西教育厅将民族文化展示中心(馆、室)、民族文化传承的实训室(或工作坊)等作为建设的重要标准。在这个精神指导下,42所基地学校陆续建设起一批民族文化场馆。例如,广西理工职业技术学校的民族建筑模型(工艺品)制作实训室与展示室,广西艺术学校的非物质文化展厅,广西民族中等专业学校的民族工艺美术展厅、贝雕工艺实训室、角雕工艺实训室,广西中医学校的壮瑶医药展示中心,南宁市第一职业技术学校的广西民族特色小吃展示馆,靖西市职业技术学校的壮族文化综合教育中心,河池市职业教育中心学校的民族文化传承展示活动中心,北海市中等职业技术学校的贝雕展示馆,张艺谋漓江艺术学校的侗族艺术陈列室,凌云县职业技术教育中心的瑶族长号和民族手工艺文化展示厅,恭城瑶族自治县民族职业教育中心的油茶文化展示厅等。其中,广西工艺美术学校在校内建设的"柳州工艺美术馆"还是由柳州市人民政府命名的广西唯一的工艺美术博物馆，是自治区文化厅批准的"广西百家博物馆建设项目"。这些都是非常宝贵的民族文化教育资源，职业学校要以开放的势态，拓展校内民族文化场馆的社会服务功能，让社会人员入馆参观、体验、学习，使这些场馆对传承广西民族文化的功能最大化。

6．以普职融通教育传承民族文化

职业学校要充分利用好自己所掌握的民族技艺人才和民族文化资源，开展普职融通教育，促进民族文化在普通中小学校的传承和发展。例如，贺州市充分发挥"广西民族文化技术技能人才培养培训基地"的作用，在少数民族学生主要聚居乡镇中学开设民族文化传承班，开展普职融通，在义务教育中渗透职业教育。由民族文化传承项目学校派遣专业教师、聘请非遗传承人、民间艺人到义务教育学校文化传承班授课，让学生学习民族文化艺术和民间工艺。例如，贺州民族旅游艺术学校在贺州市八步区贺街镇龙扬中学、平桂区沙田一中、鹅塘中学开设了瑶族文化传承班，在八步区莲塘一中开设了客家文化传承班，学校聘请非遗传承人、民间艺人，派遣专业教师，为传承班开设专业课。参与学生400多人，参与教师50多人。通过在乡镇中学开设民族文化传承班，传授民族文化、民族技艺，让众多的乡镇学校师生参与民族文化传承活动，共同传承弘扬民族文化，收到良好的效果。

（八）发挥学校科研优势，加强民族文化传承研究

中等职业学校集聚着大批知识分子和职业技能人才。教育科研是提升中职学校核心竞争力，提高职业教育人才培养质量的重要途径和手段。职业学校开展民族文化传承教育，也同样离不开教育科研的引领。对于承担广西民族文化传承教育任务的教师，学校要加强对其教育科研意识的培养，使之意识到，对民族文化传承教育进行研究是新时代赋予广西职业学校教师的历史责任；要通过教育科研培训，承担教育科研课题等渠道，提高教师的教育科研水平，使之为全面提升民族文化传承教育的教学质量发挥更大的作用。

职业学校传承民族文化教育的研究选题应涵盖民族文化职业技能

人才培养的各个领域，包括：人才培养模式、教学内容、教学模式、评价模式、师资队伍、实训条件、校企合作运行机制等。这些研究，对于职业学校民族文化传承教育的教学质量提升必将产生积极作用。

当然，职业学校教师或科研团队也可以将民族文化或非物质文化遗产的某个领域作为对象开展研究。一方面，通过研究掌握民族文化的一些规律性，有利于增强这些教师教学的科学性。另一方面，在研究过程中，研究者通过文字、摄影、摄像以及录音等形式，记录民族文化，有的还要形成案例集或者著作。这些记录、保存的方式本身就是传承广西民族优秀传统文化的过程。

第二节　未来展望

民族文化是一个民族的标志和根魂。了解一个民族，首先从了解她的文化开始；要发展一个民族，首先从发展她的文化开始；要创新一个民族，首先从学校教育开始。

回首广西推进职业教育民族文化传承创新工程的短短几年，民族文化传承职业教育从完全被漠视到逐渐被重视，从一片空白到蓬勃开展。虽然，尚有许多不足与缺憾，但成绩已足以让我们备受鼓舞。随着民族文化传承的重大意义被越来越多的人所认识，随着广西职教人对职业教育规律越来越深刻的认知，我们有理由相信，广西民族文化传承职业教育会朝着趋好的方向有更大的发展，这样的教育，不是满足于为学校和区域职业教育打造特色，而是起到传承创新民族文化和提高职业教育人才培养质量的双重作用。

广西民族文化技术技能是一项系统工程，我们坚持服务国家开放发展和"一带一路"倡议，满足区域经济社会发展和行业产业需求，深化综合改革，推进产教融合、校企合作，质量提升，进一步增强民族技艺职业教育主动对接经济、服务社会的能力，深化人才培养模式和课程体系改革，推进民族文化传承人才培养的系统化，促进民族文化产业发展。下阶段的推进工作，要做好以下几项工作。

一、诊改助力，创新驱动

国家教育部于 2015 年 6 月发布了《关于建立职业院校教学工作诊断与改进制度的通知》，2016 年 4 月颁布了《关于做好中等职业学校教学诊断与改进工作的通知》。几年来，职业院校"教学诊断与改进"工作作为新形势下职业教育改革的重要抓手，正逐步从点到面、从上到下在全国如火如荼开展。

教学诊改工作的"需求导向、自我保证，多元诊断、重在改进"的工作方针，恰恰契合了当下我们对民族文化传承职业教育改革的要求。相关各职业学校，要以诊断与改进的思维，分析本校传承创新民族文化工作的经验得失，探寻改进的策略。要制定好民族文化传承工作的相关规划和目标任务，建立民族文化专业设置、人才培养、课程建设、教学实施等方面的标准体系。通过诊改思维和诊改工作的引入，推动民族文化传承职业教育的创新发展，促进人才培养质量的提高。

二、理念先行，行动为基

想法决定做法，理念指导行动。一直以来，由于政府、企业、社会、学校（含领导、教师、学生）对民族文化、民族文化传承在观念上的"差之毫厘"，带来的是行动上的"谬以千里"。因此，要加强对广西全社会进行广泛的民族文化传承宣传、教育和动员，要增强全社会对广西民族传统文化的认识和感情，提高民族认同感和民族自豪感。在职业学校，要加强对学校领导和师生的教育和动员，这包括两个方面的内容：一是对广西民族传统文化的学习；二是对职业教育传承创新民族文化理论与经验的学习。通过这两个方面的学习，使职业学校领导和师生牢牢树立传承民族文化的自觉性，掌握职业教育传承创新民族文化的相关基本理论，以理论指导民族文化传承的实践。

再好的理念，如果没有付诸行动，也终究只能是"纸上谈兵"。广西中职学校传承创新民族文化，需要科学理论的指导，但是关键仍在于付诸行动。广西各中职学校在民族文化传承问题上，不能依赖，不能消极等待，要即刻积极行动起来，在民族文化传承的实际行动中积累经验，形成理论。

三、他山之石，可以攻玉

教育改革需要我们在实践中积极探索，也需要我们以虚怀若谷的胸怀，向先进地区学习借鉴。实际上，广西虽是我国少数民族人口最多的省份，却未必是民族文化传承工作做得最好的一个省份。近几年，由中国职业技术教育学会等机构组织召开的多场全国职业院校传承与创新民族文化座谈会、研讨会、论坛、会议上，各地都不乏职业院校传承民族文化的优秀案例。广西职教人要主动"走出去"，到民族文化传承职业教育开展得比较好的地区考察学习，汲取其他地区的成功经验，结合广西和学校实际进行借鉴运用，提升广西民族文化传承职业教育的质量。

四、统筹规划，协调发展

民族文化传承职业教育的开展，需要广西各地职业学校结合当地民族文化资源和学校实际，因地制宜地开展工作。但职业院校各自为政，极易出现问题：一是专业重复建设，造成资源浪费；二是传承教育缺乏标准。

因此，有必要从全区层面，通过政府及广西教育厅等机关，广西民族技艺行业职业教育教学指导委员会、广西民族技艺职业教育集团等行业组织等，对民族文化职业教育进行统筹协调。首先，要在对广西民族文化资源和学校办学条件进行充分调研的基础之上，对全区职业院校民族文化专业设置和民族文化传承工作进行统一规划，顶层设计。其次，政府及相关机关要履行好服务职能，对全区民族文化传承职业教育进行协调，促进学校之间的协调发展。第三，要尽快制订完善相关的课程标准、专业教学标准等，使民族文化传承职业教育在办学中有章可循，提高传承教育的科学性和规范性。

党的十九大做出了中国已经进入"新时代"的科学论断。今天，我们比历史上任何时期都更接近中华民族伟大复兴的目标。实现这一伟大目标，需要56个民族的共同参与，需要以坚定的文化自觉和文化自信作为支撑。我们知道，广西是一座民族文化资源的宝库，而今天，保护好这座宝库，使之为实现民族伟大复兴发挥力量，成为当下广西人面临的重大任务。实践已经证明，职业教育是传承和创新广西民族文化的重要渠道。我们相信，随着民族文化的进一步觉醒，随着广西人在实践中越来越清晰地总结出对民族文化传承职业教育的规律，广西民族文化会与广西职业教育更好地整合，广西民族优秀传统文化将通过职业教育焕发蓬勃生机！

后　　记

　　职业教育不仅要教授职业技能，还应该播种下民族文化的种子，使之逐渐生根、发芽、开花！——所以，当我们提交书稿时，尽管深知本书会由于作者水平有限而难免稚嫩、肤浅，但是我们仍然心生欢喜，因为我们坚信自己历经两年煎熬，完成了一件非常有意义的工作。

　　本书两位作者对广西民族传统文化都有着深刻的情感。盛志榕2000年毕业于中央民族大学民族教育研究所，师从滕星教授等国内著名教育人类学学者，对多元文化的尊重与宽容深深植入他的思想体系。曾瑞玲为广西钟山县职业技术学校教师，近几年一直负责主持钟山县民族艺术（瑶族歌舞）文化传承创新职业教育基地工作，对以职业教育传承瑶族歌舞文化倾注了大量的心血，也因此树立起强烈的使命感。

　　2017年7月起，我们作为广西中等职业教育名师培养工程（第二期）的学员，幸运地获得了专著出版的资助。从着手拟写大纲至今已有近两年的时间。在此期间，由于繁重的本职工作等压力，写作工作一直进展艰难。但是，正由于怀着对民族文化的炽热情感和对民族文化传承的强烈使命感，支撑着我们一直砥砺前行，不曾放弃。本职工作繁忙，我们就每日等忙完工作，再悬梁刺股，挑灯笔耕；放弃了一个个节假日，埋头奋笔疾书；一有机会便"说走就走"，不是游山玩水，而是到广西各地奔走调研；……。其中的艰辛，真的只有亲历者才能体会。尽管如此，由于时间仓促、作者水平有限，本书肯定还有许多的遗漏和缺憾。

　　好在广西职业教育对广西民族优秀文化的传承工作才刚刚起步，对此事业的研究和探索还有着非常广阔的前景和空间。我们希望本书能使读者关注这项事业,并从书中得到一些启发,这就足矣。

最后,再次感谢广西中等职业教育名师培养工程和北京理工大学出版社的支持与帮助!感谢为本书写作给予了帮助的领导、专家和同行!感谢家人在我们写作过程中给予的理解和宽容!

作　者

2019 年 6 月 12 日